普通高等教育市场营销专业"十二五"规划教材

消费者行为学

第 2 版

张雁白　张建香　赵晓玲　**主编**

机械工业出版社

本书在内容和结构上都做了优化与创新，从而形成了全新的内容体系。全书共分为5篇14章，即绪论篇（第1章）、购买决策过程篇（第2~4章）、心理因素与消费者行为篇（第5~8章）、个体因素与消费者行为篇（第9~10章）、环境因素与消费者行为篇（第11~14章）。本书具有以下特点：①以消费者的购买决策为中心，系统地分析了消费者购买决策过程和消费者购买行为模式，突出多学科、综合性的研究视角，由微观到宏观、由个体到群体，从消费者、企业、环境等多个角度逐层剖析消费者行为。②"突出本土化，兼顾国际化"，既反映全球化背景下消费者行为的最新发展，又突出本土化特色，更加适应中国市场的需要。③既具有前瞻性和科学性，又注重理论与实践的紧密结合，更具有实用性；既保留了消费者行为的经典理论，又展现出数字化背景下消费者行为的最新研究成果与实践进展，特别是结合了互联网技术对消费者行为产生的深刻影响。

本书可作为普通高等院校市场营销、工商管理、广告学等专业学生的教材，也可供工商企业管理人员、营销人员及社会读者阅读和使用。

图书在版编目（CIP）数据

消费者行为学/张雁白，张建香，赵晓玲主编.—2版.—北京：机械工业出版社，2016.1（2020.1重印）

普通高等教育市场营销专业"十二五"规划教材

ISBN 978-7-111-52161-7

Ⅰ.①消…　Ⅱ.①张…②张…③赵…　Ⅲ.①消费者行为论—高等学校—教材　Ⅳ.①F713.55

中国版本图书馆CIP数据核字（2015）第294864号

机械工业出版社（北京市百万庄大街22号　邮政编码100037）

策划编辑：曹俊玲　责任编辑：曹俊玲　何　洋

封面设计：张　静　责任校对：朱晓果

责任印制：张　博

北京铭成印刷有限公司印刷

2020年1月第2版第4次印刷

184mm×260mm·17.25印张·430千字

标准书号：ISBN 978-7-111-52161-7

定价：35.00元

前　言

在一个以顾客为中心的全新竞争时代，对消费者行为进行规律性的研究并加以应用，已经成为众多组织实现短期卓越绩效与长期可持续竞争优势的必然选择。消费者行为学就是研究消费者消费行为规律，以及经营者顺应这一规律来确定营销策略的一门学科。

关于消费者行为的书籍，市场上已有几百个版本。已开设"消费者行为学"课程的高校目前所使用的教材，大多是以西方消费者行为学为母版的大同小异的自编版本。这样的教材在体系上已经比较成熟，一般从消费者决策过程、个体心理因素与消费者行为、环境因素与消费者行为三个方面进行论述。但也存在着缺点：①引用西方消费者行为的案例过多，缺乏对中国本土化消费者行为的研究和解读，忽略了中西方消费者行为的差异。②相关基础理论，如心理学、社会学、文化学等内容阐述过于详细，篇幅过长；而针对性的营销策略阐述较少，显得重点不突出。基于此，我们在总结多年教学经验的基础上，编写了本书。本书在内容设计上既吸收了传统消费者行为学教材的研究成果，又涵盖了中国消费者行为的最新研究成果与实践进展，站在企业经营者的角度，在分析中国消费者行为规律的基础上，重点突出营销策略。

本书观点新颖，具有前瞻性、科学性和实用性，既适合普通高等院校市场营销、工商管理、广告学等专业的学生使用，也适合工商企业管理人员、营销人员及社会读者阅读和使用。

本书体系完整，内容全面，共分为5篇14章。

第1篇　绪论（第1章）：探讨了消费者行为学的研究对象及内容，消费者行为学的产生和发展历程，消费者行为学的跨学科影响，以及消费者行为学的研究方法。

第2篇　购买决策过程（第2~4章）：首先提出了消费者购买商品具有规律性，即购买决策过程包括需求认知、信息收集、评价选择、购买行动和购后行为五个阶段。根据五个决策阶段进一步分析了消费者购买决策的特点与类型，消费者需求认知，消费者信息收集，购买前的评价，购买过程与商店选择，消费者满意及其行为反应，消费者不满及其行为反应等内容。

第3篇　心理因素与消费者行为（第5~8章）：阐述了消费者的购买动机，

消费者的注意、感觉和知觉，消费者的学习和记忆，消费者的态度等方面的内容。

第4篇 个体因素与消费者行为（第9~10章）：分析了消费者的个性、自我概念和生活方式，人口统计特征与消费者行为等内容。

第5篇 环境因素与消费者行为（第11~14章）：阐述了文化因素与消费者行为，社会因素与消费者行为，口头传播与创新扩散，营销因素与消费者行为等方面的内容。

本次修订保持了第1版的如下特点：

（1）系统性。全面、系统地介绍了消费者行为学的基本概念、基本理论和基本方法。

（2）科学性。准确阐述了消费者行为学的基本理论和基本方法，充分体现学科的科学性。

（3）实践性。从实践出发，充分借鉴国内外消费者行为的典型案例、关注热点和实例，将其作为课堂教学的内容之一，理论与实践相结合，使学生更加容易地掌握、消化和应用消费者行为的相关知识。

修订后的教材还具有如下特点：

（1）与时俱进。部分章节增加了与当今信息时代息息相关的内容和案例，使得教材鲜活起来，更具阅读吸引力。

（2）便于阅读。为便于教师讲授和学生阅读，每章开篇设有本章要点、重点名词、引导案例，篇中设有小贴士、小案例、扩展阅读等，结尾设有案例分析、思考题等，增强了教材的趣味性和可阅读性。

本书配有电子课件，凡选用本书作为教材的教师可登录机械工业出版社教育服务网（www.cmpedu.com）注册后免费下载。

衷心感谢本书参考文献的作者和前辈、同仁，是他们的思想光辉引导着我们，启发了我们的智慧；感谢本书第1版编者张红霞老师（编写第10章）、董晓宏老师（编写第12、13章）的工作成果，是她们的认真撰写使得第2版的修订工作很顺利。参与本书第2版修订工作的有张雁白（修订第2、3、4章）、赵晓玲（修订第8、9、11章）、张建香（修订第1、6、7、14章）、韩淼（修订第5、10、12、13章）。本书由张雁白统改和定稿。

由于编者水平有限，缺点和错误在所难免，敬请读者和学术同仁批评指正。

张雁白

目　　录

第 1 篇

绪 论

第 1 章　消费者行为学概论

第1章

消费者行为学概论

【本章要点】

- 消费者行为学的基本概念
- 消费者行为学的学科性质、发展历程及其各个发展阶段的特点
- 消费者行为学的学科基础
- 消费者行为研究方法

【重点名词】

消费	消费者	消费者行为	欲望
需求	消费者心理	实证主义范式	阐释主义范式
行为主义范式	投射技术		

【引导案例】

消费者行为学的典型营销案例

一天早上，你看到你的同事手里拿着一款新型的彩屏手机，刚好是你喜欢的那款，你会即时产生某种或几种不同的念头。在以下几种想法中，你的想法属于哪种呢？

为她感到高兴，她的表情使你感到兴奋。

很想下午就去购买这款手机。

因为她在炫耀，使你产生一种厌恶的感觉。

决心不买这款手机，因为你不想与她使用相同的手机。

有点自卑，因为自己还没有能力购买这款手机。

对自己的男友不满，因为他没有送给自己这款手机。

……

人类的行为可以简单地归纳为刺激与反应的过程。人类作为最高等生物，具有最复杂的刺激与反应系统。由于复杂而且动态，人类行为学很早就成为一门正式的学科。

作为营销者，你的使命就是改变消费者的行为。上面描述的心理反应与过程发生的时间仅为 0.2～1s，并且不同的个体可能产生完全不同的反应，而每天每个消费者都要处理数以万计的各种信息，并做出相应的反应。

如果你面对的是一个果汁的市场，那么你的目标消费群是以亿为单位计算的。这样庞大数量的人群的心理过程，一个营销人员怎样才能把握主流，从而应用正确的方法去改变人们的行

为呢？答案只有一个：运用消费者行为学。

消费行为在许多情况下是非理性的。例如，如果问你为什么会去购买一瓶娃哈哈纯净水，你能给出一个合理的解释吗？大部分人可以讲出原因，但并不一定符合逻辑。营销最让人着迷而又感到困惑的，就是消费者不可捉摸的心思。

那么，你的产品是什么呢？

是食用油还是一种智能管理软件？是一种配电系统还是一种洗衣粉？也许是一间餐馆，一家立体影院。无论你的产品是什么，消费者行为学都可以成为开启你营销心灵大门的钥匙。

也许你现在是一位啤酒公司的市场总监，每天都要与竞争对手展开艰苦卓绝的价格战。你的专业知识告诉你啤酒都是一样的，闭着眼睛喝基本没有什么差别，你甚至正在怀疑广告要不要做。

让我从行为学的角度与你讨论一下。首先，一个基本的问题是：人为什么要喝啤酒呢？因为它比水解渴？因为它比牛奶有营养？因为它比果汁更能增进人体的健康？好像都不是。从行为学的角度来说，这是一种需求在起作用。一位经常喝啤酒的朋友曾说："因为喝啤酒感到舒服，每次只尝一口冰凉的青岛纯生啤酒，就感觉自己进入了一种轻松的环境。"他的需求是改变状态，进入轻松环境。而另外一位朋友说："我和朋友在一起一定要喝啤酒，因为不喝酒显得关系较为陌生。"他的需求是表示亲近的一种信号。还有一位朋友说："在卡拉 OK 厅唱歌时我会喝很多啤酒，因为在那种场合一定要那样。"他要的是融入环境。

你也许会问："你与我谈这些有什么用呢？"

如果我是你，我会开发一种新的啤酒，名字就叫"青岛纯熟"，口号是"老朋友专用啤酒"——它是针对我的第二位朋友的。

当然，这只是一种想法。不过，你可以感受到，当我们从消费者行为学的角度去看我们的产品时，许多无法解决、没有思路的事情会变得有趣而富于新意。行为学就是这样让人们将封闭的心灵打开，插上创新的翅膀的。当然，消费者行为学是一门复杂的科学，它所涉及的领域不仅涵盖了营销中 90% 的内容，而且在人们生活中也广泛涉及。

（资料来源：互联网）

1.1　消费者行为学的研究对象及内容

消费者行为学是在实践的基础上发展起来的一门应用学科，也是一门在多学科滋养下产生的交叉性、综合性学科，是一门边缘性学科，也是现代经营管理学科的重要组成部分。消费者行为学以个体和群体的消费心理和行为为主要研究对象，重点阐述影响消费者行为的诸多因素，深入探讨消费者行为研究的理论、方法与规律等。消费者行为学不仅对个人、现代企业、政府等个体和组织来说具有重要意义，对社会主义经济建设和文化建设也有重要的研究价值。

1.1.1　消费者行为学的研究对象

在商品经济条件下，每个人每天都要面临消费问题，每个人都是消费者。那么，什么是消费？消费者指的又是什么？

1. 消费

消费是社会再生产过程的最终环节，它可以分为广义和狭义两种。在《辞海》中，广义的消费是指人们消耗物质资料和精神产品以满足生产和生活需要的过程，可分为生产性消费和生活性消费两类。生产性消费是指直接生产过程中的消费，即劳动力和生产资料在生产过程中的使用与消耗，如原料、燃料、辅助材料和机器、厂房、工具、劳动力等的使用与消耗。生产性消费的形式和水平反映了人们控制和改造自然的能力。生活性消费是指人们把生产出来的物质资料和精神产品用于满足人类生活需要的行为和过程。

狭义的消费即生活性消费，是社会再生产过程的一个环节，是人们生存必不可少的条件，也是保证社会再生产过程得以继续进行的前提。它主要是指购买产品用于消费者个人或家庭最终使用的消费层面。在狭义消费中，处于社会再生产环节，生产处于起点，消费是终点，生产决定消费，生产可以创造出消费方式和消费结构；但消费又反作用于生产，这在买方市场条件下非常突出，竞争激烈的企业以消费者为中心，只有以市场需求为导向，奉行市场营销观念，才能生产出适销对路的产品。

消费者行为学中所研究的消费主要是狭义消费，即生活性消费。

2. 消费者

消费者与消费具有密切的联系，但又相互区别。从法律意义上讲，消费者应该是为个人目的购买或使用商品和接受服务的社会成员。如上文所述，消费是人们消耗产品的行为，那么消费者即指消费活动的主体——人。和消费的含义相类似，消费者也有广义和狭义之分。

广义的消费者是指购买、使用各种产品与服务等的个人和组织，既包括生产资料的消费者，又包括生活资料的消费者。例如，电视机厂家购买原材料、零部件用于产品的再生产和再加工，个人、家庭购买生活资料用于消费。

狭义的消费者是指购买、使用各种消费用品（包括服务）的个人或居民户，即产品的直接使用者，一般不包括生产消费和生产资料的消费者。它包括对物质资料的消费，如衣、食、住、行、用的消费者，也包括精神消费，如旅游、文化教育等方面的消费者。

一般而言，消费者行为学所理解的"消费者"主要是指狭义消费者，主要研究生活消费。但消费者行为学的研究范围不仅仅限于狭义的"消费者"，也包括参与消费者购买过程和使用过程的所有人、群体、组织等。由此可见，消费者行为学对消费者的研究具有很大的挑战性，也是非常复杂的。

3. 消费者心理活动

作为消费者，首先是以一个有丰富思想感情和丰富内心世界的人而存在的，消费者心理对消费者行为产生最直接的影响。消费者行为的研究首先是对人的心理活动基础的研究，包括对个人心理和群体心理的研究。

消费者心理活动的基础是消费者赖以从事消费活动的基本心理机制及其作用方式，包括消费者心理活动的一般过程、消费者的个性心理特征、消费动机等。消费者的个性心理特征包括消费者的性格、气质、能力等，同时，消费者的自我概念、生活方式、消费需求、动机等均是重要的研究对象。消费者的心理活动过程是指消费者对各种信息和影响因素进行处理加工的过程。就其性质和功能来说，一般包括认知过程、情绪情感过程和意志过程。

（1）认知过程。认知过程是指消费者通过自身的感觉、知觉、注意、记忆、学习、联想、想象、思维等活动对外部信息进行接收、整理、加工和储存，进而形成对商品或服务的属性及各方面联系的综合反映的过程。认知过程是消费者心理活动的起点。

（2）情绪情感过程。人们的认知过程总是伴随着一定的情绪、情感体验。情绪通常是有机体在维持生存的自然需要是否获得满足时产生的体验，是人和动物共有的较为原始、低级的体验。依据情绪发生的强度、持续性和紧张度，可以把情绪状态分为心境、激情、应激、热情等。情感一般与社会需要相联系，是较高级的体验，如道德感、理智感、美感等。消费者在购买过程中的情绪情感过程，大致可以分为四个阶段，即悬念阶段、定向阶段、强化阶段和冲突阶段。

（3）意志过程。意志过程是人自觉地确定目的、调节行动，从而达到预定目的的心理过程。消费者行为与消费者的意志过程有一定的关系。意志过程又可以分为三个阶段，即做出购买决断阶段、执行购买阶段和体验执行效果阶段。

小案例

加利福尼亚州葡萄干

加利福尼亚州葡萄干的种植者发现他们已大量积压了葡萄干。他们面临的重要问题是消费者对这种干巴发皱的零食的态度。通过市场调研发现，消费者认识到葡萄干是有营养的，但它的形象"令人生厌"。于是，加利福尼亚州葡萄干顾问理事会设计出了葡萄干跳舞的广告，葡萄干从这一地跳到那一地，唤起了人们情感上的诉求。于是，该州剩余的葡萄干就这样卖完了。

（资料来源：互联网）

4. 消费者购买行为

（1）消费者行为的含义。消费者行为是一种客观存在的社会现象，关于消费者行为，在国内外尚没有一个统一的、被普遍认可的定义。

美国市场营销协会把消费者行为定义为"感知、认知、行为以及环境因素的动态互动过程，是人类履行生活中交易职能的行为基础"。在这一定义中，至少包含三层含义：①消费者行为是动态的。消费者是动态的，消费者行为是动态的，以消费者行为为研究对象的消费者行为学也是动态的。要想了解消费者购买决策过程及其背后的诸多影响因素，必须动态地看待消费者及其行为，对消费者做追踪调查。②感知、认知、行为及环境之间是互动的。只有对消费者的感知、认知、行为及环境进行综合分析，才能提供真正反映消费者行为的实际数据和真实的资料。③消费者行为涉及交易。与市场营销学类似，消费者行为学也强调交易。

通俗地理解，消费者行为就是消费者为获取、使用、评估、处置物品所采取的各种行动以及相关的购买决策过程，即引起需要、收集信息、评价备选方案、购买决策、购后行为等一系列行为过程。

（2）消费者心理学与消费者行为学的联系与区别。在研究消费者的诸多著作中，一般而言，较早的教材命名为《消费心理学》，较晚的一般命名为《消费者行为学》。可能有些人会感到困惑，那么二者有什么联系和区别呢？

1）联系。①二者都是以消费者为研究对象，研究消费者的心理、购买过程等。②消费者心理支配着消费者行为，根据消费者心理可以在一定程度上推测消费者行为，而消费者行为也必然包含一定的消费心理活动，因此也可以根据消费者行为来分析消费者的心理和购买动机。

2）区别。①对消费者心理的研究主要侧重于对消费者行为发生时的心理过程的研究，包括对认知过程、情感过程和意志过程的研究，主要是指消费者在寻找、选择、决策购买和购后行为中的消费心理的产生和变化的过程；而对消费者行为的研究侧重于分析消费者在处理与消费有关的问题时所表现出来的行为，而不仅仅研究心理过程。②消费者心理是一种心理过程，而消费者行为是一种外部活动。在发生时间上，二者可以同时发生，也可以不同时发生。

（3）消费者购买决策过程。一般认为，消费者购买决策过程大致分为五个阶段，即引起需要、收集信息、比较评价、购买决策和购后行为，对这一过程的研究和把握是消费者行为学研究的核心问题。有些学者进一步提出了七阶段模型，主张消费者购买决策过程分为七个步骤，即需求确认、信息收集、购买前评估、购买、使用、用后评估、处置七个阶段。七阶段模型进一步突显了对购后过程的重视。

消费者表现出的不同的购买行为，受到多方面因素的影响，如人的感情、认知、学习、记忆、态度、个性、自我概念、生活方式、社会阶层、参照群体、文化等。关于影响因素，有几种比较常见的说法：二因素论认为内部因素和外部因素共同影响消费者行为；三因素论认为消费者内在因素、外部环境因素和市场营销因素共同作用于消费者行为；四因素论认为文化因素、社会因素、个人因素、心理因素四大因素影响消费者行为。

5. 消费者心理、消费者行为与环境

消费者行为学除了关注消费者心理、行为外，还关注二者所赖以存在的环境，既包括社会阶层、参照群体、家庭、角色等社会环境，也包括文化、文化价值观、亚文化等文化环境，另外还包括大的宏观环境，如人口环境、经济环境、政治法律环境、自然资源环境、科技环境等。值得重视的环境是营销环境，即企业不断地推出产品、进行促销的营销环境，其中包括临时的情境因素对消费者行为的影响，主要包括物质情境、社会情境、时间观、先前状态、购买任务和目的等。消费者心理、消费者行为与环境三者是动态互动的。

（小案例）

耐克公司的崛起

20世纪70年代初的美国，慢跑热正逐渐兴起，数百万人开始穿运动鞋。当时美国运动鞋市场上占统治地位的是阿迪达斯、彪马和Tiger（虎牌）组成的铁三角，它们并没有意识到运动鞋市场的这一趋势，而耐克紧盯这一市场，并选定以此为目标市场，专门生产适应这一大众化运动的运动鞋。

耐克为打进"铁三角"，迅速开发新式跑鞋，并为此花费巨资，开发出风格各异、价格不同和多用途的产品。到1979年，耐克通过策划新产品的上市和强劲的推销，市场占有率达到33%，终于打进"铁三角"。然而到了后来，过去推动耐克成功的青少年消费者纷纷放弃了运动鞋，他们在寻找新颖的、少一点商业气息的产品，此时耐克似乎已陷入困境，销售额在下降，利润也在下降。耐克利用敏锐的眼光去观察、选择市场，针对满足不同脚型、体重、速度、训练计划、性别的消费者的多样化需求，更新了外观技术，推出了一系列新款跑鞋、运动鞋和多种训练用鞋，其户外运动部门则把销售的重点对准了雅皮士一代和新一代未知的顾客。

在美国市场已经饱和的情况下，耐克公司不断研究消费者行为，推陈出新，塑造并推广以旅游鞋为时尚的潮流，并且推销这种时髦的"美国形象"，使得耐克的新产品具备了运动鞋的功用和美观之外的特色——与时尚相联系。耐克也成功地将这一特色转化为经济效益，并巧妙利用了欧洲人对美国超级球星乔丹出神入化的球技的崇拜心理，打造耐克的"明星"特色效应。耐克公司终于成为国际化品牌。

（资料来源：互联网）

1.1.2 消费者行为学的研究框架

1. 消费者行为学研究的理论模型

消费者行为学既具有很强的实际应用价值，又是一门独立的理论学科。消费者行为学的理论研究成果是非常丰硕的，比较有代表性的理论模型有彼得的消费者行为分析模型、霍金斯模型、埃塞尔的消费者行为反馈模型、所罗门的消费者行为轮盘模型、消费者决策过程的五阶段模型和七阶段模型等。至于哪种理论最权威、最好用，至今尚无定论。下面介绍三个影响较大的消费者行为学研究的总体模型，以供学习和研究。

模型 I ——彼得模型

彼得模型俗称轮状模型，是在消费者行为概念的基础上提出来的。它认为消费者行为和感知与认知、行为、环境、营销策略之间是动态互动的（见图 1-1）。这个模型可以在一定程度上解释消费者行为，帮助企业制定营销策略。

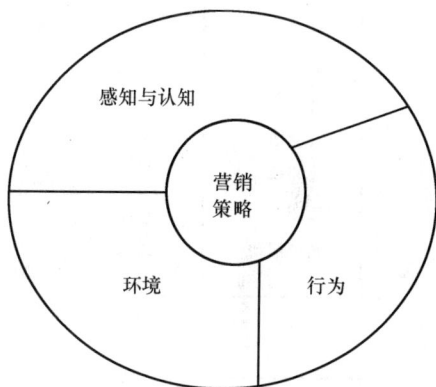

图 1-1　消费者行为分析轮状模型

（1）消费者行为分析的轮状模型包括感知与认知、行为、环境、营销策略四部分内容。

感知与认知是指消费者对于外部环境的事物与刺激可能产生的心理上的两种反应。感知是人脑对直接作用于感觉器官（如眼睛、耳朵、鼻子、嘴、手指等）的客观事物的个别属性的反映；认知是人脑对外部环境做出反应的各种思想和知识结构，如消费者是如何认知品牌的等。

消费者行为是指消费者的外在行为，即消费者在做什么。例如，消费者是如何购买、如何决策的，消费者的购买决策对企业有什么影响，能否利用消费者的购买行为来达到企业盈利的目的。

环境是指消费者的外部世界中各种自然的、社会的刺激因素的综合体，例如政治环境、法律环境、文化环境、自然环境、人口环境等。

营销策略是指企业进行的一系列营销活动，包括"4P"营销组合。例如，家电厂家不断地推出新产品，并不时发布电视广告，而零售公司又时常进行卖场促销活动。这些都是每个消费者经常会遇到的，消费者会采取什么样的购买行为，与企业的营销策略有密切的关系。

（2）感知与认知、行为、营销策略和环境这四个因素有着本质的联系。

感知与认知是消费者的心理活动，心理活动在一定程度上会决定消费者的行为。通常来说，有什么样的心理就会有什么样的行为。例如，消费者感知到某家饭店的饭菜色香味俱全，产品定位与自己的喜好相符，于是倾向于产生消费的行为。反之，消费者行为对感知也有重要影响，例如，当消费者去一家超市获得了良好的服务和满意的购买过程时，其对这一超市的感知会更加"正向"。

营销刺激和外在环境也是相互作用的。营销刺激，如企业推出的产品、定价、促销等会直接地形成外在环境的一部分，而外面的大环境也会对营销策略产生影响，如政治环境、经济环境等直接影响企业的营销策略。

感知与认知、行为、环境、营销策略是随着时间的变化不断交互作用的。消费者的感知与认知、对环境的把握是营销成功的基础，而企业的营销活动又可以改变消费者行为、消费者的感知与认知等。但不可否认，营销策略也会被其他因素改变。

模型 II——霍金斯模型

霍金斯模型是由美国心理与行为学家 D. I. 霍金斯（D. I. Hawkins）提出的，是一个关于消费者心理与行为和营销策略的模型。此模型是将心理学与营销策略整合的最佳典范，如图 1-2 所示。

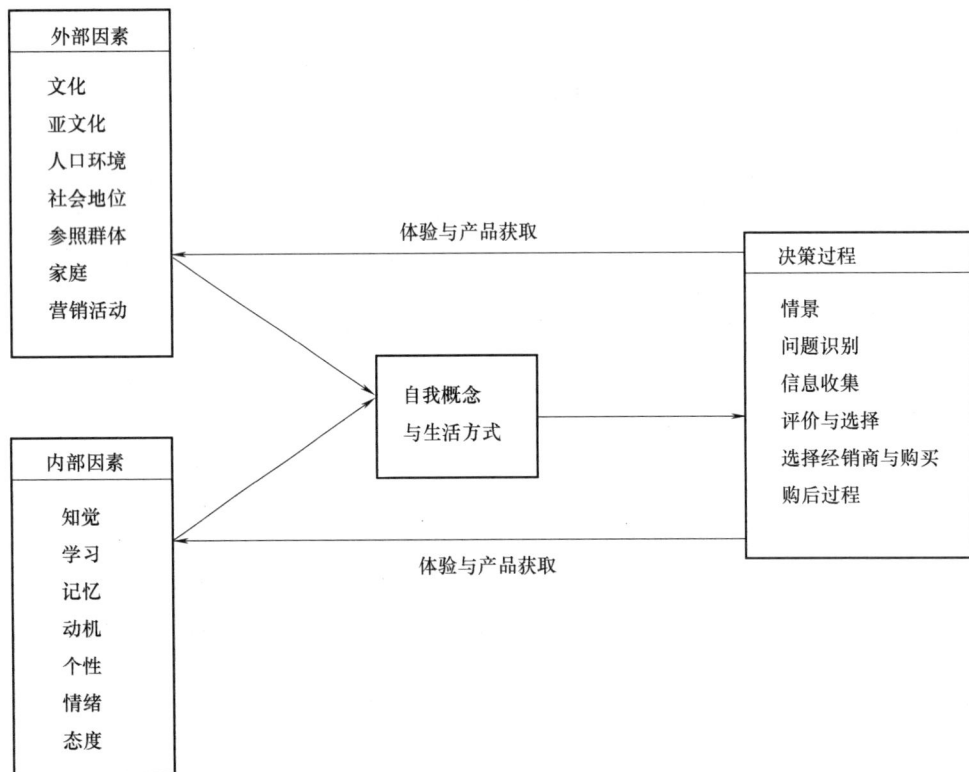

图 1-2　霍金斯模型

霍金斯认为，消费者在内外因素影响下形成自我概念（形象）和生活方式，然后消费者的自我概念和生活方式导致一致的需要与欲望产生，这些需要与欲望大部分要求消费行为（获得产品）的满足与体验。同时，这些也会影响今后的消费心理与行为，特别是对自我概念和生活方式起调节作用。

自我概念和生活方式是近年来消费心理研究的热点。自我概念是一个人对自身一切的知觉、了解和感受的总和，包括真实的自我概念、理想的自我概念、私人的自我概念和社会的自我概念。而生活方式是指人如何生活。一般而言，如模型所示，消费者在外部因素和内部因素的作用下首先形成自我概念和自我意识，自我概念再进一步折射为人的生活方式。人的自我概念与生活方式对消费者的消费行为会产生双向影响：人们的消费行为对其自身的生活方式会产生莫大的影响，同时，人们的自我概念与现在的生活方式或追求的生活方式也决定了其消费方式、消费决策与消费行为。

另外，自我概念与生活方式固然重要，但如果消费者处处根据其生活方式而思考，也未免过于主观了。消费者有时在做一些与生活方式相一致的消费决策时，自身却浑然不觉，这与参与程度有一定的关系。

模型Ⅲ——五阶段模型和七阶段模型

五阶段模型和七阶段模型是从消费者购买决策过程的角度提出的，又称为消费者决策过程模型。根据消费者购买决策过程的不同阶段，学者提出了五阶段模型和七阶段模型，如图 1-3 所示。

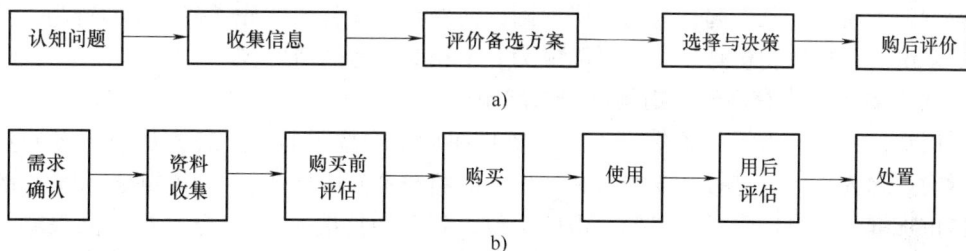

图 1-3　消费者决策过程模型

a）五阶段模型　b）七阶段模型

五阶段模型对消费者购买决策过程做了深入的描述，对于了解消费者购买行为，进而改变消费者行为有重要意义。七阶段模型对购后的环节进行了扩展，购后行为分为使用、用后评估和处置三部分，强调了对购后行为关注的重要意义。

大量的消费者行为研究发现，消费者购买产品后，习惯对自己的行为进行归因，购买后思想比较矛盾、不和谐。因此，对消费者购后行为的关注对于提高消费者的满意度具有独特的价值，也是近来消费者行为研究的热点。

2. 本书体系

（1）绪论。这一部分研究消费者行为的相关概念、学科产生与发展的历史、消费者行为学跨学科的影响以及消费者行为学研究的诸多方法等。

（2）消费者购买决策过程及诸多影响因素。此部分包括书中第 2、3、4 章，从总体上研究消费者是如何购买、如何决策的，分析影响消费者购买决策过程的因素。

（3）心理因素。这一部分对影响消费者购买决策的心理因素，包括注意、意识、感知、消费者的情绪和情感、消费者的学习、消费者的态度等重要内容进行深入剖析。

（4）个人因素。此部分主要是个性心理学部分，研究消费者的个性，包括性格、气质、能力和知识，另外还要研究自我概念或自我意识、生活方式等内容。

（5）社会因素。社会因素部分主要研究消费者所处的社会阶层、参照群体、角色、家庭、创新扩散、口头传播等重要的社会因素，以便更好地解析消费者的行为。

（6）文化因素。影响消费者行为的文化因素主要包括文化、亚文化、文化价值观等。

（7）营销因素。消费者行为分析对营销策略的制定有重大的影响；反之，企业营销活动也会塑造和改变消费者行为，消费者行为与营销活动之间具有动态互动的关系。

1.1.3　研究消费者行为的意义

1. 研究消费者行为能够使消费者更理性

不是每个人都能成为律师，不是每个人都能成为医生，不是每个人都能成为工程师，也不是每个人都能成为教师或牧师，但是每个人都会是一名消费者。所以，研究消费者行为对每个人来说都充满了参与感和趣味性，消费者行为研究可以使自己成为一名理性的消费者。人们可能经常被商家的促销活动搞得晕头转向，对消费者行为感到不理解，也经常在商家的疯狂促销下买到不合适的商品。这些只有一个原因：我们不了解消费者和商家的活动。消费者行为学研究消费者行为本身，以及引起行为的深层原因，消费者据此就会充分了解自己的行为，并理解企业的很多做法，从而明辨是非，使自己成为一个相对理性的消费者。

2. 研究消费者行为有利于营销策略的制定和实施

众所周知，在买方市场的条件下，企业要想在竞争中取得胜利，就要从消费者的立场出发，以营销观念为指导，进行企业经营和运作。而消费者分析是企业营销的前提和成功的重要保证。从市场细分、目标市场的选择、市场定位，到市场营销的4P策略（即产品策略、价格策略、渠道策略、促销策略），都与消费者分析有着密切的关系。企业对消费者行为的研究和了解是企业营销成功的关键。

例如，从三聚氰胺事件至今，乳品行业一直事件不断。2010年，网上风传Y品牌奶使孩子"早熟"的帖子，继而出现S品牌奶粉使孩子"性早熟"的帖子等。经证实，Y品牌奶早熟事件是由M公司的一名员工一手策划的，但这已经使消费者对国产牛奶，特别是婴幼儿奶粉失去了信心，很多消费者会选择国外的奶粉品牌。这一现状被商家了解是非常有价值的，有些公司，如光明乳业，即针对这种情况进行市场运作和产品推广，并取得了一定的市场业绩。

小案例

宝洁公司和一次性尿布

宝洁（P&G）公司以其寻求和明确表达顾客潜在需求的优良传统，被誉为在面向市场方面做得最好的美国公司之一。其婴儿尿布的开发就是一个例子。1956年，该公司开发部主任维克多·米尔斯（Victor Mills）在照看其出生不久的孙子时，深切感受到一篮篮脏尿布给家庭主妇带来的烦恼。几番折腾之后，他萌生了一个大胆的念头："与其忙得满头大汗，为什么不能发明一种东西，让大家彻底摆脱换洗尿布之苦呢？"洗尿布的责任给了他灵感。

他立即回到宝洁公司的实验室，并任命了一个专门的研究小组。在经过无数次的尝试和改进之后，他的梦想成真了——一种吸水性能良好、佩戴舒适的一次性纸尿裤诞生了。宝洁公司将它命名为"帮宝适"，并于1961年正式推向市场，迎接它的是无数欣喜若狂的妈妈和她们的宝宝。公司选择地处美国最中部的城市皮奥里亚试销这个产品，发现皮奥里亚的妈妈们喜欢用"帮宝适"，但不喜欢10美分一片尿布的价格。因此，价格必须降下来。降多少呢？在六个地方进行的试销进一步表明，定价为6美分一片就能使这种新产品畅销，使其销售量达到零售商的要求。宝洁公司的几位制造工程师找到了解决办法，用来进一步降低成本，并把生产能力提高到使公司能以该价格在全国销售帮宝适尿布的水平。在以后的几十年中，"帮宝适"经由宝洁公司的多次改进，成为销售遍及全球一百多个国家和地区的世界第一的婴儿纸尿裤品牌。在美国，"帮宝适"已成为真正改变美国人生活的产品，其市场占有率达到了40%。

在欧洲，"帮宝适"也是家喻户晓，成为父母首选的婴儿护理用品之一。自 1997 年"帮宝适"在中国上市以来，在目标消费者中的知名度已达到 99%，成为市场上首屈一指的领导品牌。

一次性尿布虽然不是宝洁公司最先开发的产品，但该公司却通过详尽的市场调研认识到了该产品巨大的市场潜力和其他品牌的产品不能畅销的根本原因。于是根据调研所了解的有关信息对该产品进行重新设计，使之符合市场要求，并设法降低成本和销售价格，使之符合消费者的支付能力和期望价格，从而使一次性尿布终于成为具有方便、卫生和经济等诸多优点且满足市场消费需求特征的畅销产品。

宝洁公司开发一次性尿布的过程，是一个把消费者的动机变成欲望的典型例子，向人们充分展示了现代市场营销"在适当的时间和地点，以适当的价格把适当的产品提供给适当的消费者"的本质。

（资料来源：互联网）

3. 研究消费者行为对政府政策的影响

一个国家经济的良好运行离不开政府政策的支撑。而透彻了解消费者行为和消费者行为发展变化的趋势，了解哪些因素会影响消费者行为，这有利于政府制定一定的政策来调节需求，保持经济的协调、健康发展，从而才能制定适当的财政政策、货币政策、金融政策、法律政策等。

另外，政府还要经常出台一些保护消费者的相关法律、政策等，维护消费者的权益。而只有深入了解消费者及其行为，才能制定出真正维护消费者利益的法律和政策。

4. 研究消费者行为对营销道德、生态环境的影响

小资料

营 销 道 德

营销者是否会顾及消费者的尊严是一个社会学的问题，它与双方认识到自己所控制的社会文化资本的数量有关。在面对顾客时，许多营销者都容易产生优越感，或者说，更加注重自己的尊严而非顾客的尊严，大有"我的地盘听我的"之感。在某些银行的柜台前，客户非得大声说出自己需要存取的钱数，才能让柜台里面的银行职员听到，而职员发出的声音则需要柜台外面的客户侧耳倾听。在高档豪华消费场所，如果消费者被销售人员判定属于社会地位不高、收入有限、权力不大的消费者，就很可能受到某些"势利眼"销售人员的不恭对待。在普通消费情形中，消费者的尊严受损是常态。依照儒家文化传统，人与人之间应彼此尊重，然而事实并非如此，尤其是在消费者和营销者的关系中，消费尊严已成为一个问题。

如何让消费者感受到消费尊严受到重视和维护？营销人员要做的就是设身处地为消费者着想，把消费者视为应尊敬的人，像对待自己的亲人和朋友那样对待消费者。例如，许多商家都选择在适当的时机进行赠品促销，但是所选择的赠品通常是其他公司提供的质量低下、对消费者价值不大的商品，如玻璃杯。有些企业尽管赠送自己的品牌商品，但仍然忽视产品质量和功能设计。并且，在赠送这些产品时，还设计了复杂的领取程序。等消费者费尽周折把赠品拿到手里的时候，受愚弄的感觉油然而生。

随着中国消费者的文化和生活水平的提高，对消费尊严敏感的消费者会越来越多，重视消费者尊严的问题已成为企业营销的新课题，它也将给企业营销创造新的优势，带来更大的机会。

（资料来源：互联网）

所谓道德，是衡量行为正当与否的观念标准。自从西方国家工业化开始，世界经济取得了突飞猛进的发展，创造了丰富的物质财富和精神财富，人民生活水平显著提高。但是，也出现了一些不和谐的音符，即某些企业唯利是图，违反营销道德，忽视社会利益，赚取不义之财，给消费者带来了极大的伤害，给社会带来了极坏的影响。还有一些企业在努力生产、大力开发的情况下，有意无意地破坏了生态环境，给子孙后代的发展造成困扰和伤害。消费者行为学能够揭开商家的行为及其背后的推动、影响因素，帮助人们正确认识自己的需求，减少有害消费，减少污染。企业则要改善自己的行为，真正地尊重消费者，满足消费者的需求，倡导绿色消费和环境保护，保护生态环境，只有这样才能够真正地赢得消费者，立于不败之地。

1.2 消费者行为学产生和发展的历程

消费者心理和行为是自古就存在的一种客观现象，但人们对消费者心理和行为的重视与研究却是伴随商品经济的发展而进一步深入的。消费者行为学作为一门独立学科体系的确立大约是在 20 世纪 60 年代，是伴随着人类工业革命的完成、主要资本主义国家进入买方市场而逐步形成的，距今只有 50 多年的历史。然而消费者行为学发展至今，已获得了长足的发展，取得了丰硕的理论成果。

1.2.1 古代的消费思想

消费与人们的生活相伴随，人们的消费行为自古就存在，而中外学者对消费者的消费研究也自古就有。中国对消费者行为的研究早在春秋时期就已有萌芽。春秋后期的计然运用他的经济循环学说预测市场，提出物价会随天时和气候的变化而变化，进而提出了"旱则资舟，水则资车，物之理也"的经营思想。意思是说，天旱的时候，船价下降，要大量收购船只储备起来，等待以后发大水船价上涨时卖个好价钱；而在水灾的时候，车价要下跌，应该大量收购车子储备起来，等待以后天旱车价上涨时好赚大钱。计然的弟子范蠡（即陶朱公）师承了这一理论，提出"夏则资皮，冬则资绤"。意思是说，夏天皮价下跌时就大量买入皮货，等待冬天卖个好价钱；而冬天绤（细葛布）的价格下跌，则要大量买入储备起来，以备夏天卖个好价钱。在这种经营思想的指导下，范蠡在弃官从商后的 19 年中"三致千金"，成为当地的大富翁。荀子提出生产要"养人之欲，给人之求"，就是要满足人的消费需要。白圭是战国时期人，是继计然和范蠡之后著名的商业理论家。他提出了"人弃我取，人取我与"的八字经商原则，即在丰年谷价下跌的时候购进储存起来，在荒年谷价上涨时大量抛售。中国古代的商店、饭店、酒馆等都用招贴、幌子等以引起顾客的注意，也会通过匾额、题词和对联等做广告。在西方，古希腊哲学家亚里士多德（Aristole）提出"欲望是心理运动的源泉，一切情感、需要、动机和意志均为欲望所引发"的命题。古希腊另一位哲人色诺芬（Xenophon）最早提出了"消费"这一术语。在近代，法国的西斯蒙第（Sismondi）提出了社会生产的目的是满足消费者需要的观点。西方重商主义的杰出代表托马斯·曼（Thomas Mann）提出了折中的消费原则，英国古典经济学家则强调节制消费。英国的托马斯·莫尔（Sir Thomas More）、法国的西斯蒙第等人也较早地论及了精神文化消费的问题。经济学之父亚当·斯密（Adam Smith）所信奉的"看不见的手"的原理，也是更多地建立在对个体消费者行为的观察基础之上的。

由上可见，人们对消费者行为的研究和利用已经存在若干年了，但是作为完整体系的现代消费者行为学还没有正式产生。

1.2.2 现代消费者行为学的产生与发展

消费者行为学是一门内容丰富、方法多样、交叉性强的边缘学科，也是一门应用学科。那么，现代消费者行为学的形成经过了哪几个重要阶段呢？下面就从市场基础和学科基础入手分析原因，说明消费者行为学在不同时期的特点、研究的程度等。

1. 萌芽时期

消费者行为学的萌芽时期是从 19 世纪末到 20 世纪 30 年代。当时的市场状况是，大多数资本主义国家先后完成了工业革命，生产迅速增长，城市经济发达。1860—1900 年的 41 年间，美国人口由 3140 万人增加到 9190 万人。同时，城市化速度加快，城市人口占美国人口的比例由 21% 增加到 40%，到 1920 年增加到 51%，即到 1920 年，美国城市人口开始超过农村人口。于是商品需求量急剧增加，整个市场是供不应求的卖方市场。所以，这一时期企业的主导思想是满足急剧增长的消费需求。美国福特汽车公司在市场和环境分析的基础上，1913 年全部实行流水线作业，每生产一辆汽车的工时由五年前的 12h 降低为 2h，每天生产汽车 1000 多辆，使福特汽车公司跃居至汽车行业的霸主地位。然而，随着市场上商品供给量的日益增多，消费者不再是只任商家摆布了，于是销售环节开始被企业重视。

与此同时，有关研究消费者心理和行为的理论也开始出现并得到一定的发展。1895 年，美国明尼苏达大学的心理学家盖尔（H. Gal）使用问卷调查的方法，研究消费者对广告的态度以及对广告中所宣传产品的态度，以便从消费者的态度中分析广告影响消费者的效用。美国经济学家凡勃伦（Vablen）被认为是最早进行此项研究的学者。他在 1899 年出版的《有闲阶级论》中提出了广义消费的概念，认为过度的消费是在人们炫耀心理的支配下激发的。这些研究引起了心理学家和社会学家的兴趣。1901 年，美国心理学家斯科特（Scott）在美国西北大学做报告时，提出了广告工作应成为一门学科，心理学可以在其中发挥重要的作用。这被认为是第一次提出了消费者行为的问题。1903 年，斯科特汇编了十几篇论文，出版了《广告论》。这本书的出版标志着消费者行为学的雏形——广告心理学的诞生。1908 年，美国社会学家罗斯（Ross）发表了《社会心理学》，着重分析了个人和群体在社会生活中的心理和行为。1912 年，德国心理学家芒斯特伯格（Munsterberg）撰写的《工业心理学》一书着重阐述了商品销售中广告和橱窗陈列对消费者的影响。同时，还有一些学者在市场营销和管理学的著作中也研究了消费者心理和行为的问题。

这一时期的主要特点是消费者行为学的研究范围窄，而且主要使用经济学或心理学的研究方法，同时，这一时期的研究多局限于理论层面上。但是，这些研究为消费者行为学进入应用阶段乃至成为一门学科打下了坚实的基础。

2. 应用时期

消费者行为学的应用时期是从 20 世纪 30 年代到 60 年代。在这一时期，对消费者行为的研究得到迅速发展，且应用于实际。1929—1933 年，席卷全球的世界性经济危机震撼了整个世界，受此影响，部分产品开始过剩，部分地出现了供过于求的买方市场。第二次世界大战后，大量的军用工业转向民用，生产非常旺盛，市场上的产品骤然增多，真正出现了大量供过于求的买方市场。因此，企业开始重视研究消费者行为，重视广告和产品的推销，即如何把产品卖出去，于是对消费者行为的研究走向了应用。在这一时期，对消费者行为的研究和关注非常多。20世纪50年代以来，心理学在各个领域的研究和应用都获得很大的发展，比较有代表性的是：美国著名心理学家马斯洛（Maslow）提出"需要层次理论"；1950年，梅森·海尔（Manson Haire）主持速溶咖啡的研究；欧内斯特·迪希特（Ernest Dichter）开展了"消费动机"的研究；密歇根大学的G.卡陶纳（G. Katona）开展了"消费期望与消费态度"的研究，等等。西方经济学家凯恩斯（Keynes）总结出造成经济危机的"三大心理规律"：第一，消费倾向递减；第二，消费增量与收入增量之间的边际效果；第三，个人消费偏好。这位经济学家还指出，刺激经济最活跃的动力因素来自"个人的多血质和成就动机精神"。这一时期值得一提的事件是1950年梅森·海尔主持的速溶咖啡的研究。这种被生产者和经营者认为方便、省时、省力、快捷、价格适中的新商品并不受欢迎，直接问消费者拒绝的原因，消费者说产品不好喝。学者用投射技术，最后调查出消费者不买产品的原因是心理因素。

　　进入20世纪60年代以后，对消费者行为学方面的研究得到了迅猛发展。1960年，美国心理学会中成立了消费心理学分会，是消费心理学开始确立其学科地位的前奏。而美国一些大学也开设了消费者行为学课程，消费者行为学作为一门独立学科的地位开始确立。

小案例

为什么不喜欢速溶咖啡

　　20世纪40年代，速溶咖啡作为一种方便饮料刚刚进入美国市场。让生产者和经营者始料不及的是，这种被他们认为方便、省时、省力、快捷、价格适中的新商品并不受欢迎，问津者寥寥无几。而当直接问消费者不买这种速溶咖啡的原因时，他们中大部分人的回答是不喜欢速溶咖啡的味道。但若深究下去，却没有人能说出速溶咖啡的味道与普通咖啡豆加工后的味道相比到底有什么不同。为此，生产者和经营者都感到很茫然。

　　美国加利福尼亚大学的海尔认为，消费者没有回答拒绝购买的真正原因。其实味道只是他们的一个托词，实际是一种潜在的心理在起抵制作用。于是，海尔采用了间接的研究方法。在调查中，他首先拟定出下面的两种通常使用的购物单：

　　购物单A：汉堡牛肉饼　面包　胡萝卜　发酵粉　速溶咖啡　桃子罐头　土豆
　　购物单B：汉堡牛肉饼　面包　胡萝卜　发酵粉　新鲜咖啡豆　桃子罐头　土豆

　　在调查中，把两种购物单分别发给A、B两组各50名家庭主妇，要求她们描述按该购物单买东西的家庭主妇的个性。调查结果发现，家庭主妇们认为，购买速溶咖啡的人一般是懒惰的、邋遢的、无计划的、没有家庭观念的，而购买新鲜咖啡豆的人被认为是有生活经验的、勤俭持家的、有家庭观念的。

---

3. 变革时期

　　消费者行为学的变革时期是从20世纪70年代到现在。在这一时期，西方科学技术日新月异，技术转化为生产力的时间越来越短，市场上的产品极大丰富，企业竞争异常激烈，要想满足企业在激烈竞争中取胜的愿望，消费者心理、动机和行为的研究变得必不可少。各大高校也纷纷开设了消费者行为学课程。这一时期的主要特点：①在消费者行为研究中运用了多门学科的成果，如计算机、经济学、经济数学、行为学、社会学、管理学、市场营销学、运筹学，运用了多样化的研究方法；②研究的范围不断扩大，除了研究消费者心理及消费者行为外，还对消费生态问题、文化消费问题、消费决策模式、消费心理、消费政策、消费信用、消费法学等领域进行研究，研究的参数变量也趋向多样化。

1.2.3　现代消费者行为学在我国的传播和应用

对消费者意识和思想的研究尽管在我国古已有之，但作为独立学科体系的现代消费者行为学是在 20 世纪 80 年代引入中国的，距今只有 30 多年的时间。在我国高度集中的计划经济时期，商品短缺、供不应求，消费结构不均衡，消费观念比较陈旧。一段时间内，人们往往把个人消费与资产阶级生活方式等同起来，理论研究受到很大的制约。改革开放后，我国确立了以经济建设为中心的指导思想，逐步形成了社会主义市场经济体制，产品供应量大增，市场上的商品琳琅满目，出现了供过于求的买方市场。消费者也逐步关注自己的消费方式，追求个性化的生活方式，企业间的竞争日趋激烈。在这种环境下，消费者行为的研究引起了企业界乃至社会各界的广泛关注。

20 世纪 80 年代，我国一些学者开始从国外引进一些消费者心理和行为方面研究的成果。很多高校经济管理类专业也开始开设"消费心理学"课程，后改为"消费者行为学"课程，在众多的关注和研究中诞生了一系列的研究成果。在实业界，还涌现出了大量的市场调研公司、消费者分析机构等，为企业良好的经营管理、成功的市场营销运作提供了重要的基础和保障。

1.3　消费者行为学研究的跨学科影响

消费者行为学是一门复杂的学科，是 20 世纪 60 年代中后期才确立学科地位的一个相对较新的研究领域。它是一门具有显著的多学科和跨学科性质的学科，而且处在不断的变动之中。这门学科来自多门学科的滋养，与其关系密切的学科主要有心理学、社会学、社会心理学、经济学、市场营销学、人类学、历史学等（见图 1-4）。

1.3.1　心理学

心理学的英文名称是 Psychology，是由 Псюхе（Psyche）和 ЛоГо（Logos）两个词的希腊文的字源所构成的。按照希腊文的意思，"Псюхе"是"灵魂"的意思，"ЛоГо"是"学"的意思，所以，"心理学"的原意是"灵魂之学"，即研究心理现象的发生、发展和活动规律的科学。进入 20 世纪 70 年代，心理学认为它是研究个体行为和心理过程的科学。心理学作为一门独立的学科，已经有了 100 多年历史，形成了很多分支，理论成果非常丰富。

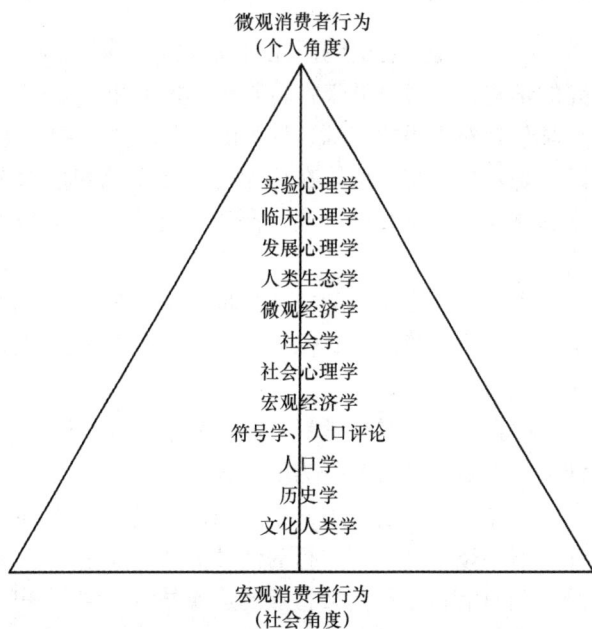

微观消费者行为
（个人角度）

实验心理学
临床心理学
发展心理学
人类生态学
微观经济学
社会学
社会心理学
宏观经济学
符号学、人口评论
人口学
历史学
文化人类学

宏观消费者行为
（社会角度）

图 1-4　消费者行为研究的多学科影响图

1.3.2　社会学

社会学是研究社会结构及其内在关系与社会发展规律的学科，侧重于对社会组织、社会结构、社会功能、社会群体、社会发展等内容的研究。社会学在研究社会结构、社会发展过程时，必然涉及人类与社会的需要、社会心态、社会意向等现象，而上述现象又会对参与其中的个体或人的行为产生影响。所以，社会学的一些原理和理论，对考察、分析消费者行为是极有价值的。对消费者行为分析具有特别意义的社会学的研究内容还有很多，如对社会群体的研究、对社会阶层的研究、对社会角色的分析等，已经深入到消费者行为分析的内容之中。

1.3.3　社会心理学

社会心理学是介于社会学和心理学之间的一门学科，主要研究人在与社会交互作用中的社会心理现象及其从属的社会行为。社会心理学是心理学的一个分支，社会心理学家在参与消费者行为学的研究中关注的是哪些因素与消费者个体相互作用、相互影响。例如，社会心理学家会对消费者行为某种态度的过程及其影响因素进行考察等。

1.3.4　经济学

经济学是研究国民经济各个方面的学科的总称，是一门研究稀缺资源如何配置和利用的学科。其中的微观经济学是最早涉及消费者行为研究的学科。消费者行为学就是在西方经济学的学科基础上产生的，而早期的消费者行为学多采用西方经济学的理论、方法来研究，因此，消费者行为学与经济学有着密切的联系。

1.3.5　人类学

人类学是用历史的眼光研究人类及其文化的学科。从生物和文化的角度对人类进行全面研究的学科群，最早见于古希腊哲学家亚里士多德对具有高尚道德品质及行为的人的描述中。人类学包括对人类的起源、种类的区分，以及物质生活、社会结构、心灵反应等的原始状况的研究，是对某一特定群体在行为、社会角色和信念做深入研究的学科。20世纪以来，文化人类学和体质人类学开始分离，同时，许多人类学家开始转向所谓文化多元论观点，并出现许多流派。

人类学与文化学的交叉学科——人类文化学对消费者行为研究也有很大的帮助。人类文化学主要探索人类的核心信仰、价值观念、风俗习惯的产生与传承，这也是消费者行为学研究的重要内容。

除此之外，其他学科，如符号学、人口学、人口评论、历史学、营销学等也在不同的领域涉及消费者和消费者行为的内容，为消费者行为学的研究提供了滋养和方法。

总之，消费者行为学是一门以消费者个体和群体心理与行为为研究对象，重点研究消费者在消费活动中的心理与行为活动的特点、方式、规律的学科；同时，它来自多门学科的滋养，是一门具有多学科交叉特点的边缘学科，也是一门独立学科。

1.4　消费者行为研究的原则和方法

1.4.1　消费者行为研究的原则

1. 客观性原则

消费者行为研究的客观性体现在消费者心理和行为研究的内容与结果是客观存在的，因此不能随意予以改变。消费者行为研究的方法是客观的。例如，消费者心理和行为研究的调查方法、测量方法、文献分析法等都是客观存在的。所以，对感性个体的主观购买不应该任意猜测，而应该尊重事实，按照事物的本来面目反映事物。

2. 联系性原则

联系性原则就是把世界看成一张普遍联系的网。在进行消费者分析和研究时，要综合分析消费者心理、消费者行为、外在的营销环境和大环境的相互影响，从而才能透彻地了解消费者行为及其背后的深层原因。

3. 发展性原则

发展性原则是指用动态的、连续的观点看问题。因为消费者行为是动态的，处于不断的变动之中，所以从事消费者研究不能静止化，不能仅仅进行一次准确的调查就沾沾自喜，一劳永逸是不可行的。应该持续进行消费者跟踪调查，追根溯源，系统了解消费者的购买行为，为企业决策提供第一手资料。

1.4.2　消费者行为研究的方法

对消费者行为的研究由来已久，研究方法多种多样。下面重点介绍实证主义范式、阐释主义范式和行为主义范式三种研究范式，三者之间是不矛盾的。

1. 消费者行为研究的基本范式

（1）实证主义范式。实证主义范式也称现代主义范式，它强调人类理性的至高无上，认为存在单一客观真理，可以用科学来发现。根据这一范式，消费者被认为是问题的解决者或决策者。从这一假设出发，消费者的购买行为被看成是一个理性的问题解决过程。

（2）阐释主义范式。阐释主义范式也称为后现代主义范式或经验主义范式。它对实证主义范式提出质疑，声称现代社会中科学与技术被强调过度了，实证主义者忽视了现实社会和文化世界的复杂性。它还强调消费者的主观性和象征性，把研究重点放在产品所提供的情感利益或消费体验上。

（3）行为主义范式。行为主义范式基本否定了对人类意识、情绪和情感等心理过程和状态的研究，坚持认为只有能被观察到的、可以客观记录和量化的行为才是心理学的研究对象。

2. 消费者行为研究的具体研究方法

（1）第二手资料收集法。进行消费者行为研究，首先要做的事情是二手资料的收集，如查阅图书、报刊、网络、政府报告、公司发行的刊物、小册子等，寻找企业需要收集的消费者信息。这样得来信息是方便、简洁的。例如，网上经常公布一些行业的消费者调查报告等，是值得参考的。

（2）问卷法。问卷法是研究消费者行为很常用的方法，这种方法是通过事先设计的调查问卷，向被调查者提出问题，并由其做出回答，从而收集调查结果，以了解消费者心理和行为的方法。运用此方法关键要看问卷设计得是否准确、合适，怎样选择合适的样本，这样才能把想要了解的问题调查清楚。

（3）观察法。观察法在消费者行为分析中是很简单易行的方法，也是研究消费者行为的最基本的方法。运用观察法进行消费者行为研究，主要是通过直接或间接地观察消费者的动作、行为、表情、语言、情绪等，从而对消费者行为进行总结、分析，了解其特点，总结其规律。

运用观察法进行消费者行为研究，在企业是较为常见的。例如，大型的零售公司常常通过摄像头或委派员工伴装购物者，以此来观察消费者对什么产品感兴趣，对什么产品不屑一顾或置之不理；哪些位置是商店中最容易被顾客关注的，哪些位置是容易被忽视的，进而在陈列商品时，把最合适的商品放在最合适的位置上。

（4）实验法。实验法是有目的地严格控制或创设一定的条件，人为地引起某种心理现象与行为的产生，从而对它进行分析研究的方法。根据实验场地的不同，实验法又可以分为市场实验法和实验室实验法两种。这种方法在消费者行为研究中也是较为常用的。

小实验

群体规范的形成过程

美国心理学家谢里夫的实验说明了群体规范的形成过程。实验在暗室进行，一个被试者坐在暗室里，面前的一段距离内出现一个光点，光点闪现几分钟后消失，然后让被试者判断光点移动多远。实际上，光点并没有动，但在暗室看光点，每个人都会觉得光点在移动，这是一种视错觉现象。这样的实验进行几次，每个被试者都建立了个人的反应模式，而且都不同。随后，让全体被试者一起在暗室内看出现的光点，大家互相讨论，说出自己的判断。实验反复进行，经过一段时间后，大家对光点移动方向的判断趋于一致。这就是说，群体的规范代替了个人的反应模式。

实验继续进行，出现了有趣的现象。当把这些被试者重新分开单独做判断时，每个人并没有恢复其原来建立的个人反应模式，也没有形成新的反应模式，而是一致保持群体形成的规范。这表明群体的规范会形成一种无形的压力，约束着人们的行为，甚至这种约束并没有被人们意识到。

（资料来源：互联网）

（5）模型法。消费者行为学之所以在今天新兴的学科里占据重要的一席，主要因为它是建立在一系列有影响力的模型分析的基础上的，而不是建立在主观猜测的基础上。

（6）深度访谈法。深度访谈法是通过一个经过训练的访问者，针对某一论点提出一系列探究性问题，用以得知被访者对某事的看法，或为什么做出某种行为。在访谈中，访问者不应有意识地影响被访者的回答。深度访谈又可以分为个人深度访谈和集中小组访谈。个人深度访谈是一对一的访谈，用来了解消费者的想法等；而集中小组深度访谈是一对多的访谈，用来了解消费者的行为。

（7）态度量表法。对态度的研究给予了人们很多研究消费者行为的方法，如瑟斯顿等距量表法、李克特量表法、语义差别量表法、行为反应量表法、ABC 模型法等，其主要内容参见第 8 章消费者的态度部分。

（8）投射技术法。投射技术是指研究者引入一种模糊的、无结构的物体、活动或是一个人的展现，引起消费者以某种方式对这种展现做出反应。消费者可能会被要求去解释这种物体是什么，这个人想什么，做角色扮演等。消费者行为研究中常用的投射技术有主题统觉测验法、造句测验法、漫画实验法、角色扮演法、联想法、图片响应法、主题类化法、卡通测试、气泡画测试、句子完成法、故事完成法等。例如，20 世纪 40 年代对销售"速溶咖啡"的研究，就是采用投射技术来了解消费者的行为和动机。近年来，投射技术在市场调研中用得越来越多。这种主要依靠投射技术的市场调研属于隐形调查方式，下面简单介绍两种：

1）造句测验法。它是由研究者提出一些未完成的句子，要求被试者补充完整，如"＿＿品牌薯片最好吃""＿＿牌白酒最显档次"等。研究者可据此推断被试者的爱好、兴趣、可能的动机等。

2）主题统觉测验法。它是让被试者看一些内容模糊、意义模棱两可的图片，让其看图生发想象或编故事，从而了解消费者的购买动机。例如，气泡画描绘的即是处于一般情势下的人，要求被试者对图画做出说明，如图 1-5 所示，图中的女性看到了新上市的保鲜膜，她想到了什么？

图 1-5 气泡画

（资料来源：迈克尔 R 所罗门. 消费者行为学［M］. 北京：张莹，等译. 北京：经济科学出版社，1998：25.）

案例分析

"动感地带"——年轻人的地盘

2003 年 12 月 13 日，由中国移动发起的"'动感地带'2003 中国大学生街舞挑战赛总决赛暨颁奖晚会"在京举行。挑战赛历时三个多月，吸引了 600 万名大学生参加，海南职业技术学院和华东理工大学最终凭借动感出众的编舞、挥洒自如的舞姿、高难度的动作技巧脱颖而出，分别获得 Breaking Battle 和 HIP-HOP 的第一名，成为"动感地带"的第一代街舞舞王。

"动感地带"面世以来的一系列活动吸引了众多注意力，促使"动感地带"的知名度和市场占有率迅速提升。一位广告界人士说："动感地带是中国移动通信领域的第一个真正意义上的品牌。"系列广告中周杰伦现身说法，展现出品牌新奇、时尚、好玩、探索的个性，吸引年轻的消费者融入"动感地带"的天地，拓展出一方属于自己的领地。

"动感地带"是中国移动继"全球通""神州行"之后推出的第三个品牌，与前两个品牌对所有的消费者大包大揽不同，"动感地带"一推出就确定了自己的目标市场和定位。它的目标市场是 15～25 岁年龄段的、崇尚新奇事物的年轻一代，通过提供时尚、好玩、探索的移动服务，拉近与消费者的距离，使自己成为消费者生活的一部分。

"动感地带"摸准了年轻人的心理，斥巨资邀请周杰伦作为其形象代言人，在全国范围内进行了立体式媒体轰炸。周杰伦被称为"飘一代"的代言人，他以个性飞扬和青春叛逆的特点深受年轻人的追捧。"动感地带"广告语"我的地盘，我做主"也极具煽动性和个性的挑战，反映了年轻人追求独立、自主的个性。《新周刊》杂志社推出的"2003 年度新锐榜"上，"年度艺人"中周杰伦榜上有名，而且广告语"我的地盘，我做主"也被评为"年度最佳广告语"，中国移动的"动感地带"获得了双丰收。

"动感地带"定位在年轻人的品牌，做年轻人喜欢做的事，为了不断地迎合动感年轻人的爱好和消费特征，从最初的"以信会友"到现在的"以舞会友"，再到"动感地带"与麦当劳联合推出动感套餐的"以吃会友"，并且计划在上海淮海路最繁华的地段建立最大、最全、最专业的业务与服务展示、体验平台——旗舰店，"动感地带"品牌店宽敞、明亮，甚至带点奢侈的味道。"动感地带"这一系列大手笔的举动不断地给"动感一族"带来惊喜和兴奋。

在短短的时间内，"动感地带"的用户在全国已达 1000 万名。它是中国唯一针对时尚、富于变化的年轻一代所推出的客户品牌，自从推出以来，它一路高歌、充满活力，为价格战打得如火如荼的移动通信市场增加了新的元素，并把移动通信的竞争从价格战提升为品牌战。

（资料来源：互联网）

讨论题：
1. 消费者分析对移动公司的市场营销活动有何意义？
2. 移动公司的"动感地带"品牌活动为什么会成功？

思考题

1. 消费者行为学的总体研究框架如何应用？对企业有什么启示？
2. 商家怎样培养品牌忠实的消费者？
3. 在制定营销战略中，消费者分析有何作用？
4. 消费者行为学来自哪些学科的滋养？
5. 消费者行为学研究的原则和方法是什么？

第②篇

购买决策过程

第 2 章
消费者购买决策过程 I

【本章要点】

- 消费者购买决策程序
- 消费者购买决策的内容
- 消费者购买决策的类型
- 发现消费者需求认知的方法
- 影响消费者信息收集的因素

【重点名词】

消费者购买决策	常规型决策	有限型决策	扩展型决策
需求认知	即时性信息来源	选择性注意	选择性曲解
选择性记忆			

【引导案例】

　　小陶最近正在考虑为家里购买空调的事儿。天气渐渐热了起来，小陶和同学小吉一样都是 1 月份刚刚搬进 $138m^2$ 的新房子，家具全是新的，心情很舒畅。新房子内唯独没有安装空调。现在将近 4 月份了，各个商家都在为"五一"期间的商战发布各种促销信息。小陶听说小吉已经购买了空调，这让她心里多少有点着急。她丈夫常年在外工作，家里的大小事情都要靠她决定。买空调也是一件令人头疼的事情。家中有三个房间，一个客厅连着餐厅，这意味着至少安装 3 台空调（因为只有三口人，没有与老人同住，客房暂时可以不装空调）。客厅要装柜机，卧室装挂机。这样，小陶决定购买 2 台挂机和 1 台柜机。然而，买什么牌子的空调却让她拿不定主意。市场上格力、美的、海尔、LG、海信等空调品牌众多，她没有这方面的知识。同学小吉买的是海尔变频空调，价格较贵，同事小花买的是格力空调，而小陶还是考虑购买经济适用型的。为此，她到苏宁电器、国美电器以及市百货商场等各处询价，了解空调的规格、功能、款式、花色等信息；同时，还上网查看各空调生产企业的相关信息，并向其他同事了解他们家中空调的品牌、价格、使用情况等，这对小陶决定购买哪种品牌的空调也是很重要的参考。最后，小陶心里已经明确了备选品牌的范围。

　　（资料来源：互联网）

2.1　消费者购买决策的特点和类型

消费者购买决策是指消费者为了满足某种需求，在一定的购买动机支配下，在可供选择的两个或两个以上的购买方案中选择一个最优方案的活动过程。

消费者的决策过程就是消费者解决问题的过程。这一过程可以很简单地在短时间内完成，也可能需要很长时间才能完成。一般来说，消费者的购买决策要经过需求认知、信息收集、评价选择、购买行动与购后行为五个阶段（见图 2-1）。

需求认知　→　信息收集　→　评价选择　→　购买行动　→　购后行为

图 2-1　消费者的购买决策程序

本章主要探讨消费者购买决策中的前两个阶段，即需求认知阶段和信息收集阶段。

2.1.1　消费者购买决策的特点

消费者购买决策活动是一个系统的过程。在这个过程中，消费者的消费行为呈现出很多特点，归纳起来主要有以下几方面：

1. 目的性

消费者进行决策，就是要促进一个或若干个消费目标的实现，这本身就带有目的性。在决策过程中，要围绕目标进行筹划、选择、安排，就是实现活动的目的性。

2. 过程性

消费者购买决策就是消费者在受到内、外部因素刺激后，产生需求，形成购买动机，抉择和实施购买方案，购后经验又会反馈回去影响下一次消费者购买决策，从而形成一个完整的循环过程。

3. 需求个性

由于购买商品的行为是消费者主观需求、意愿的外在体现，因此受许多客观因素的影响。除集体消费之外，个体消费者的购买决策一般都是由消费者个人单独进行的。随着消费者支付水平的提高，购买行动中独立决策的特点将越来越明显。

4. 复杂性

复杂性是指消费者心理活动和购买决策过程的复杂性。首先，决策是人的大脑复杂思维活动的产物。消费者在做决策时，不仅要开展感觉、知觉、注意、记忆等一系列心理活动，还必须进行分析、推理、判断等一系列思维活动，并且要计算费用支出与可能带来的各种利益。因此，消费者的购买决策过程一般是比较复杂的。其次，决策内容具有复杂性。消费者通过分析，确定在何时、何地以何种方式、何种价格购买何种品牌的商品等一系列购买决策的内容是复杂的。再次，购买决策的影响因素具有复杂性。消费者在做购买决策时，受到多方面因素的影响和制约，具体包括消费者的个人性格、兴趣取向、生活习惯与收入水平等主体相关因素，消费者所处的空间环境、社会文化环境和经济环境等各种刺激因素，还有产品本身的属性、价格、企业的信誉和服务水平，以及各种促销形式等。这些因素之间存在复杂的交互作用，它们会对消费者的决策内容、方式及结果有不确定的影响。

5. 情景性

由于影响决策的各种因素不是一成不变的，而是随着时间、地点、环境的变化而不断发生变化的，因此，对于同一个消费者的消费决策具有明显的情景性，其具体决策方式会因所处情景不同而不同。由于不同消费者的收入水平、购买习惯、消费心理、家庭环境等影响因素存在差异性，因此，不同的消费者对同一种商品的购买决策可能存在差异。

2.1.2 消费者购买决策的内容

在现实中，消费者经常会遇到各种决策问题，但是所有决策问题都离不开以下几方面内容：

1. 买什么

买什么（What to buy）即确定购买对象。这是购买决策的首要问题。例如，购买家用汽车，不同消费者对汽车产地、品牌、款式、价位等的选择是不一样的。从品牌上看，有的家庭选择法国的标致、雪铁龙，有的家庭选择德国的大众、奥迪、宝马、奔驰，有的家庭会选择美国的福特，有的家庭选择日本的丰田、本田，有的家庭选择中国的吉利、比亚迪、奇瑞，等等。从价格上看，有的人买车是为了节省时间、以车代步，所以选择比较便宜的汽车；有的人有一定地位但是又不想太张扬，所以就买中等价位的车；有的人为了显示富有，则喜欢买高价位的车，等等。

2. 买多少

买多少（How much to buy）即确定购买数量。购买数量取决于消费者的实际需要、支付能力和市场供应情况。若是市场供应充裕的商品，消费者不会急于购买；反之，市场上短缺的商品，消费者则会急于购买，甚至负债购买。

3. 在哪买

在哪买（Where to buy）即确定购买地点。这需要考虑多种因素，如交通便利情况，商店的远近，商场及其周边环境，商家信誉，可供选择的商品品种、数量、价格、品牌，以及服务态度等。这类决策与消费者的购买动机有关，即与消费者的求名、求速、求廉、求新以及惠顾动机相关联。

4. 何时买

何时买（When to buy）即确定购买时间。这与主导购买动机的迫切性有关。消费者的购买动机是以消费需求最强的动机作为主导性动机来决定购买时间的先后缓急。购买时间由以下因素决定：市场供应情况、商场的营业时间、节假日、消费者的购买习惯、商场促销力度与时间等。

5. 如何买

如何买（How to buy）即确定购买方式，包括商店选购、邮购、函购、预购、托人代购、厂商直销、电话购物、电视购物、网络购物等。从支付方式上讲，包括现金、信用卡、支票、分期付款等。由此可见，现代社会消费者的购买方式越来越多样化，购买的自由度加大，购买商品的便利性增强了。

2.1.3 消费者购买决策的类型

1. 按照消费者解决购买问题的程度划分

消费者的购买决策一般被看作问题解决的过程。这种问题解决的过程是一个连续的过程，其一端是常规的问题解决，另一端是扩展的问题解决，中间区域被称为有限的问题解决（见图 2-2）。

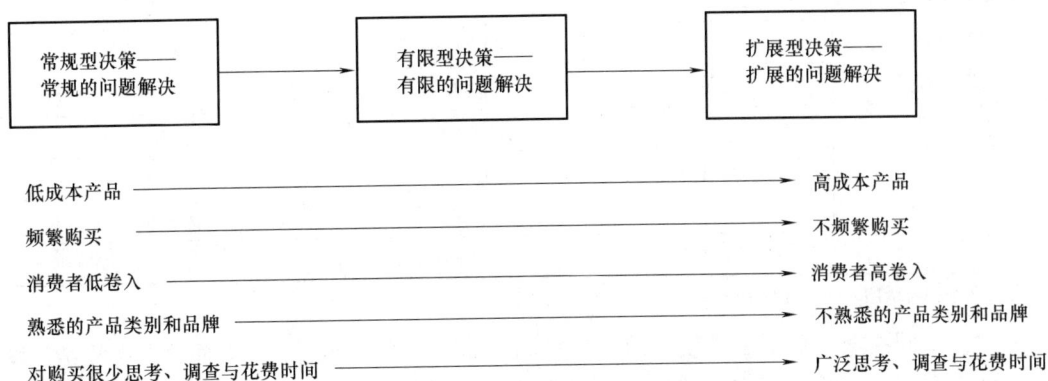

图 2-2　消费者问题解决的连续过程

（资料来源：陆跃翔. 消费者行为学 ［M］. 北京：中国统计出版社，2005：159.）

（1）常规型决策。常规型决策即常规的问题解决，就是消费者了解产品，同时也了解品牌时的决策。消费者购买曾经买过的品牌或者熟悉的品牌时，一般不会寻找信息，而直接做出购买决策。换句话说，只要消费者忠诚于品牌，购买决策就会非常迅速。

常规型决策的类型包括忠诚型购买决策和习惯型购买决策。

忠诚型购买决策是指消费者认定某一品牌比其他与本品牌相竞争的品牌能更好地满足需要，对该品牌形成了情感上的依赖，从而长期反复选择该品牌。习惯型决策和忠诚型决策在外在形式上表现一致，即较长时期重复选择某一品牌。然而，与忠诚某一品牌的情况不同，此时消费者重复选择某一品牌是因其认定不同品牌其实没有实质性差异。如果遇到其他与本品牌相竞争的品牌降价，或者其他品牌企业采用强有力的促销手段，消费者可能会转而购买其他品牌的产品并且不会有太多的思考。

（2）有限型决策。有限型决策即有限的问题解决，是指消费者对某一产品类别或同类产品的各种品牌有所了解，并且具有基本的判别标准，但是还没有形成对某一品牌的偏好，需要进一步收集某些信息，以便在不同的品牌之间做出更满意的选择。例如，一个家庭重新购买洗衣机时，由于对洗衣机已经有了一定的认识，所需要的信息相对也少，就使得决策过程比较迅速。

（3）扩展型决策。扩展型决策即扩展的问题解决，是指消费者购买不熟悉的产品和品牌时需要收集大量信息，并且要花费很长时间进行比较、选择的决策。扩展型决策是比较复杂的购买决策。以购买家庭轿车为例，如果购买者对轿车本身以及轿车市场的情况均不熟悉，那么就需要从各方面收集信息，了解市场上有哪些品牌的轿车，各种品牌轿车在性能、价格等方面的差异，以及应从哪些方面来评价轿车的好坏、优劣等。也许他要花几个星期甚至几个月的时间才能决定选择何种规格、何种品牌、何种配置的轿车。

对上述三种购买决策类型进行比较，主要区别如下：

首先，购买决策所经历的阶段以及各阶段消费者的参与程度存在差别。常规型决策，消费者参与程度最低；扩展型决策，消费者参与程度最高；而有限型决策，消费者参与程度介于前述两种决策类型之间。表 2-1 描述了三种类型的决策在这方面的差别。

表 2-1　消费者不同决策类型的比较

	常规型决策	有限型决策	扩展型决策
购买参与程度	低	中	高
问题的认知	自动的	半自动的	复杂的
信息收集与评价	极少的	有限的	广泛的
购买定位	方便	混合的	购买
购后反应	非常有限的	有限的	复杂的
	习惯	重购有惯性	满意即忠诚
	品牌忠诚	不满意则转换品牌	不满意即抱怨

（资料来源：陆跃翔. 消费者行为学 ［M］. 北京：中国统计出版社，2005：160.）

其次，不同决策类型下，消费者重复选择同一品牌的概率不同。一般而言，越复杂的购买决策，消费者在下一轮购买中再选同一品牌的可能性相应越小；越常规的购买决策，消费者重复选择同一品牌的可能性越大。

最后，不同决策类型下，消费者在信息收集上所花费的时间存在差异。通常，常规型决策很少进行信息收集活动，而扩展型决策则需进行广泛的信息收集。

2. 按照消费者购买态度与要求划分

（1）习惯型。习惯型购买态度是指消费者依据过去的购买经验和消费习惯采取的购买行为。这类消费者长期光顾某个商店，或者长期使用某种品牌的商品，不受时尚流行的影响，购买行为表现出很强的目的性。

（2）理智型。理智型购买态度是指消费者在购买商品前广泛地收集资料，了解市场行情，经过分析、判断和权衡利弊之后做出购买决定。在购买过程中，这类消费者不受他人和广告宣传的影响，以慎重、理智的态度来支配行动。

（3）经济型（价格型）。经济型购买态度是指消费者对商品价格非常敏感，在购买过程中以价格高低作为评价商品价值的首要标准。这类消费者认为价格高的商品质量好，因而价格越贵就越要购买，认为物有所值；而对廉价商品感兴趣的消费者，则会对同类商品的价格差异特别敏感。

（4）冲动型。冲动型购买态度是指消费者在受到外界商品广告、促销员、店堂其他顾客的购买影响刺激下产生购买行为。那些新产品、时尚产品对这类消费者的影响最大。

（5）感情型。感情型购买态度是指消费者的购买行为受到心理情绪活动的支配，如处于兴奋、遐想状态，或者想象力和联想力很丰富，在购买时容易受感情支配和环境的诱导，因而做出购买决定。

（6）疑虑型。疑虑型购买态度是指消费者在购买前会有很多疑虑，前思后想，几番比较才决定购买。购买后还怕上当受骗。

（7）随意型。随意型购买态度是指消费者没有主见或者奉命购买。这类消费者在生活中不挑剔、不苛求，购买行为比较随意。

2.2　消费者需求认知

2.2.1　消费者需求认知过程

需求认知是指消费者意识到期望状态与实际状态存在差距，从而需要采取进一步行动。例如，当人们饥饿时，看到别人吃东西就会引起食欲；看到电视上的时装秀就会产生购买时装的欲望；看到淘宝网的各种商品信息和图片资料就会有购买的冲动。这些就是认知问题。

需求认知是消费者购买决策过程的起点。这个阶段对于营销者和消费者来说都很重要。对于营销者来说，只有当消费者认识到自己的需求，有购买的欲望，才能采取购买行动。因此，唤起消费者的购买欲望的前提就是需求认知。这时营销者需要做的就是要打破消费者的思维定式，向消费者宣传新思想、新理念和具有吸引力的信息。例如，海飞丝洗发水的宣传口号是"头屑去无踪"，一举奠定了其在洗发水市场上有效去除头皮屑第一品牌的位置；佳洁士牙膏的口号是"没有蛀牙"。这些品牌的营销传播使得消费者不仅认识到了头皮屑和蛀牙等问题的存在，同时也知道了解决这些需求问题的品牌是什么，那种在消费者心中"不同洗发水或不同牙膏是没有区别的"思维定式被完全打破，营销活动达到了品牌传播应有的效果。而对于消费者来说，在接受上述品牌传播信息的同时，不仅仅思维惯性发生了转变，也经历了一个学习与更新知识的过程。这个过程是消费者的现实需求和潜在需求被满足、被唤起的过程，也是消费者向企业真正的"老板"迈进了一步的过程。

消费者在意识到某个需求问题以后，将会采取何种行动取决于两个方面的因素：一是期望状态与感知的现实状态之间差距的大小或强度；二是该问题的相对重要性。举例来说，假设某位消费者希望拥有一辆宝马轿车，而现在的轿车是迈腾，此时，理想状态与现实状态之间虽然存在差距，但由于差距不太大，如果没有其他触动因素，这一差距可能不会导致消费者采取购买新轿车的决策行动。另一方面，即使现实状态与期望状态之间存在较大差距，但如果由此引起的问题相对于其他消费问题处于较次要的位置，则此时该问题也不一定会进入下一步的决策程序。

2.2.2　影响需求认知的因素

如前所述，消费者的期望状态与实际状态之间的差距是产生需求认知的必要条件，因此，凡影响消费者的期望状态与实际状态的因素均会影响消费者对需求的认知（见图 2-3）。

这些影响因素大致可分为两类：一类是可以或很大程度上由企业控制的营销因素；另一类是非营销因素。具体来讲有如下几个方面：

1. 环境变化

环境变化包括以下几个方面：

（1）生活环境的变化。一个人生活环境的改变会引起许多新的需要。很多刚毕业的大学生在走上工作岗位以后，会发现需要添置许多新衣服。平时在大学校园里十分得体的那些服装，在新的环境里会变得不协调、不合适。在对穿着有着较高期待的行业里，情况尤其如此。同样，家庭内的变化也会激发问题认知。例如，从一个城市搬到另一个城市的家庭，需要购买房子、添置家具用具等相当多的物品。

（2）经济环境的变化。经济环境的变化包括经济政策和个人经济状况的变化。经济政策和经济发展水平的变化会影响消费者对需求的认知。例如，由于国家出台了一系列房地产调控政策和相关法律，就会使人们对房价的稳定抱有信心，很多年轻人预期将来自己会拥有一套房子的愿望能够实现，为此他们就会努力工作多攒钱，以备买房。个人收入的变化也影响消费者对购买问题的认知。例如，消费者的收入大幅度增加了，除了日常的生活开支以外还有很多富余的资金，那么，消费者就会考虑把这些钱用于投资理财、旅游或者改善家居环境。消费者往往会在各个想到的方面均衡分配自己的金钱。上述两种情形是经济因素作用于现实状态，使之偏离期望状态，从而引发问题认知。

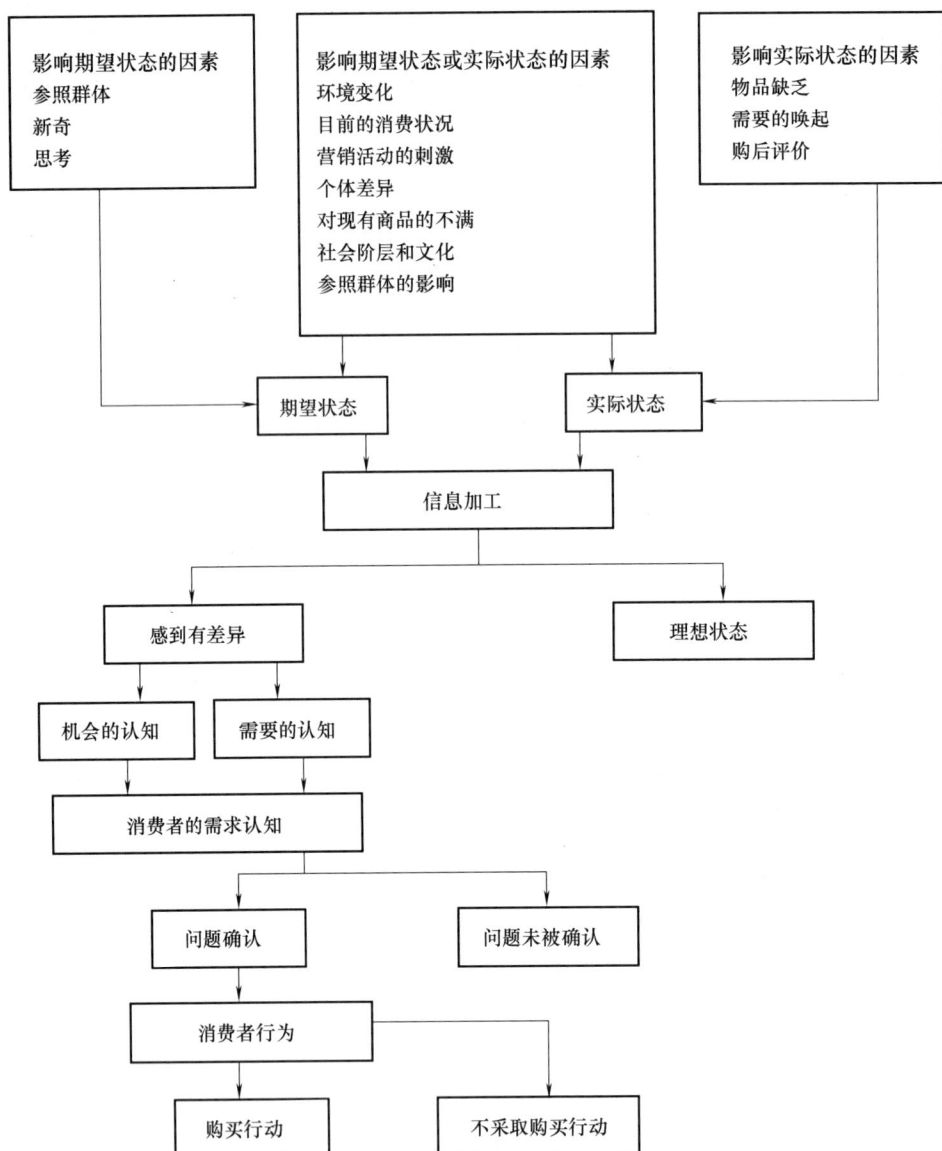

```
┌─────────────────┐  ┌──────────────────────┐  ┌─────────────────┐
│影响期望状态的因素│  │影响期望状态或实际状态的因素│  │影响实际状态的因素│
│参照群体          │  │环境变化               │  │物品缺乏          │
│新奇              │  │目前的消费状况          │  │需要的唤起        │
│思考              │  │营销活动的刺激          │  │购后评价          │
└─────────────────┘  │个体差异               │  └─────────────────┘
                     │对现有商品的不满        │
                     │社会阶层和文化          │
                     │参照群体的影响          │
                     └──────────────────────┘
```

期望状态　　实际状态

信息加工

感到有差异　　　　　理想状态

机会的认知　　需要的认知

消费者的需求认知

问题确认　　　　问题未被确认

消费者行为

购买行动　　　　不采取购买行动

图 2-3　消费者需求的认知过程

（资料来源：陆跃翔. 消费者行为学［M］. 北京：中国统计出版社，2005：165. 有改动）

2. 企业市场营销活动的刺激

产品的包装、价格、品牌、销售渠道、广告宣传等都是外界带给消费者的刺激。也就是说，企业的营销活动可以给予消费者没有需要的知觉刺激，进而激发消费者的新需要，或者通过促销使消费者的期望状态与实际状态之间产生较大差距，以引起消费者对现实状况的不满足，促使消费者产生购买愿望及行为。例如，网上购物对消费者是一种新的购物体验。网购商品，如图书、光盘、电子产品、箱包、家居用品等的相对低价格和方便快捷的送货上门服务是吸引网购人群的主要原因。

各商业企业的会员促销、节假日促销、打折促销等方式对消费者的购买问题认知具有更加实际的、近在眼前的影响，也是非常有效的促成购买的营销手段。因此，对于企业来说，比竞争者更有效地刺激消费者还没有认识到的需要是非常重要的。

3. 目前的消费状况

目前的消费状况包括产品和消费的时间间隔。

产品的实际消费状况也会引发问题认知。很多情况下，消费者意识到某一购买问题仅仅是由于产品已经或即将用完，必须补充存货。如米桶里的大米没有了，酱油瓶里只剩一点儿酱油了，均会促使消费者去购买这些产品。消费过程中的愉快体验，如观看一次令人愉快的音乐会，会激起下次前往同一地点观看音乐会的念头。需求认知也可以由一种产品的购买导致对其附属产品的需求，如家庭计算机的购买会激发对软件程序或外挂音响的需求。

时间的流逝本身就是激发需求认知的一个重要因素。消费间隔越长，下次消费的意识就越强烈。如旧电视机使用若干年已经过时，需要换一台新的电视机等。

4. 个体差异

布劳恩认为，需求的认知是因现实状态的变化引起还是因期望状态的变化引起，因个体的不同而异。在一个极端，消费者对需求的认知完全是由实际状态的变化所引起的；而在另一个极端，对需求的认知是由期望状态的变动所引起的。例如，有的消费者只有在产品丧失功能、不能再使用时才去购置新的；而另一些消费者则在产品完好，甚至刚买回来不久，就因更新的产品问世而计划购置新产品。[⊖]

5. 对现有商品的不满

对现有商品的不满会引起消费者对购头需求的认知。例如，购买一套新的家具，会影响购买者对房内原有的家具、摆设的看法和感受，从而可能导致产生置换这些家具和摆设的欲望。一个购买了新房的消费者，会产生购买多种家居物品的想法。正是由于这一原因，很多公司把新房购买者视为重要的目标市场。

6. 社会阶层和文化水平的差异

社会阶层是指一个社会中具有相对同质性和持久性的群体，他们是按等级排列的，每一阶层的成员具有类似的价值观、兴趣爱好和行为规范。社会各阶层具有特定的作用和特定的社会地位，不同等级的成员都被培养成一定的角色。

社会阶层的界限并不是固定不变的，个人可能升到上一阶层或降到下一阶层。

消费者往往会把产品的品牌和服务与特定的社会阶层联系起来，许多产品也是针对特定社会阶层而设计的。例如，女士手提包品牌中的大众品牌、高档品牌和奢侈品牌，所针对的目标群体是不同的。工薪阶层的消费者通常从实用角度评价商品，而中上阶层则更看重产品的风格和时尚。有研究表明，社会中想成为高级社会阶层的人总比实际处于这一阶层的人多，许多中产阶层的人都会购买对高阶层有吸引力的产品。

消费者的文化水平和特长的变化也会影响其需求认知。例如，一个大学毕业生和一个高中毕业生相比，其眼界、看问题的态度和解决问题的方式都会有所不同。作为学生，大学生可能对文化用品的需求量很大；而一个在音乐方面有特长的大学生可能会对与音乐、乐器有关的商

⊖　符国群. 消费者行为学 [M]. 北京：高等教育出版社，2006：38.

品更加青睐。因此，营销者针对不同的社会阶层成员以及不同文化层次的人群，进行有针对性的市场营销活动，才能更有效地激发目标市场消费者的需求认知。

7. 参照群体的影响

参照群体是指能够直接或间接影响消费者购买行为的个人或集体。参照群体也会影响消费者的需求认知。因为参照群体具有很强的感染力和个人魅力。例如，一个歌迷可能会模仿他崇拜的歌星的声音、穿着打扮甚至生活情趣；一个崇拜意大利足球队的球迷，可能会把他的房间设计成这支球队的标志性颜色等。

2.2.3　发现消费者需求的方法

发现消费者面临的需求问题有多种方法。最常用的方法就是凭直觉进行判断，即管理者分析某类特定产品，然后根据逻辑和经验来决定可做哪些改进。该方法的缺点是，据此得出的需求对大多数消费者来说可能并不重要。另一种典型的方法是市场调查，即询问大量消费者以了解他们所面临的需求。专题座谈也是常被采用的一种方法。小组一般由 8～12 名身份相近的人组成，集中讨论一个特定的主题，在现场有两位主持人，由他们来协调和引导问题讨论，以防止讨论偏离正题。

除了上面提到的这些方法以外，活动分析、问题分析、人体因素研究和情绪研究也被较多地运用于消费者需求的识别。

1. 活动分析

活动分析集中于对某一具体活动，如对准备晚餐、洗碗和洗碟子、修剪草坪等进行分析，以发现消费者面临的需求。例如，约翰逊·万克斯公司进行了一次面向妇女的全国性调查，内容是她们怎样护理头发及遇到了哪些问题。调查揭示了一个现有品牌的洗发水均未能解决的问题——油腻感。结果，该公司有针对性地开发出了一种新的香波和一种新的清洗液，两种新产品均获得了极大的成功。一项关于"家庭主妇所面临的厨房问题"的调查显示，家庭主妇最感头痛的问题是厨房用品的摆设缺乏条理。相对而言，把食品储藏作为需求问题的人不多，处理剩饭剩菜也不是什么大问题。[⊖]

2. 产品分析

产品分析是指研究某一特定产品或品牌的购买与使用。例如，通过询问消费者对国内运动服装品牌的印象时发现，李宁牌运动服装更受到中青年消费者的青睐，偏成熟稳重而青春活泼不足。由此，该品牌决定更换品牌标志和品牌主张，把"一切皆有可能"改为"让改变发生，90 后李宁"，目的是让品牌更加年轻化，更符合"90 后"青年人的生活态度。结果表明，新的品牌标志很有力量感、运动感和时尚感，符合当代中国人的审美意识，新的品牌主张也是青年人推崇的口号，表明 20 年后李宁品牌的新标志和新主张与原来的一脉相承，并且更年轻、更有活力。

3. 问题分析

问题分析就是列出一系列问题，要求被调查者指出哪些活动、产品或品牌会涉及这些需求问题。例如，一项涉及包装的调查发现了这样一些问题：①包装难以开启；②包装难以重新密封；③不便于倾倒；④包装不适于陈列；⑤包装浪费的材料太多；⑥包装太不结实。

⊖　符国群. 消费者行为学［M］. 北京：高等教育出版社，2006：39.

4. 人体因素研究

人体因素研究试图通过测试人的诸多能力，如视力、反应时间、灵活性、疲劳程度，以及影响这些能力的因素，如亮度、温度、声音等，来发现消费者需求。用于人体因素研究的具体方法多种多样，其中观察法，如慢动作拍摄和放映、录像、录音等，对营销者来说尤为有用，也被普遍采用。

人体因素研究主要用于确定消费者意识不到的功能性问题。例如，它有助于吸尘器、割草机、汽车坐垫之类产品的设计，以减轻使用者的疲劳程度。

5. 情绪研究

情绪研究主要分为两个方面：①与某一特定产品或服务相联系的情绪；②能够减轻或激发某种情绪的产品。对于比较细微或敏感的情绪，采用投射法比较合适。所谓投射法，是指将某种模糊的、非结构性的物体、情形、语句或其他对象呈给应答者，请其给予解释。这种方法的基本假设是，人们在谈论他人或与自己无直接关系的事物时，往往能更加无拘无束，并间接地折射自己的心迹和想法。

2.3　消费者信息收集

消费者购买决策过程与消费者信息收集在多数情况下是交叉进行、不可分割的。当消费者意识到某个需求问题的存在，并且感到有必要采取行动解决这一问题时，就会开始收集有关信息。消费者花多大力气收集信息，收集哪些信息，从何处和如何收集信息，对营销者来说十分重要。

2.3.1　消费者信息来源

1. 购买前的信息来源

购买前消费者获取信息的来源主要有内部来源和外部来源。内部来源主要是记忆来源和经验来源；外部来源包括周围人信息来源、中性信息来源和商业或营销来源。

（1）内部来源

1）记忆来源。通过过去的信息搜寻活动、个人经验和学习所形成的记忆或内部信息是大多数消费者最主要的信息来源。在很多情况下，消费者依靠储存在记忆中的信息就可以解决所面临的购买问题。例如，在购买牙膏、饮料等产品的过程中，绝大多数消费者是凭借过去的经验、印象或习惯做出选择，无需借助于其他外部信息。另外，购买间隔越长，消费者改变原来购买方案的可能性就越大。

2）经验来源。如果消费者到不同商店比较各种产品的价格，亲自观测产品或试用产品，就源于消费者获取信息的经验来源。经验来源获得的信息最直接，也最为消费者所信赖。

（2）外部来源

1）周围人信息来源，也称为口传信息来源。"周围人"包括朋友、同事、家人等。美国一家汽车调研公司的调查发现，2/3的新车购买者说他们购买哪一款汽车主要受周围接触的人的影响。

2）中性信息来源，包括大众媒体、政府机构、消费者组织等。

3）商业或营销来源，包括广告、包装、宣传手册、推销员等。

在上述三类来源中，广告是最常见的信息源，而对消费者行为影响大的主要是口传信息来源或中性信息来源。

表2-2是国外学者对于消费者购买汽车时愿意参照的各种具体信息源的调查统计资料。从表中可以看出，营销者可以控制的那些信息来源（第1项至第7项）的百分比，比口传信息来源（第8项至第11项）与中性信息来源（第12项）的百分比低得多，这说明广告媒体的实际使用率需要进一步改善。[⊖]

表2-2　购买汽车时使用的信息源（%）

1. 电视	25
2. 电台广播	12
3. 杂志	25
4. 报纸	30
5. 广告牌	20
6. 广告小册子	22
7. 汽车商	20
8. 朋友	64
9. 同事	58
10. 汽车站的乘客	43
11. 亲戚	62
12. 消费者组织的报告	78

注：百分比表示在从0到100的量表上，每个信息源评价多于50的样本比例（引自J. A. Howard, 1977）。

相关研究还表明，周围人信息来源的可信度最高，如表2-3所示。[⊜]

表2-3　消费者对信息来源的评价

信息来源	容易获得	充分获得	充分理解	能相信
商店信息	67.7	53.8	53.8	43.6
周围人信息	63.5	36.5	41.9	66.2
广告信息	51.6	41.9	41.9	51.2

从上述国内外的研究结果可以看出，对消费者行为影响最大的力量是周围人信息来源，即口传信息来源。因此，企业在开展营销活动的时候，应充分重视消费者的口传信息。

2. 即时性信息来源

即时性信息来源是指不针对特定购买需求或购买决策，而是基于兴趣、爱好和积累知识，以备将来决策所用的信息收集活动。例如，一位已购买了计算机的消费者仍不断从杂志、互联网和其他渠道了解有关计算机的信息，就属于即时性信息收集。

消费者从事即时性信息收集是由于对某一产品类别的介入程度很高，或者是为了掌握大量有关该产品或购买的知识，以便将来使用，或者是为了享受这类收集活动所带来的乐趣。由一项涉及服装和个人计算机的即时性信息收集的调查发现，从事大量即时性信息收集活动的消费者与较少从事这类活动的消费者能够被识别出来。前者产品知识较丰富，而且认为这类活动十分有趣。更重要的是，即时性信息收集者同时也是信息收集所涉产品的大量使用者（见表2-4）。

⊖ 陆跃翔. 消费者行为学［M］. 北京：中国统计出版社，2005：169.
⊜ 李东进. 我国消费者搜寻信息行为的调查研究［J］. 消费经济，2000（6）：44-48.

表 2-4　购买前信息收集与即时性信息收集的比较

购买前信息收集	即时性信息收集
决定因素 　对购买的介入程度 　市场环境 　情境因素	决定因素 　对产品类别的介入程度 　市场环境 　情境因素
动机 　做出更好的购买决策	动机 　建立供未来使用的信息库 　体验搜寻中的乐趣
结果 　产品与市场知识的增加 　更好的购买决策 　提高对购买结果的满意水平	结果 　由于产品与市场知识的增加导致未来购买效率的提高 　提升个人影响 　增加冲动性购买和提高满意度

（资料来源：符国群. 消费者行为学 ［M］. 北京：高等教育出版社，2006：45.）

消费者问题解决的类型不同，信息收集的程度也不一样，如表 2-5 所示。

表 2-5　问题解决类型与信息收集程度

信息收集指标	问题解决类型		
	常规的问题解决	有限的问题解决	扩展的问题解决
品牌数	很少	比较少	多
商店数	未定	比较少	多
产品属性数	很少	比较少	多
信息来源数	没有	比较少	多
收集时间	非常短	比较短	长

随着互联网的快速发展，消费者使用宽带和手机上网获取和搜索信息更加便利，消费者搜寻信息的成本更低、速度更快、效率更高。宽带网民和手机网民已经成为消费者即时性信息收集的有效平台。中国互联网络信息中心（CNNIC）于 2015 年 7 月发布的第 36 次《中国互联网络发展状况统计报告》（以下简称《报告》）指出，截至 2015 年 6 月，我国网民规模达 6.68 亿人，互联网普及率为 48.8%。我国手机网民规模达 5.94 亿人，网民中使用手机上网的人群占比为 88.9%；使用平板电脑上网的比例为 33.7%；网络电视使用率为 16.0%。2015 年上半年，中国网民的人均周上网时间长达 26 小时。

2.3.2　影响消费者信息收集的因素

1. 消费者对风险的预期

通常，人们在购买商品时会感知到风险。那些认为购买风险比较大的消费者会多方收集信息，考虑更多的可供选择的品牌。而对于同一产品的风险感知程度则因人而异。例如，打算购买一辆新轿车的消费者会多方收集信息，并考虑更多的品牌，这是一项风险较高的决策。相对来说，准备更换一辆轿车的消费者的风险预期就要低得多。另外，对于购买相同轿车的消费者来说，由于个性不同，所感知到的风险也不同。

2. 消费者对产品或服务的认识

消费者越了解所要购买的商品，收集信息花费的时间就越少，可以非常自信地做出购买决策；反之，消费者不了解潜在购买品，就不会有太大的自信心决定购买。同理，有购买经验的消费者比没有购买经验的消费者对风险的预期更低。

3. 消费者对产品或服务感兴趣的程度

对某种产品更感兴趣的消费者会花费更多的时间搜寻信息。例如，一个户外登山运动爱好者为了购买一双登山鞋，可能更愿意向有关专业人士询问，并花费更多的时间和精力选择合脚的登山鞋。

4. 情境因素

情境因素也是影响消费者收集产品信息时考虑的重要因素。一般情况下，消费者会考虑购买产品的时间效益、成本支出的合理性，因此会选择需要到达的商店或者考虑去专卖店购买；特殊情况下，由于人们对信息的收集时间有限，如汽车在半路上坏了，驾驶人只能就近寻找修车的地方而不可能到处打电话去寻找一家便宜的修车店去修车。

2.3.3　消费者选择信息的过程

消费者选择信息的过程就是他们感知事物的过程，并随着他们的个性、经验、需要等的不同而有所区别。一般情况下，消费者选择信息的过程包括以下三个方面：

1. 选择性注意

选择性注意是指消费者面对大量外部信息的刺激时，只会注意到与当前需要有关的刺激和其期盼的刺激以及异常的刺激。例如商店的促销信息，降价50%的某种商品比降价5%的商品对于消费者的吸引力更大。又比如某个消费者迫切想要购买一台笔记本电脑，他就会非常关注笔记本电脑的销售信息。因此，营销者在营销过程中就要注意运用有效的促销手段，引起消费者的注意。

2. 选择性曲解

选择性曲解是指人们趋向于将所获信息按自己的意愿解释。也就是说，消费者更愿意按照自己的想法去选择购买商品，这种先入为主的观念不一定正确，但是却会影响消费者的购买行为。例如，习惯于购买某种品牌牙膏的消费者就不愿意花费更多的时间去选择其他品牌的牙膏，即使其他品牌的牙膏有更优异的功能和特性。营销者的工作就是要影响人们的这种不适当的态度，通过有意识的营销宣传，促使人们认可或者转变态度和观念，从而达到营销的目的。

3. 选择性记忆

选择性记忆是指人们只记住那些符合自己态度和信念的信息。这意味着营销人员必须提供生动、重复和有特色的刺激，只有这样才能吸引消费者的目光，达到预期的沟通效果。

通过上述分析可以看出，消费者的感知过程与消费者的认识、注意、观念、态度以及记忆等都有关系，营销者要尽可能地把信息传递给消费者，并且在传递信息时生动形象并多次重复，以加深消费者的印象。

小贴士

农夫山泉的记忆点创造法

在激烈的市场竞争中，每个企业都力图使自己的产品以及企业的整体形象广为人知，并能深入人心，为此想尽办法、用尽手段。但对消费者而言，面对如此众多的企业和产品，要让他们记住其中的某一个并非易事，更别说印象深刻。1999 年，农夫山泉的广告开始出现在各类电视台，而且来势汹汹，随之市场也出现了越来越激烈的反应。再通过随后跟进的一系列营销大手笔，农夫山泉一举成为中国饮用水行业的后起之秀，到 2000 年便顺理成章地进入了三甲之列，实现了强势崛起。历来中国的饮用水市场上都是竞争激烈、强手如云，农夫山泉能有如此卓越的表现，堪称中国商业史上的典型。而这个典型的成就首先启动于"农夫山泉有点甜"这个典型中的经典。这句蕴涵深意、韵味优美的广告语，一出现就打动了众多受众，令人们牢牢记住了农夫山泉。

（资料来源：荣晓华. 消费者行为学［M］. 2 版. 大连：东北财经大学出版社，2006：295.）

聚焦中国

中国消费者信息行为的差异点

差异 1：环境差异——信息不对称

中国消费者在选择或购买商品时存在信息缺乏，与供应方信息不对称的情况。与中国消费者利益直接相关的信息常常未被充分披露，消费者甚至受到误导和欺骗，如近年来多起严重的股市黑幕、全国恶性有毒食品事件、商品房销售中大量的投诉（不实信息）。事实上，市场信息和相关的政府信息的透明度都还不够，同时，全国各地的信息供给不均衡，信息区域差别大。在落后或偏远地区，中国消费者面对的信息不对称更严重。信息不对称是中国消费者权益中的突出问题。

差异 2：信息处理更慎重

中国消费者购买商品安全性较低。他们害怕上当或买错，因为往往无法挽回，要自担后果或太麻烦，购买风险大，所以购买决策过程一般会更长，信息处理更慎重。"货比三家"就是中国消费者的写照。西方消费者则购物风险小，购买决策时不必太犹豫，这并非由于购买力强，而是更由于有"无因退货"的保障和其他消费者保护制度而不怕"买错"。

差异 3：非正式传播渠道

正式的大众传播与非正式的传播渠道两者相比，中国人圈子中非正式传播渠道的影响比西方更大。例如，中国消费者偏好手机信息传播，数据显示，中国用户手机信息量比美国用户高出 10 倍以上。

红桃 K 生血剂年销售额达数十亿元，在该品牌运用的电视广告、电台广告、车贴、墙报、宣销、户外张贴、小报等多种传播渠道中，小报这一非正式传播渠道的传播效果最为显著。调研表明，小报的费用投入与销量的相关度最高，对促进销量所起的作用最大（在城市占68.8%，在农村占 75.6%）。

差异 4：重视口碑信息

在中国消费者的信息来源中，广受重视而有效的一个来源是"亲友推介"。这与西方人大不相同。受参考群体影响大、相信口碑是中国人信息行为的特点。例如，关于轿车的购买行为，中国目前有开车经验的人少，很多车主和潜在车主对大众、捷达、富康、桑塔纳、红旗等的了解，是通过乘坐出租车或从其他驾驶人的口里得来的，这与当代北美或欧洲的情况相当不同。

差异 5：信息认同中的权威因素

崇尚权威心理是中国人信息行为的另一特点，即在信息认同中，权威机构或人推介的权重显著加大，"人微言轻"等成语也反映出中国环境中"谁说"比"说什么"往往更重要。崇尚权威并不仅仅局限在农村，"2004 韦尔奇中国风暴"（100 万美元出场费），也从一个侧面反映了中国企业家对洋 CEO 的偶像崇拜。

（资料来源：卢泰宏，等. 消费者行为学——中国消费者透视［M］. 北京：高等教育出版社，2005：87.）

案例分析

《哈利·波特》系列小说在中国的成功营销之道

在 1999 年 10 月的法兰克福国际书展上，中国的出版人就了解到《哈利·波特》这本颇具传奇色彩的畅销书，但没有料到的是，这样一本儿童图书居然越来越火，令人瞠目结舌的销售数字不断刷新，热销场面近乎疯狂。国内出版界终于感悟到《哈利·波特》也可能成为一本风靡中国的畅销书。

经过与英方一轮又一轮的艰苦谈判，人民文学出版社（以下简称人文社）从 7 个竞争者中脱颖而出，获得了出版《哈利·波特》的版权。那么，人文社是如何对《哈利·波特》小说出版进行营销的呢？

1. 在发行前期采取立体式媒体促销传播策略

出版社为《哈利·波特》选择的营销策略，在发行前期注重对各种资源的有效整合利用，采取立体式的媒体策略，引导读者的视线，以注意力就是潜在市场的理念配合相关的广告、报道、评论，使读者对图书产生正面的心理印象。

人文社除了请专业人员翻译，还制订了多角度、多方位、多层次的促销策划方案。其中有三招可谓制胜的举措：

（1）搞单品种订货会，诚邀全国各地书店经理来京。

（2）利用五大媒体进行有梯次的宣传。

（3）制作几种特殊的宣传品配合图书的宣传。

这三点可以深入地把图书信息广泛传播开来，有效地利用、整合了书店的宣传、营销资源。营销不仅是出版社的事，也是书店的事，是社店之间的双赢之路。传统的营销理论往往侧重于产品的生产者，而忽略渠道，特别是零售卖场对产品销售的重要作用。书店为图书在图书业营造声势，吸引传媒的注意。在信息时代，传媒的介入和造势是书业实现效益和利润最大化的必备因素。五大媒体的前期宣传极大地提高了《哈利·波特》的知名度，提升了读者对图书的认知度。社会对图书认知的提升又会进一步产生一种"光圈效应"。从心理层面上来说，人往往会对自己已经接触过的事物投注更多的目光，特别是对从第三者处获得的关于其他事物的信息，会激发人的好奇心。

2. 首发阶段的情感营销

出版社对《哈利·波特》通过首发式的小活动营造了一种欢愉的氛围，诉诸购买者的情绪体验。特别是活动现场的读者群体，当活动的小插曲或高潮来临时，能够产生惊喜、兴奋、愉悦等积极的情绪体验。这种情绪可以以异常的速度在人群中蔓延开来，有利于在读者群中产生一种对图书的期待感，激发潜在读者的购买欲，促进销售量增长。

美国学者出版社给《哈利·波特》制订的营销方案包括：在首发阶段，某天的深夜 12 点，在美国各家书店点着蜡烛，穿着黑斗篷，戴着小眼镜的店员在销售《哈利·波特》，在宁静的夜晚制造出了一种节日的气氛，深深地吸引了美国的孩子们；同时，这一新闻事件又引起了全美媒体的爆炒，既而向全球蔓延。

在中国的首发售书现场，人文社请来了小演员，扮演成哈利·波特，出现在人群中，并在售书时赠送杯子、圆珠笔、衬衫等纪念品，让购书与娱乐同行，使购买过程变成一种感官享受，配合媒体全面、持久的宣传，建立《哈利·波特》能带给读者惊喜的印象。把首发式活动给读者群体留下的印象转嫁到图书上，可增强读者先睹为快的心理期盼。媒体上有关《哈利·波特》相关信息节目的呈现又赋予了图书一种新的符号意义。

据不完全统计，《哈利·波特》在中国首发 10 天内，国内广播电视和报刊有关《哈利·波特》的消息报道、评述、连载、选载、联播等多达 100 余篇（次）。央视名牌栏目《东方时空》改版后的第一期，主持人水均益的话题正是《哈利·波特》，还选用了在王府井新华书店首发《哈利·波特》的图像。媒体对《哈利·波特》的报道，除了增加潜在读者对图书的感情经验、情感体验外，还把媒体本身所具有的品牌价值及公信力以潜隐的方式附加在图书上。媒体是公共空间的话语平台，其自身所具有的价值是其所代表的公正、客观、真实等，媒体对《哈利·波特》的关注体现了媒体对其品质及影响力的承认。媒体观点、意见的表达及对图书展开的讨论，都会使一般读者对图书产生正面的情感，从而对图书的销售产生推动作用。

3. 发行后期的体验营销

体验营销是指《哈利·波特》发行后结合图书的内容举办各种活动，一方面把图书内容作为活动的着眼点，另一方面鼓励读者参与和体验。读者通过参与活动的行为实现自我的互动和个体与社会的互动，通过互动使图书具有新的卖点。例如，一些网站推出《哈利·波特》的讨论版面供读者交流读后感想，预测下部的剧情走势；有些刊物辟出专栏，回答小读者提出的各式各样的问题，并为读者提供相互交流的空间。人文社在该书发行后马不停蹄地筹办征文活动，让孩子们写自己心中的哈利·波特，还与北京、西安、广州、上海、成都等城市的报纸合作，刊登孩子们的征文，刊登获奖者名单，给获奖者赠书……这些活动都注重读者的行动参与，是巩固读者信心、扩大图书销售的重要方法。特别是对于青少年读者来讲，这些活动效果颇佳。

通过活动提供的行动参与机会，青少年读者对图书的忠诚度得到提升。它不但影响了青少年读者周围的同龄人，还影响了青少年周围的成年人。

4. 跨行业水平营销

水平营销是指《哈利·波特》衍生产品的推出对图书销售所产生的推动效用。2002 年，被热炒的《哈利·波特》同名电影在全国上映。人文社抓住机遇，实施新的营销计划。该社首次与电影界合作，在电影海报上加注"同名系列书及相关形象图书由人民文学出版社出版"。这一招果然奏效，影视与纸介出版物互动，2 月电影放映创下票房新高的同时，看完电影的学生与家长跑进书店，带动了《哈利·波特》系列图书的销售。据统计，电影放映期间，人文社的《哈利·波特》销出 25 万套计 100 万册。由此可见，在水平营销的作用下，图书通过与衍生品的关联销售，打开了新的市场空间。

数字链接

在中国：

2000 年 10 月 6 日，《哈利·波特》（1~3）首发，每种首印 20 万册。有了《哈利·波特》（1~3）的良好发行，人文社又顺利获得了哈4、哈5、哈6、哈7的版权。

2001年6月1日，《哈利·波特》（4）首发，首印20万册。

2003年9月23日，《哈利·波特》（5）首发，首印80万册。

2006年10月15日，《哈利·波特》（6）首发，首印80万册。

7年间，人文社累计发行《哈利·波特》900余万册，创造了近2500万元的利润。

从世界范围来看：

在不到10年的时间里，哈利·波特已经成为世界上一个被广泛认可的品牌，在世界范围内销售的书籍中，《哈利·波特》被认为是第三大畅销书。

前六本《哈利·波特》已经以63种语言在全世界售出了3亿册，甚至包括古希腊语版本；伴随着系列电影的制作完成并上映，全球票房已高达10亿英镑，并在不到10年间，将作者罗琳变为全英第一女富豪。此外，价值4.3亿英镑的电影DVD和相关影碟，以及超过400种以哈利·波特作为品牌的系列商品的销售，其销售额更是难以想象。

（根据以下资料编写：阿里巴巴转自新闻午报.《哈利·波特》畅销秘诀.2007-10-29.

营销学苑.《哈利·波特》风靡全球攻心五策略.2008-1-28.

（合作）世界营销评论.哈利·波特的品牌营销魔法.2007-09-28.）

讨论题：

1. 人民文学出版社采取何种营销手段来激发消费者对《哈利·波特》图书的需求？

2. 人民文学出版社发行该书的成功说明了什么问题？

3. 消费者的图书信息是如何获取的？有哪些影响因素促使消费者购买？

思考题

1. 消费者购买决策的主要内容有哪些？

2. 决策或问题解决有哪些方式与类型？它们之间的区别是什么？

3. 分别举出扩展型决策、有限型决策和常规型决策的例子各两个。

4. 哪些因素促使消费者去解决意识到的问题？

5. 影响消费者对需求认知的因素是什么？

6. 企业如何引起消费者对需求的认知？举例说明。

7. 描述你最近的两次购买行为，是什么因素触发了需求认知？它们是影响你的期望状态、现实状态，还是同时影响这两个方面？

8. 消费者获取信息的来源是什么？

9. 你在购买下列产品或服务时会使用哪些信息源？为什么？

（1）衣服　　（2）运动鞋　　（3）笔记本电脑　　（4）洗衣粉　　（5）理发

10. 影响消费者收集信息的因素是什么？

11. 举例说明消费者信息选择的三种知觉过程。

第 3 章
消费者购买决策过程Ⅱ

【本章要点】
- 评价标准选择方法
- 选择产品的决策原则
- 从购买意向到实际购买的影响因素
- 影响消费者商店选择的因素
- 影响消费者非店铺购买的因素
- 影响消费者品牌选择的因素

【重点名词】

评价标准	语意差别量表法	满意品牌原则	重点选择原则
按序排除原则	词典编辑原则	补偿性选择原则	冲动性购买
非店铺购买	网上购物		

【引导案例】

　　2010 年夏，欧阳玉露（以下简称欧阳）打算和男友志明结婚，计划购买一套婚房。欧阳现在每次看报纸会首先翻到置业版仔细看，上专业的房屋置业网站的次数也多了，还不时打听同事买房的情况，原先看到有人派发楼盘广告就躲着走，现在主动去宣传员手里要楼盘彩页了，并亲自实地考察楼盘。欧阳最后打算在 A 和 B 两个小区中选择一个购房。于是，她和志明设立了以下几个评价标准：户型、单价、交通、设施、周边环境。最后，他们给 B 小区打了 85 分，给 A 小区打了 82 分。

　　经过反复权衡，他们决定购买 A 小区的房子，因为尽管 B 小区的综合评价更高，但它要到明年才能交房，而 A 小区下个月就可以交房。售楼小姐问欧阳是要付全款还是按揭，欧阳选择首付 3 成，7 成按揭，20 年还清，而不是付全款。

　　（资料来源：刘进. 第一营销网.）

3.1　购买前的评价

　　在上一章我们提出消费者购买决策过程是需求认知、信息收集、评价与选择、购买行动、购后行为这样一个顺序。那么，在消费者购买决策的评价与选择阶段（见图 3-1），其评价的标准受到哪些因素的影响？消费者有哪些评价标准？这些问题是本节阐述的重点。

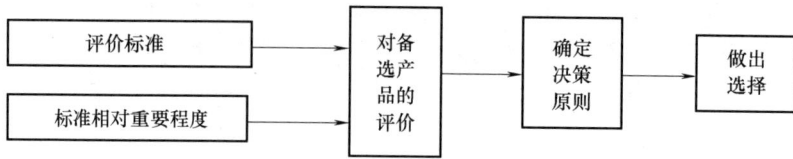

图 3-1　购买评价与选择过程

3.1.1　评价标准

评价标准是指消费者在选择备选品时所考虑的产品属性或特征。这些属性或特征与消费者在购买中所追求的利益、所付出的代价直接相关，这个标准不一定是品质特征，主要取决于所选购商品能否给消费者带来利益。例如，消费者购买冰箱是为了保鲜食品，所以冰箱的保鲜功能就是消费者追求的利益。

评价标准也会因消费者本身所处的场合、时间不同而异，或者因产品、品牌、服务的供应商、销售商等而异。

有些人在购买商品时更关注价格，有些人更关心品牌名气，有些人则更关心愉快的购物体验和购后服务的质量。

同一消费者在相同购买情境下的评价标准选择也是不同的，这主要是受到消费者本身的知识水平、购买动机、介入程度和购物情境的影响。

企业在市场环境中，必须重视商品质量、知名度等因素，同时注重销售和服务过程的质量，并且体现出自己的特色。

综上所述，消费者购买前的评价标准会由于购买地点、购买时间、购买者自身因素、商品因素、商家因素等而不同。

3.1.2　不同产品类别的评价标准选择

1. 排序法

排序法即按照消费者所重视的最主要的产品特性进行排序，确定重要性权数。表 3-1 ~ 表 3-4 分别列出了不同产品的主观选择标准。

表 3-1　行为选择标准的产品特性

	胸罩	唇膏	漱口水
特性 （标准）	舒服 合身 弹性 价格 式样	颜色 所含物 奶油状 信誉 味道	颜色 效果 杀菌 价格 味道
	橘子汁（冷冻）	卫生纸	牙膏
特性 （标准）	营养价值 包装 价格 味道 成分	颜色 包装尺寸 价格 强度 质地	防蛀 使口腔清新 价格 味道 使牙齿洁白

表 3-2　某消费者购买木地板时的评价标准及重要性权数

评 价 标 准	重要性权数
价格	20
甲醛含量	20
材质	15
售后服务	15
品牌	10
耐磨性	10
规格	5
颜色	5
合计	100

表 3-3　某消费者选择汽车时的评价标准及重要性权数

评 价 标 准	重要性权数
安全性	30
售后服务	20
操作性能	15
省油性	15
价格	10
外观时尚	10
合计	100

表 3-4　某消费者购买个人计算机时的评价标准及重要性权数

评 价 标 准	重要性权数
价格	20
存储能力	15
运行速度	20
图像处理能力	5
操作方便性	10
软件兼容性	15
售后支持	15
合计	100

2. 语意差别（量表）法

语意差别（量表）法是由美国心理学家 C. E. 奥斯古德（C. E. Osgood）于 1957 年提出的一种心理学研究方法，又称 SD 法。语意差别法由概念和若干量尺构成。这里的"概念"既包括词、句、段和文章那样的语言符号，也包括像图形、色彩、声音等有感情意义的知觉符号；这里的"量尺"是用两个意义相反的形容词作为两极构成的。量尺一般分七个等级，分别是"非常好""相当好""稍微有点好""不好不坏""稍微有点坏""相当坏""非常坏"。让被试者对提出的概念（如"人生""自我""我们的学校"等）依据在感情意义上的评定，在这七个等级之中最适合的一个上打"＊"，最后对得到的资料进行因素分析。

语意差别法可以用于测量人们对商品、品牌、商店的印象。

下面是一个应用语意差别法测量受访者对商场印象的例子：你对 A 商场的看法如何？下

面是一系列评价标准，每个标准两端是两个描述它的形容词，这两个形容词的意义是相反的。用这些标准来评价 A 商场，在你认为合适的地方打"＊"。请注意不要漏掉任何一项标准。

你认为 A 商场：

可靠---- ＊ ----------不可靠

时髦--- ＊ ------------过时

方便-------- ＊ -------不方便

态度友好---- ＊ ---------态度不友好

昂贵--- ＊ ------------便宜

选择多--- ＊ -----------选择少

带有否定含义的形容词有时放在量表左边，有时放在右边。习惯上，在语意差别量表的形容词中，大约一半是将肯定的词放在左边，另一半将否定的词放在左边。这样可以减少反应误差。项目的排列顺序是随机的。

3. 李克特量表法

李克特量表法也称为总加量表法，由美国心理学家李克特（Likert）提出，因此而得名。该量表由一组陈述语句组成，每一陈述都有"非常同意""同意""不一定""不同意""非常不同意"五种回答，分别记为 1 分、2 分、3 分、4 分、5 分。每个被调查者的态度总分就是他对各道题的回答所得分数的加总，这一总分可表明他的态度强弱或他在这一量表上的不同状态。

李克特量表法的基本步骤如下：

（1）收集大量（50～100 个）与测量的概念相关的陈述语句。

（2）由研究人员根据测量的概念，将每个测量的项目划分为"有利"或"不利"两类。一般测量的项目中，有利的和不利的项目都应有一定的数量。

（3）选择部分受测者对全部项目进行预先测试，要求受测者指出每个项目是有利的或不利的，并在下面的方向—强度描述语中进行选择。一般采用下面所谓"五点"量表：

a. 非常同意　　b. 同意　　c. 无所谓（不确定）　　d. 不同意　　e. 非常不同意

（4）对每个回答给一个分数，如从"非常同意"到"非常不同意"的有利项目分别为 1 分、2 分、3 分、4 分、5 分，对不利项目所给的分数就为 5 分、4 分、3 分、2 分、1 分。

（5）根据受测者给出的各个项目的分数计算代数和，得到个人态度总分，并依据总分多少将受测者划分为高分组和低分组。

（6）选出若干条在高分组和低分组之间有较大区分能力的项目，构成一个李克特量表。

李克特量表的构建比较简单而且易于操作，因此在市场营销研究实务中应用非常广泛。在实地调查时，研究者通常给受测者一个"回答范围"卡，请受测者从中挑选一个答案。

李克特量表的优点是：①容易设计；②使用范围比其他量表要广，可以用来测量其他一些量表所不能测量的某些多维度的复杂概念或态度；③通常情况下，李克特量表比同样长度的其他量表具有更高的可信度；④李克特量表的五种答案形式使回答者能够很方便地标出自己的位置。

李克特量表的缺点是：相同的态度得分者具有十分不同的态度形态。因为李克特量表是对一个项目给出的总加得分代表一个人的赞成程度，只可大致上区分个体间谁的态度得分高，谁的态度得分低，但无法进一步描述他们的态度结构差异。

3.1.3 选择产品的决策原则

消费者在选购商品的过程中，由于认知能力的差异，对各种方案不可能一一评价，而往往会遵循以下决策原则：

1. 满意品牌原则

假设某位消费者正在选购一台便携式计算机，6 种牌号已进入了大脑，同时，他对这些产品在价格、重量、处理器、电池寿命、售后服务和显示质量 6 种属性上分别做出了评价（见表 3-5）。该消费者将选择何种品牌呢？这将取决于他运用什么样的决策原则。消费者通常运用的决策原则有五种，即满意品牌原则、重点选择原则、按序排除原则、词典编辑原则和补偿性选择原则。上述选择与决策原则可以单独运用，也可以结合起来运用。

表 3-5 消费者对 6 种便携式计算机的评价⊖

评价标准	消费者的评价/分					
	联想	佳能	康柏	苹果	IBM	东芝
价格	5	3	3	4	2	1
重量	3	4	5	4	3	4
处理器	5	5	5	2	5	5
电池寿命	1	3	1	3	1	5
售后服务	3	3	4	3	5	3
显示质量	3	3	3	5	3	3

注：1 表示很差；5 表示很好。

若消费者规定各评价属性得分值不能低于如表 3-6 所示的最低标准，那么，任何低于这些最低标准的品牌都将被排除在外。

表 3-6 消费者规定的最低接受标准

评价标准	最低接受标准/分
价格	3
重量	4
处理器	3
电池寿命	1
售后服务	2
显示质量	3

从表 3-6 可知，联想、苹果、IBM、东芝都将被排除，只有佳能和康柏可做进一步考虑。这时，消费者可借助其他决策原则，再从这两者中挑选出一个最满意的。

2. 重点选择原则

重点选择原则是指消费者为那些最重要的属性规定最低的绩效值标准。这一标准通常定得较高，只有在一个或几个重要属性上达到了规定的标准，该品牌才会被作为选择对象。在前述的个人计算机购买中，如果消费者只考虑价格、重量和显示质量三个属性，而且要求这些属性的绩效值或评价值均在 4 分以上，那么，只有苹果计算机符合该选择标准，其他品牌都将被排除。运用这一规则，有时获得的备选品牌不止一个，此时，还需要运用其他决策原则做进一步筛选。

⊖ 符国群. 消费者行为学 [M]. 北京：高等教育出版社，2005：60-61.

3. 按序排除原则

按序排除原则就是消费者先将各种产品属性按重要程度排序，并为每一属性规定一个删除点或删除值；然后，在最重要的属性上检查各品牌是否能够通过删除点，不能通过者则被排除；如果有一个以上的品牌通过第一道删除关口，则再考虑第二个重要属性，检查哪些品牌在这一属性上能够通过删除点；如此继续下去，直至剩下最后一个品牌为止。

在前述个人计算机的购买中，如果各产品属性的重要程度和相应的删除值如表 3-7 所示，那么，在第一个重要属性上将排除 IBM 和东芝这两个品牌，在第二重要属性即重量上将排除联想，在显示质量这一属性上将排除佳能和康柏，因为这两个品牌在这一属性上的绩效值均为3 分，没有达到删除值所规定的 4 分的标准，所以，最后消费者将选择苹果。

表 3-7   消费者对各种便携式计算机属性的排序和相应的删除值

属性	排序	删除值/分
价格	1	3
重量	2	4
显示质量	3	4
处理器	4	3
售后服务	5	3
电池寿命	6	3

4. 词典编辑原则

词典编辑原则类似于编辑词典时所采用的词条排序法，即消费者先将产品的各种属性按重要程度排序，然后再按顺序依次选择最优品牌。如果得分最高的品牌不止一个，则在第二重要的属性上进行比较；若在该属性上仍分不出高低，则比较第三重要的属性；如此继续下去，直至找到最后剩下的那个品牌。在前述个人便携式计算机购置案例中，若价格、重量被消费者视为最重要的两个属性，则消费者将选择购买联想。

5. 补偿性选择原则

补偿性选择原则即期望值选择原则，是指消费者给予商品的各个属性以相应的权数，同时结合每一品牌在每一属性上的评价值，得出各个品牌的综合得分，得分最高者就是被选择的品牌。公式为

$$R_b = \sum_{i=1}^{n} W_i B_{ib}$$

式中 n——评价标准或属性；

B_{ib}——品牌 b 在第 i 个属性方面的绩效值或评价值；

W_i——消费者赋予第 i 个属性的重要性权重。

在上述选择个人便携式计算机的例子中，苹果综合得分最高，为 385 分。

3.2   购买过程与商店选择

购买过程与商店选择是消费者购买决策程序的第四个步骤，是在消费者确认需求、收集信息和评价选择的基础上的购买决定。图 3-2 的"购买之中"这个阶段就是本节要阐述的内容。这个决定将直接使消费者采取实际购买行动。然而，实际购买还会涉及很多问题，如店铺选

择、购买时机、品牌选定等。本节将介绍影响实际购买的因素、冲动性购买、商店选择、品牌
选择以及非店铺购买等。

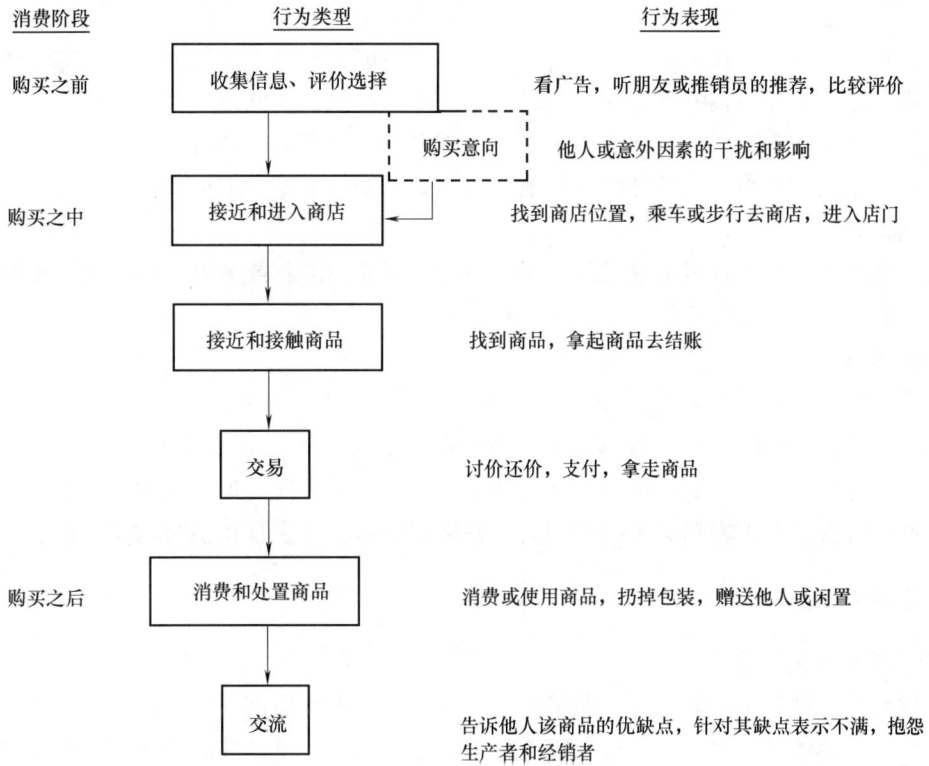

图 3-2 消费者行为分析模型[〇]

3.2.1 从购买意向到实际购买

对于选择起来较为复杂的商品的购买或介入程度很高的购买，消费者将按照前面介绍的决
策程序收集信息和对备选品进行评价、比较，在此基础上形成对某一品牌的购买意向。在形成
购买意向之后，消费者不一定马上采取购买行动。他可能会做一些购买准备工作，如选择并决
定到哪个商店购买，筹集所需资金，决定购置哪些配套的产品，等等。总之，形成购买意向与
采取购买行动之间还有一段时滞。一般地说，在购买意向形成之后，有三类因素（他人态度、
购买风险和意外情况）影响消费者的最终购买（见图 3-3）。

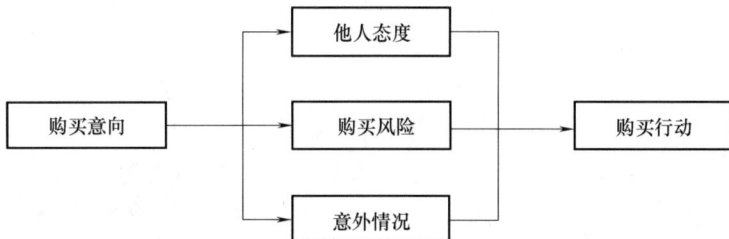

图 3-3 从形成购买意向到采取购买行动的过程

〇 王长征. 消费者行为学 [M]. 武汉：武汉大学出版社，2003：260. 有改动。

1. 他人态度

消费者的很多购买决定，尤其是重要的购买决定，往往是在征求他人意见之后，甚至是在很多人共同参与之后做出的。朋友、家人、同事等的态度对购买行动能否最终完成有着重要影响。他人态度的影响程度取决于三个方面的因素：一是他人对备选品牌所持否定态度的强烈程度；二是他人与购买者关系的密切程度；三是他人在本产品购买问题上的权威性。

如果旁人的否定态度很强烈，而且该人与购买者的关系密切，或者该人在所购产品领域具有丰富的购买知识与经验，购买者就可能推迟购买或改变购买意向或终止购买行动。

2. 购买风险

购买风险越大，消费者对采取最后购买行动的疑虑就越多，或者对购买就更为审慎。这样就更容易受他人态度和其他外部因素的干扰和影响。

3. 意外情况

意外情况又可具体分为两个方面：一方面是与消费者及其家庭有关的因素，如收入的变化、额外的开支、工作的变动、身体的不适等；另一方面是与产品或市场营销活动有关的因素，如新产品的出现、产品的降价或提价、新的促销活动的出现、商品的脱销等。

消费者在克服了上述影响购买行动的三个特殊因素后，才会真正执行购买决定。

3.2.2　冲动性购买

1. 冲动性购买的概念

冲动性购买又称为无计划购买，通常是指消费者在进入商店前并没有购买计划或意图，而进入商店后基于突然或一时的念头马上实施购买行动。由此可见，冲动性购买是基于对某种产品的一时情感冲动而进行的购买，含有情感多于理智或非理智性购买的意味，对于购买的商品是否适用、好用，能否经常使用等都不会考虑。

2. 冲动性购买的特征

（1）冲动性。冲动性即在外部促销场合或情境的刺激下突然涌现出一种强烈的购买欲望，而且马上付诸行动。这种行动和常规的购买行为不同。例如，在超市里购物的消费者看到现场关于某种商品的特价促销宣传就会有冲动性购买的行为。

（2）强制性。强制性即有一种强大的触动力促使消费者马上采取行动，在某种程度上使消费者一时失去对自己的控制。

（3）情绪性或刺激性。突然的购买触动力常常伴随着"激动"的或暴风骤雨般的情绪。

（4）对后果的不在意性。触动购买的力量是如此强烈和不可抵挡，以致消费者对购买行动的潜在不利后果很少或根本不予考虑。

研究表明，消费者所做的大量购买行为是无计划的购买。例如，在百货商店和药店里形成的购买行为中有33%属于无计划购买，在超级市场里形成的购买行为中这一比例达到50%；在百货商店里39%的购物者报告说至少买了一件没有计划要买的商品，这一比例在折扣店购物者中高达62%。虽然这些购买行为中有多少属于完全冲动性购买行为尚不清楚，但考虑到大部分无计划购买带有某种冲动性成分，因此，冲动性购买的影响仍是很大的。⊖

⊖　符国群. 消费者行为学［M］. 北京：高等教育出版社，2005：65.

3. 冲动性购买对营销工作的启示

零售商在营销过程中，应更多地将注意力放在店内商品展示和店内促销上。为了更好地进行店堂布置和合理安排不同商品的陈列位置，零售商应认真研究冲动性购买的程度与类型。同样，更多地了解消费者冲动性购买行为，也有助于制造商决定应提供多少店内信息。

3.2.3　商店选择

1. 接近和进入商店

接近商店是指消费者接近那些实体店。在这个阶段，消费者要找到商店的位置，开车、乘车或步行前往商店以及进入商店购物。消费者选择商店的过程如图3-4所示。

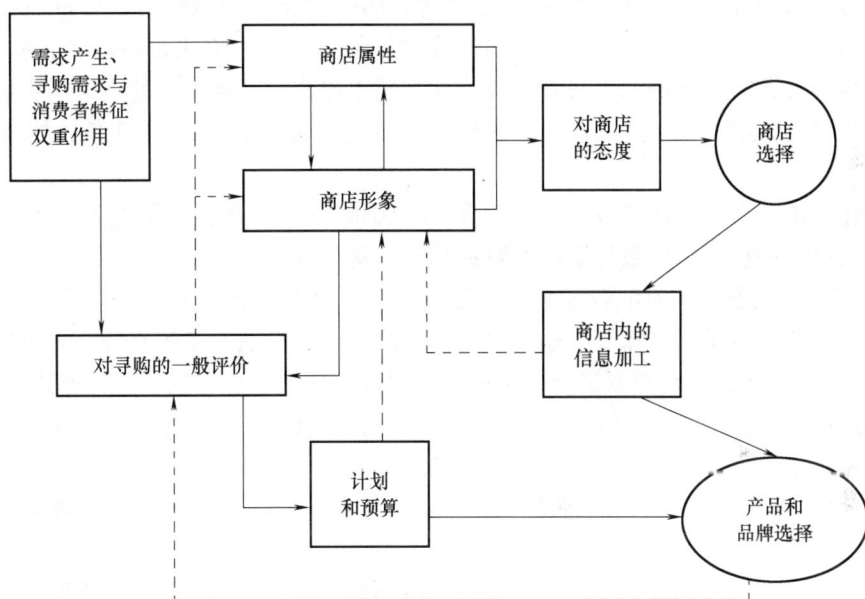

图 3-4　消费者选择商店的过程

注：图中虚线表示对商店、商品印象的强化作用力（增或减）。

（1）消费者选择商店的标准

1）商店的地理位置。商店的地点影响消费者的购物习惯。一般来说，商店离消费者居住地点越近，消费者光顾的可能性越大，反之则越小；商店交通越便利，有停车场，消费者就会愿意光顾，反之就会减少光顾的次数。

2）商店类型。现代零售商业业态类型众多。按照零售业态要素的组合不同，零售业态可以分为食杂店、超级市场、百货商店、便利店、专卖店、专业店、折扣店、仓储式商店、目录展示店等；按照是否设立门店来划分，零售业态可以分为店式商店和无店铺商店；按照零售商店聚合程度的不同，零售业态可以分为商业街和购物中心两种形式。对于不同零售业态的商店，消费者接触的频率是不同的。如便利店、超市、百货商店等业态的零售店，在一段时间内消费者进入的次数是有差异的。便利店和超市由于主要经营日常消费品和生活必需品，因此消费者会考虑就近原则并经常光顾；而百货商店、仓储商店、专卖店等的选择对于消费者来说还要考虑其他标准来综合决定。

3）商店形象与环境。商店形象与环境是指某个商店给消费者的总体印象。这种印象包括商店的知名度和美誉度、商店建筑物、商店内部装修、硬件设施、销售员的服务水准、商店提供的商品质量、价格、品牌多样性、商店的便利性、购物气氛等。

4）商店促销手段。商店的促销手段如广告、商品包装、购物券消费、积分换赠品、积分抽奖、会员卡充值1:1配现金消费等花样翻新，会吸引消费者光顾商店，进而购买商品。因为大多数消费者都会对打折促销感兴趣，尤其是那些名牌商品的打折，对消费者的吸引力更大。

5）消费者特征。消费者特征是指消费者的生活方式、对风险的知觉、购物方式等。首先，生活方式是指消费者如何生活，或者说消费者在文化、价值观、人口统计特征、个性特征、社会阶层和相关群体等诸多因素的综合作用下所表现出来的对事物的兴趣、看法、行为和态度。生活方式会主导人们更多地倾向于去百货商店购物还是去折扣店、廉价商店或网店购物。其次，对风险的知觉在上一章和本章均有论述。最后，购物方式是指消费者的购物风格，它与个人的生活方式有关。例如，喜欢户外运动和足不出户这两种类型的人，购买商品的方式会有很大差异。喜欢户外运动的人一般更愿意直接去商场购物，试用新产品的决定会很快做出。

综上所述，消费者的商店选择受到多种因素的影响，而消费者的态度将主导消费者的行为，影响其对商店的选择，并最终影响其对商品和品牌的选择。

（2）商店内部建筑形式对消费者购物体验的影响。商店内部建筑形式包括内部建筑风格、装饰、色彩、照明、音乐、气味等。这些要素与商品一样，对消费者的心理有重要影响。

1）商店店门。店门是消费者进出商店的必经之地。店门主要有以下三种形式：

① 封闭型。封闭型店门将店内与外部环境完全隔离开来，形成安静、高雅的购物气氛，如美容中心。

② 开放型。开放型店门将店门前面全部开放，消费者能够从外部直接观看店内全貌，并方便进出。专卖店一般采用这种形式。

③ 半开放型。半开放型店门将上述两种形式结合起来，配设橱窗。百货商店采用的就是这种形式。

2）空间设计。商店的室内高度应该与商店面积相适应，并具有良好的通风与采光效果。多层商店的底层高度不宜过低，以免使消费者产生压抑感。空间结构的设计形式多样，如各层中央留有垂直空间，让消费者从每一层都能看到商店全貌，给人以开阔、壮观的感觉。

楼梯的设计也要与商店的整体形象相匹配，并以增加客流量、方便人体行走为原则。

3）色彩。色彩是指商店内部四壁、天花板和地面的颜色。不同的色彩能够使消费者产生不同的联想和心理感受，对人们的消费欲望起增强或抑制的作用。一般来讲，商店内部色彩应以淡雅为宜，如米白、淡黄、淡绿、浅粉、浅蓝等颜色，给人以舒适、温馨、安静、轻松等感觉，达到商场和商品色彩和谐搭配的整体效果。

4）灯光照明。商店内的灯光照明系统体现着商家的诉求意向，是向顾客传递购物信息的媒介。灯光的明亮、柔和、聚光等从不同光亮度调节着顾客的情绪和注意力，随时渲染着室内气氛。因此，针对不同商品，在灯光的应用上应采取不同的照明方案。例如，对于珠宝首饰、名贵手表等商品，其照明灯光应使用定向光束直射，以显示商品的精美、精致；对于挑选性强的商品，如各式服装、结婚用品、妇女用品等，照明度要强一些；对消费者挑选不细的商品，如日杂商品，照明度可以弱些。总之，灯光照明的科学化、艺术化设计有利于烘托商店的气氛、突出商店的格调和商品的特性，有利于给消费者带来舒适、愉悦的心理体验，有利于对消费者产生强烈的吸引力。

5）音乐。研究发现，音乐对消费者在商店或餐馆中逗留的时间、情绪以及对商场的整体印象均有影响。商店内的音乐播放首先要控制好音量，不能影响顾客用普通音量说话；其次，要选择合适的乐曲。百货商店播放的音乐旋律要尽量舒缓、优美，创造欢愉、轻松、悠闲的浪漫气氛，使人放慢节奏、心情舒畅甚至流连忘返。

6）气味。空气流通好的商场对消费者有积极的影响；而空气好的商店，顾客不会久留。一些餐馆、快餐店、食品于店、蛋糕店甚至超市等都会利用气味来吸引消费者光顾。宜人的气味能使顾客在购买过程中精神爽快、呼吸舒畅，并诱发其购买欲望。

2. 接近和接触商品

（1）商品展示技巧

1）观念陈设。观念陈设就是基于具体创意的展示商品的方法。例如，女士流行服饰店常常显示出一个总体形象或创意；家具店会按房间的布置那样摆放家具，从而向顾客展示这些商品可以如何使用和组合。

2）款式、品种展示。杂货店、药店、五金店等多使用这一方法。当顾客要寻找一种特定的商品，如袜子时，他们希望能够在同一个地方找到所有的品种。

3）垂直排列商品。垂直排列商品是指利用墙壁和高货架来展示商品。例如，在百货商店会看到一系列按相同颜色展示的浴巾，或者在超市看到垂直排列的同一品牌的洗衣粉，等等。

4）大宗商品展示。大宗商品展示要有同时展示大量商品的展示技巧。例如，在超市里，康师傅方便面在某个柜台上高高堆起，使得顾客注意到该商品并为其吸引。一些饮料，如可口可乐、雪碧等往往也采用这种展示方式。

5）采用不同于平时的放置方式陈列商品。例如，将商品置于商店的橱窗或入口并辅以特别推荐这些商品的促销材料，对消费者的品牌选择行为将产生重要影响。一项对2473名超市购物者的调查表明，38%的人至少购买了一件他们以前从未买过的商品，而购买者提及最多的原因是这些商品陈列特别。

（2）商品促销。商品促销包括降价促销和其他方式促销，如优惠券、赠品、综合折扣等，通常与购买点的宣传材料相伴相随。虽然这些手段的相对影响力不易分清，但日益增多的证据表明，店内削价对品牌选择有很重要的影响。根据在美国、英国、日本和德国做的调查，在降价初期，商品销售量会有大幅度上升，而随着时间的推移和降价活动的结束，销售量会回落到正常水平。

不同家庭对店内降价或促销活动的反应是不同的。通常，富裕的家庭较其他家庭更多地利用这类活动并从中受益。因此，面向具有较好经济基础的家庭出售商品的商店，可以期待顾客对降价和促销活动具有积极的反应。同样，易储存的商品比易变质的商品有更大的价格弹性，因此，前者更适合采用降价等促销手段。[⊖]

（3）商品脱销。商品脱销是指商店在某段时间里存货不足，导致某种商品或品牌暂时缺货。在缺货的情况下，顾客面临着转换商店、转换品牌和推迟或干脆放弃购买等众多选择。脱销还会影响消费者对脱销商品的态度和口碑。因此，零售商应格外重视分销和存货管理，尽量

⊖ 符国群. 消费者行为学 [M]. 北京：高等教育出版社，2005：78.

避免缺货。

（4）销售人员至关重要。销售是一个互动的过程，要想让销售工作取得理想的效果，就要对销售人员进行挑选、培训，使之在接待顾客的过程中懂得首先了解目标顾客的需求与行为特征，然后采用相应的促销手段有针对性地进行推销，这样才能取得成功。销售人员的微笑服务是很重要的。过于严肃的销售人员没有亲和力，对顾客就缺乏吸引力，进而会影响商品的销售。因此，成功的销售人员是懂得顾客心理、会揣摩顾客心理、能为顾客充当顾问的人，而不是只会推销商品的人。

3.2.4　非店铺购买

1. 非店铺购买的概念

在家里或非购物场所发生的购买活动被称为非店铺购买或直接营销。非店铺购买包括电视购物、电话购物、目录购物、上门推销、直接邮寄、网上购物等。本部分内容主要探讨网上购物行为。

网上购物是消费者以电子计算机为基本设备，通过互联网进行信息收集，浏览网上商品销售信息，在网上比较、选择商品进而购买商品的消费行为。我国第36次互联网络发展状况统计报告指出：截至2015年6月，网络购物用户规模达到3.74亿人，较2014年年底增长了3.5%。与整体市场不同，截至2015年6月，我国手机网络购物用户规模增长迅速，达到2.70亿人，半年度增长率为14.5%。手机购物市场用户规模增速是整体网络购物市场的4.1倍，手机网络购物的使用比例由42.4%提升至45.6%。随着中小企业电子商务的应用趋向常态化，网络零售业务日常化，网络购物市场主体日益强大。

2. 消费者网上购物的心理因素分析

（1）时间上的自由。这是网上购物的最大优点。消费者可以在任何空闲时间上网购买商品，不受场所、空间和时间的限制。很多8小时工作制的上班族更愿意在业余时间上网、购物，两不耽误。

（2）空间上的突破。网上购物的另一个优势就是消费者在A地可以购买B地、C地以及其他任何地方的商品，省却了个人远距离购物必到现场的烦恼，消除了空间跨越的局限，为消费者购买个性化商品提供了广阔的渠道。

（3）价格便宜。消费者之所以愿意在网上购物，还因为网上商品的价格相对实体店便宜，具有价格优势。这是由于在人们收入一定的前提下，会考虑用尽量少的货币支出获取尽可能多的有价值的商品。

（4）送货到家的便利性。这是指网上购买行为结束后，网店会通知相关的物流公司按照消费者指定的送货地点在约定的时间内将商品送到消费者手中。这对于那些购买笨重、大件商品的消费者而言会感到更便利。

（5）网上购物成为一种消费趋势。在中国，网上购物已经成为一种既时尚又流行的消费方式。截至2015年6月，我国网民网络购物用户规模达到3.74亿人，占网民总规模6.68亿人（见我国第36次互联网络发展状况统计报告）的56%。由此可见，网络购物正以迅雷不及掩耳之势席卷全国，它必将从时尚消费转向流行趋势，甚至成为大众化消费方式。这样，需要计算机的全民覆盖和网络化应用，需要企业开发电子商务领域和应用网络营销手段，也需要消费者网络消费意识的增强。

(6) 不受商场氛围干扰的个人决策环境。相对于商店购物来说，网上购物是处于家里或网吧等环境中的消费者的一种购物活动，基本上不受实体店的那些如灯光照明、广告、现场音乐、销售人员等因素的影响，购物环境相对安静，有利于消费者自我判断和做出购买决定。

扩展阅读

互联网正紧密连着大众的未来

为期三天的"中国（广东）国际'互联网＋'博览会"在广东佛山新城中欧中心顺利闭幕。据统计，本届博览会共有 456 家企业参展，包括国内互联网三大巨头 BAT（百度公司、阿里巴巴集团、腾讯公司）、世界机器人"四大家族"在内的众多海内外知名企业展示了自己最新的产品与技术。同时，博览会吸引了国内外大量专家学者、企业代表及民众的参与。据统计，截至 2015 年 9 月 12 日 12 时，共有 18.6 万人次参加博览会，专业观众达到 12 万人次。开幕式及高峰论坛参会人数达 1300 多人，其中包括来自美国、英国和德国等 10 多个国家的 500 多位代表。

《经济日报》记者通过对"互联网＋"前沿技术、大众创业、金融服务、智能家居生活等九大展区的采访，发现百姓生活越来越"智慧"，互联网正紧密连着大众的未来。

1. 居家生活更智慧

用手机控制家中所有电器，回家之前即可开始煮饭、洗衣、烧水、开空调，回到家就可享受清凉的房间、可口的饭菜……"阿里小智"App 把这一切变成了现实。在前沿技术展区，阿里巴巴集团带来了他们最新的阿里智能产品，在空气、厨房、安防、娱乐、健康五个领域为用户提供智能服务，将智慧生活带入千家万户。

"以格兰仕与阿里合作的这款电饭煲来说，只要您轻点'阿里小智'App，在海量的食谱中选择您想吃的菜，并准备好所需食材放入锅中，智能电饭煲就会自动完成包括控制时间、温度、火候等所有操作，美味随手即来。"在智能家居展区，格兰仕员工黄明拓向记者介绍，"智能家居将真正解放您的双手，为您提供智慧生活。"

2. 金融生活更便利

"以前开户办事都要到柜台办理，现在有了广发智能银行，办事方便多了！"刚刚体验了广发银行"24 小时智能银行"（VTM）的佛山市民刘涛赞不绝口。

记者在互联网金融展区的广发银行展台前看到，VTM 的外观与普通的 ATM 很像，但更"聪明"。它不仅能够提供 7×24 小时的一站式金融服务，还可以由客户自主选择自助、半自助、视频客服三种模式。客服人员可通过视频，全程"面对面"地指导客户完成业务办理。

广发银行客户部林经理告诉记者，广发银行的智能服务始终在提速，"我们这次还展示了'生意人卡 POS 转账机''智能一点通'，就是为了让市民朋友近距离体验'智慧金融'服务"。

除了方便，消费者更关心的是金融企业如何通过"互联网＋"帮助自己轻松理财。对此，广发证券展示了"易淘金"。广发证券高级理财顾问黄汝艺介绍，只要下载该款 App，就可随时随地开户。"易淘金"中还有各种理财产品的详情介绍与分析，只要做了决定，立即可以购买各种产品，实现掌上理财，轻松赚钱。

3. 大众创业更容易

"在大众创业时代，找到好的创业项目很不容易。我们'居多多'就是一个好的创业项目，有创业想法的年轻人可以通过与'居多多'合作实现自己的创业理想，淘到人生中第一桶金。"在大众创业展区，工作人员胡小姐向观众介绍了"居多多"如何帮助新手创业。

"比如您想投资家具销售，在传统模式下只能经销一种品牌的产品，而且需要的店铺面积很大。加入'居多多'后，可以经销100多种品牌的家具，而且线上展示产品的方式减少了店铺面积小带来的不便。我们还可提供专业人员帮助讲解，顾客在线上订购了产品，我们也会提供送货、组装等一系列服务。"随着胡小姐的热情介绍，"居多多"项目吸引了很多年轻人的目光。

如今，"大众创业，万众创新"正成为推动中国经济前行的新引擎。本届博览会特别设立了大众创业展区，为创业者提供创业项目的引导和推介，帮助其找准定位，尽快创业。

（资料来源：张建军. 智慧生活 互联未来［N］. 经济日报，2015-9-13.）

3. 消费者网上购物的影响因素

（1）商品质量的可靠性。消费者进行网上购物时，最关心的是商品质量。网上对商品描述得再好、质量再可靠，对于消费者来说也是虚拟的；没有亲眼看到、亲手触摸，消费者始终会有疑虑。这种疑虑会影响消费者的购买行为。

（2）付款方式的灵活性。现在，很多网上商店的付款方式多样化，如网银付款、邮局汇款、货到付款，或者通过淘宝网的支付宝转账付款，等等。但是，一些消费者还是更愿意采用货到付款的方式，因为这样资金比较安全。因此，那些支持货到付款方式的卖家更能留住消费者。

（3）网络交易的安全性。网络交易的安全性包括网站的真实性、网民资金账号不被盗用的安全性、网民在上网过程中不受木马或病毒攻击的安全性等问题。据《2014年中国网络购物市场研究报告》分析，48.6%的网民认同我国网络环境比较安全或非常安全；54.5%的网民对互联网上的信息表示信任；60.0%的网民对在互联网上的分享行为持积极态度；43.8%的网民表示喜欢在互联网上发表评论；53.1%的网民认为自身比较或非常依赖互联网。由此可见，网络交易的安全性还需要相关机构和企业共同加强，建立更加可信、可靠的网络环境。

（4）售后服务的保障性。对于那些购买大型家具、家电等需要售后服务的消费者，卖家要有服务保障的承诺，否则，消费者会有后顾之忧，从而影响其购买决策。

4. 企业针对非店铺型购物者的营销策略

非店铺型购物者，尤其是网上购物者的消费心理和消费行为，对于商家来说具有挑战性。商家必须打破传统的思维模式的局限，在营销策略、营销方式和手段上不断创新，建立一套适合消费者网上购物特点的经营机制。

（1）商品应满足消费者的个性化需求。非店铺型购物者，尤其是网上购物者，大多数追求特立独行、时尚而有特色的商品。而满足这种需求的方式就是产品的定制化销售。企业的生产制造和技术系统应成为柔性制造系统，能生产制造出各种形状、各种规格的产品，就像海尔的全球定制模式，目前能够提供9000多个基本型号和20000多个功能模块供消费者选择。

（2）价格的合理性。这与非店铺型购物的短渠道、少环节有关。因此，商家在价格的制定上应该以成本定价法为基本定价策略，使得价格永远是消费者购物的刺激因素，使消费者感到买到的商品既物美价廉又物有所值。

（3）配送专业化。专业化的配送服务需要专门的物流配送公司来承担，这样可以保证商品快速、安全地到达消费者手中，提高商品的销售额和全社会商品资金周转率，从而提高经济效益。

（4）促销信息的针对性、完整性。对于非店铺型购物方式，人们的感知风险比传统购物方式要大。因此，促销信息要足够详尽、充分；同时，要有针对性，即信息主题要与这一群体的生活方式以及产品形象相吻合。

（5）服务人性化。包括在线服务、服务承诺和线下服务在内，都要努力做到服务人性化。在线服务是为网上消费者提供的服务，主要是热情地问候、适时地提供产品购买的建议和必要的问答。服务承诺是指商品质量承诺、售后保证损害退换、不满意退货等，以降低消费者由这类购物方式所引起的知觉风险。线下服务则是指配送公司的及时送货上门、良好服务态度和对退换货承诺的切实履行。

扩展阅读

把商场装进衣兜

不用去实体店铺，也不用连接网线坐在计算机前"淘货"，一部手机就能完成逛店、选购和支付的全过程。手机无线随时随地的购物权利，让各大电商"大打出手"，谁能占得先机，谁就能赢得更好的未来。

蔡女士是北京的白领，网购是她生活中主流的购物模式。最近，蔡女士把购物这项活动从办公室的计算机挪到了手机上，在地铁上、咖啡厅里，甚至在超市里，随时随地浏览、比价、下单让她能把零碎时间利用起来。让她更惊喜的是，在手机上购物可以实现与线下商家比价，并获取与自己所在位置最近的线下折扣信息。

利用等车、睡前等零碎时间，在有 3G 网络和 Wi-Fi 信号覆盖的地方，通过智能手机秒杀商品、参加团购，可以随时随地上网购物和移动支付。随着智能手机的普及，不少消费者已经习惯了手机购物方式。

（资料来源：互联网）

案例分析

上网定制个性化"爱车"[○]

网上轻点菜单，从品牌、颜色，到内饰风格、座位多少，所有购车信息会通过服务中心传到生产线上，而一辆辆新车在下线之前已贴上用户名字。上海通用、上海大众已经开始实施汽车订单化生产。

已经正式运行的上海大众客户服务中心，为订单化生产和个性化服务提供了很多便利。这

○　资料来源：丁波. 上网定制个性化"爱车"汽车订单化生产悄然走近. 中国新闻网，2005 – 10 – 20.

个中心拥有 70 个呼叫坐席，月呼入和呼出的处理能力超过 10 万次。每一个潜在客户打来的电话内容都被详细记载，并反馈到距客户所在区域最近的特约经销商；特约经销商会对每一个潜在客户进行跟踪，了解和确认他们的购车信息和意向、购车时间。

据悉，上汽贯穿整个生产、销售体系的信息化建设，还将向全国各地经销商铺开。上海大众在整合全国销售体系的同时，对 208 个经销商实施网络提升，建立起信息数据库系统，销售商区域内每一个客户和潜在客户的各类要求，都将在第一时间传送到上海大众本部，对信息进行分类，并传递到生产系统，尽可能地按市场需求调节生产。上海大众汽车公司执行经理表示，信息网络的提升，不仅能让新购车者的各种要求反映到生产线上，而且对于 300 万名上海大众的老客户而言，在车辆维修、更换新车时也能享受到个性化的服务。

对于更"年轻"的上海通用而言，订单化生产的目标就更近了：耗资 3000 万美元打造的企业资源计划（ERP）系统，覆盖了从接订单到最终给用户交车的整个流程。上海通用金桥南厂、烟台东岳、沈阳北盛三个工厂，已经陆续部署和整合了这套新系统。

如果你想要订购一辆最新产的赛欧轿车，只需给上海通用的经销商下一个订单，经销商就会通过门户平台登录厂商的经销商管理系统，输入订单的详细信息，你的要求就会进入上海通用汽车的 ERP 系统，自动生成生产计划。系统将根据生产计划进行最优排序，发出物流需求指令，安排生产。同时，物流部门安排运输计划，使得整车开下生产线就可即时交货。在此过程中，经销商还可以随时通过 DMS（经销商管理系统）跟踪订单，了解该车辆的生产状态，通知用户。

讨论题：

上海大众的定制化汽车生产反映了消费者的哪些心理需求和购买行为？

思考题

1. 面对冲动性购买的消费者的营销策略是什么？
2. 消费者上街逛商店的原因主要有哪些？
3. 零售店的规模和距离是如何影响消费者对商店的选择的？
4. 购买的知觉风险是怎样影响消费者商店选择的？
5. 网上购物的影响因素有哪些？
6. 企业针对非店铺型购物者的营销策略有哪些？

第4章
消费者购买决策过程 Ⅲ

【本章要点】

- 消费者满意与不满的形成过程
- 影响消费者满意的因素
- 消费者满意的行为反应
- 消费者不满情绪的表现方式
- 影响消费者不满行为的因素
- 企业对消费者不满行为的反应

【重点名词】

| 消费者满意 | 消费者归因 | 重复购买 | 品牌忠诚 |

消费投诉

【引导案例】

第3章引导案例续。

欧阳收到房子后，装修，入住。

可是，这时候欧阳听说房子降价了，比她购买时每平方米便宜了200元，于是欧阳怀疑当初自己的决策是不是错了。

住了半年，欧阳对社区环境和房屋质量很满意，于是不断向朋友推荐购买这个小区的房子。

4.1 消费者的满意及其行为反应

4.1.1 消费者满意与不满的形成过程

1. 消费者满意的含义

所谓消费者满意（Customer Satisfaction），是指消费者对一件产品或服务满足其需要的绩效（Perceived Performance）与期望（Expectations）进行比较所形成的感觉状态。满意水平是绩效与期望差异的函数。

消费者的满意水平状态有三种：不满意、满意和很满意。消费者期望的形成基于以往的购买经验、相关群体的影响、企业及竞争者的信息和承诺。有远见的企业把期望的提高与绩效的实施相结合，实现整体顾客满意。

顾客满意的好处

● 较长期地忠诚于公司。
● 购买公司更多的新产品和提高购买产品的等级。
● 为公司和其产品说好话。
● 忽视竞争品牌和广告，对价格不敏感。
● 向公司提出产品或服务建议。
● 由于交易惯例化而比用于新顾客的服务成本低。

（资料来源：菲利普·科特勒. 营销管理（新千年版）[M]. 北京：中国人民大学出版社，2001：66.）

2. 消费者满意与不满的形成过程

国外学者提出的消费者购后行为模型包括五个基本环节，即产品的获得、产品的使用/消费、消费者满意/不满、消费者抱怨行为、产品处置和品牌忠诚度的形成，如图 4-1 所示⊖。

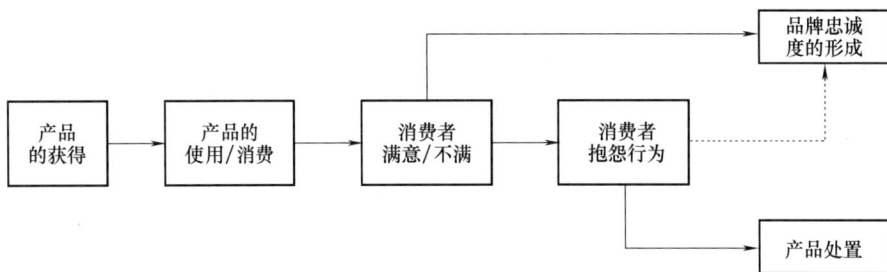

图 4-1　消费者购后行为模型

如图 4-1 所示，消费者满意的表现就是形成品牌忠诚度，进而会重复购买商品；消费者不满时会有三种表现：公开反应、私下反应和向第三方反应，如图 4-2 所示⊜。

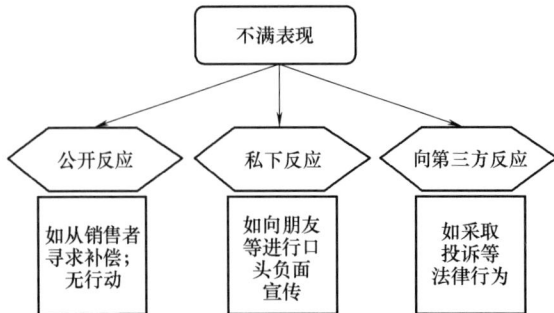

图 4-2　消费者不满的表现

⊖　资料来源：卢泰宏，等. 消费者行为学——中国消费者透视 [M]. 北京：高等教育出版社，2005：100.
⊜　资料来源：卢泰宏，等. 消费者行为学——中国消费者透视 [M]. 北京：高等教育出版社，2005：101.

4.1.2　影响消费者满意的因素

1. 影响消费者对产品或品牌预期的因素

（1）产品因素。对产品的体验、产品的价格、产品的外部特征等均会影响消费者对产品的预期。如果本产品较竞争品价格高，过去体验和口碑均好，消费者自然会期待本产品满足较高的绩效与品质标准。

（2）促销因素。企业用什么样的方式与消费者沟通，也会影响消费者对产品的预期。例如，企业在广告中大力宣传其产品的可靠性、耐用性，试图树立产品的优质形象，由此可能会使消费者对产品品质产生较高的预期。如果消费者实际感受到的品质低于这一预期，就可能引起不满情绪。

（3）竞争品牌的影响。消费者对某一产品或服务的预期不是凭空形成的，他们在预期形成过程中会充分利用过去的经验和现有一切可能的信息，尤其是关于使用同类产品的体验和有关这些产品的信息。

（4）消费者特征。消费者特征是指一些消费者较另一些消费者对同一产品有更多的要求与期望。例如，在穿着方面，女性较男性似乎更为讲究和有更高的要求。

2. 影响消费者对产品实际绩效认知的因素

（1）产品的品质与功效。产品的实际表现与消费者对产品的认知在很多情况下是一致的，但有时也存在不一致的情况，因为除了产品的实际功效与品质以外，还有一些其他因素影响消费者的认知。

（2）消费者对产品的态度和情感。基于过去经验形成的态度和情感，对消费者评价产品有很大的影响。消费者对产品的评价并不完全以客观的认知因素为基础，而带有一定的情感色彩。所谓爱屋及乌、晕轮效应等，都反映了态度因素对主体判断、评价和认识事物所产生的影响。

（3）消费者对产品的期望。消费者的期望就是消费者对某一产品的购买和使用达到的一种符合心理想法的满意效果。例如，如果消费者对某一餐馆的食物和服务有特别的期待，那么，在用餐过程中，他可能较其他人更有选择性地感受那些能够证实其期望的服务项目。

（4）消费者对交易是否公平的感知。交易是否公平合理也是消费者对产品或服务是否满意的影响因素。一旦消费者认为自己是受剥夺或受"剥削"的一方，心理就会不平衡，从而导致不满情绪的滋生。消费者对公平的感知，与其所具有的文化背景、受教育程度以及自身的价值观念等多种因素有关。

（5）消费者的归因。归因是指人们对他人或自己行为原因的推理过程。具体地说，就是观察者对他人的行为过程或自己的行为过程所进行的因果解释和推理。[⊖]归因理论最早由美国心理学家海德（Heider）提出，后来经凯利（Kelley）、琼斯（Jones）和戴维斯（Davis）、韦纳（Weiner）等人的发展，日益严谨和完善。它为人们如何对各式各样行为做出解释提供了理论基础。

对某一行为做出归因，涉及三个方面的因素：消费者、客观刺激物、所处关系或情境。衡量消费者对行为是否做出正确的归因，取决于以下三个变量：①区别性，即消费者是否对同类

⊖　章志光. 社会心理学 ［M］. 北京：人民教育出版社，1996：153.

其他刺激做出相同反应;②一贯性,即消费者是否在任何情境和任何时候对同一刺激做出相同的反应;③一致性,即其他消费者对同一刺激是否也做出了与行为人相同的反应。对于企业来说,了解消费者是如何做出归因的才是最重要的,这有利于企业做出正确的判断和发展的归因。

4.1.3 消费者满意行为反应

1. 重复购买

重复购买是指在相当长的时间内选择一个品牌或极少几个品牌的购买行为。

重复购买者可分为两种类型,即习惯型购买者和忠诚型购买者。前者重复购买某种产品是由于习惯,或者他们购物的地方没有更好的备选品,或者该品牌是最便宜的;后者则是对某种产品或某个品牌产生了一种特别偏好,甚至形成了情感上的依赖,从而在相当长的时期内重复选择购买该品牌产品。

习惯型购买者与忠诚型购买者之间的区别可以用下面的例子加以说明。假设某位消费者到附近一家商店购买"青岛"啤酒,恰好这一品牌的啤酒卖完了,要等到第二天才有货。此时,若该消费者随便换了另一种品牌的啤酒,那他以前重复选择"青岛"啤酒很可能是习惯使然;相反,如果他跑到二三百米以外的另一家商店,去把"青岛"啤酒买回来,那他就是"青岛"啤酒的忠诚型购买者。

很显然,习惯型购买者较忠诚型购买者更容易受竞争者行为,如有奖销售、折扣等的影响,从而也更容易转换品牌。

2. 品牌忠诚

所谓品牌忠诚,是指消费者对某一品牌形成偏好并重复选择该品牌的倾向。品牌忠诚度是指消费者习惯性地或长期地反复购买某一品牌的程度。依忠诚度的高低,消费者一般可分为五层:品牌不忠诚者、习惯购买者、满意购买者、情感购买者、承诺购买者。由此可见,消费者对某种产品的忠诚不是一次性的、简单的购买行为表现,而是需要长期培育和培养的。

对品牌忠诚的理解应考虑以下几点:①品牌忠诚是一种非随意性的购买行为反应,偶然性地连续选择某一品牌,不能视为品牌忠诚。②消费者在长时间内对某一品牌表现出强烈的偏好,并将这种偏好转化为购买行动。单纯口头上的偏好表示,不能作为确定品牌忠诚的依据。③品牌忠诚是某个决策者的行为。④品牌忠诚可能只涉及消费者选择域中的一个品牌,也可能涉及一个以上的品牌。在同一产品领域,消费者选择的品牌越多,其品牌忠诚程度就越低。⑤品牌忠诚是决策、评价等心理活动的结果。⊖

4.2 消费者不满及其行为反应

消费者不满一般是指消费者由于对交易结果的预期与实际情况存在较大出入而引起的行为或情绪上的反应。一旦消费者对所购的产品或服务不满,随之而来的问题就是如何表达这种不满。不同消费者、同一消费者在不同的购买问题上,不满情绪的表现方式可能都会有所不同。

⊖ 资料来源:符国群. 消费者行为学 [M]. 北京:高等教育出版社,2006:94.

4.2.1 消费者不满情绪的表现方式

消费者不满情绪的表现方式主要有以下几种：

1. 沉默方式

沉默方式是指消费者自认倒霉，不采取外显的抱怨行为。消费者之所以采取忍让、克制的态度，主要原因是他认为采取抱怨行动需要花费时间、精力，其结果往往不足以补偿其付出。很多消费者在购买不满意的产品后，未采取任何行动，大多恐怕是抱有"抱怨也无济于事"的态度。由此，消费者对品牌或店铺的印象与态度会发生明显的变化。换句话说，不采取行动并不意味着消费者对企业认知的默许，这一点企业应当谨记。

2. 私下口头情绪表达方式

采取私下口头情绪表达就是将自己购买某种产品后的不满告诉朋友、家人或者同事，使朋友或家人确信选择某一品牌或光顾某一商店是不明智之举，或者转换品牌，停止购买或光顾某一商店。

3. 公开反应

公开反应是指消费者直接向零售商或制造商提出抱怨，要求补偿或补救，如写信、打电话或直接找销售人员或销售经理进行交涉，要求解决问题。例如，董先生在某民航代理店以 900 元的价格购买了一部某品牌手机，至今已修理过七八次，每次修理占用时间约一个月。他要求商家换机，但遭到拒绝。

4. 向第三方反应

向第三方反应是指消费者要求第三方予以谴责或干预。具体方式有：

（1）向地方新闻媒体写信，诉说自己的不愉快经历或者利用网络媒体扩大影响范围，让更多的人了解、知道事情真相。这种方式是消费者试图得到媒体及公众的支持以扩大自己的阵营，达到对卖方施压从而解决问题的方式。例如，消费者许某等三人于 2004 年 7 月 8 日向某健身中心购买 3 张钻石卡，每张卡预付 4212 元，使用年限为 50 年。2008 年，该健身中心停止营业，消费者许某等三人要求退还剩余款项每人 1200 元时遭到拒绝。经当地工商所调解，健身中心只同意退还每人 400 元。消费者不满意，写信向大众媒体求助，案件转到龙湖区消费者委员会。经消费者委员会调解，多次做经营者的工作，最后双方达成协议，健身中心一次性退还消费者每人 800 元。

（2）向政府行政机构或消费者组织投诉，要求这些组织出面干预，以维护自己的权益。例如，董先生向当地的消费者委员会反映购买手机要求商家换机遭到拒绝的情况后，消费者委员会经调查发现，商家与消费者是邻居，加上消费者是租住的外省司机，故商家认为，手机修一下能用就不用换。掌握实际情况后，消费者委员会工作人员对经营者进行了批评教育，最终促使双方达成和解：商家为董先生更换一部新手机，董先生挽回经济损失 900 元。

扩展阅读

2014 年全国消协组织为消费者受理投诉情况分析

根据全国消协组织受理投诉情况统计（不含港、澳、台地区），2014 年全年共受理消费者投诉 619415 件，解决 543970 件，投诉解决率 87.82%，为消费者挽回经济损失 92002 万元。

其中，因经营者有欺诈行为得到加倍赔偿的投诉 7299 件，加倍赔偿金额 1500 万元。全年，各级消协组织支持消费者起诉 1462 件，接待消费者来访和咨询 92 万人次。

一、投诉分类的基本情况

根据投诉性质，质量问题占 45.80%，售后服务问题占 17.91%，合同问题占 12.97%，价格问题占 2.94%，安全问题占 2.08%，虚假宣传问题占 1.47%，假冒问题占 0.89%，计量问题占 0.81%，人格尊严问题占 0.46%，其他问题占 14.67%。产品质量、售后服务和合同争议问题仍是引发投诉的主要原因，占投诉总量的七成以上。

与 2013 年相比（见表 4-1），涉及质量、售后服务、安全、人格尊严性质的投诉比重有所上升，其余性质的投诉均有所下降；有关质量性质的投诉数量减少，但是比重有所增加。

表 4-1　按投诉问题性质分类情况表　　　　　　　　　　　（单位：件）

项　　目	2014 年	投诉比重（%）	2013 年	投诉比重（%）	比重变化
质量	283681	45.80	301275	42.89	↑2.91
售后服务	110947	17.91	106367	15.14	↑2.77
合同	80329	12.97	118558	16.88	↓3.91
价格	18207	2.94	25989	3.70	↓0.76
安全	12850	2.08	8990	1.28	↑0.80
虚假宣传	9095	1.47	11675	1.66	↓0.19
假冒	5493	0.89	7766	1.11	↓0.22
计量	5038	0.81	6973	0.99	↓0.18
人格尊严	2877	0.46	2526	0.36	↑0.10
其他	90898	14.67	112365	16	↓1.33

与 2013 年相比（见表 4-2），商品大类投诉中，家用电子电器类、服装鞋帽类、日用商品类、交通工具类和食品类投诉量仍居前列；与消费者生活密切相关的衣（服装鞋帽类）、食（食品类）、住（房屋建材类）的投诉比重同比均有所下降，只有行（交通工具类）的投诉比重略有上升。

表 4-2　商品大类投诉量变化表　　　　　　　　　　　（单位：件）

商品大类	2014 年	投诉比重（%）	2013 年	投诉比重（%）	比重变化
家用电子电器类	128607	20.76	165571	23.57	↓2.49
服装鞋帽类	50863	8.21	59543	8.48	↓0.14
日用商品类	43247	6.98	53328	7.59	↓0.50
交通工具类	33706	5.44	38010	5.41	↑0.12
食品类	26459	4.27	42973	6.12	↓1.78
房屋建材类	24599	3.97	28425	4.05	↓0.02
首饰及文体用品类	9448	1.53	11300	1.61	↓0.06
烟、酒和饮料类	8618	1.39	12115	1.72	↓0.31
农用生产资料类	5554	0.90	9917	1.41	↓0.50
医药及医疗用品类	3800	0.61	6492	0.92	↓0.30

根据 2014 年服务大类投诉数据（见表 4-3），生活、社会服务类、互联网服务、销售服

务、电信服务和邮政业服务居于投诉量前五位。与 2013 年相比，互联网服务从第四位升至第二位，邮政业服务在 2014 年中排至服务类第五位，成为消费者投诉的热点问题。

表 4-3　服务大类投诉量变化表 （单位：件）

服务大类	2014 年	投诉比重（%）	2013 年	投诉比重（%）	变化情况
生活、社会服务类	59075	9.54	60951	8.68	↑1.00
互联网服务	28895	4.66	30100	4.28	↑0.46
销售服务	27357	4.42	49914	7.11	↓2.63
电信服务	23379	3.77	40619	5.78	↓1.95
邮政业服务	8154	1.32	13352	1.90	↓0.56
公共设施服务	7560	1.22	14413	2.05	↓0.81
文化、娱乐、体育服务	6577	1.06	6173	0.88	↑0.20
教育培训服务	6423	1.04	6358	0.91	↑0.14
房屋装修及物业服务	5596	0.90	7804	1.11	↓0.19
旅游服务	1701	0.28	3561	0.51	↓0.23
金融服务	1344	0.22	1672	0.24	↓0.02
保险服务	1173	0.19	1874	0.27	↓0.08
卫生保健服务	662	0.11	2442	0.35	↓0.24
其他商品和服务	106618	17.21	35577	5.1	↑12.11

二、投诉热点分析

（一）投诉热点日趋多元化，群体投诉显著增加

近年来，随着我国居民消费从雷同化、排浪式⊖到个性化消费的转变，消费投诉热点也开始呈现多元化。从 2014 年消协组织受理消费者投诉热点来看，在汽车、商品房、假冒农资产品、网络购物、装修建材、消费者个人信息泄露、旅游服务、预付款购物、快递服务等方面，消费者的投诉呈上升趋势。并且，以往消费者投诉问题的性质主要是商品质量，现在消费者投诉问题的性质涉及安全、价格、计量、假冒、合同、虚假宣传、人格尊严等多个方面。投诉涉及的商品和服务种类多、性质复杂。随着互联网，特别是移动互联网的普及，消费者之间沟通渠道和方式增多，新修改的《消费者权益保护法》实施后，消费者的群体投诉也开始显著增加。2014 年，商品大类投诉前十位如图 4-3 所示，服务大类投诉前十位如图 4-4 所示。

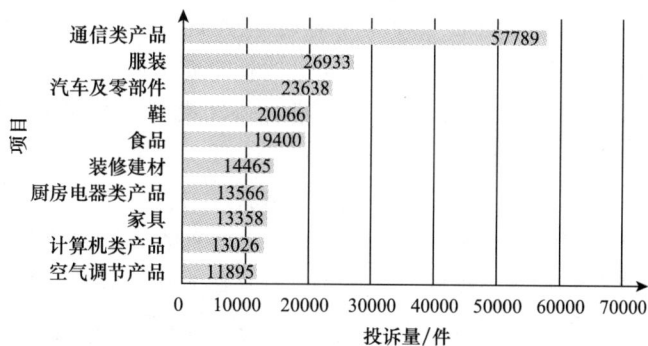

图 4-3　商品大类投诉前十位

⊖ 排浪式消费就是消费缺乏或者没有创新，热点比较集中，一段时间内，以一种消费为主导。

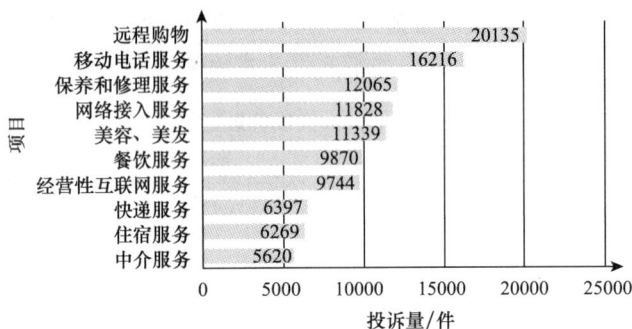

图 4-4　服务大类投诉前十位

（二）远程购物和预付款消费投诉不断增加

在消费升级、消费方式变化的影响下，远程购物（包括网络、电视、电话、邮购等）和预付款消费已经非常普遍。这两种购物方式对信用要求较高，而国内的信用体系建设尚不完善，信息沟通机制也不畅通，经营者信用意识尚待强化，因而容易产生消费纠纷，导致相关投诉增多。2014 年，全国消协组织受理远程购物投诉 20135 件，其中网络购物占 92.28%。消费者网络购物投诉反映突出的问题主要有：①交易对象不明确，知情权难以保护；②虚假宣传误导消费；③消费者个人信息被侵犯；④网上购物付款安全存隐患；⑤售后服务不尽如人意，退换货困难，延迟交货的现象也时有发生。

消费者反映预付款式消费较为集中的问题有：①发卡时的承诺不兑现。不少经营者在销售时做出种种承诺诱使消费者购买消费卡，之后却不能兑现承诺的服务。主要体现在：服务"缩水"，降低服务质量或者限制减少消费范围；以种种理由提价加钱，使持卡消费金额比现金付款还高；在服务过程中强制向消费者销售其他商品或服务，并从卡中予以扣款等。②发卡商家改址、关店。在消费者办理预付款消费卡后，已经发生多起经营场所突然关闭或经营主体变更等情形，导致消费者的预付卡无法继续使用，也找不到商家退卡。③以"一经售出，概不退卡"为由，规避违约责任。消费者办卡后，对服务感觉不满意，或因客观情况变化不能继续享受服务时，退卡困难。

（三）电信领域整体服务水平有待进一步提高

2014 年，全国消协组织共受理电信服务类投诉 23379 件，在服务类投诉中位居第四。电信服务涉及日常生活和工作的方方面面，但是在电信业发展的同时，有关电信服务领域的消费投诉也在各类投诉排名中居高不下。从消费者的投诉情况来看，电信服务领域的主要问题有：①综合服务质量有待提高。综合服务质量包括电信服务硬件和软件两项内容，即电信设施、网络信号质量和电信人员的服务水平。在消协组织日常受理的投诉中，涉及较多的问题是电信营业厅服务窗口少、办事效率低、服务人员少、投诉问题后处理慢、手机信号弱、易掉线、网络覆盖有盲区等。②消费者对资费标准满意度低，广告宣传易使消费者产生误解。消费者反映电信企业资费透明度低，不履行对资费方案限制性条件及其他需引起消费者注意事项的提示义务。③不公平格式条款侵害消费者权益。消费者的投诉集中在设置最低消费、固话与宽带绑定后，其中一项业务欠费，另一项业务也立即停止服务、套餐流量和通话时间不能累计等方面。例如，河南省消费者协会联合多家新闻单位对消费领域中存在的霸王合同等问题进行征集，收到大量关于电信运营商手机上网流量"当月清零""超额消费"的投诉。三大电信运营商多次与省消费者协会沟通，最终，河南移动公司将流量的使用时间延长到 3 个月至半年，消费者的流量由"当月清零"改为一个季度或者半年结算一次。

（四）房屋类消费陷阱多，维权难

2014 年，全国消费者协会共受理房屋及建材类投诉 24599 件，房屋中介服务投诉 1069 件。房屋类投诉原因复杂，往往涉及群体性投诉。房屋类相关投诉主要集中在以下几个方面：①房屋质量问题。主要集中在漏水、渗水，外墙面脱落，以及墙壁裂痕、空调布局不合理等。②交易合同纠纷。主要集中在合同附加条款、期房和现房不相符、周边环境不一样、配套不完善、交房延误、有关定金的纠纷等。③房屋面积欺诈。主要集中在实际面积和交付面积存在较大误差、交易双方对政策法规理解有偏差等。④物业服务纠纷。主要是遇到房屋质量问题后，确定责任主体时，物业与开发商之间的扯皮现象比较多。⑤房产中介纠纷。主要集中在二手房的实际年份、具体面积存在问题，二手房交易过程中的落户人员、物业费用没有缴清、中介方推诿责任等。

（五）汽车销售及维修服务满意度偏低

伴随着我国汽车保有量的增长，有关汽车售后及维修服务的投诉也逐年攀升。2014 年，全国消协组织共受理汽车相关投诉 26251 件，其中质量问题 10230 件，合同问题 6104 件，售后服务问题 4111 件。根据年度投诉统计结果和山东、黑龙江等部分省份消费满意度调查报告，消费者对汽车销售及维修服务的投诉问题主要有：①强制消费。主要集中在强制搭售保险、强制代理挂牌、加价销售、隐瞒真实信息压证卖车等方面。消费者对汽车销售过程中的不正当营销方式反应强烈。②不公平格式合同条款。主要集中在购车不签订书面合同、合同条款过于简单或提车后将购车合同收回、混用定金和订金造成双方权利不对等。③汽车质量问题。例如，2014 年，某汽车厂家的一款汽车频频出现后悬横梁断裂的情况，各地消协多次接到消费者反映所购买的这款汽车后悬横梁出现裂纹，存在安全隐患，而厂家提出的补救方案并未令消费者满意。④服务费用问题。主要是维修保养价格不明示、不透明，配件只换不修，过度保养，不能一次性解决故障，维修人员技术水平低等问题。⑤售后服务态度强硬、野蛮，致使矛盾不断升级。车主因车辆质量问题向售后进行咨询或投诉，工作人员无法对故障做出正面技术解释，不能正确面对故障存在的客观事实，多以"人为造成"或提出不必要"检测"为由规避责任，加重消费者的举证义务。而车主无法接受售后无理野蛮、强硬处事的方式，致使矛盾升级。

（六）旅游消费欺诈，购物问题依然突出

2014 年，全国消协组织共受理直接涉及旅游服务的投诉 1701 件，如果将住宿、餐饮等间接涉及旅游的投诉计算在内，投诉量更高。消费者对旅游相关的投诉问题主要有：①旅游合同不透明。旅行社提供的旅游合同，对旅游线路行程、时间安排、交通工具及档次等级、住宿安排及住宿酒店档次等级、景点（景区）及游览线路等内容，往往采取模糊化处理，发生消费纠纷时，旅行社给出的解释不利于消费者。②旅游购物问题多。在旅游景点或旅游行程安排的购物活动中，很多商品存在以次充好、价格虚高、缺少卫生许可等问题，特别是一些宝石玉器、珍珠水晶、药材保健品、工艺品等。还有一些旅行社违规安排的购物店也存在诱导消费、强制购买、质次价高等问题。③旅游骗局多。一些旅行社在国内热点旅游线路上，往往会安排一些自费项目，有些项目还是重要的观光景点。这是旅行社通过"票价回扣"获取利益的手段，消费者在不知情的情况下被骗消费。④在境外旅游代购维权难。消费者在国外旅游时，有时会委托导游或他人代理购物，因代购涉及环节较多，消费者回国后若发现产品存在价格不符实、质量缺陷等问题，需要导游协助办理修、退、换货时，往往费时费力。同时，个别导游会通过代理购物的方式推荐质次价高的商品。

（七）健康消费投诉赔偿损失确认难，保健品冒充药品误导老年消费者的情况依然严重

近几年来，医药及医疗用品和卫生保健服务投诉一直是消费者的投诉热点。2014年，全国消协组织共受理医药及医疗用品类投诉3800件，卫生保健服务投诉662件。投诉所反映的问题主要集中在质量、虚假宣传、售后服务问题上。过去一些通过网络、电视电话购买医药保健品的投诉，因销售者地点难确定，第三方平台又没有明确的赔偿责任，消费者的损失往往很难得到赔偿。新修改的《消费者权益保护法》出台后，由于加大了对消费者权益的保护力度，明确了第三方平台的责任，使得这一类医药保健品投诉解决率大幅度上升。

医药及医疗用品和卫生保健服务投诉有以下特点：①消费群体集中。投诉数据显示，老年消费者占九成。一般老年消费群体对保健品的概念、功效缺乏最基本的认识和判断；同时，商家抓住老年人渴望健康的心理，通过对保健品功效的虚假宣传，诱使老年人以高价购买只具有普通保健作用的保健品。②获取保健品信息渠道复杂。消费者主要通过电视、报纸、广播、网络等方式获取保健品信息，铺天盖地及长时段滚动广告宣传，会潜移默化地为消费者"洗脑"，强化其对商品的认知。③商家推销保健品手段多样。"赠药""免费抽奖试用""名医会诊""免费旅游""专家讲座"都是经营者惯用的手段，甚至雇用"托"在旁现身说法，诱使老年消费者上当受骗。

（3）寻求法律保护。在上述诸多不满情绪的解决方式都无能为力时，消费者最后会拿起法律武器来维护自己的权益。

4.2.2 影响消费者不满行为的因素

1. 消费者不满的程度

对于一般的不满，消费者可能不会投诉或诉诸法律。只有当不满的程度较高时，进行投诉或寻求法律援助才会付诸实施。

2. 产品或服务对消费者的重要性

产品或服务对人们越重要，它所造成的不满就越可能导致抱怨行为，失败的整容就属此例。

3. 抱怨行为的成本与收益

当消费者预期收益高而成本低时，他们就可能会有抱怨行为；反之，抱怨的可能性就小。一项调查显示，消费者对于那些经常购买的低值易耗品、日用品不满意时，投诉率只有14%，服装类商品为25%，而耐用消费品的投诉率上升到50%。[⊖]

4. 消费者的个性特征

一项研究发现，年龄、收入与抱怨行为之间存在一定程度的相关关系，年轻人和收入水平较高的人似乎更倾向于采取抱怨行为。另一项研究发现，拥有更高收入水平和教育水平的人抱怨更多。还有一些证据显示，具有教条倾向和富有自信的人更有可能在经历不满时予以抱怨。同时，个人主义色彩浓厚，强调独特性、独立性的消费者似乎抱怨更多。一种可能的解释是，这些消费者或许将抱怨本身视为使自己与别人有所不同的方式之一。[⊜]

⊖ 陆跃翔. 消费者行为学 [M]. 北京：中国统计出版社，2005：182.
⊜ 符国群. 消费者行为学 [M]. 北京：高等教育出版社，2006：92.

5. 对问题的归因

对问题的归因即将责任归咎于谁。当消费者把产品问题或责任归咎于企业而不是自身时，抱怨就会增加。同样一个问题，如果不愉快的体验被消费者视为是由企业可控的因素引起的，消费者的抱怨情绪也会增长。例如，消费者邱某在某电器店购买了一台冰箱，价格是 2869 元。用了一年多时间后，他发现冰箱冷藏异常，遂向该电器店交涉。电器店售后服务部先后维修了两次，但使用几天后还是出现制冷异常，并且维修部说冰箱电路系统坏了，若要维修，就要收费，这引起了邱某的质疑。

4.2.3　企业对消费者不满的反应

1. 设立应对和处理消费者投诉或抱怨的内部机构

设立内部机构是指通过设置建议箱、意见卡、"消费热线"免费电话等方式，为消费者表达不满及抱怨提供最大限度的方便，并使企业更迅速地采取行动。

2. 为产品或服务提供强有力的担保

为产品或服务提供担保，如规定在哪些条件下可以退换和进行免费维修等。最近一些年，在美国等西方国家还发展出一种平息消费者不满情绪的新方式——服务合同。签订服务合同，类似于为产品买保险，消费者只要为产品多付一点点钱，就可以在一定时期内享受由卖方免费解决某些产品问题的权利。服务合同在汽车行业使用较普遍。例如，丰田汽车制造公司设立的缺陷产品召回制度，使其在 2009—2010 年面对全球各地区消费者的投诉与抱怨时成功地避免了公司产品的信誉危机。

3. 建立对产品的购后评价信息的收集与整理机制

消费者对产品的购后评价信息调查是周期性的，往往由行业协会整理并发布各个行业消费者投诉与抱怨的信息，目的是提醒有关企业或行业组织注意加强自律，避免与消费者、政府发生正面冲突。同时，这也是企业产品与服务获得顾客满意与否的一手调查数据，有利于企业改进产品质量。

扩展阅读

照相机投诉现状：制定标准是关键，树立诚信为根本

数码影像技术诞生至今已经有 40 多年的历史，1996 年数码相机的全球销量突破了 50 万台，开始全面进入消费者的视线。我国的数码相机市场起步于 1997 年，一直处于高速增长期，年均增长率超过 50%，远高于全球数码相机市场的整体增长水平。

近年，随着种类、功能不断完善，以及价格不断下降，数码相机正式走下了"神坛"，进入寻常百姓家。数码影像技术也为人们的生活带来众多乐趣。不过，由此也带来了一些新的问题。例如，数码相机重大质量问题屡屡出现，让消费者烦恼不断；名目繁多的附加功能，让消费者迷失其中；价格不透明和售后维修的外包，让消费者承受了较高的费用；而制度的缺失以及监管无力，更让消费者维权困难。

1. 质量问题频发，投诉事件不断

在百度网上键入"数码相机投诉"的关键词，只需 0.071s，就能搜索出 201 万条信息；键入"数码相机质量问题"的关键词，则可以查询到 109 万个相关链接。其中，富士、柯达、

奥林巴斯等各大品牌都曾深陷"投诉门"旋涡。

2006 年，索尼接连发生了"电池门"和"CCD 事件"；同年，柯达 LS443 数码相机的质量事件更成为国内消费者关注的焦点，中国消费者协会还为此史无前例地召开了听证会。

2007 年，奥林巴斯 FE230 的"质量门"事件。

2008 年，松下 LS70 出现质量问题；其后，三星 L50、L60、I5、I6、蓝调 i85、S500、S600 等共 14 个型号的产品出现横纹现象……

近年来影响最大的莫过于富士的"颜色门""固件门"事件。富士 S1000fd 于 2008 年 1 月份发布上市，当时各大媒体都给予了"目前为止全球最小的 12 倍光学变焦数码相机""人性化设计"等赞誉，但同年 5 月就有用户反映出现死机等质量问题；8 月，"远景绿色发灰、逆光发黑、阴天自动挡发灰"等问题在论坛上曝光。

2009 年 3 月，"3·15"消费电子投诉网采写的《美景变样，富士 S1000 被曝"颜色门"》和《富士 S1000"颜色门"续：这事闹"大"了》两篇文章被各大网站转载，终于引起了富士公司的重视，并于同年 4 月与 6 月两次发布 S1000fd 相机固件升级方案。其后，富士胶片（中国）的态度是"相机已经没有问题了"，但仍有消费者反映问题没有解决。

尽管数码相机的价格已经能被一般家庭所接受，但数码相机与日常耐用家电相比的高故障发生率，使其成为"快速易耗品"，令不少消费者直叹无奈。

2. "速度竞赛"火热，品牌信誉透支

各大数码相机品牌为了抢占市场占有率以及在最短时间内实现品牌利益最大化，新产品推出速度之快就像比赛一样。以 2009 年主要数码相机品牌的新品发布为例，索尼、佳能、尼康等一线大品牌的新品发布量均在 20 ~ 30 款，奥林巴斯更发布了 38 款新机型。而三洋、理光、爱国者等二线品牌，每年推出的新品数量也在 10 款左右，机型、价格的细分已经比较完善。

据统计，2009 年的数码相机新品中，千元左右的机型占全部机型的 1/3 左右，而主流相机的价格一般在 1500 ~ 2000 元，入门级数码单反相机套机价格也在 4000 元左右，与几年前的价格相比明显下降。这意味着为应对不断升级的价格战，厂商只能尽一切办法压缩生产成本，直接导致了数码相机的生命周期越来越短。

对于消费者而言，数码相机的耐用周期的期待值在 3 ~ 5 年，而市场的更新明显过快。新产品推出得过多过快，尽管可以在一定程度上掩饰产品的缺陷，但把消费者当成试验品，无疑是杀鸡取卵、竭泽而渔之举，一旦品牌信誉透支过度、矛盾积累不可调和，给企业带来的损失将是无可估量的……

3. 规范机制缺失，消费权益难护

面对越来越多关于数码相机的投诉问题，消费者的权益却未能得到很好的保障，这与数码相机市场监督规范机制的缺失不无关系。

无法可依、无据可查是消费者维权行动的最大障碍。以柯达 LS443 的质量事件为例：LS443 型数码相机是柯达于 2002 年年底上市的高端产品，然而部分消费者的相机在正常使用情况下陆续出现黑屏、镜头无法伸缩（显示 E45 错误）、曝光过度等故障，有的在一年内竟维修了三次。柯达维修部门给出的故障原因都是镜头部件损坏，需花 1500 元更换镜头或者花更多的钱升级为柯达公司的其他机型。2006 年，由于接到越来越多消费者的投诉，中国消费者协会史无前例地针对该事件专门召开了一次投诉调解听证会，343 名消费者投诉者提出公

诉。其后,柯达个性化解决方案用户见面沟通会的足迹遍布全国,包括北京、上海、广州等 11 个城市。直到 2009 年 11 月 3 日,解决方案才被 93% 的用户所接受,事件宣布告一段落。历时三年多的漫长的维权历程,不少消费者已是精疲力尽。

目前,数码相机各品牌使用的都是企业标准。无法可依,维权成本高,维权周期长,使很多消费者谈到维权只能是"哑巴吃黄连——有苦说不出"。只有尽快制定国家标准,才能对我国数码相机市场进行有效和统一监管。

4. 购买陷阱当心,售后服务闹心

除数码相机产品的质量问题投诉事件不断外,购买陷阱以及售后服务也是目前消费者的投诉热点问题。数码相机的购买陷阱可分为以下几类:①销售价格欺诈。消费者购买数码相机前,对自己心仪的品牌型号一般会有较深的了解。但当销售人员极力推荐另外一款性价比"更好"的机型,而消费者事先对该产品又不了解的情况下,往往会改弦更张,直到购买后,才发现其价格比市场价格贵几百元甚至上千元,大呼上当。②水货危害严重。特别是在一些地方,"以水充行"事件并不少见。商家把水货机身放进行货包装盒里,再配合更换序列号,甚至可以通过官方网站的检测,成功得到 1 年延长保修。③以次充好。相机包装盒上的一次性防伪贴膜,借助吹风机可轻易揭下。不良商家会把相机取出当样机供大量消费者试用后再原样放回,作为全新机出售。有时更会把原装电池取出换上仿制品,让消费者无法买到完好的产品。

在数码相机售后服务问题中,投诉最多的是维修费用过高的问题。目前市面上的很多数码相机都不足千元,但维修费用往往令人瞠目结舌,面对几乎可以购买一台新机的高额维修费用,很多消费者只能放弃。

维修费居高不下,大致有如下一些原因:

(1) 产品更新换代过快,旧产品纷纷退市,导致配件奇缺,因此,要维修更换零件,其价格自然上涨。

(2) 售后维修的外包,维修定价不透明,不法商家可漫天要价,甚至私换零件,上欺厂商,下瞒用户,以获取高额利润。

(3) 行业潜规则的约定。目前数码相机的保修期一般是 1 年,比冰箱、空调等常用家电的保修期短很多(这些电器的主要部件通常保修 3 年以上);而且消费者到了维修点,往往还会被告知要收取不菲的开机检测费。例如,济南李先生的相机存储卡舱盖受压折断,到指定维修点维修,保修期内 10 元的配件,而且只需简单的安装,竟被收取 140 元的"手工费"。

5. 期待行标出台,树立诚信形象

中国质量协会用户满意度指数评价办公室有关负责人在接受媒体采访时指出,国内目前还没有一套完整的数码相机强制性标准,使得数码相机在生产、检测及维权等方面都缺乏依据。国家数码相机行业标准缺失,厂家各自为政,同时缺少缺陷产品的召回制度。问题产品只能依照原国家经贸委批准的行业标准进行检测,对市场的监管、约束力度远远不够。

其实,早在 2002 年,国家标准化管理委员会发文,授权由全国照相机械标准化技术委员会牵头组织起草数码相机国家标准,但迟迟未能正式推广。随着工业和信息化部的建立,数码相机产品已正式归口到该部,结束了无具体部门监管的状态,而新国标的制定正逐步提上议程。

案例分析

"阿迪达斯"鞋的购后冲突

2015年3月21日，通过当地新玛特商场阿迪达斯专卖店，辽宁丹东的冯女士为孩子购买了一双价格489元的运动鞋，由于当时专卖店没有相应的鞋号，专柜工作人员告知，可以选择等外店调货后去取。冯女士付完款，三天后便拿回了运动鞋，"可是孩子没穿几天，左脚就磨出血，鞋跟外侧也有明显的磨损痕迹"。

冯女士仔细检查发现，原本应该在鞋上的标签是撕开后散落在鞋盒底部的，加上该鞋穿一天就磨损，由此她怀疑这双鞋的真伪，觉得是专卖店之间在调货期间出了问题。

于是，冯女士3月28日联系商家要求鉴别运动鞋的真伪。不鉴定不知道，几番联系卖家、厂家以及消费者的协调部门，她发现，要证明这双鞋是阿迪达斯的，真是一道难题。

起初，冯女士咨询新玛特商场经理，该经理对她说："你这双鞋，拿去鉴定不值得。检测费得花1000多元不说，对鞋子的检测也是毁灭性的。"冯女士算了一下，这样一来，新鞋不能穿也就算了，还要损失近2000元，确实不值得。

就此打算放弃的冯女士，还是试着拨通了鞋盒上提供的阿迪达斯公司的热线电话，却得知拿去厂家鉴定并不需要商场经理所说的费用。但厂家回复："如果是通过商场专卖店购买的货源，可以保证是正品，不用鉴定。"

在冯女士的多次要求之下，厂家告诉冯女士，如果冯女士执意要求鉴定，需要当地部门出具书面材料。3月28日，冯女士到当地工商和消协部门投诉，并通过工商部门给厂家出具了书面材料，要求其出具产品为正品的证明文件。五天以后，冯女士给阿迪达斯公司打电话咨询结果，并希望其提供质量鉴定部门的发货地址。"他们却说，工商部门和他们沟通的这次电话没有记录，不知道此事。"

在此之前，冯女士通过当地消费者协会进行维权，消协工作人员称，他们的电话打不了长途。后来，冯女士当即使用自己的手机替消协工作人员拨打了电话。"通过营业厅我就能查到通话记录，厂家才说查到了，又说这几天一直和我们这边工商部门联系不上，并多次推脱。"

4月6日，冯女士去消协咨询，消协工作人员又建议其把运动鞋交给新玛特，让商场直接发给厂家知识产权法律部门进行鉴定。

冯女士鉴于之前商场经理描述的鉴定费用问题，她不认可商场将运动鞋给厂商鉴定的建议。"我已经不信任商场了。如果商场将鞋换成了真鞋，厂家再由此得出产品是正品的结论，我该怎么办？"

基于此，消协工作人员建议冯女士可以按照他们提供的有效的厂家地址，当面发货。而让她感到意外的是，经电话核实，地址中所写的"上海环贸广场"，根本不是阿迪达斯的知识产权法律部门。

冯女士随后拨打了邮寄地址上负责人和接货人的电话，被告知这是一个商场。冯女士又说自己有一双阿迪鞋需要做真伪鉴定，想核对地址。"对方马上改口说，'对，这里还有一个办公楼，就是阿迪达斯公司。'这样的地址让我怎么把鞋发过去？他们鉴定以后提供的鉴定报告怎么能让人信服？"

而在这期间，商家的态度反复更是让冯女士气愤不已。在冯女士多次主动维权后，新玛特商场的经理曾打电话告诉她："这双鞋可以退换。我们和阿迪达斯公司沟通了，和工商消协部门也沟通过了，都同意。您不用把事情弄得那么复杂，也解决不了问题，要退要换都可以。"

原本以为已经告一段落的冯女士，听了经理的劝说，也不想再做进一步维权了。她觉得退货也可以接受，如果这样就不较真再去做鉴定了。"可当第二天我去找他的时候，这个经理就不同意退换了，态度转变非常大，变得非常强硬。"

冯女士希望有关部门介入调查阿迪达斯这批鞋的真伪和质量问题，并能为这双只穿了一天的鞋子提供一个可靠的真伪鉴定部门。

截至 4 月 21 日，冯女士说，她不断接到阿迪达斯的电话，建议她把鞋发给厂家鉴定。可冯女士又对这样的鉴定结果表示怀疑："难道对个人消费者来说，这双鞋的真伪就只能由厂家做鉴定吗？如果他们自己卖了假鞋，自己鉴定能承认是假的吗？"

（资料来源：互联网）

讨论题：

1. 冯女士在购买"阿迪达斯"鞋后的感受是怎样的？为什么？
2. 案例中提到的新玛特商场和阿迪达斯公司应该如何提高服务质量？
3. 冯女士会再次购买"阿迪达斯"鞋吗？

思考题

1. 解释下列概念：

消费者满意　消费者归因　重复购买　品牌忠诚

2. 简述消费者满意与不满的形成过程。
3. 影响消费者满意的因素主要有哪些？
4. 消费者表达不满情绪的方式有哪些？
5. 影响消费者抱怨行为的因素有哪些？
6. 企业对消费者不满做出了哪些反应？这些反应措施有效吗？
7. 举例说明重复购买与品牌忠诚的联系与区别。
8. 培养顾客对企业产品或品牌的忠诚为什么特别重要？
9. 消费者为什么会形成品牌忠诚？

第3篇

心理因素与消费者行为

第 5 章

消费者的需要和需求
以及购买动机

【本章要点】

- 掌握消费者的需要及需要理论的内容
- 明确消费者购买动机产生的原因及购买目标不一致时动机冲突的三种类型
- 针对消费者的动机冲突运用诱导进行促销

【重点名词】

需要	马斯洛需要层次理论	默里的心因性需要
欧内斯特·迪希特的消费动机理论	动机	驱力理论
期望理论	双趋冲突	趋避冲突
双避冲突		

【引导案例】

冯强很高兴能说服李丽到附近的渔民新村海鲜酒家吃饭。李丽在家里尽吃些以素食为主的食物，对冯强这样的"肉食主义者"来说，这简直就是活受罪。尽管冯强也直接或间接地提了不少意见，但是没办法，李丽是铁了心要让他改掉不良的饮食习惯。她坚信肥腻的、烧烤煎炸的、肉类的食品不利于减肥和健康，像冯强这样已有"将军肚"的男人，最好多吃青菜、水果和豆类食品，甚至炒菜用油也要尽可能地少放。

冯强拿起菜单，很快就被烧鹅这道菜所吸引。他希望这次出来吃饭，李丽能放他一马，让他好好享受一下烧鹅的美味。但很快，他的幻想就被现实打破了：李丽点了一道野山菌、一道上汤豆苗和一道剁椒鱼头。

当冯强吃得额头冒汗、嘴干舌燥时，他心里想，为了爱情和家庭而放弃烧鹅可能还是值得的。

（资料来源：互联网）

营销的目标就是满足消费者的需要。在营销过程中，要发掘出消费者的需要及了解需要为何而存在。各种各样的购买行为都是由购买动机引起的，动机就是消费者行为的原因。消费者的购买动机是以需要为基础的。消费者个体行为的一般规律是需要决定动机、动机支配行为的一个不间断的循环过程。

5.1　消费者的需要和需求

对企业而言，要做到以消费者为导向，很重要的一点就是要知道使用者、付款者和购买者的需要和需求。

5.1.1　消费者需要和需求的决定因素

1. 需要和需求的联系与区别

需要是一种促使消费者采取行动来改善状况的不满意的状态。需求是消费者在获得了为改善其不满意状态所需的条件之后，想要获得更大程度满意的一种愿望。需要与需求的区别在于，需要是在人们生理与心理上不满足的驱动下产生的，而需求是在人们想使其生理及心理条件高于最低程度的满足时而产生的。因此，食物满足的是需要，而美食满足的是需求。一般汽车满足了人们的交通需要，而奔驰、宝马或凌志等品牌的汽车则在满足需要的基础上还满足了人们获得卓越性能、较高威信及合适形象的需求。对于企业而言，开发一种新产品可能会引起企业对更大的生产能力的需要，而政府的规定可能会引起企业对更高的安全标准的需求。面向高级经理人的会员制俱乐部、昂贵的办公用品及公司专用的飞机都是为了满足其需求。只有在需要得到满足之后，需求才会产生。在当今时代，我们发现，原来的“想要一些”变成了现在的“需求所有”，而“需求所有”又变成了“必需品”，移动电话、微波炉、遥控电视等都是由需求品变成必需品的例子。

2. 需要和需求的决定因素

需要和需求的另一个区别在于促使它们产生的因素不同。消费者的需要是由个人特征与环境特征所决定的。决定消费者需要的个人特征是遗传特性、生理特性和心理特性；决定消费者需要的环境特征是气候特性、地形特性和生态特性。相对而言，消费者的需求是由个人环境背景和市场背景所决定的。个人环境背景包括三个方面：个人的购买力、所处的组织与文化；市场背景包括经济、技术与公共政策。

根据需要和需求的决定因素对需要及需求的影响，可以分成四个大的类别。其中，个人特征的物理性特征是需要的个人特性，环境特征的物理性特征是需要的物理特性；个人特征的背景性特征是需求的个人环境背景，环境特征的背景性特征是需求的市场背景。表5-1 总结了每个决定因素在市场上是如何塑造需要和需求的。

表5-1　个人特征与环境特征矩阵

环境特征 个人特征	物理性特征	背景性特征
物理性特征	需要驱动型市场（抗过敏药）	个人需要与环境需求驱动型市场（可用微波炉制作的食品）
背景性特征	个人需求与环境需要驱动型市场（名牌保暖服装）	需求驱动型市场（参加艺术展）

（1）需要驱动型市场。如果个人及环境的特征都是物理性的，则消费者的行为是受单纯的需要所驱动的。例如，与气候相关的服装、在易出现过敏症状的季节里的抗过敏药物等。

（2）个人需求与环境需要驱动型市场。当相关的环境特征是物理性的，但个人特征是背景性的，消费者的驱动力就是个人需求和环境需要。有些产品类别是由于气候、地形及生态因素所产生的，但产品类别内部的品牌却反映了人们的财富、社会地位及个人观念，这种情况就是个人需求与环境需要的例子，如名牌保暖服装、越野车等。

（3）个人需要与环境需求驱动型市场。如果相关的个人特征是物理性的，但环境特征是背景性的（如经济、技术和公共政策），消费者就会寻求那些能够满足个人需要和环境需求的东西。这方面的例子包括网上购物、高科技电子产品及可用微波炉制作的食品等。

（4）需求驱动型市场。当个人和环境的背景性特征都很明显时，消费者行为是受单纯的需求所驱动的。例如，参观艺术展、购买设计师设计的服装、穿着奇装异服等。

5.1.2　消费者需要的类型

消费者的需要是多方面的，十分复杂，可以从不同角度对消费需要进行分类。与营销关系最密切的关于消费者需要的理论是马斯洛的需要层次理论、默里的心因需要理论和迪希特的消费需要理论。

1. 马斯洛的需要层次理论

心理学家马斯洛为了帮助人们理解个人成长与达到"高峰体验"的需要而提出了研究需要的方法。马斯洛提出了生理与心理需要的层次，并详细阐明了特定层次中的需要。这一层次性的方法表明：人类的需要与需求是按层次分布的，发展的顺序是固定的，即只有在层次较低的需要得到满足之后，层次较高的需要才会被唤醒。营销者采纳了这一观点，因为它根据人们在发展和环境条件中所处的不同阶段，间接指明了人们可能正在寻找的特定类型的产品利益。

马斯洛的需要层次（从低到高）包括生理需要（饿、渴）、安全与保障需要（安全、保护）、归属感与爱的需要（社会需要）、自我尊重需要（自尊、被认可、地位）和自我实现需要（自我发展与实现）。如果一个人的较低层次的需要得到了满足，他就会逐渐发展对高层次的需要；如果低层次需要又变回到不满足的状态，他就会再倒退回较低层次的需要。在马斯洛的需要层次里，只有前两层是需要，而后三层都是需求。图5-1总结了这一模型，按照消费者所寻找的产品利益，每一层次都存在着不同的优先重点。在理想的情况下，个体需要在层次上不断上升，直到个体主导的动机集中到"终极"目标上，如正义与美好，但这一状态是难以达到的。

（1）马斯洛需要层次理论在家庭消费者身上的应用。生理需要使人们争取、购买并使用有关衣、食、住方面的产品。对于有的人来说，如生活在贫困线以下的人，这些需要一直没有得到满足，因此他们很难产生较高层次的需要。另外，不同消费者的所买及所用之间的很多差别都源自生理差异，如由于遗传因素、种族、性别和年龄等而产生的差异。

对于安全与保障这一层次的需要，马斯洛解释了为什么许多人都害怕坐飞机，以及为什么人们为一生中各种各样的不确定性买保险。个人安全是一种历史很长的动机，在现代社会里，在许多大的中心城市，人们抱有对汽车安全以及在细菌肆虐造成恐慌的情况下对健康的担心。

人们对归属感和爱的需要，即社会动机，体现在消费者希望购买一些别人认为很好的产品，因为使用那些产品可以带来同辈的认可与羡慕，使消费者得到一种归属感。消费者选择什么样的社区居住、开什么车、穿什么品牌的衣服、送孩子上什么学校，这些选择至少有一部分是由消费者的同辈及其他重要人物对这些选择的看法所决定的。祝福卡、鲜花及其他礼品的购买，都是因为它们可以改善人与人之间的关系。

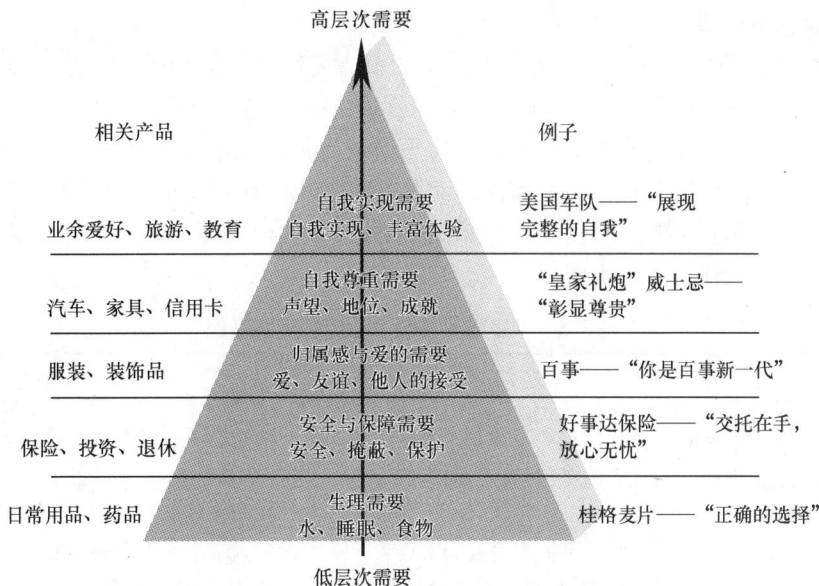

图 5-1　马斯洛需要理论的各层次需要

　　人们都在各自的领域里努力工作以求得成功，获得一些别人认为是理想的素质，这样就可以得到他们的尊重。人们也会购买那些自认为符合自己身份的产品和服务。例如，除了给别人留下印象之外，人们还要根据自身的判断来选择一辆能体现出自己身份的车；人们光顾那些尊重自己的商店，甚至会购买礼物送给自己，因为他们觉得应该得到那个礼物。

　　最后，一旦这些生理需要、社会需要及被尊重的需要得到满足之后，人们开始开发并拓展自己的潜力，即寻求自我实现。自我实现的动机解释了人们为什么会参加一些自我完善的活动，如参加成人教育课程，或持之以恒地将一种技能日臻完善。

　　（2）马斯洛需要层次理论在企业消费者身上的应用。企业市场上的消费者与家庭市场上的消费者一样，也体现出马斯洛的需要层次理论。这可以从两个层面上得以体现，即以企业形式出现的企业消费者和在某企业工作的个人所代表的企业消费者。首先来看以企业形式出现的企业消费者。企业为了生存，至少需要三种资源：资源、员工、原材料与设备。银行和风险投资家提供资金，招聘公司提供员工，供应商提供原材料与设备，这三者满足了企业的生存需要，就像个人的生理需要一样。

　　企业的安全需要体现在企业为防止出现财产与资产损失以及商业交易时可能出现的责任等而投资的保险。实际上，安全和保障是政府和企业购买过程中的一个关键性的考虑因素。例如，办公楼里的电梯要进行检测与维修，以保证安全运行。

　　企业的归属感需要是指企业要得到相应组织的认可，并获得其他正式或非正式的类似组织的成员认可。例如，为了达到某种标准以加入某企业组织；或为了获得某种地位或奖项，企业需要购买、使用许多产品和服务，如质量得到严格控制的原材料、培训员工或服务的重新设计。

　　最后，自我实现需要体现在企业努力实现其目标。例如，3M 公司成为创新型公司，李维斯公司（Levi Strauss）成为多样化公司，贝纳通（Benetton）成为具有社会责任感的公司。作为消费者的企业，这些公司必须保证自身能够体现出这些价值观，并以一种能够帮助消费者进一步实现自我的方式与他们打交道。

2. 默里的心因性需要

心理学家默里（H. A. Murray）提出了人类的 12 种基本需要（内在需要）和 29 种次级需要（或心因需要）。表 5-2 举例说明了这些心因性需要。从这一系列需要中可以看出，默里从更加微观的角度来看待人类的需要。因此，与马斯洛需要层次理论比，它所包含的每种需要的焦点也更加明确，覆盖面更窄且更加具体；而马斯洛需要层次理论的定义则较为宽泛，因此包含的类别也较少。默里的需要列表对于精确确定消费者某种具体的市场行为背后的动机（如强制性冲动消费）起到了十分重要的作用。

表 5-2　默里需要列表：心因性需要举例

需　要	定　义	举　例
自主	独立，自由冲动的行动；不隶属于任何组织，不承担责任；不服从常规	冲动购买，穿着反传统的服装
支配	指挥他人的行为	在服务场所迫切需要别人的注意
关怀	同情、鼓励、帮助、保护有需要的人	为人道主义事业做贡献
表现	给人留下印象，使别人感到激动、惊讶、入迷、快乐、惊骇、好奇	穿着最流行的服装
认知	探索、询问、寻求知识	参观博物馆，了解新技术和新产品
阐述	提供信息、解释、说明和讲解	充当意见领导者的角色

3. 欧内斯特·迪希特的消费动机理论

欧内斯特·迪希特是曾在维也纳接受过训练的心理分析家，他对弗洛伊德的性格理论深信不疑，相信潜意识的动机在人们的消费决策过程中起到重要的作用。在与超过 200 种产品的消费者进行深入访谈之后，他确定出个人消费各种产品时背后隐藏的一组动机或需要（见表 5-3）。由于这些动机中有许多都被认为是以潜意识的形式影响着消费决策的，因此这个动机或需要系列对于在产品广告中加入象征性意义十分有用。

表 5-3　迪希特的消费动机列表

动　机	消费决策举例
控制环境	厨房设备、电力工具
地位	苏格兰威士忌、第三世界国家里的小汽车
奖励	糖果，为自己购买礼物
个性	美味食品、外国轿车，文身
为社会所接受	加入团队，与别人一起喝茶
爱与情感	给孩子买玩具
安全	将衬衫熨好后整齐地放到抽屉里
男性气质	玩具枪，穿沉重的鞋子
女性气质	（用有质感的材料来）装饰产品
解除孤立感	听脱口秀节目，给脱口秀节目打电话（以满足与外界联系的需要）
道德纯洁	白面包，沐浴，棉布
掌握魔法、魔术	相信 UFO，相信宗教礼节，相信水晶（有治病的作用）

5.2　消费者的购买动机

5.2.1　动机的形成过程

动机是引导人们做出行为的过程。当消费者希望满足的需要被激活时，动机就产生了。一旦一种需要被激活，就有一种紧张的状态驱使消费者试图减轻或除去这种需要。这种需要可能是功利性的（希望得到某种功能性或实用性的利益，如一个人为了营养而吃绿色蔬菜），也可能是享乐性的（一种体验的需要，包括情绪反应或幻想）。这种希望达到的最终状态就是消费者的目标。营销者试图创造出能够提供消费者想要的利益并且减轻其紧张程度的产品和服务。

不论需要是功利性的还是享乐性的，消费者当前的状态和理想的状态之间总是存在差距的，而这种差距造成了一种紧张的状态，紧张的轻重程度决定了消费者缓解紧张的迫切程度，这种唤醒的程度被称为驱力。一种基本需要可以用很多方式来满足，而个人所选择的具体途径既受个人特有经验的影响，也受其成长所处的文化所灌输的价值观的影响。

这些个人和文化因素结合起来成为欲望，它是需要的表现形式。例如，消除饥饿是一种每个人都必须满足的基本需要，缺乏食物会造成一种紧张状态，这种紧张可以通过摄取食物得以减轻。减小驱力的特定途径是由文化和个人共同决定的，一旦实现目标，紧张就会减轻，动机就会消退（就当时而言）。动机可以根据强度或作用在消费者身上的拉力以及方向，或消费者努力减轻动机紧张的特定方式来加以描述。

5.2.2　动机的强度

一个人愿意付出精力去实现一个目标而非其他目标的程度，反映了个人实现那个目标的根本动机。有许多理论提出了解释人们行为的原因，大部分观点认为人的能力是有限的，必须指向特定的目标。

早期的动机研究将行为归因于本能，即一个物种中普遍存在的先天行为模式。这种观点受到了质疑，原因之一是本能的存在很难得到证实或证伪。本能是由它所解释的行为推导出来的，就像说一个消费者购买有地位象征意义的产品是因为其有获取地位的动机一样。

1. 驱力理论

驱力理论集中关注那些唤起不愉悦状态的生物需要（如上午上课时肚子饿得咕咕叫）。个体被推动着去消除由这种唤起引起的紧张感。消除紧张感被认为是支配人类行为的一个基本机制。图 5-2 是驱力理论的过程模式。

在营销情境下，紧张是指一个人的消费需要无法得到满足时存在的不愉悦状态。一个人没有吃饭时脾气可能会很暴躁，而如果买不起自己想要的新车时则可能会沮丧或生气。这种状态会刺激目标导向的行为，即努力减轻或消除这种不愉悦的状态，并回到所谓的内环境稳定的平衡状态。

那些通过满足潜在需要而成功减轻驱力的行为会被强化，而且往往会有重复。如果一个人已经 24h 没有吃过东西，那么提早下课去抢购食物的动机就要比 2h 前刚吃过东西时强烈。如果这个人偷偷溜出去吃了东西造成消化不良，那么他下次想吃东西时就不大可能再做出这种行为了。因此，一个人动机的程度取决于当前状态与目标之间的差距。

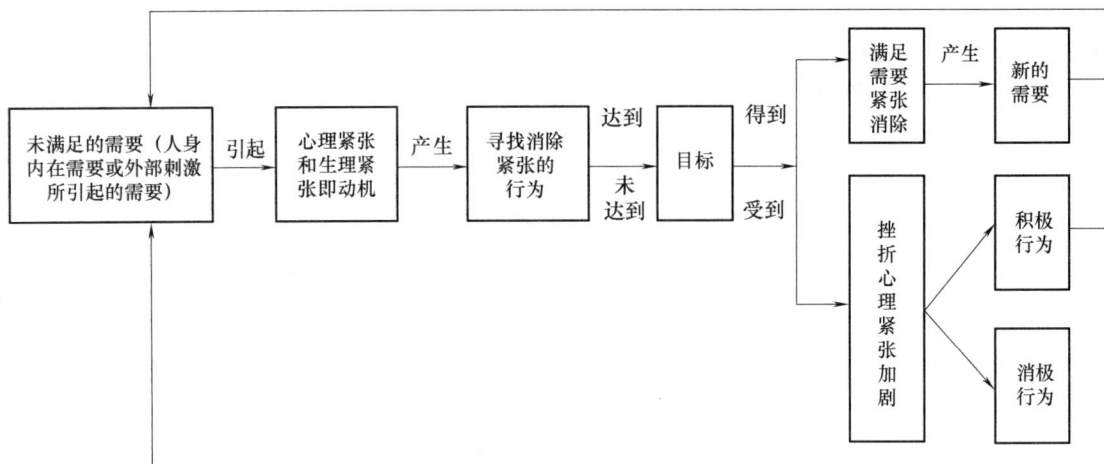

图 5-2 驱力理论的过程模式

然而，当试图解释一些跟预测相违背的人类行为时，驱力理论遇到了困难。人们经常做出一些增强而非减轻驱力状态的行为，如人们可能延缓满足。如果一个人知道自己晚上将会有一顿丰盛的大餐，则此人可能虽然在当天的早些时候感到很饿，但也会放弃一些食物。

2. 期望理论

人们采取某项行动的动力或激励力取决于其对行动结果的价值评价和预期取得该结果可能性的估计。换言之，激励力的大小取决于该行动所能实现目标并能导致某种结果的全部预期价值乘以他认为实现该目标并得到某种结果的期望概率。用公式可以表示为：$M = \sum V \times E$。其中，M 表示激发力量，是指调动一个人的积极性，激发人内部潜力的强度；V 表示效价，是指实现目标对于满足个人需要的价值；E 是期望值，是指人们根据过去的经验判断自己实现某种目标或满足需要的可能性大小，即能够实现目标的主观概率。

当前大部分的动机解释都集中于用认知因素而不是生物因素来理解是什么驱动了行为的发生。期望理论认为，行为在很大程度上是由想取得想要的结果（正诱因）的期望牵引的，而不是受内在因素推动的。消费者选择一件产品而非另一件产品，是因为消费者预期这一选择会为自己带来更为积极的结果。因此，驱力一词在此所指的范围更为广泛，既指生理过程，也指认知过程。

5.2.3 动机冲突

动机具有强度和方向。动机是由目标导向的，因为它驱使个体去满足特定的需要。大多数目标可以通过多种途径来实现，而企业的目标就是使消费者相信它所提供的选择最有可能实现他们的目标。目标是有正负效价的，即它可能是正效价的，也可能是负效价的。正效价的目标是指消费者的行为趋向的目标，他们有接近这一目标的动机，并且会找出有助于他们实现目标的产品。然而，并非所有的行为都是由渴望达成某一目标的动机驱动的。消费者可能会有回避负面结果的动机，他们会安排自己的购买与消费活动，以降低取得这种最终结果的可能性。例如，许多消费者努力地回避遭受拒绝的负效价目标，他们会远离社会不赞许的产品。如生产除臭剂和漱口水这样产品的厂家，常利用消费者的负向动机，描述腋臭和口臭所带来的麻烦。

由于一项购买决策可能包括超过一种来源的动机，因此消费者常会发现自己处于不同的正负动机互相冲突的状态中。既然营销者试图满足消费者的需要，那么他们就可以通过为这种两难处境提供可能的解决方案而发挥作用。图 5-3 表示了通常发生的三种动机冲突类型。

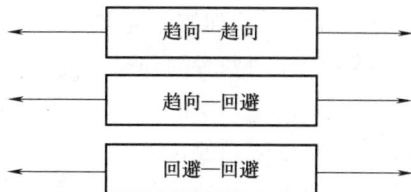

图 5-3　三种动机冲突类型

1. 双趋冲突

双趋冲突是指面临两种同样强烈的愿望而只能选择其中一种愿望时的动机冲突。在双驱冲突中，个体必须在两个可以的选择中做出取舍。例如，一个学生可能会为是回家度假还是跟朋友去旅行而烦恼不已，或者不得不在商店里的两张 CD 中选购其一。

认知失调理论基于以下假设：在生活中，人们存有对秩序和一致性的需要，当信念与行为互相冲突时，就会产生一种紧张状态。这种在两者之间做取舍而产生的冲突可以通过减轻认知失调而得以解决，在这一过程中人们被驱使着去减轻这种不一致（或失调），进而消除不愉悦的紧张。

当一个人有两种或两种以上的信念与行为在心理上发生不一致时，就会产生失调状态。当消费者必须在两个都各有好坏品质的产品中做选择时，就常会出现失调状态。选择一个产品而放弃另一个产品，个体就会得到所选择产品的不良品质，而失去所放弃产品的优良品质。

这种损失造成了不愉悦的失调状态，这驱使着个体去减轻这种状态。在选择已成事实后，人们往往会寻找额外的理由来支持他们的选择，或可能"发掘"他们未选择的产品的缺点，以使自己确信所做的选择是正确的。营销者叫以通过组合几种利益来解决双趋冲突。

对于双趋型冲突，可以通过增加产品的吸引力来消除。例如，在广告宣传中强化某一选择品的价值与利益，或采取降价、延期付款等方式。生动化陈列是消除这一冲突的有效方法。美国市场营销协会（AMA）研究表明，人注视某个商品的时间通常为前 7s，在这 7s 的时间内，有 70% 的人在决定购买商品时，起到首要决定因素的就是商品的视觉表现力。良好的商品展示效果会给消费者一种赏心悦目的感受，会吸引他们的注意力，从而激发消费欲望。特别是在竞争品牌同时存在的销售终端，加强生动化陈列、提高商品展示效果显得尤为重要。消费者的购买行为（尤其是快速消费品的购买）多为无计划消费，即许多消费者是在看到商品实物陈列后才临时决定购买的，因此，生动化陈列对于激发消费者的购买意愿起到十分关键的作用。生动化陈列商品从短期看，能通过视觉冲击力诱导消费者实现购买行为；从长期看，还能促使消费者产生积极的品牌联想，形成良好的品牌记忆，最终提升公司品牌的价值和形象，从而实现消费者可能进行下一次购买的良性循环。

2. 趋避冲突

趋避冲突是指对含有吸引与排斥两种力量的同一目标予以选择时所发生的心理冲突。许多人们所渴望的产品和服务也会给他们带来消极的后果。例如，人们在购买毛皮大衣这样富有地位象征意义的产品时，会有负罪感或夸耀感。当人们渴望达成一个目标，同时又希望回避它时，趋避冲突就产生了。

消除这类冲突的方法包括制造仿毛皮，以减轻人们为追求时尚而伤害动物的负罪感。另外，也有许多营销者试图通过使消费者确信自己值得享用奢侈品来克服负罪感，如欧莱雅化妆品的模特宣称："你值得拥有！"

要想消除消费者的趋避冲突，就要学会灵活地采用各种方法。例如，提供保修承诺；保证在一定时期内，如果消费者发现以更低价格出售同类产品的商家，就返回差价甚至予以奖励等。美国米勒酿酒公司针对一些顾客既爱喝啤酒，同时又担心摄入酒精后影响身体健康的心理，开发出不含酒精的啤酒，就是对消费者趋避冲突的一种反应。

销售人员的证明性诱导在这其中起着至关重要的作用。销售人员通过实证、证据和论证三种方法介绍商品，诱导消费者潜在的购买需要，增强其有意识的购买动机，最终促使其实现购买行为。实证诱导是销售人员当场演示商品实物使用的证明方法。它通过向顾客展示实物来介绍商品的功能和效用，诱导消费者的购买欲望。证据诱导即销售人员向消费者提供商品使用效果间接证据的证明方法。采用证据诱导销售人员要使用消费者所熟知的、有感召力的实际效果证据，才能使消费者产生信任感。论证诱导是以口语化的理论说明以增进消费者信任的方法。这种方法要求销售人员对商品的生产工艺、性能特点、使用方法非常了解，同时，销售人员的劝说、诱导要恰到好处，能简明扼要地向消费者介绍商品。

3. 双避冲突

双避冲突是指一个人要在两项负价对象之间（即两个有害无益的目标之间）进行选择时所产生的心理冲突。有时消费者会发现自己"进退两难"，面临着两种不情愿的选择。例如，选择是在旧车上花更多的钱，还是买一辆新车。为消除双避冲突，营销者常常强调做出选择所带来的不可预见的利益（如强调专门的信贷计划以减轻购车所带来的经济负担）。

企业应对或消除消费者双避冲突的方式很多。首先，消费者可能对冲突中的问题存在不正确的观念，如把看牙医看成是十分可怕的事情。此时，应该通过宣传来消除或部分消除这种不全面或错误的观念。其次，双避冲突情形下可能恰恰为企业提供了新的市场机会。如在前述产品出故障的事例中，通过推出以旧换新的推销方式，或通过为新产品提供更长时间保修承诺，均可能促使消费者采取购买行动来消除冲突。有时，在没有完全满意的选择方案下，承认这一事实也无妨，只要能使消费者相信所推荐的选择方案是最好的，双避冲突也可能被消除，如一些医疗机构在宣传某种戒毒方法、疾病治疗方法时常常采用这一策略。

广告在这其中起到了重要的作用。POP（Point of Purchase）广告，意为"购买点广告"，凡是在商业空间、购买场所、零售商店的周围、内部以及在商品陈设的地方所设置的广告物，都属于 POP 广告的范畴。POP 广告具有直接的诱导作用，能够引发消费者的购买行为，是一种促进进入购买阶段的广告。POP 广告是在购买行为发生的"最后一公里"中商品和顾客直接沟通的桥梁，它能在顾客匆匆经过时吸引其注意，在顾客驻足浏览时唤起其记忆，在顾客仔细比较时激发其购买动机，在顾客犹豫踌躇时暗示其立即购买。POP 广告运用独特的视听要素，借助背景、道具、照明、音响等手法，将各种要素组合在一起，形成一种意境和气氛，把消费者购买商品的主动性和积极性调动起来。在消费者浏览种类繁多的商品时，POP 广告又能适时、恰当地介绍商品的内容、特点、作用及养护等方面的知识，加深消费者对商品的理解和记忆。当然，消费者在认识事物时总带有一定的感情色彩，并由此类感情而产生购买动机或抑制购买动机。POP 广告以建立消费者对商品的愉快、喜悦以及兴趣为目标，着重宣传商品的特色，宣传与竞争对手产品的不同之处，一般附有图示、价格说明或者优惠券，使消费者在购物时得到额外的收获。

小贴士

利用消费者的动机冲突进行营销

冲突是指对立的、互不相容的力量或性质（如观念、利益、意志等）互相干扰。在营销中，有冲突必定意味着出现了问题、产生了需求，而谁能解决问题、消除冲突，谁就能赢得消费者。

减肥药之所以能成为常青产品，就是解决了爱美人士的最大冲突——身材和胃口之间的冲突。那么，如何在冲突中找到营销的突破口呢？

一、入门攻略：寻找冲突的关键点

1. 找反义词，如快和慢、新和旧、重和轻

相宜本草在2008年年初发现化妆品消费者心中存在这样一个冲突：化学类化妆品见效快但伤皮肤，本草类化妆品不伤皮肤但见效慢。

而相宜本草的产品中有一项专利技术——"导入剂"，能促进有效成分渗入皮肤深层，正好解决了本草见效慢的问题。于是，品牌的突破点找到了——非传统、快本草！

消除了消费者认知中的冲突之后，相宜本草的销量在2008年年底从8000万元增长到2亿元，如今的销售额更是突破16亿元。

当然，除了洞察冲突之外，也需要洞察冲突背后的人性。纸尿裤最早的诉求是帮助年轻妈妈们更快、更方便地解决宝贝的屎尿问题，却忽视了妈妈对孩子的责任感和爱心诉求。妈妈们都不愿意背负"偷懒、省力、对孩子没耐心"的"罪名"，所以对纸尿裤兴趣不大。在第二轮宣传中，营销公司将诉求重点转移到纸尿裤和传统尿布的对比上，规避了省事、省力的诉求，从而消除了妈妈在使用上的便捷性和对宝宝负责之间的冲突。

2. 树立矛盾：故意违背一般认知，好比相声里的正反话，可能产生强大的张力

比如，明明是夏天吃的冰激凌，怎么在冬天销售？明明是冬天使用的加湿器，怎么在夏天销售？

要解决反季节产品和季节之间的冲突，大多需要"催化剂"，只要为矛盾双方搭起一座桥，冲突自然就能迎刃而解。

冰激凌属于夏天的食品，但北方城市冬天都有暖气，吃冰激凌自然不是什么怪事。因此，暖气就是催化剂。

加湿器一般在冬天这种干燥的季节使用，而到了夏天，人们需要空调这个催化剂。夏天开空调容易导致空气干燥，因此，倡导空调和加湿器结合使用，对追求美丽的女性自然是顺理成章的事情。

二、进阶攻略：消除消费者真实身份和社会身份之间的冲突

消费者的真实身份和其社会身份之间冲突频繁。如何平衡这些冲突，找到最佳的平衡点，就是营销的关键所在。

1. 解决女性的冲突

不管什么身份的女人，都渴望被爱人宠爱呵护，冲突点在于该怎么证明。于是，日本的黛安芬集团在自己的电子商务网站上推出了突破性的营销活动——"撒娇模式"。女性选好内衣

之后，可以放入"撒娇购物车"，填好收货地址，网络系统会将这个"撒娇订单"发送到订货人指定的邮箱，如男友、老公的邮箱，对方可以选择付款或拒绝。据统计，八成人会选择付款。

支付宝将此模式改良：用户在进入付款页面时可选择"代付"，交易平台会随即自动生成一个链接，用户将该链接通过邮箱、旺旺、QQ、MSN 等方式发送给其他人，由后者来付款。2012 年 6 月，支付宝的最新数据显示，订单同比增加约六成，可见此举多受女性的欢迎。

2. 解决男性的冲突

男人爱啤酒，冲突点是不能想喝就喝。安第斯啤酒发明了一种机器，能让男性消费者在酒吧里尽情豪饮安第斯啤酒，却接到女友电话时，及时营造出想要的任何一种情境来骗过女友，最常见的场景当然是"我还在公司加班"。

另外，如果男人们想从家庭成员的生日聚会、婚礼、周年庆典以及公司会议等场合及时脱身，可以登录安第斯啤酒的 Facebook 主页，选择适合自己的逃生方案，如魔术逃脱、救火撤离等。最离谱的是，居然还可以由"警察"强制带离现场。顺利"逃生"后，就可以直接去酒吧参加哥们儿的聚会了。

3. 解决男女的冲突

男人和女人之间似乎天生充满了冲突，就连看场电影，冲突也时时发生。女人偏爱浪漫的爱情故事，男人喜欢火爆的枪战影片，但有时候为了表现出体贴温柔，男人不得不陪女人看其喜欢的电影，还需要互动才能博得其欢心。

于是，FHM 杂志为男人制作了一个特殊的 App，会在电影的关键时刻提醒男性朋友："下一段故事将会很感人，你可以整场电影都很木讷，但下一段你就得表现出认真在看的样子，并且表现出被剧情感动了，给女人一个温柔的眼神，可能会让她高兴。"

4. 解决人在不同社会身份的不同需要

1999 年年底，别克 GL8 高档公务商用旅行车在国内上市后，立即成为市场宠儿，许多政府部门以及像汇丰银行、索尼、摩托罗拉等国际知名企业纷纷批量采购。

别克 GL8 解决了什么冲突？

它拥有宽大的乘坐空间。大空间的功能取代了传统面包车的功能，同时拥有媲美轿车的乘坐舒适性；"陆上公务舱"的定位让企业不失面子；灵活多变的座椅布局组合既能商用又能旅行，既能装货又能装人，真是"里子面子都有了"。

三、高级攻略：挖掘冲突方法论

洞察人性的冲突并非营销的目的，挖掘"冲突"的价值，才是营销真正的目的所在。具体到方法论，可以考虑从以下几点进行挖掘：

1. 对于市场营销而言，发现冲突只是眼睛的胜利，挖掘并扩大冲突的价值，才是心智的胜利

当年"真功夫"挑战"洋快餐"，发力点就是其洞察到了健康和快餐之间的冲突，所以把自身定位为中式的、蒸的、营养的快餐品牌。

如果仅仅这样，还是无法起到激化冲突的作用。为了让冲突更加显性化，真功夫直接去掉了油炸食品，让"营养"这把"利刃"更锋利。肯德基等"洋快餐"为了接招，也喊出营养的口号，真功夫便顺势在候车亭打出"欢迎肯德基加入营养快餐行列"的广告，又在全国所有餐厅的外墙海报和餐桌台历上打广告，并列举出传统"洋快餐"的"七宗罪"和真功夫

"蒸"的七大优点——就是为了把事情"闹大"。可以说,激发出"洋快餐"和健康之间的冲突,才是真正让真功夫在市场上迅速突围的根本所在。

2. 洞察冲突是本事,利用冲突才是能力

王老吉很上火:背后的冲突双方是广药和加多宝。为冲突提供解决方案,由解决冲突变成为企业带来利益,才是营销的根本所在。在这场"凉茶大战"中,借由加多宝和王老吉的冲突,迅速上位的却是今麦郎冰糖雪梨。

今麦郎的广告语让人很是耳熟,整个广告片甚至都借用了王老吉那些经典的"怕上火"场景,真是四两拨千斤、渔翁得利。本只是一个"打酱油"的角色,却激发了冰糖雪梨整个品类的崛起——康师傅、统一、娃哈哈都一拥而上了,能够借助别人的冲突,创造自己的利益。

3. 没有争议的冲突,不是好冲突

冲突并不意味着商家一定要成为彼此的敌人,竞争也并不一定非要把关系弄得紧张。有的时候,需要为冲突寻找一个戏剧化的噱头,噱头越大,越能吸引眼球,就好像贝纳通。

贝纳通的惊世骇俗在于,完全无视人们对冲突的理解,粗暴地将冲突元素放在一起,引发人们对冲突的强烈不安。其每出一款新的广告,都会在世界各个主要发布的国家引起轩然大波。其服装品牌往往不是因为其产品,而是因为广告的大胆出位而给世人留下深刻印象。从广告发布的1991年到1992年,贝纳通在全球范围内的统计销售额跃升了10个百分点,即增加了超过1亿美元的收入。

4. 冲突,有的时候就是给你找点不痛快

在制造冲突事件时,切记一定要与消费者的习惯、偏好等发生关联,要让消费者感到心脏漏跳一拍。最直接的方法就是从消费者身边的人、事、物下手,引发冲突。

美国洛杉矶有一家餐厅突然爆红,原因很简单——进店吃饭,如果没收手机,就可以打8折优惠。

没收手机的行为看似简单,但在长达2h的用餐时间里,不看短信、不看邮件、不发微博、不理老板,你的"手机恐惧症"不会发作吗?这种冲突感使得餐厅门口大排长龙,真不知道那些人究竟是为了8折优惠,还是为了挑战自己的"手机恐惧症"。

5. 发现冲突还不够,更高级的是制造冲突

2011年的戛纳直销类至尊大奖——Romania Rom巧克力的事件营销,为我们提供了一个很好的范本:

Romania Rom曾是当地最受欢迎的零食,但现在罗马尼亚的年轻人们似乎对它越来越不感兴趣了。于是,广告公司想出来一个激将法:

战略一:将原本罗马尼亚风格的包装换成纯美式包装,印上美国国旗,在超市等公共场合大规模贩售。引得当地消费者纷纷谴责这种"崇洋媚外"的做法,并渐渐引发对原来Romania Rom的思念。

战略二:在这种爱国情绪的笼罩下,公司马上又把包装换了回去。人们重新爱上了Romania Rom,电视台甚至专门为此录制节目欢迎其回归。

显然,Romania Rom制造了一个很大的冲突:"崇洋"和爱国之间的冲突。但由于企业操控得当,激发起消费者的爱国情绪后,恰当地阻止了冲突的扩大,因而取得了很好的成效。

无独有偶,美国有一家"冲突餐厅":只卖与美国有冲突的国家的美食。从开始的阿富汗食品到委内瑞拉食品，再到古巴食品，无奇不有。即将推出的是朝鲜美食。

这种自找冲突的方式使得餐厅充满了争议性和话题性，不断引发病毒传播。而餐厅之所以选择了政治作为冲突的焦点，是因为在热衷全球政治实务的美利坚，在政治方面最具话题性。这种充分利用"冲突"意识的做法，比起米其林的高标准、严要求，在餐饮行业实在是一朵奇葩。

四、终极攻略：冲突的最大赢家是企业和消费者双赢

10多年前，淘宝网刚刚起步，面对的是庞然大物易趣网。淘宝网的取胜之道是什么？真正的原因，还是支付宝的出现解决了网购与信任之间的冲突。

人们上网买东西，最大的麻烦是什么？不是东西不够多、不够便宜，而是没法保证自己的资金（或是货品）的安全。易趣网的做法是，靠收费提升用户的可信度和忠诚度，进而提升网购人群的"档次"，打造一个精英化的网购圈子或是社区，用良币驱除劣币。

但是，用收费升级人群违反了网购发展的自然规律，一个新兴的初级市场，正在快速发展过程中，企业怎么可以主动拖慢市场的脚步？而且，收费也并不是解决诚信的正确途径，最多只是增加了商户的成本，该骗的还是会骗，最多不过是骗术升级了而已。

淘宝网的解决方案是第三方支付平台：不用去纠结谁先谁后，先付钱，存我这，后发货，收到货，我发钱。支付宝的功能在很大程度上解决了网络欺诈的问题，也抓住了冲突的实质。

时至今日，随着竞争手段的升级，更多网站为了解决信任冲突，提出了更刺激的服务方案——58团购出台"双倍赔偿"措施，防止商家服务缩水；美团网将"过期退"措施坚持到底；拉手网也推出针对团购交易的"三包"服务承诺；团宝网率先推出"随时退"服务；做得最好的当数聚美优品，直接将"30天无条件退货"升级为"30天拆封无条件退货"，并增加口碑中心、电子杂志、微博投诉等机制。商家正是通过这些营销手段，解决了网购和诚信之间的冲突，赢得了消费者和市场。

冲突不仅仅产生在绝对意义上的竞争对手之间，在生活上、性别上、心理上、文化上、社会背景上……都能找到冲突。对营销人来讲，正是无处不江湖，无处不冲突，无处不营销。

（资料来源：http://www.sj998.com 2013-04-11，《商界》，略有删改）

5.2.4 购买动机的可诱导性及应用

1. 购买动机的可诱导性

现实生活中，任何消费活动的起因总是受一定的购买动机所支配，但又往往不是某种单一的动机，而是以不同组合方式交互作用的各种各样的动机体系。在这当中，既有主导性的购买动机，又有辅助性的购买动机；既有明显清晰的购买动机，又有隐蔽模糊的购买动机；既有稳定的、经常的购买动机，又有偶然的、冲动的购买动机；既有普遍性的购买动机，又有个别性的购买动机。所谓诱导，就是针对消费者购买主导动机指向，运用各种手段和方法，向消费者提供商品的信息资料，对商品进行说明，使消费者的购买动机得到强化，对该商品产生喜欢倾向，进而采取购买行为的过程。

小贴士

每个大城市都有不计其数的商店，每天都有商店新开张和倒闭。前者信心十足，对前景充满希望；后者因经营不善或其他各种原因而被淘汰。纵观所有的店铺，每个店家都想赚到钱，并且长期经营下去，甚至在全国、全球开连锁店。梦想是美好的，现实是残酷的，并不是每家店都能够做到。下面为大家讲述一个真实的经营故事，希望给大家启示。

纽约有位年轻商人摩斯，在纽约市的一个热闹地段租了一家店铺，满怀希望地择了个吉日开始做起保险柜的买卖。

然而开业伊始，生意惨淡。虽然每天有成千上万的人从他店前走过，店里形形色色的保险柜也排得整整齐齐，店中的销售人员更是彬彬有礼、服务周到，但是却很少有人光顾。

看着店前人来人往，川流不息，却没有一人光顾他的店铺，摩斯不禁心生烦恼。他想来想去，终于想出了一个突破困境的好办法。

第二天，摩斯匆匆忙忙前往警察局借来正在被通缉的重大盗窃犯的照片，并把照片放大好几倍，然后把它们贴在店铺的玻璃上，照片下面还附上文字说明。

照片贴出来以后，来来往往的行人都被照片吸引，纷纷驻足观看。当人们看过逃犯的照片后，产生了一种恐惧的心理，本来不想买保险柜的人，此时也有些犹豫，前思后想还是觉得买一个踏实。因此，他的生意立即有了很大的改观，原本冷清的店铺突然变得门庭若市。就这样，不费吹灰之力，他的营业额突飞猛进，连续上涨。保险柜在第一个月就卖出48个，第二个月又卖出72个，以后每月都卖出七八十个。

不仅如此，还因为摩斯贴出了逃犯的照片，警察顺利地缉拿到案犯。因此，这位年轻人还荣幸地获得了警察局的表彰奖状，报纸也对此做了大量的报道。他也毫不客气地把表彰奖状连同报纸一并贴在店铺的玻璃窗上，由此锦上添花，使他的生意更加红火。

在现实生活中，由单一动机引起消费者购买行为的情况为数不多，大量观察和分析表明，消费者购买行为是在多个动机的共同驱使下进行的，是种种有意识和无意识动机总和的结果。动机总和基本有两种方式：第一种方式是几个动机共同作用于促进购买行为方向的情况。在这种情况下，消费者显然会做出购买行为。第二种方式是动机相抵触、作用相反的情况。在这种情况下，消费者可能做出购买行为，也可能不做出购买行为。

（1）方向一致的动机总和可以强化购买行为。多个动机方向一致，能使消费者产生更为强大的、推动其购买产品的心理力量。

（2）相抵触的动机总和作用不平衡，占上风的力群决定购买行为。相抵触的动机是指方向相反的驱力和动因同时作用于消费者，两种动机总和作用不平衡，占上风的力群决定着消费者购买行为的综合动机。

1）购买一种产品引起的动机相抵触。一个消费者想买一辆高档轿车，可能基于以下两个动机：可夸耀于人前，以及听说今后将不再生产这类轿车等。这两个动机总和构成综合的诱导性动机，促使消费者倾向于购买高档车。此外，消费者还想到：手头现金不够，需贷款；此款轿车出了问题不好找配件。这两个动机总和又成为阻碍其购买高档轿车的力群。在这种消费心理状态中，由倾向购买的力和阻碍购买的力形成两种力量，两个力群要进行较量，最终强者决定消费者的购买意向。

2）购买两种产品引起的动机相抵触。一个消费者想购买摄像机和电视机，由于支付能力的限制，二者只能购买其一。若想增加家庭欢乐，就希望先买电视机，其背后隐藏着夸耀于人前的想法；若想随时记录孩子的成长过程，就希望先买摄像机，其背后隐含着对孩子的爱。这样，先购买哪种产品，取决于这两个愿望哪个更强烈。这时，购买哪种产品的驱力和动因更为激烈，就会先购买哪种产品。

（3）相抵触的动机总和作用平衡，外力的加入决定购买行为。相抵触的动机总和作用平衡，即倾向购买的力与阻碍购买的力相互作用达到均衡点，如果有外因加入倾向购买的力，就会强化购买动机，往往会对购买行为产生决定性的影响。例如，一位外宾在一家商店里看见一件工艺品，是一匹马上骑着一个戴官帽的猴子，他很感兴趣。营销人员主动介绍说，这叫"马上封侯"，是个吉祥物，这位外宾听后立即欣然买下。营销人员经常遇到有些消费者对选购哪种产品犹豫不决的情况，这说明他的心理力量处于平衡状态。此时，营销人员的一个表情、一种手势、一句话或一个暗示，往往都会使消费者下决心购买。因此，营销人员必须掌握诉求艺术，在关键时刻给消费者加上倾向购买的力，这种外力的作用可以强化消费者的购买动机，促使其采取购买行为。

2. 运用诱导促进销售

（1）诱导的作用。消费者走进商店都是带有一定的动机和欲望的，但走进店里的消费者并没有全部付诸购买行动。据日本三越百货商店的调查，进店的顾客只有 20% 做出购买行为。其原因在于，消费者的欲望有两种：一种是"意识的欲望"，即有明确的购买目标；另一种是"潜在的欲望"，即虽然需要某种商品，但没有明显意识到，因而没有做购买预期。有潜在欲望的消费者，常常由于外界的刺激而由一个看客变成买主。据美国一家百货公司调查，在顾客的购买行为中，有 28% 来自"意识的欲望"，72% 来自"潜在的欲望"。消费者在商店里完成由潜在欲望到意识欲望的转化，是商家扩大销售、提高效益的关键。实现这一转化，除了店堂环境、灯光装饰、商店陈列、商品适销度等因素外，还有一个很重要的动因是营销人员的仪表、神态、语言、示范，即营销人员的诱导，使消费者的心理产生变化，向倾向购买的方向发展。因此，零售企业要想实现更多的销售，就应该努力在诱导消费者购买动机上下功夫。

（2）诱导的方式和方法。营销人员运用购买动机的可诱导性，必须掌握科学的诱导方式和方法。主要诱导方法有实证性诱导、建议性诱导和转化性诱导三种。

1）实证性诱导。实证性诱导又有实证诱导、证据诱导、论证诱导三种形式。

① 实证诱导，即当场提供实物证明的方法。例如，把手表放入水槽中陈列，以证明其防水性能。这种方法可因行业、商品具有某种特点而采用，如玩具可当场操作表演，电视机可当场观看，鞋子可让顾客试穿，面料可做成使用状态给消费者展示等。

② 证据诱导，即向消费者提供间接消费效果证据的方法。有些产品不适于采用实证方法，就可以运用证据诱导方法。进行证据诱导要使用消费者所熟知的具有感召力的实际消费证据，才能使消费者相信所购产品靠得住。

③ 论证诱导，即以口语化的理论说明促进信任的方法。这种方法要求营销人员具有丰富的商品学知识，对出售商品的化学成分、生产工艺、性能质量、使用方法非常清楚，讲话要实事求是，切忌信口开河，劝说诱导要恰到好处，简明扼要地向消费者介绍产品。要视消费者的需要进行劝说诱导，方能收到诱导的效果。

2）建议性诱导。建议性诱导是指在一次诱导成功后，伺机向消费者提出购买建议，以达到扩大销售的目的。提出购买建议一般有下列机会：消费者目光转向其他产品的时候；消费者询问某种产品本店是否有售的时候；消费者提出已购产品的使用、维修问题的时候；消费者向营销人员话别的时候。

建议性诱导的内容一般包括以下五个方面：

① 建议购买高档产品。营销人员要在对消费者的购买预算做出判断的前提下提出这类建议，以免建议不妥伤了消费者的自尊心。

② 建议购买替代产品。提这类建议的前提条件是消费者欲购甲产品无货，但有在质量、性能、价格上与甲产品类似的乙产品，提建议时不要强求消费者购买。

③ 建议购买互补产品。提这类建议，要注意当两项产品有主次之分时，消费者购买次项产品容易成功，反之则较困难。例如，向购买墨水的消费者建议购买钢笔往往收效甚微。

④ 建议购买大包装产品。同类产品大包装比小包装在费用上较为经济，对于某些连续使用的消耗性产品，提这种建议容易成功。

⑤ 建议购买新产品。新产品对于消费者来说，没有使用经验的参考，难以形成购买欲望。营销人员要做好宣传，并保证退换、保修，建议才可能成功。

进行建议性诱导，营销人员要时刻记住消费者有潜力可挖，打破实现一次销售就等于接待完一位消费者的观念；在行动上要表现出：提建议的动机是为消费者着想，措辞言简意赅，出语恳切自然，即使销售未成功，至少会在消费者心中留下良好的印象。

3）转化性诱导。在实际运用实证性诱导和建议性诱导方法时，消费者可能会提出问题，甚至与销售人员针锋相对，使交易陷入僵局。这时需要通过转化性诱导缓和气氛，重新引起消费者的兴趣，使无望的购买行为变为现实。常用的转化性诱导方法有：

① 先肯定再陈述。先肯定消费者言之有理的意见，使消费者得到心理上的满足，然后再婉言陈述自己的意见，这样可以取得较好的诱导效果。

② 询问法。先找出消费者持不同意见的原因，再以询问的方式转化对方的意见。询问中态度要和气，切忌用质问的语气，避免伤害消费者的自尊心。

③ 转移法。转移法是指把消费者不同意见的要点直接连接到出售产品的特点上去，使消费者心理通过思维的桥梁，集中到销售产品的特点上。

④ 拖延法。遇到消费者所提意见难以回答时，不能急于用不充分的理由去诉说，可以先给消费者看产品说明书，用短暂的时间考虑有说服力的答案。

总之，运用购买动机的可诱导性，因时、因地、因人、因产品使用各类诱导方法，能够唤起消费者的潜在购买欲望，促使其采取购买行动，也能够顺利实现消费者的意识欲望，促进销售。

案例分析

提问：将爵士乐、拉格泰姆乐和牛轭湖摇摆舞音乐混合在一起，以一种不出名的糖的名字为自己命名的摇滚乐队是哪个？答案：Squirrel Nut Zippers 乐队。

几年前，一群来自北卡罗来纳州的音乐人打算给他们新成立的乐队起一个名字。在一次头脑风暴会议中，乐队的主唱兼词曲作者 Jim Mathus 想起了这种糖的名字。在他还是孩子的时候就开始吃 Squirrel 牌糖，并把吃糖和音乐联系在一起。因此，他与位于马萨诸塞州的 Squirrel

品牌公司的副总裁 Bill Colwill 通了电话，问他的乐队能否使用 Squirrel 这一名字。起初 Colwill 还有些警觉。"你们是在那边组队的，并且曲目是抒情的，所以你们最好不要把你们的名字和 Squirrel 联系起来。"Colwill 回忆当时的回话说："但是我们听了他们的磁带，认为和当今所有的乐队相比，他们的音乐还是很不错、很健康的。"因此，他们的请求得到了批准。

在出道后四年的时间内，Squirrel Nut Zippers 乐队的唱片已经销售了将近 100 万张。他们的唱片"Hot"几乎成了最受欢迎的白金唱片，一些非常著名的广播电台已开始经常播放他们的音乐。随着 Squirrel Nut Zippers 乐队名列前 40 名排行榜榜首，Squirrel 品牌公司从 1926 年就开始制造的 Nut Zippers 糖果开始重新受到大众欢迎。"乐队使我们的收入稳定增长，原因是我们获得了我们原本失去的新一代。"糖果营销部经理 Paul Graham 评论说："跟我说对 Squirrel 品牌公司的糖感兴趣的人大多数都比我的年龄大得多（Graham 只有 30 出头）。现在最酷的是，当乐队走向城市街头的时候，我遇到的与我年龄相仿以及比我年轻的人也都开始喜欢 Squirrel 品牌系列，这就是我们的新一代消费者。我回到 Squirrel 品牌公司后马上意识到，我们原来的顾客基本正从老龄退出。"的确，不断有老客户打电话给公司，说对 Squirrel 品牌糖果现在仍受欢迎感到奇怪。

喜欢乐队的人们同样喜欢糖，反之亦然，也许这是因为两者能够很好配合的缘故。"Squirrel 品牌公司的文化和乐队的文化完全可以相互兼容。"Graham 评论说："他们喜欢听带沙音的令人心动的 20 世纪七八十年代的老歌，那么他们肯定就能够听到这种令人心动的老歌。"不论是年轻的还是年长的人，当人们听到乐队的歌曲时，他们就想起糖；而当他们吃糖的时候，他们就想起乐队。这种结合给人带来甜蜜的感觉，也促成了二者的成功。

（资料来源：互联网）

讨论题：
请结合案例说明，营销者是如何将自己的产品同人们的各种需求联系起来，说服人们购买产品的。

思考题

1. 描述三种动机冲突类型，并从最近的营销活动中举出每种冲突的例子。
2. 为一种服装产品设计不同的宣传策略，每种策略各强调马斯洛需要层次的一个层级。
3. 如果你是一位营销人员，负责减肥产品或汽车的销售，利用购买动机的诱导方法，你将如何把产品卖给消费者？

第 6 章
消费者的注意、感觉和知觉

【本章要点】

- 注意的规律及其营销应用
- 感觉的特点及五大感觉系统
- 知觉特点及知觉的规律
- 感觉、知觉与企业营销活动之间的关系

【重点名词】

绝对阈限	适应性	注意
差别阈限	知觉	感觉
韦伯定律	潜意识劝诱	知觉选择性

【引导案例】

屈臣氏的营销策略

屈臣氏，全称为屈臣氏个人护理用品商店，是现阶段亚洲地区最具规模的个人护理用品连锁店，也是目前全球最大的保健及美容产品零售商和香水及化妆品零售商之一。

为了更方便顾客，以女性为目标客户的屈臣氏将货架的高度从 1.65m 降低到 1.40m，更将走廊的宽度适当增大，以增加顾客选择的时间和舒适度；店面颜色多使用浅色，让顾客更容易兴奋起来。每家屈臣氏个人护理店均清楚地划分为不同的售货区，商品分门别类，摆放整齐，便于顾客挑选；殿堂陈列《护肤易》等各种个人护理资料手册，并免费提供各种皮肤护理咨询；积极推行计算机化，采用先进的零售业管理系统，提高了订货与发货的效率。

屈臣氏纵向截取目标消费群中的一部分优质客户，横向做精、做细、做全目标客户市场。屈臣氏倡导的是"健康、美态、乐观"经营理念，锁定 18～35 岁的年轻女性消费群，专注个人护理与保健品的经营。屈臣氏商店凭借其新颖独特的产品组合及高质量的产品，深受消费者的青睐。其经营的产品可谓包罗万象，来自 20 多个国家和地区，有化妆品、药物、个人护理用品、时尚饰物、糖果、心意卡及礼品等。

在促销策略方面，屈臣氏更根据不同市场消费者的情况不断进行调整，将"保证低价"作为其为中国内地消费者量身定做的长期让利策略。屈臣氏不仅增加了核价的频率，更推出以赠送礼品鼓励消费者进行消费的措施，从而更好地贯彻了低价策略。

企业是社会的企业，"取之于民，用之于民"，屈臣氏深谙其道。屈臣氏支持中国儿童少年基金会实施"春蕾计划",通过开展爱心购物行动,集捐款项达235800元,令500名失学女童重返校园。李嘉诚基金会拨款3000万人民币援助四川灾后重建;同时,其长江实业集团、和记黄浦集团也率屈臣氏等各旗下集团向灾区捐款500万港币。

(资料来源:互联网)

问题:

屈臣氏的做法是如何吸引消费者的注意、感觉和知觉的?

6.1 消费者的注意

6.1.1 注意的含义

注意是人们的心理活动对一定事物的指向和集中。注意这种现象是普遍存在的。在上班路上,会看到很多风景,但是你只会注意到其中的一部分;去商场购物,商店里陈列着琳琅满目的商品,你却经常被促销橱窗所吸引;上课的时候,每位同学都在认真地注视着老师,说明课堂授课引起学生的注意,可是有些同学却被外面的一声巨响所吸引,注意力发生了转移,但多数同学仍不为所动。由此可见,注意是一切心理活动的基础和前提,是伴随认识、情感、意志等心理过程的意识状态。没有注意,如何形成感觉和知觉,如何形成情绪和情感。由此可见,没有注意伴随,一切心理活动均将停止。

消费者对事物的认知、对产品的购买,都是从注意开始的。如果消费者没有注意到这件产品或这项服务,何来购买行为?即使企业的营销活动、促销计划制订得再好,如果消费者没有注意到,也是徒劳无功。因此,引起消费者的注意,是商家千方百计要实现的。

注意有两个基本特征:指向性和集中性。所谓指向,是指从众多的事物中选择出要反映的对象。所谓集中,是指把心理活动关注于所选择对象的同时,离开其他事物,并对局外干扰进行抑制,集中全部精力,完成对注意对象的反映。

6.1.2 注意的功能

1. 选择功能

选择功能是指消费者的注意不是对每一个看到的事物平分秋色的,而是会选择一类或几类刺激加以注意。这些刺激可能与己有关,也可能是强度过大的刺激等。

2. 保持功能

保持功能是指使注意对象的映像或内容维持在意识中,得到准确、清晰的反映,直到达到目的为止。例如,在商场促销中,消费者被一个羽绒服厂家别样的促销活动所吸引,这一映象会在消费者头脑中一直保持很长时间。

3. 调节和监督功能

调节和监督功能是指注意能协调、控制和监督心理活动的正常进行,使之朝着一定的方向和目的行进。例如冬天冷了,某学生决定买羽绒服,这一注意规范其行为,直至买到产品为止。

6.1.3 注意的种类

1. 无意注意

无意注意是指事先没有预定目的,也不需要做任何意志上的努力就能实现的注意。无意注意又称被动注意。例如，某人在乘公共汽车时，忽然被一家新开的蛋糕店吸引，因为这家店门前正在举行开业庆典。于是，此人考虑下次家人过生日时在这家店定制蛋糕。

2. 有意注意

有意注意是指自觉的、有预定目的的、需要一定意志努力的注意。例如，同学们专注于听课，司机全神贯注地驾驶着汽车，消费者在琳琅满目的商品和多种刺激中专注地选择和购买商品。

3. 无意注意与有意注意的区别

（1）目的性。无意注意没有预定目的，自觉性差；有意注意有明确的预定目的，自觉性强。

（2）疲劳性。无意注意出现时，神经细胞时而紧张，时而松弛，因此不容易产生疲劳感；而有意注意出现时，神经细胞一直处于紧张状态，因此容易产生疲劳感。

（3）制约性。无意注意被刺激物的性质所支配，初级、简单、被动；有意注意受主体的主观努力所制约，高级、复杂、主动。

小资料

商品的摆放布置与消费心理

瑞士学者塔尔乃教授的研究表明，顾客进店后无意环视的高度为 0.7～1.7m，上下幅度约为 1m，同时，与人的视线本身大约成 30°角以内摆放的商品最容易被顾客感知到。因此，可以认为以一般人的身高为标准，从腹部到头部的范围内，是商品摆放最理想的有效高度。

平均视场与视物距离的关系如表 6-1 所示。

表 6-1　平均视场与视物距离的关系

视物距离/m	1	2	5	8
平均视场/m	1.64	3.3	8.2	16.4

（资料来源：互联网）

6.1.4　注意与企业营销活动

1. 运用无意注意，进行企业营销活动

企业进行市场营销活动，要引起消费者的无意注意。消费者每天生活在外在环境和营销环境的刺激中，而每天都有数以万计的产品问世、走向市场，大大小小的商家每天都在为争夺消费者而进行着价格战、促销战。大多数刺激对于消费者来说属于无意注意，那么，如何使消费者对无意注意的信息进行保持，变成短时记忆甚至长时记忆呢？通过研究发现，强度大的、对比性强的、变化的或者比较新奇的刺激更容易打动消费者。于是，企业在进行营销活动时，要求新求变，研究消费者的这一特点，用相应的刺激来引起消费者的无意注意。例如，某年大连的啤酒节，主办方用飞机撒啤酒的方式来吸引消费者，引起了消费者的无意注意。又如，在宝洁公司三大产品——海飞丝、飘柔、潘婷垄断中国洗发水市场半壁江山的时候，丽花丝宝选择了强大的终端促销：在长春百货大楼，仿佛进入了朱砂红的舒蕾世界，震撼了消费者、媒体，使消费者从对新产品的无意注意变成了关注、购买，"舒蕾"品牌由此"走"了出来。

2. 运用两种注意交替使用的规律

有意注意的效率高，但是容易产生疲劳感；而无意注意比较轻松，但是目的性和制约性比较弱。因此，商家要想很好地抓住消费者，可以利用两种注意交替使用的规律，利用有意注意提高效率，同时利用无意注意减轻疲劳感，使顾客更多地关注本公司的产品、品牌，或是在本商店逗留更长的时间。例如，在百货商店内，人们在紧张购物之余，商家会不时地请品牌代言人来到现场与顾客互动，利用无意注意来减少疲劳感，增加顾客的情趣，也会增进消费者对商店的好感。

小资料

"360"免费杀毒营销

"2010第三届时代营销盛典"在世界第一大高尔夫球会——观澜湖高尔夫球会揭晓，360公司凭借"免费杀毒"系列整合传播被评为年度十大营销事件。

刘仪伟拿着小喇叭夸张地高喊"360永久免费"这段不到30s的广告在中央电视台密集播出。在免费的大环境下，互联网的基础服务中还有最后一种收费的暴利产品——杀毒软件。360大手笔推广免费杀毒软件这一营销创意不仅让360名声更盛，更让同行们不得不开始加入免费阵营。专家们指出了"免费杀毒革命"引发的市场剧变，评委会在颁奖词中写道："免费已经是大势所趋，连360的那些做收费杀毒软件的对手也如此认为，但能不能免费得了，却并不容易，商业模式毕竟不同。但360这次央视广告营销，让收费厂商的生存空间再次压缩，不得已开始走上免费之路。但这一举动，却恰好证明了免费的正确，也成就了360的市场领导者地位。"

360的"免费战"在市场上也大获全胜，原本每年10亿元以上的中国杀毒软件市场迅速冰消瓦解。360也因此陷入与瑞星、金山、卡巴斯基等收费杀毒阵营旷日持久的"口水战"中。此后，腾讯也乘机推出了类似的"电脑管家"，此举直接引发了轰动全国的"3Q大战"。

（资料来源：互联网）

6.2　消费者的感觉

6.2.1　感觉的含义及其产生

1. 感觉的含义

感觉是人脑对直接作用于感觉器官（如眼睛、耳朵、鼻子、嘴、手指等）的客观事物的个别属性的反应。客观事物出现在消费者的面前，作用于感觉器官，人脑总是首先对个别属性做出反应，是对光、色、声音等基本刺激的直接反映。

例如，在蛋糕店门口，嗅到了浓浓的香味；在服装店，触摸到了服装的质地和手感；在电影院，感受到了超乎寻常的视觉刺激和听觉刺激；在超市门口，一款新上市的饮料因为让消费者品尝，在口味上打动了消费者，从而赢得了顾客……

2. 感觉的产生

生理心理学的研究认为，感觉的产生是分析器工作的结果。分析器是一种复杂的神经机构，是产生感觉全过程的生理通路。每一种分析器都由三个部分组成：①外周部分感觉器官，它们接收来自环境的适宜刺激（物理能量），并将之转化为神经冲动（生物能量）；②传递神经，分为传入神经和传出神经，它们往返传导外周与中枢间的神经冲动；③中枢部分，即大脑皮层的感觉中枢区域，就是大脑皮层的相应部分的神经细胞群（如视觉区、味觉区等），它们接受神经冲动后就产生各种感觉。以上三部分缺一不可，外周部分感觉器官与中枢部分由传入神经和传出神经做出反馈联系。

由以上分析可见，感觉是人的认识过程的初级阶段，它的形成依赖于神经系统和感觉器官。感觉对事物的反映是部分的、个别的、片面的，所以严格来说，感觉不纯属于一种心理活动，而是生理活动向心理活动过渡的阶段，是较低级的阶段。

6.2.2　感觉分类

根据刺激物的来源和感受器所处的位置，感觉可以分为外部感觉和内部感觉两大类。

1. 外部感觉

刺激物来源于体外，感受器处于身体表面或接近身体表面的感觉称为外部感觉。例如，视觉、听觉、嗅觉、触觉、味觉五大感觉均属于外部感觉。合理利用感觉的特点有助于企业产品的销售。例如，在视觉方面，产品、包装、品牌、广告、店面及店内陈列展示等的设计，都必须重视视觉因素；另外，在听觉、触觉、味觉、嗅觉方面也要合理利用。

2. 内部感觉

内部感觉是指刺激物来源于体内，感受器处于身体内部的感觉。如运动觉、平衡觉（也称位置觉）、机体觉，它们反映身体位置、运动和内脏器官的状态及变化。

6.2.3　感受性和感觉阈限

1. 感受性的含义

感受性是感觉器官对适宜刺激的感觉能力，如对商家的促销活动或广告宣传，消费者能否感觉到或感觉的强弱等。消费者的感受性越强，对刺激的捕捉能力和感受能力就越强。由上可知，并不是所有的刺激都能引起人们的感觉。例如，视觉的适宜刺激是波长 380 ~ 780nm 的电磁波，高于或低于此界限的电磁波，消费者是看不到的。同样，人们听到的声音是频率在 16 ~ 2000Hz 的声波，声音太微弱或太强烈，人们也是听不到的。这种感觉的界限即是感觉阈限。

感受性分为绝对感受性和差别感受性。绝对感受性是指刚刚能觉察出的最小刺激强度的能力；差别感受性则是指区别出同种刺激最小差异量的能力。

2. 感觉阈限

感觉阈限是衡量感受性的指标，又分为绝对感觉阈限和差别感觉阈限。

（1）绝对感觉阈限。绝对感觉阈限又称为绝对阈限，是指刚刚能引起感觉的最小刺激强度。它用于了解感觉系统的绝对感受性。绝对阈限又分为下绝对阈限和上绝对阈限。下绝对阈限是指能够引起感觉的最小刺激量；上绝对阈限则是指能够引起正常感觉的最大刺激量。从下绝对阈限到上绝对阈限，是人的感受性的整个范围。绝对感受性和绝对感觉阈限之间成反比关系，绝对阈限越小，绝对感受性越大，说明人的感觉越灵敏。用字母 S 代表绝对感受性，用 R 代表绝对感觉阈限，则两者之间的关系可用公式表示为

$$S = \frac{1}{R}$$

（2）差别感觉阈限。差别感觉阈限又称为差别阈限，是指刚刚产生差异感觉所需刺激的

最小变异量。即差别量必须到达一定的度，消费者才能感觉出来，这种刚刚能引起差别感觉所需的同类刺激的最小差别量，称差别感觉阈限。例如，甲手里放 100g 的重物，再增加 1g，甲可能感觉不到变化，继续增加重物，发现当重物增加 3g 以上时，甲才能感觉这种变化。那么甲对 100g 重物的差别感觉阈限就是 3g，而此时的差别感觉能力即是差别感受性。由上述可知，差别感受性和差别阈限成反比关系。差别感受性越大，此人的差别感觉阈限越小；反之，差别感受性越小，差别感觉阈限越大。一般情况下，差别感觉阈限与原始刺激量之比为常数，这源于韦伯定律。在 19 世纪，德国生理学家恩斯特·韦伯发现人们感觉的差别阈限与原始刺激强度成正向变化，且二者之比为定值，即原始刺激越强，则引起察觉所需的刺激变化越大（韦伯定律）。常用公式表示为

$$K = \frac{\Delta I}{I}$$

式中　I——原始刺激量；

　　　ΔI——刺激量的变异量，即差别感觉阈限，亦即 JND。

当 I 不同时，ΔI 也不同，但是 ΔI 与 I 的比值是一个定值，常用 K 来表示，称为"韦伯分数"。上述公式被称为"韦伯定律"，表明差别感觉阈限与刺激量之间近似为恒定的正比关系。上述公式变化一下，即为

$$JND = I \times K$$

用在企业营销活动中，在知道 K 值和原有刺激量 I 的基础上，就能测算出 ΔI 的值。例如，在视觉、触觉、听觉等不同的方面该如何改变刺激量，从而更好地打动消费者，如降价和涨价的幅度、促销的力度、广告投放的多少等问题，应在了解感受性和感觉阈限的基础上进行更有效的分析。

3. 感受性的变化

人的感受性不是一成不变的，而是经常发生变化的，即一个人在不同的条件下对同一事物的感受性是不同的。这种不同主要体现在以下几个方面：

（1）感觉的适应性。感觉的适应性是指刺激物对感觉器官的持续作用而引起感受性提高或降低的现象。适应性是一种普遍的感觉现象，既可以提高感受性，也可以降低感受性。我国古代有句谚语："入兰芷之室，久而不闻其香；入鲍鱼之肆，久而不闻其臭。"这是描述感受性的降低。又如，随着企业促销活动的花样翻新、强度的逐渐加大和接触比较频繁，消费者的感受性渐渐降低，越来越难以调动新鲜感，这也属于感受性的降低。人们走进黑暗的电影院，开始什么都看不清，但渐渐地能看清周围的事物了，这是感受性的提高。由此可见，要想引起商家期望的消费者的反应，可以通过特别的营销活动来达到。

（2）感觉的对比性。感觉的对比性是指同一感官在不同刺激的作用下，感觉到的强度和性质会发生变化。感觉对比可以分为同时对比和继时对比。例如，两种或几种气味混合，会出现一种完全不同的气味；两种或多种不同的颜料混合，可以调出不同的颜色；强音容易压倒弱音；吃完糖之后吃葡萄会觉得葡萄酸，而先吃橙子再吃葡萄会觉得葡萄甜，等等。由此可见，对消费者的感觉的利用是要综合考虑的。

（3）不同感觉的相互作用。不同感觉的相互作用是指对某种刺激物的感受因其他感觉器官受到刺激而发生变化的现象。例如，蛋糕店浓香的气味会使消费者感到口感好；吃薯片时发出的声音会增进人的食欲；饭菜最好是色香味俱全，因为人的视觉、味觉、嗅觉是可以相互作用的，共同刺激消费者的欲望，会提高消费者的总体感觉或满意度。

6.2.4　感觉与企业营销活动

1. 五大感觉系统

（1）视觉刺激与企业营销活动。色彩在完成视觉刺激方面发挥着重要的作用，不同的色彩将激发不同的感情反应，如形状、光线、空间、结构、大小、人员等也都是重要的影响视觉的因素。企业可以利用消费者的这一特征来设计产品、包装，设计品牌、广告，以及进行合适的商品陈列（见图 6-1 和图 6-2）。

图 6-1　商品陈列图

图 6-2　视觉美感图

（2）嗅觉刺激与企业营销活动。人们对嗅觉刺激的反应可以影响消费行为。例如，闻到了蛋糕浓浓的香味，消费者产生了购买的动机；当消费者在户外散步或在某旅游景点游玩时，呼吸到了新鲜的空气，闻到了沁人心脾的芳香，因而留下了深刻的印象，产生了向往之情，于是消费者会流连忘返于某景点。另外，人们对某些气味（如香味）的喜爱本身就创造了巨大的市场，如香水市场、香料市场等。企业可以利用消费者对嗅觉的反应来吸引消费者，制造出令消费者愉悦的购买环境，促使消费者购买商品。例如香味刺激，茶叶香味与新书的墨香混合在一起是令人舒服的；面包房的香味可以起到刺激食欲和提醒购买的作用。

（3）听觉刺激与企业营销活动。一些研究表明，听觉对消费者的行为有很大的影响。听觉刺激可以改变顾客的流动率，例如一家商店经常放好听的音乐，那么这家商店的顾客流动率会很高。同样，在快餐店、咖啡厅等播放不同的音乐，营造了不同气氛，也在改变着消费者的行为。另外，人们对某些听觉刺激的喜爱本身也造就了一个巨大的市场，如音乐唱片市场、乐队演出市场、音响设备市场、音乐贺卡和录音设备市场等。美好的音乐使人陶醉，婴儿的啼哭声使人亲切，大自然的鸟鸣声使人精神放松。企业常常用刺激消费者听觉的方式进行广告宣传和促销活动，以期改变消费者的行为。例如，"恰恰"薯片电视上播放了一则广告：一名漂亮的女模特在高兴地吃着"恰恰"薯片，发出非常清脆的声音，并响亮地说着"嘎吱、嘎吱"，最后告诉你这款薯片叫"恰恰嘎吱脆"，从声音上来打动消费者。

（4）触觉刺激与企业营销活动。触觉刺激的作用可以用来促进产品的销售。例如，在购买布料、服装、家具等产品时，消费者往往通过触觉信息来判断其质量和档次。织物像丝一般的光滑感觉，将被解释为高档、豪华。斜纹棉布的质感，一般会被解释为结实耐用。轻柔精致的织物具有女性的象征意义，因此粗糙一般为男士所欣赏，光滑为女士所追求。

（5）味觉刺激与企业营销活动。味觉刺激的作用可以帮助消费者形成对某些产品的感觉。先试后买，形成先入为主的感觉，可引起消费者的好感。例如，美容院经常推出让顾客免费试用某产品或某美容仪器的活动，消费者试用后如果感觉效果好，就会产生购买行为；还有某些旅游景点的土特产品，让消费者免费品尝，也是利用了味觉刺激对消费者行为的影响。

2. 潜意识劝诱

著名心理学家西格蒙德·弗洛伊德（Sigmund Freud）指出，人的意识分为三部分：意识、潜意识和前意识。如果把意识比作冰山的话，意识是浮在水面上的部分，即冰山一角，潜意识就是水面下强大的根基，前意识是冰山在水面时隐时现的部分。弗洛伊德认为，决定消费者行为的根本原因是内因，即潜意识。他是第一次提出人类具有潜在意识学说的人。而潜意识也在渐渐地为企业所用。企业试图通过研究人们的潜意识，从而找到改变消费者行为的途径。

潜意识知觉使公众困惑了很多年，关于此方面的问题也一直被理论和实业界争论不休，尽管没有证据证明这个过程对消费者行为有任何作用。一项对美国消费者的调查表明，2/3 的人相信潜意识广告的存在，并且过半的人确信这项技术能使人们购买并不需要的产品。

公众对潜意识被操控的恐惧开始于 1957 年 9 月在美国新泽西州一个汽车影院中做的一个实验。在电影《野餐》（Picnic）的放映过程中，潜意识投影公司每隔 5 s 就以 1/3000s 的速度插入"喝可口可乐，吃爆米花"的信息。这个速度快得让观众感觉不到。结果，传闻爆米花的销量增加了 57%，可口可乐的销量增加了 18%。这个论断在美国引起了骚动，引起了部分人的恐慌。但是，由于产品销量的上升可能由很多原因所致，如电影内容本身、公司的其他促销活动以及当时的气氛、天气等多种因素影响，从而这个实验是经不起检验的。巴塞尔和古德斯坦（Barthol & Goldstein，1959）在一篇评论中指出，"喝可口可乐"的信息，如果以阈下刺激的形式出现，就可能被读作"喝百事可乐"，或是喝"可可"，甚至是"安全驾驶"。他们由此得出结论，认为消费者是安全的，由于"我们不完全的神经系统、偏见、注意力不集中、不可剥夺的完全误解的权利、错误的解释以及会忽视我们看不清的东西，使我们得到了强有力的保护"。

尽管关于潜意识一直争论不断，却有部分企业已经开始应用。视觉潜意识和听觉潜意识的应用比较多见。镶嵌是运用高速摄影或喷墨技术插入杂志广告中的微小的图像。这些隐含的图像通常与人类原始的冲动有关，企图给单纯的读者施加强烈但无意识的影响。另外，隐藏在听觉制品中可能的信息效果也吸引了许多消费者。一种被称为"心理声音劝诱"（Psycho-acoustic Persuasion）的听觉技巧在美国 1000 多家商店中播放，测试者希望用这种方法来阻止商店失窃。微妙的听觉信息是"我很诚实，我不会偷窃，偷窃是不诚实的"。在一种几乎听不到的可听水平上播放。通过 9 个月的测试，一家六层连锁店的失窃损失减少近 40%，公司损失降低额达 600000 美元。尽管临床心理学的一些研究表明，人们在非常特定的情形下的确受到潜意识信息的影响，但用于企业营销中的证据却不太多。

后来的一些研究并没有支持这一声明，因为它与法律是相冲突的，同时有人警告，试图使用阈下广告控制消费者可能是十分危险的。

6.3　消费者的知觉

6.3.1　知觉概述

1. 知觉的含义

知觉是人脑对直接作用于感觉器官的客观事物的各个部分和属性的整体反映。知觉是一个过程，如图 6-3 所示。从含义来看，知觉的影响因素主要有三类：一是知觉者本身的状况；二是知觉对象的状况，如知觉者的知识、经验、定式等；三是知觉对象的特点，如所知觉的信息本身对知觉的形成有很大的影响。例如，消费者对"麦当劳"这一品牌的印象，一般来说，取决于知觉者自身对这类西式快餐的想法、本身的生理特点，同时还取决于麦当劳品牌的定位、自身的产品和服务等。

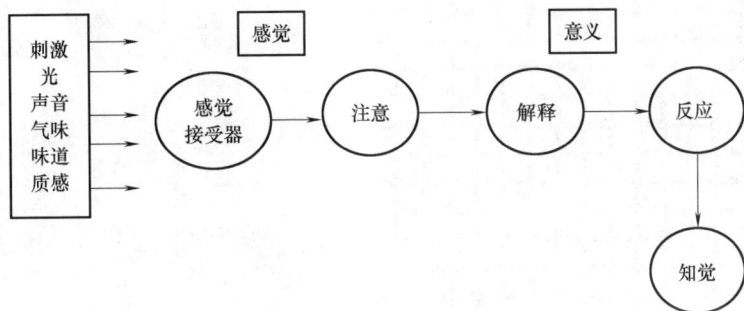

图 6-3　知觉过程图

（资料来源：迈克尔 R 所罗门. 消费者行为学［M］. 张莹，等译. 北京：经济科学出版社，1998：44.）

2. 感觉与知觉的关系

有人把感觉和知觉的关系比喻成侦察员与司令部之间的关系：侦察员得到的信息报到司令部，司令部综合分析做出总体反映。可见，知觉是一种纯心理活动。

（1）感觉是人脑对客观事物的某一部分或个别属性的反映，知觉是对客观事物各个部分和属性的综合的、整体的反映。

（2）感觉是凭借感觉器官对环境中刺激的觉察，层次低，是从生理历程到心理历程的开端；知觉是对感觉获得的信息做进一步处理，层次高，属心理历程。

（3）感觉是知觉的基础，知觉是感觉的有机组合，知觉不会脱离感觉而孤立存在。

6.3.2　知觉的分类与社会知觉偏差

1. 知觉分类

（1）视知觉、听知觉、嗅知觉、味知觉、触知觉。根据在知觉中起主导作用的分析器的特征，可以把知觉分为视知觉、听知觉、嗅知觉、味知觉、触知觉等。例如，人们在看报纸的时候，以视分析器为主，因此属于视知觉；在听广播时，以听分析器为主，属于听知觉。但在多数情况下，往往是两种或多种分析器同时起作用。

（2）物体知觉和社会知觉。物体知觉是指对物或事的知觉。根据知觉反映的事物特征，知觉可以分为空间知觉、时间知觉和运动知觉。空间知觉是指对占有一定的空间位置的形状、大小、深度、方位、远近等的知觉；时间知觉是指对客观事物的延续性、顺序性的反映；运动知觉是指对物体的空间位移和移动速度的知觉。通过运动知觉，可以分辨物体的静止和运动及其运动速度的快慢。

社会知觉是对人的知觉，分为他人知觉、自我知觉和人际知觉。

（3）精确知觉、模糊知觉、幻觉和错觉。精确知觉是指符合客观实际的知觉，如消费者对某羊绒大衣的知觉等。模糊知觉是指对直接作用于人的感觉器官的事物不清晰、不精确的知觉。对一件事情或产品的认识，消费者有时是模糊不清的，这种知觉就称为模糊知觉。幻觉是指在没有外界刺激的情况下，出现的虚假知觉。消费者有时会出现幻觉，如图6-4所示。错觉是对客观事物错误的、歪曲的反映。错觉是普遍存在的心理现象，因为人们每天掌握的信息有80%～90%是通过视觉得来的，所以视错觉很常见，如图6-5所示。因此，如何利用错觉也成为企业关注和研究的问题。

交叉"点"的白色会更亮吗？　　　　　　　　找找叶子中间的三个侧面人

图6-4　视幻觉图

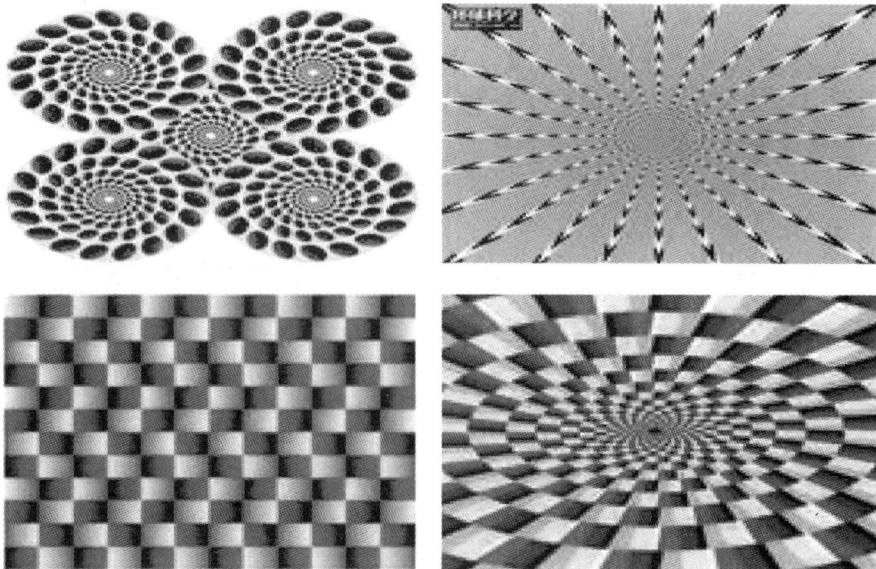

图6-5　视错觉图

企业通过对消费者知觉的了解，可以更好地将其应用于企业的广告设计、商标设计、产品陈列等方面。例如，商店可以利用消费者的错觉进行量感展示，激发消费者的购买情绪。

2. 社会知觉偏差

消费者在感知事物的时候，还有一种特殊的社会意识，即社会知觉。人们在社会知觉中，由于受到客观条件的限制而不能全面地看问题，往往造成认知上的偏差，即社会认知方面的错觉。这种错觉主要包括如下几种：

（1）首因效应。首因效应是指人与人在第一次交往中给人留下的印象，是在对方的头脑中形成并占据主导地位的效应，即当人们第一次与某物或某人相接触时会留下深刻印象，个体在社会认知过程中，通过"第一印象"最先输入的信息对客体以后的认知产生的影响作用。同样，消费者对品牌的评价、对商店的态度、对商品的感受等都与第一印象有着很密切的关系。于是，商家可以通过提供良好的服务等，建立良好的第一印象，从而在消费者中站稳脚跟。

（2）近因效应。当人们识记一系列事物时，对末尾部分的记忆效果优于中间部分的现象。这种现象就是近因效应的作用。前后信息间隔时间越长，近因效应越明显，其原因在于前面的信息在记忆中逐渐模糊，从而使近期信息在记忆中更为突出。

（3）晕轮效应。晕轮效应又称光环效应，属于心理学范畴。晕轮效应是指人们对他人的认知判断首先是根据个人的好恶得出的，然后再从这个判断推论出认知对象的其他品质的现象。这容易产生"一好百好，一坏百坏"的以偏概全的认知偏差。消费者对品牌或产品的评价也是如此，往往由于某一点优劣而放大。

（4）投射效应。投射效应是指以己度人，认为自己具有某种特性，他人也一定会有与自己相同的特性，从而把自己的感情、意志、特性投射到他人身上，并强加于人的一种认知障碍。在人际认知过程中，人们常常假设他人与自己具有相同的属性、爱好或倾向等，常常认为别人理所当然地知道自己心中的想法。利用此认知偏差，营业员可以打动消费者，劝导消费者购买产品，灵活地进行促销。

6.3.3　知觉的基本特征

知觉的基本特征体现了知觉的规律，主要表现在知觉的选择性、整体性、恒常性和理解性四个方面。

1. 知觉的选择性

知觉的选择性是指知觉对外来信息有选择地进行加工的能力。而知觉选择性主要体现在知觉者对外在刺激的选择性注意、选择性解释和选择性记忆等方面。知觉的能动性主要体现在它的选择性上。

知觉者每时每刻都在感知着外在世界。例如，走入商店，陈列的商品琳琅满目；在热闹的酒吧、在拥挤的旅游景点，无数的信息冲击着人们；打开电视，无数个电视节目在吸引着人们。面对这一切，消费者总是能够有选择地关注部分景观、人或部分商品，这体现了知觉的选择性。图 6-6 显示了由于选择不同的背景导致产生不同的知觉形象。

对不同的刺激，消费者的知觉效果是不同的。消费者倾向

图 6-6　知觉的选择性

对强大的、新异的、动态的、鲜明的、易记忆的刺激进行反映。而不同性别、年龄、兴趣、个性、态度等的消费者也会对相同事物产生截然不同的反映，因此需要对消费者和外在刺激进行深入分析。

2. 知觉的整体性

知觉的整体性也称知觉的组织性。知觉不同于感觉，它是对客观事物各个部分和属性的整体反映。知觉整体性是超越部分刺激相加之和所产生的一种整体知觉经验，如图6-7所示。

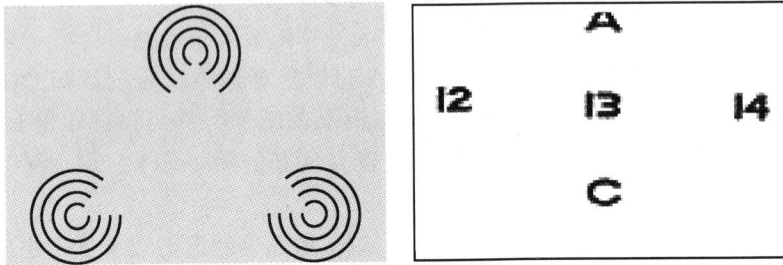

图6-7　知觉的整体性

人们看待事物，总是倾向于把事物看成一个整体，以全面、整体地看待该事物。如图6-7中的图形，总是能够联系起来。知觉如何进行整合，与知觉对象的特征及其各个部分之间的结构成分有密切关系。心理学界的格式塔学派对知觉的整体性进行了研究，提出知觉的整体性有以下定律：

（1）接近律。接近律是指人们往往把空间和时间上接近的物体知觉成一个整体。

（2）相似律。相似律是指人们往往会把在形状、颜色、大小、亮度等物理特征相似的物体知觉成一个整体。

（3）连续律。连续律是指人们往往会把具有连续性或共同运动方向等特点的个体作为一个整体加以知觉。

（4）闭合律。闭合律是指人们往往对客体提供的不完整的刺激，运用自己的主观经验为之增加（或减少）某些因素，以便获得有意义的或符合逻辑的知觉经验。

3. 知觉的恒常性

知觉的恒常性是指影响知觉对象的外界条件在一定范围内发生改变时，知觉不受影响，保持对该事物的一贯认识的现象（见图6-8）。知觉的恒常性分为亮度恒常性、大小恒常性、形状恒常性和方向恒常性。

图6-8　知觉的恒常性

（1）亮度恒常性。亮度恒常性是指对客观物体固有的亮度和颜色的知觉不完全随着感觉影像的变化而变化，而是倾向于保持不变的知觉特性。例如，人们在商店试衣服，虽然橱窗灯光五彩斑斓，但是顾客仍然努力试图恢复产品本身的颜色和亮度。

（2）大小恒常性。大小恒常性是指对于物体大小的知觉不随影像的改变而改变，而是趋于按照物体的实际大小来理解。例如，茫茫草原，近处一只兔子，远处一匹马，但是由于马的距离较远，导致马的知觉影像要小于近处的兔子。但是，人们仍然会说马的身形要远远大于兔子，而不是相反。

（3）形状恒常性。形状恒常性是指因视角或位置的变化而导致客观物体的视觉形状变化时，人对客观物体的知觉形状保持不变的知觉特征。例如，从不同的角度看一扇门，人们获得的物体影像是各不相同的，但是人们仍然会还原事物本身的面貌。苏轼的著名诗句"横看成岭侧成峰"即是这个道理。

（4）方向恒常性。方向恒常性是指人身体部位或视像方向变化，不会改变对知觉对象方位的相对稳定性的认识。在日常生活中，人们经常做出各种动作，在不同的姿态下看到的事物也会不同，但是知觉仍然能还原其本身的特点、方向等。

4. 知觉的理解性

知觉的理解性是指人们在识别事物的过程中，不仅知觉到对象的某些外部特征，还可以用自己的知识和经验对知觉的对象按自己的意图做出解释，并赋予它一定的意义（见图 6-9）。人们对事物的理解与自己的知识和经验、内化了的图式、个人的兴趣爱好、情绪及个体的一般倾向等有一定的关系。

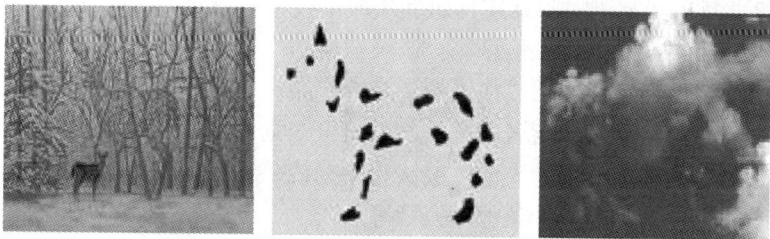

图 6-9 知觉的理解性

企业在进行营销活动时，需要充分考虑到消费者的特点、知识和经验等，有针对性地进行营销活动。例如，可口可乐公司宣称从不在新闻节目之中或之后插播自己的广告，因为担心新闻中的负面信息会影响消费者的情绪，从而使消费者产生条件反射，对自己的产品产生不好的评价。

6.3.4 消费者的知觉风险

1. 知觉风险的含义

消费者的知觉风险是指消费者对其购买行为结果中所存在的不确定性的整体反映。这种风险知觉是普遍存在的，人们每时每刻都在面临选择，而购前、购中甚至购后风险知觉非常多见。经研究，多数消费者购后存在认知上的不协调状况，即购买后，一方面觉得自己的购买是物有所值的，同时又有另一种声音，即产生"我的购买到底值不值""会不会买贵了""会不会别人认为不好"等疑问，这体现了消费者的知觉风险。

2. 消费者知觉风险的类型

消费者的知觉风险主要有以下六种类型：

（1）经济风险。消费者购买产品最直接的知觉风险是经济风险或称为资金风险。因为消费者的支付能力是有限的，拿到了产品，付出了货币，消费者会考虑，自己购买的产品是否物有所值。从机会成本的角度考虑，消费者会考虑要不要买这件产品。

（2）功能风险。功能风险是指消费者往往担心产品的质量和性能能否达到期望水平的风险。例如，某消费者买了一台新款笔记本电脑，他存在着认知上的功能风险，会考虑这个产品是否真的像商家宣传、营业员介绍的那样，有良好的性能和质量。这种不确定性是消费者的功能风险。

（3）物质风险。物质风险是指消费者担心产品是否存在安全上的隐患，使用过程中会不会对个人、环境造成影响的认知上的风险。

（4）社会风险。社会风险是指一种消费者担心是否存在社会中他人不认同，从而对其产生诋毁等风险。

（5）心理风险。心理风险是指一种有关于挫伤消费者自我的知觉风险。例如，这次购买如果物有所值，周围的人认可、羡慕，那么消费者就会很有成就感，自尊心获得了满足。

（6）时间风险。随着生活节奏的加快，时间就是金钱。消费者购买一件产品的同时，就会联想到花费的时间是否值得，如果需要退换，消费者就可能觉得是得不偿失的。

3. 减少知觉风险的方式

风险减少理论认为，消费者在做出购买决策时，总是在努力地减少知觉风险来尽力控制风险的发生。消费者减少知觉风险的方式有如下几种：

（1）尽量多地收集产品的相关信息。

（2）尽量购买自己熟悉的产品或使用效果好的产品，以避免产生知觉风险。

（3）依据商店形象，购买名店名牌产品，以减少知觉风险。

（4）购买高价格的产品，因为人们一般认为一分钱一分货，高价格必定有高质量。

（5）寻求商家保证，如能否无条件退换货等。

（6）从众购买。

扩展阅读

潜意识与潜意识营销

潜意识的发现始于催眠术。现代催眠术（Mesmerism）的原始形态是奥地利维也纳的医师梅斯梅尔（Mesmer）所创立的。但是，第一次提出人类具有潜在意识学说的人，是西格蒙德·弗洛伊德。弗洛伊德所谈的潜意识，是一种与理性相对立存在的本能，是人类固有的一种动力。他认为，人类有一种本能，也就是追求满足的、享受的、幸福的生活的潜意识。这种潜意识虽然看不见、摸不着，却一直在不知不觉中控制着人类的言语和行动。在适当的条件下，这种潜意识可以升华为人类文明的原始动力。潜意识大师墨菲（Murphy）博士说过："只要我们不断地用充满希望与期待的话来与潜意识交谈，潜意识就会让你的生活状况变得更明朗，让你的希望和期待实现。"

潜意识营销就是营销者通过研究产品、营销模式、销售场所对消费者内心产生的感受，并对之进行有效的量化努力，造成消费者对产品"莫名其妙"的好感。换而言之，"潜意识营销"是利用人们的"阈下知觉"进行的营销。潜意识营销的观念尽管很少有人明确提出，但很多的成功营销都在实践中自觉或不自觉地贯彻着这一点。以麦当劳为例，能够看得见、可以仿冒的是它的店堂布局、人员着装等，那么，看不见的是什么？仿冒不了的又是什么？这是一种感觉，一种享受了麦当劳服务后的愉快体验。这似乎很玄妙，但绝对是事实。为了让消费者能够在本店体会到与其他店绝对相异的、愉快的体验，麦当劳和肯德基都投入了巨大的人力、物力。有谁考虑过可乐在什么温度时最好喝？又有谁知道人在什么样的光照度下就餐心情最愉快？所以，尽管其他人也在卖可乐，但他们也许不知道可乐在 $4\sim5℃$ 时口感最好，他们可能更加不知道在麦当劳、肯德基的天花板上 $1m^2$ 究竟有多少只灯管。所有这些力图将人们的内心感受量化出来，最根本的原因在于它们成功的努力，构成了它们与模仿者之间的真正差别。这些令人愉快的体验将和一个个汉堡、一包包薯条一起形成一个整体的、不可分割的快乐感觉。也许这些感觉常常不会上升到显意识的层面，但它却时刻左右着人们的行为，把人们对汉堡、薯条的感觉局限在麦当劳、肯德基的范围内。

　　潜意识广告也是潜意识营销的重要部分。潜意识广告是在消费者无意识的情况下，将产品图片、品牌名称或其他营销刺激物呈现给他们的广告方式，又称阈下知觉广告。它可分为快速切换、背景反转、植入或置入、双关、使用经过声光学处理或隐含不被感知的背景信息的弱光或低音等方式。《阿甘正传》中耐克鞋子广告的植入就是文化植入的典范，其致力于执着、奔跑、坚持的理念和电影的核心主题完全一致。而阿甘在里面一直奔跑，似乎就是耐克的广告片。但相信所有人都不会这样想，因为产品和电影艺术形象在核心价值观上已经完全融合了。

　　（资料来源：互联网）

案例分析

"变脸"麦当劳让品牌更年轻

　　案例主体：麦当劳公司

　　市场地位：世界快餐食品老大，但是近年来在全球各地市场受到了其他快餐品牌的挑战。在中国市场，麦当劳一直屈居"老乡"肯德基之下。

　　市场意义：麦当劳在全球同步推出的"我就喜欢"品牌更新活动，被很多人称为麦当劳的"变脸"行动。麦当劳一改几十年不变的"迎合妈妈和小孩"的快乐形象，变成年轻化、时尚化的形象。

　　市场效果：麦当劳公司公布 2003 年 11 月份销售收入增长了 14.9%，亚太地区的销售收入增长了 16.2%。公司的股价逆市上涨，创下了 16 个月以来的新高。JP 摩根集团 2003 年 12 月称，麦当劳在全球经营上已经有了很大的改变，并将麦当劳的股票评级从"一般市场表现"调升至"超出市场表现"。

　　案例背景：2002 年的麦当劳可谓麻烦不断。2012 年 10 月，麦当劳股价跌至 7 年以来的最低点，比 1998 年缩水了 70%，2002 年第四季度公司第一次出现了亏损。2002 年 11 月 8 日，麦当劳总部宣布，公司从 3 个国家完全撤出，并关闭在其他 10 个国家的 175 家连锁店。在中国大陆，麦当劳各方面的表现一直比"老乡"肯德基逊色不少。近两年，麦当劳在本土被汉堡王等快餐店抢去了不少市场份额，在亚洲、中东等地销售额下降明显。

营销专家米尔顿·科特勒（Milton Kotler）在接受记者采访时提出，快餐食品对消费者健康的影响、民族和文化意识以及品牌老化是麦当劳在全球和中国遇到大麻烦的三大主要原因。

2002 年年初，麦当劳新的全球首席营销官拉里·莱特（Larry Light）上任。拉里·莱特是"品牌价值管理"（BVM）体系的创立者之一，他上任后，策划了麦当劳历史上第一次品牌更新计划，取代了以前以"微笑"为主的营销活动。

1. 麦当劳 2003 年营销事件回放

2003 年 8 月，麦当劳中国发展公司宣布，来自天津的孙蒙蒙女士成为麦当劳在内地的首个特许加盟商，麦当劳近期内将选中 5 个特许加盟商。

2003 年 9 月 2 日，麦当劳公司在德国慕尼黑宣布正式启动"我就喜欢"品牌更新计划。这是麦当劳公司第一次同时在全球 100 多个国家和地区联合起来用同一组广告、同一种信息来进行品牌宣传。

2003 年 9 月 22 日，麦当劳"我就喜欢"活动在中国正式启动，《我就喜欢》歌曲中文版创作及演唱者王力宏参加了发布会。

2003 年 9 月 25 日开始，麦当劳的两个新的充满活力的电视广告开始在全国播放，另外三个电视广告也于 2003 年年底到 2004 年间播放。

2003 年 11 月 24 日，麦当劳与中国移动通信集团公司旗下"动感地带"（M-Zone）宣布结成合作联盟，由动感地带客户投票自主选择的当季度"动感套餐"也同时揭晓，并在全国麦当劳店内同步推出。

麦当劳表示它将在中国餐厅内提供 Wi-Fi 服务，届时中国消费者将可以在麦当劳餐厅享受无线上网的乐趣。

2. 麦当劳营销策略解析

在新任首席营销官拉里·莱特的主持下，受销售额下滑困扰的麦当劳在总部召开了一次全球性广告峰会，在其广告代理商中掀起了创意竞争热潮。麦当劳的主要广告代理商集思广益，为这家全球最大的快餐连锁公司打造新品牌、制定新营销策略产生了一个新的全球营销主题——"我就喜欢"。麦当劳首席执行官康塔洛普说："我们曾经是广告和营销的亮丽典范，我们将再次成为这方面的高手。"

3. 变脸，让品牌年轻时尚化

麦当劳面临的最大困扰就是"品牌老化"的问题。米尔顿·科特勒说，麦当劳以前并没有首席营销官的职位，50 年不变的"麦当劳叔叔"就是麦当劳的"首席快乐官"（Chief Happiness Officer）。以前，笑容可掬的"麦当劳叔叔"对于儿童、青少年以及成年人等细分市场都非常有亲和力，是不错的"品牌代言人"。

但是，随着时间的推移，麦当劳的定位以及品牌的概念随着社会外部环境的变化已经很陈旧了。根据麦当劳做过的一次顾客调查，很多年轻消费者认为"麦当劳叔叔"的形象非常"土"、非常可笑。年轻的时尚一族觉得麦当劳是小孩子去的地方，他们更喜欢"酷"、刺激和冒险的举动。麦当劳如果不进行品牌更新的话，只会一年年地"老"下去。

"我就喜欢"把目标顾客定位在麦当劳流失得最快、最需要抓住的年轻一族，所有的品牌主题都围绕着"酷""自己做主"等年轻人推崇的理念。以中国为例，首先，其广告语就赢得了很多年轻人的好评。一个中学生在被问及对麦当劳广告的看法时说："'我就喜欢'里面的'就'字很酷，我特别欣赏。"中文麦当劳歌曲的创作者及演唱者王力宏在年轻人中很有号召力，是有主见、有活力、有上进心的年轻人的代表。王力宏创作的带有嘻哈和 R&B 曲风的《我就喜欢》主题曲，推出之后登上了很多歌曲排行榜，在年轻人中非常流行，为麦当劳赢得了不少关注。

与此同时，麦当劳连锁店的广告海报和员工服装的基本色都换成了时尚、前卫的黑色。配合品牌广告宣传，麦当劳推出了一系列超"酷"的促销活动，比如只要对服务员大声说"我就喜欢"或"I'm lovin it"，就能获赠圆筒冰激凌。一些大学生认为这样的活动很新鲜、很有意思，很受敢作敢为的年轻人欢迎。

拉里·莱特说："我们希望受众看到这次营销活动时说，'这是我从来没有见过的麦当劳'。"

4. 加快本地化步伐

麦当劳在中国一直坚持自己独资开设连锁店，没有采取肯德基等快餐连锁的特许经营的扩张方式。采取这种策略最关键的原因是担心公司对加盟店的控制力不强，不利于维护麦当劳的整体形象和服务的标准化。麦当劳和肯德基两大洋快餐巨头在中国的南辕北辙，主要是因为这两个公司一个遵循的是"全球化"策略，而另一个实行的是"本地化"策略。

但是，面对肯德基每几个月就推出一道符合当地人口味、颇受当地消费者欢迎的食品，连锁店越开越多的局面，麦当劳再也坐不住了。2003 年 8 月，麦当劳批准了中国大陆第一个特许加盟商，并表示近期将批准 5 个特许加盟商。

根据麦当劳 2002 年底做的市场调查，中国消费者在用餐地点的选择上，最看重食物的口味，其次才是卫生环境和地点便利等条件。消费者对多元口味的选择，尤其是对于常规米饭食品有极高的需求。

2003 年，麦当劳已经在中国台湾、新加坡等地推出了"和风饭食系列""韩式泡菜堡"等东方口味食品，在中国大陆也推出了"板烧鸡腿汉堡"。麦当劳公司的营销人员称："麦当劳未来还会不断有新的产品推出，以顺应消费者求新求变的需求。"

5. 水平协作营销强化新品牌

为了配合麦当劳的品牌更新活动，2003 年 11 月 24 日，两个"M"——麦当劳与"动感地带"（M-Zone）结成了合作联盟，并共同推出了一系列的"我的地盘，我就喜欢"的"通信＋快餐"的协同营销活动。中国移动副总裁鲁向东在活动发布仪式上，用"最酷、最眩、最动感"来形容这次营销活动。

虽然这两个品牌经营的业务范围并不相干，但是共同的目标受众和它们希望传达的品牌个性，让它们成为"同道兄弟"。麦当劳中国餐厅推出了只有动感地带成员才能以 15 元价格享用的原价 21.5 元的"动感套餐"。每月的"动感套餐"由会员通过短信、彩信和网上投票的方式进行选举，既有新意又有实惠，让消费者感受到自己的特权。

动感地带一直宣传一种很鲜明的品牌态度——"我的地盘听我的"，在年轻人中的认同度非常高，麦当劳极为看重这一点。而对动感地带的客户来讲，购买麦当劳的产品在价格上可以得到优惠，这使人感到拥有一种特权，可以得到双赢。以前他们来麦当劳只是吃汉堡、薯条，麦当劳儿童游乐场的设备让他们认为自己不属于这里。现在，由于动感地带的介入，他们变得更有满足感和归属感。

（资料来源：互联网）

讨论题：

1. 麦当劳的"变脸"是如何使消费者的感觉、知觉等发生改变的？

2. 这种改变对消费者行为会产生哪些影响？
3. 麦当劳此次"变脸"活动为什么会成功？

思考题

1. 注意的含义和功能是什么？
2. 一家商店应该如何利用注意的规律来吸引消费者？
3. 知觉与感觉的不同之处是什么？联系是什么？
4. 面对一款白金首饰，消费者是如何感知的？营业员该如何把产品卖出去？
5. 网上调研大学生消费者对网络购物的认知。

第7章

消费者的学习和记忆

【本章要点】

- 消费者学习的含义
- 经典性条件反射理论、操作性条件反射理论及其营销应用
- 认知学习的不同形态及其营销应用
- 学习的一般特征及其应用
- 记忆及其在企业营销中的应用

【重点名词】

学习	经典性条件反射	操作性条件反射	认知学习
观察学习	刺激泛化	刺激辨别	记忆
遗忘			

【引导案例】

农夫山泉的广告策略

农夫山泉品牌的成功与其广告策略有很大关系，农夫山泉的广告总能引起"震动"。

其非常经典的一条广告是"农夫山泉有点甜"，紧紧抓住了消费者。"有点甜"以口感承诺作为诉求差异化，借以暗示水源的优质，使农夫山泉形成了感性偏好、理性认同的整体策略，同时也使农夫山泉成功地建立了记忆点。根据此则广告，不难看出农夫山泉创造了显著的差异性，建立了自己的个性。当其他同类产品都在表现如何卫生、高科技、时尚的时候，农夫山泉不入俗套、独辟蹊径，看似轻轻却又着重点到产品的口味，也仅仅是"有点甜"，显得超凡脱俗、与众不同。这样的产品让消费者很难忘记。同样，消费者愿意也只能够记住简单的信息，越简单越好，简单到只有一点，最容易记忆。"有点甜"三个字，再平常、简单不过，而真正的点更只是一个"甜"字。这个字十分感性，描述了一种味觉，而每个人接触这个字都会有直接的感觉，这个感觉无疑具有极大的强化记忆的功效。而记住了"有点甜"就很难忘记"农夫山泉"，记住了"农夫山泉"就很难对农夫山泉的产品不动心。

"大自然的搬运工"是农夫山泉又一广告力作。该广告迎合了消费者对健康、安全的诉求，将农夫山泉的产品属性传递给了消费者，使农夫山泉与其他品牌区别开来，树立了良好的企业形象。该广告静谧与简洁的画面，在当前广告绚丽、纷扰的环境中更显品质与众不同，得

到了另一种关注和认可，也使农夫山泉获得了巨大的成功。

（资料来源：互联网）

问题：

请用学习与记忆的知识解释农夫山泉广告的成功。

7.1 消费者学习概述

学习是人的重要特征，人的学习行为是非常普遍的。消费者学习使得消费者不断地了解外部事物，如产品、企业、品牌、促销等，而消费者学习也是消费者在不断地改善和修正自己的行为，使自己成为理性的消费者。对消费者学习特征的研究具有重要的意义和价值。

7.1.1 学习的含义

1. 学习

学习是人的重要的心理特征和行为。对人类学习的研究和对消费者学习的研究由来已久，仁者见仁，智者见智，而学习的含义也没有一个标准的、公认的定义。所罗门认为："学习是由经验产生的行为中相对持续不断的变化。"而在心理学中，提到较多的还是如下定义，即学习是指人在生活过程中，因经验而产生的行为或行为潜能比较持久的变化。学习是人类非常复杂的行为，从上述定义中，学习包括以下三个方面的含义：

（1）学习是在生活过程中因经验而产生的。这体现了学习的能动性特点。学习是后天的，是偶然获得的，是在生活中因经验而产生的变化，可以经过有计划的训练而产生。例如，某人通过长时间的练习，学会了骑自行车、打网球、玩网络游戏，消费者学会了如何理性地购买等。

（2）学习伴有行为或行为潜能的改变。学习的发生和结果伴有行为或行为潜能的改变。有些学习，如技能的学习、经验的学习，使人的行为发生了改变；但有些学习却不一定引起消费者外显行为发生改变，而是引起行为潜能发生改变。例如，通过若干年的课堂学习，人们的知识结构发生了改变，世界观、人生观、价值观也发生了改变，但这种改变并没有外显出来，是一种潜移默化的改变，是行为潜能发生改变，在一定的条件下，会使行为发生改变。

（3）改变是比较持久的。心理学研究认为，消费者产生了学习，行为或行为潜能发生改变，这种改变不是暂时的，而是相对持久的。人喝完酒后容易脸红，吃感冒药后容易出汗，这种改变是短暂的，所以不能称之为学习。学习多指身体活动、知识观念等发生了相对持久的改变。

2. 消费者学习的含义

消费者学习是指消费者在购买和使用商品活动中不断获取知识、经验和技能，不断完善其购买行为的过程。消费者每天面临大量外部刺激和营销刺激，如新产品的上市、原有产品的促销、大量商店的开张营业、大量商品被淘汰，在这些刺激和经验的作用下，消费者势必开始学习，不断地获取知识，积累经验和技能，不断完善购买行为。

对消费者学习的研究，有利于企业把握消费者学习的特征，了解消费者的行为，改变消费者的行为，为企业营销实践服务。

7.1.2　学习的基本构成要素

尽管对学习的含义说法不一，理论界各执一词，但大多数研究者都比较认同要使学习发生，必须具备一定的条件，这些基本条件要素包括动机、暗示、反应、强化和重复五个方面。

1. 动机

根据伍德沃斯（R. Woodworth）的观点，动机是推动个体采取行为的内在驱动力。动机是以需要和目的为基础的，动机能对消费者学习产生激励作用。一个人动机越强，学习的效果就越好。例如，某人周末去商场有强烈的购买皮靴的动机，于是在众多的产品中，他有意识地了解各种皮靴的特点，如耐久性、透气性等，短短时间内，竟然成了丰富的产品信息的拥有者，可见学习的积极性和效果都非常高。如果相反，也许消费者会进而了解其他产品，而对皮靴陈列架视而不见。

2. 暗示

动机用来激励学习，而暗示则为动机指向的确定提供线索。例如，某汽车公司选择做保护环境的公益广告，这就暗示汽车公司是和消费者站在一起的，关注消费者，爱护环境，同时也暗示了公司的汽车是环保产品，为消费者购买此品牌的汽车提供了线索。

3. 反应

消费者根据刺激或暗示采取的行动就是这里说的反应。虽然暗示可以为消费者的动机和反应提供一定的方向，而暗示又能为动机提供线索，但是现实中的很多刺激又在分散着消费者的注意力。消费者会做出怎样的反应，这是企业所期待的，也取决于消费者的学习及相应的强化措施。消费者的反应可能是外显行为发生变化，也可能是行为潜能的变化。例如，牛奶商家通过广告、促销等活动试图促使消费者购买产品，结果消费者学习发生了，有些消费者真的购买了，而有些消费者虽然没有购买，但是却对此产品有了很深刻的印象或对产品产生了好感等，将其作为以后购买的一个备选品牌。

4. 强化

强化是指能够增加某种反应在将来的情境中再次发生的可能性的事物。强化分为正强化和负强化。正强化是指一个刺激跟在一个反应之后，而刺激能够提高这个反应的概率。负强化是指如果排除一个跟随某种反应之后的不愉快的刺激，便能提高反应的概率，加强联系。企业可以通过强化来塑造消费者行为。例如，顾客偶尔去一家新开的商店购物，发现商店商品品种齐全，营业员服务好，结账之后还能在总服务台领到一份赠品，下次就会倾向于仍光顾这家商店。这就是正强化，加强了顾客与商店之间的联系。如果顾客看到的场面非常的糟糕，如混乱的商店布局和陈列、少量的商品、粗鲁的服务员等，那么消费者就会感觉后悔，更加想念原来经常去的商店及其良好的购物气氛，那么这次购物经历对于现在的商店来说就是负强化，仍然加强了顾客和原来那家商店之间的联系。

5. 重复

重复就是信息不断地出现，刺激消费者，以增加消费者学习的强度和速度。无论是一则广告还是一个品牌，在消费者面前重复的次数越多，就越会增加消费者学习的速度。于是，企业需要在广告上面进行投入，使广告在短时间内重复数次，使消费者更容易记住。

7.1.3　学习理论的两大学派

目前关于学习的理论可以分为两大学派，即行为学派和认知学派。

1. 行为学派

行为学派的理论也称刺激—反应理论，强调学习完全可以由外部可观察到的行为来加以解释，主要的理论包括经典性条件反射和操作性条件反射。这一学派认为学习是观察消费者由于接触到刺激反应而产生的变化，重点关注外在刺激和反应，而把消费者看成是黑箱，不予过多考虑。例如，提起"谈虎色变""闻风丧胆""杯弓蛇影"等成语，就属于经典性条件反射，属于行为学派，如图7-1所示。

图 7-1   行为学派对学习的透视

2. 认知学派

认知学派的理论即认知学习理论。该理论认为，学习是个体对整个问题情境进行知觉的理解，领悟其中的各种条件之间的关系以及条件与问题知觉的关系，并在此基础上产生新的行为的过程。认知学习从阶段性分析、编码分析角度研究学习和记忆。该学派将学习看成问题的解决，强调学习所带来的消费者心理状态的变化，主要涉及人的心智活动和心智状态，主要的理论代表是顿悟学习、观察学习等。

7.1.4   消费者学习的作用

1. 获得产品信息

消费者通过学习可以不断地积累产品知识、品牌知识以及购买的经验，以便于做更理性的选择。正因为消费者的购买与否与其不断学习获得的产品信息是分不开的，所以企业可以通过掌握消费者学习的特性来影响消费者的学习，及时传播产品的有利信息，使消费者产生正向的学习。例如，企业通过做广告，展示产品的优良品质，从而使消费者产生学习，对企业及品牌产生好感。

2. 影响消费者的态度、购买评价，进而影响消费者行为

消费者学习到的知识、经验等会影响消费者对事物乃至对产品的态度，以及对购买行为的评价。对于同一种商品，不同的消费者评价不一，这势必会影响其购买行为。例如，消费者是喝茶还是喝咖啡的问题，消费者对减肥和使用减肥产品的态度和行为问题等。

7.2   行为学习理论及其应用

7.2.1   经典性条件反射理论

俄国生理学家伊凡·巴甫洛夫（Ivan Pavlov，1849—1936）是最早提出经典性条件反射的人。该实验是心理学中最著名的实验之一，巴甫洛夫也因此获得诺贝尔奖。经典性条件反射理论可以表述为经典性条件反射借助某种刺激与某一反应之间的已有联系，经由练习可以建立起另一种中性刺激与同样反应之间的联系。例如广告的应用，一则冰箱的广告，广告中以爱国歌曲为背景，试图通过歌曲和某品牌冰箱的伴随出现，使消费者的爱国情绪一定程度上可以过渡

到中性的产品上，使消费者提到产品即产生美好的情愫，从而产生好感。又如，2008 年，中华牙膏赞助中国羽毛球国家队北京奥运会活动，中华牙膏期望向公众宣传自己羽毛球国家队赞助商的身份，利用奥运会和其赞助商身份，提升品牌认知度。

1. 经典性条件反射实验

巴甫洛夫得到了一位热心而又有公益精神的莫斯科商人的捐款，在彼得格勒（现圣彼得堡）的实验医学研究中心建立了一个特殊的实验室。这个隔音实验室能够使被试者与实验者及实验过程中的所有额外刺激完全隔离开。因此，在那里可以使用一个单独的特定刺激，并在记录反应时可排除实验者和动物直接接触而产生的影响。

巴甫洛夫以狗来做实验，每次给狗喂食，狗出现了唾液分泌增多等生理反应。然后，在喂食前一分钟响铃，发现这样反复伴随出现后，狗听见铃声也出现了唾液分泌增多等生理反应。后来，暂时取消了食物，而只响铃，发现狗仍然出现了唾液分泌增多等生理反应。然而单独给予狗铃声刺激，狗则不会有类似反应。这说明，由于食物和中性铃声的多次重复伴随出现，狗把对食物的感情过渡到中性的铃声上，这时狗对铃声产生了条件反射。实验继续进行，当食物和铃声反复出现，反复次数减少时，狗听到摇铃会产生一点唾液；经过 30 次重复后，单独的声音刺激可以使其产生很多唾液；经过多次重复联系，仅仅听到声音 1 ~ 2s 后，狗就开始分泌唾液。这说明重复会改变学习的效果，改变条件反射的程度，由于条件的改变，条件反射可能继续或消退。

2. 经典性条件反射理论

刺激分为无条件刺激（Unconditioned Stimulus，US）和条件刺激（Conditioned Stimulus，CS），反应分为无条件反应（Unconditioned Response，UR）和条件反应（Conditioned Response，CR）。在上述实验中，给狗喂食是无条件刺激（US），狗分泌唾液即为无条件反应（UR）；铃声条件刺激（CS），由此被动引起的非条件刺激的反应，即狗分泌唾液是条件反应（CR）。这种把无条件刺激（US）引起的无条件反应（UR）变成由条件刺激（CS）引起的条件反应（CR）的过程称作条件反射，如图 7-2 所示。

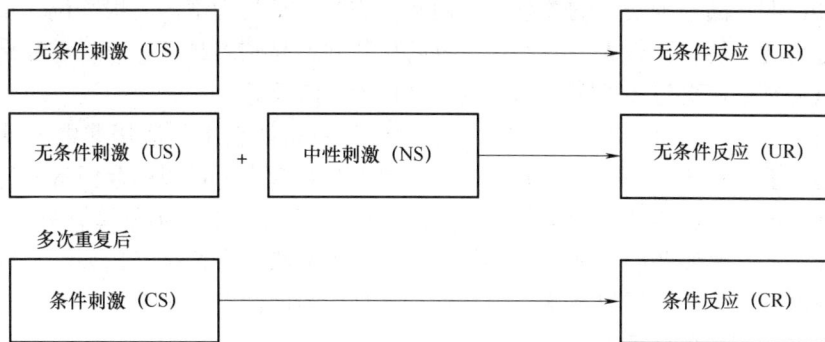

图 7-2　经典性条件反射

3. 刺激泛化和刺激辨别

刺激泛化是指某种条件刺激能引起某种反应，并且与这种条件刺激相似的刺激也能产生相同的现象。例如，当海尔公司开始经营手机产品时，尽管这是一类新产品，消费者不了解，但消费者会把对海尔冰箱、海尔洗衣机等产品的感觉和印象过渡到新开发的手机上，即产生了刺激的泛化。于是不难理解，很多公司在一款产品大卖之后，会陆续地推出其他相关产品，由于刺激泛化的特征，消费者也会对此新产品另眼相看。茅台酒成为国酒之后，茅台镇的其他酒也颇受欢迎。

刺激辨别是指消费者对类似产品相区别的特性。例如，看到鄂尔多斯的夏装，消费者的第一反应是刺激泛化，认为这种夏装同鄂尔多斯羊绒衫一样品牌知名度高、值得信赖。但是，理性的消费者很快会判断，此夏装与鄂尔多斯的核心产品差别有多大，此产品与其他夏装的差别在哪里，此产品的显著优势在哪里，是款式还是质地，从而进行选购。这就是刺激辨别。多数消费者会先产生刺激泛化，而后产生刺激辨别。

4. 经典性条件反射理论的应用

经典性条件反射是通过对狗的实验得出的，但这种实验可以推而广之，以富有意义的方式与消费者需求建立联系，认为现代广告的原理与巴氏理论有着密切关系。因此，经典性条件反射被广泛应用于企业的实践中。

小贴士

可口可乐公司的通信调查经理 Joel S. Dubow 推荐巴甫洛夫作为现代广告业之父，"巴甫洛夫使用一个中性物体，与一个更有意义的物体相结合，制成了一个其他事物的符号（标记）"，并使它被意向感染，赋予更多的价值。在现代广告业中，这就是我们要试图做的。

（资料来源：The Wall Street Journal，January19，1984：31.）

（1）US 与 CS 的顺序。有些学者专注于 CS（产品）与 US（积极的刺激）的顺序对条件反射的影响。大多数的研究结果显示，只有 CS 先于 US 出现时，消费者更倾向于记住产品，而如果先出现 US，再出现 CS，则消费者对产品的记忆就比较差。

（2）重复。首先，从巴甫洛夫实验中得出，食物和响铃伴随出现，出现的次数越多，狗学习的效果越好，越容易产生条件反射。一则好的广告至少包括三个方面：①让消费者认识产品的存在；②证明产品与消费者的关系；③消费者购买产品的理由。一般来说，重复三次的品牌，消费者记住的可能性比较大。其次，重复的次数并不是越多越好。有时重复次数过多，会使消费者习以为常，甚至过多的单调的重复还会让消费者反感。

（3）条件产品联想。条件产品联想在广告和产品促销活动中的应用非常多见。经常把产品与容易引起消费者反应的一些刺激放在一起，二者联系起来，可以引起消费者的联想。这些刺激包括美妙的或个性的声音、爱国的音乐、熟悉的声音或动作、能引起消费者反应的明星、熟悉的暗示等。用这些刺激引起消费者的某种联想，可刺激购买情绪。例如，某灯具生产厂家做节能环保的电视广告，最后提及此公司名称，就是试图使消费者把节能环保与该公司的品牌和产品联系起来，产生条件反射。

（4）刺激泛化与辨别。当一个新产品上市的时候，消费者首先要刺激泛化，而后产生刺激辨别。刺激泛化即把某种产品融入到与此类似的产品中进行理解，这在企业营销活动中应用广泛，可以使消费者比较快速地关注并记住此产品。这在产品策略、品牌策略、包装策略、广告策略、商品陈列策略上均有很好的应用。以终端的商品陈列为例，几乎在所有的大型超市和卖场中，可口可乐公司产品的陈列都非常类似：产品集中陈列，最好的层位放置可口可乐，其次是可口可乐公司的其他产品。其中，可口可乐放在最显眼的位置。这首先是刺激的泛化，如看到健怡可乐，消费者会意识到它也是可口可乐公司生产的，与可口可乐一样有好的口味和品质。在超市里，如果公司产品与其他著名品牌的产品陈列在一起，就要付出更多的成本。另外，商家采用的生产线拓展、品牌策略、类似包装、系列广告等措施，也同样是试图从消费者刺激泛化的特征中赢得消费者。

刺激泛化之后，消费者产生刺激辨别。商家应该了解消费者的这一特征，在产品借助于已经成功的某些品种成功打入市场后，要及时地宣传和提供新产品的特点和比较优势，使消费者实时选购，并使他们将新产品刺激与其他刺激相区分。

小案例

万宝路香烟的广告

万宝路是全世界知名的香烟品牌之一，它采用"万宝路牛仔"这一形象作为品牌的象征。它代表的是一种生活方式、一种男人渴望追求的性感形象。在它的广告中，体现出这样的含义：牛仔是英雄，他控制着周围的世界；牛仔是可信的，不必问每个细节的真实性；万宝路图片必须是自然拍摄的，绝不是人工制作或矫揉造作的；万宝路广告必须以最高标准制作，以确保最佳效果；万宝路广告的主题保持不变，具体设计必须富于变化；万宝路世界必须是美妙的，它的美丽景色和难忘画面必须始终被强调。1987 年，美国某杂志的专栏作家斯特鲁特·布洛尼克调查了 1546 个万宝路爱好者，结果表明，在很大程度上顾客选择万宝路，只是因为万宝路牛仔所创造的附加价值。不管布洛尼克的调查结果是否可信，万宝路品牌本身的价值到 1997 年达到了 476.35 亿美元。由此可见，一个有特色的广告若能成功吸引目标受众的眼球，对产品建立条件反射，那么无疑对树立品牌具有重要作用。

（资料来源：互联网）

---

5. 经典性条件反射的评价

（1）正面评价。经典性条件反射理论（也称巴甫洛夫条件反射学说）被人们普遍接受。这一理论自创立以来，影响深远，可以解释和说明许多人类行为，是支撑现代心理学发展的基础理论之一。这些行为不受意识所控制，任何一种中性刺激都可用于形成条件反射。这能很好地应用于消费者行为研究和企业的营销实践中。由于刺激能引起消费者情感反应，说明人类的行为被情感支配，也揭示了消费者行为产生的内在原因。

（2）局限性。经典性条件反射理论对行为的影响被假定在神经系统控制下。一些观点认为，这一原理只能解释部分较简单、低级的学习，而且即使是简单的学习，也不能完全用这种条件反射来解释。因为，学习远远不局限于条件反射式学习一种形式。例如，人们吹口哨或走路等，就不能通过这种方式习得。

7.2.2　操作性条件反射理论

经典性条件反射与操作性条件反射都属于行为学派研究，二者的基本原理是相同的，它们都以强化神经系统的正常活动为基本条件，但操作性条件反射理论又不同于经典性条件反射理论。

1. 操作性条件反射实验

斯金纳（Skinner）从 20 世纪 20 年代末在哈佛大学读研究生时起，便开始了动物学习的实验研究。操作性条件反射这一概念是斯金纳新行为主义学习理论的核心。

小贴士

20世纪30年代后期，斯金纳为研究操作性条件反射，精心设计制作了一种特殊的仪器，即一个阴暗的隔音箱，箱子里有一个开关（如将白鼠作为被试者，即是一小根杠杆或一块木板；如将鸽子作为被试者，就是一个键盘）。开关连接着箱外的一个记录系统，能用线条的形式准确地记录动物按或啄开关的次数与时间，如右图所示。这个实验装置被称为"斯金纳箱"（Skinner Box）。在实验时，并不是动物每一次按杠杆或啄键盘都给食物，食物的释放方式由实验者决定。

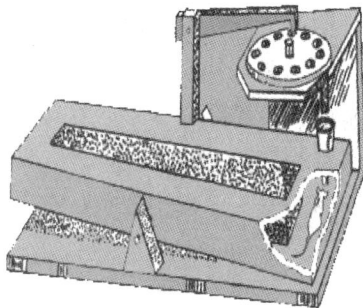

早期的斯金纳箱

斯金纳的操作性条件反射是在他自己设计的著名的斯金纳箱中进行的。在箱中放一只已经12h没有进食的老鼠，老鼠在箱内自由地活动并做出各种动作。偶尔当老鼠触及到箱内的杠杆时，就有食物落到箱内的食物盘内。开始是无意识的，饥饿的老鼠吃掉食物后，仍然在箱内乱蹦乱跳，做出各种动作，当无意中再次碰触杠杆时，又有食物掉下来。如此反复几次，老鼠产生了学习，会主动地碰触杠杆，以拿到食物。可见，老鼠产生了条件反射。这种条件反射是以饥饿为诱因、食物作为奖赏来强化，使老鼠碰触杠杆的行为有意识地发生。

2. 操作性条件反射理论

斯金纳的这一实验是为了表明刺激与反应的关系，从而有效地控制有机体的行为。斯金纳的实验结果表明，动物的学习行为是随着一个起强化作用的刺激而发生的，并且可以把这一实验结果推而广之，应用到人的身上，即个体倾向于学习去做能产生正面结果的行为而避免产生负面结果的行为。这与经典性条件反射理论是不同的，主要区别在于如下三个方面：

（1）经典性条件反射强调无意识反应，即自然而然地学习和反应；而操作性条件反射的重点在于消费者意识控制之下的行为，是在神经系统的控制和指挥之下的行为。例如，消费者去商店购物，如果获得良好的服务和购物体验，则消费者下次会有意识地再次选择这家商店；恰恰相反，如果消费者在此商店购物受挫，那么他就会倾向于回避这家商店。

（2）经典性条件反射属于在购买行为前，通过中性刺激与无条件刺激的反复伴随出现，使消费者产生条件反射，产生购买行为；而操作性条件反射通过对消费者的购后行为进行强化或惩罚等，从而使消费者产生条件反射，改变其购买行为。所以，二者的过程是不同的。

（3）在经典性条件反射中，反应是由刺激引发的，个体处于被动地位；在操作性条件反射中，反应是自发的，个体处于主动地位。从实验看，在形成操作性条件反射的过程中，动物可以自由地活动，它通过主动操作来达到一定的目的；但在形成经典性条件反射时，动物往往被束缚着，是被动地接受刺激。

3. 操作性条件反射理论在企业中的应用

操作性条件反射的重要应用在于通过强化物的安排，可以加强人与某食物或品牌或商店的联系，增加行为发生的概率，如强化、惩罚的运用，也能通过强化物的安排，如塑造、激励等来塑造某种行为，如可以应用于环境保护，塑造消费者对产品的购买行为等。

　　美国的花旗银行最早将定向促销手段引向零售业务。花旗银行通过对客户信息的处理，推出一项系列优惠服务计划。这项计划的主要内容如下：按照一定的标准划分不同的客户群，分别向各类客户提供相关的优惠服务，推出一整套极有吸引力的服务项目。这项计划包括为某些信用卡持卡人提供有关免费服务，对某些信用卡削减随机费用、核定年度收费标准，推出"花旗就餐卡""花旗旅行卡""花旗购物卡"等系列性的优惠消费业务。此计划中的"花旗美元券"的发行为相当数量的家庭主妇购买成套商品提供了方便和价格优惠。花旗银行通过反复宣传和试用这一促销手段，大大提高了营业业绩。

（资料来源：互联网）

　　（1）强化与惩罚。强化可以分为正强化和负强化。正强化是指正面事件的产生加强了人与某事物之间的联系，强化了人们的某种行为；而负强化是指正面事件的转移减弱了反应。例如，由于用了 A 品牌洗发水，使消费者神清气爽、头发飘逸，受到了别人的赞赏和注目，消费者就会倾向于再次使用 A 品牌洗发水，这是正强化；某消费者在一次舞会上，由于没有用 A 品牌的洗发水，头发暗淡无光、不够柔顺，使自己不受重视，那么下次舞会，此人还会倾向于用 A 品牌的洗发水，这是负强化，同样加强了消费者与 A 品牌洗发水之间的联系。但这与惩罚是不同的。同样举此例，如果用了 B 品牌洗发水，发现头发干枯、无光泽并出现大量头皮屑，使消费者在舞会上颜面尽失，他从此便再也不用 B 品牌洗发水了，这是惩罚，减弱了事物之间的联系。事实证明，人的很多行为和习惯与自己在这样做之后的结果有关。人们倾向于去做那些能产生正面结果的行为，而回避那些产生负面结果的行为（见图 7-3）。

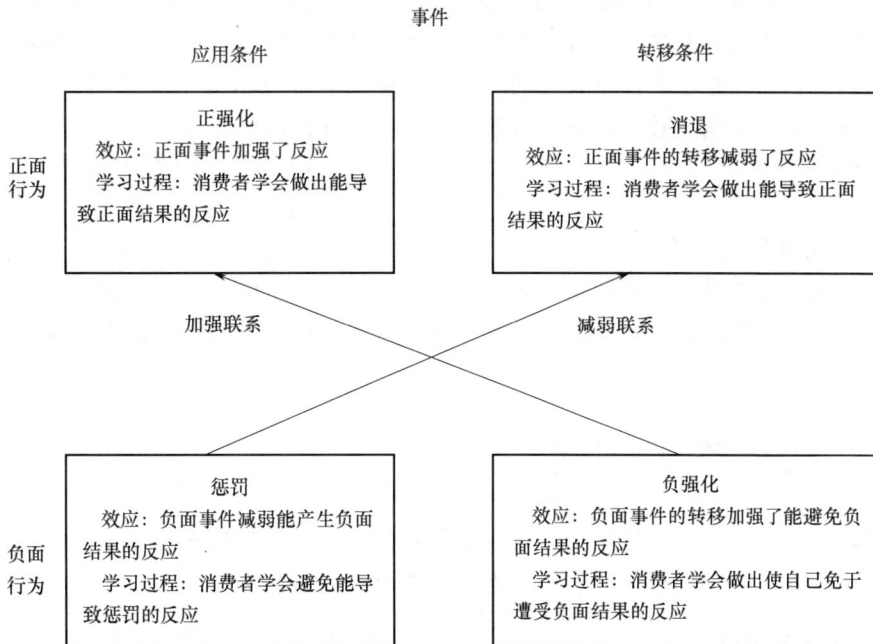

事件

应用条件	转移条件
正强化 效应：正面事件加强了反应 学习过程：消费者学会做出能导致正面结果的反应	**消退** 效应：正面事件的转移减弱了反应 学习过程：消费者学会做出能导致正面结果的反应
惩罚 效应：负面事件减弱能产生负面结果的反应 学习过程：消费者学会避免能导致惩罚的反应	**负强化** 效应：负面事件的转移加强了能避免负面结果的反应 学习过程：消费者学会做出使自己免于遭受负面结果的反应

正面行为　　加强联系　　　　　　减弱联系

负面行为

图 7-3　强化与惩罚

（资料来源：迈克尔 R 所罗门. 消费者行为学 [M]. 北京：经济科学出版社，1998.）

在企业营销活动中，侧重研究对强化物的安排不同导致消费者的学习状态和效果不同上，包括比例强化安排和间隔强化安排，即是局部强化还是整体强化，是持续强化还是间隔强化的问题。

（2）行为塑造。操作性条件反射理论表明，人的行为可以通过强化而持续或改变。企业可以通过一定的活动或刺激来塑造消费者的行为，如走进商店的行为，使用商品的行为，选购品牌的行为，以及其他一些诸如保护环境、节约能源等行为。

某些企业通过连锁店的统一 VI（Visual Identity，视觉识别）设计使顾客有高的认可度。例如，肯德基采用统一的 VI 设计，消费者偶尔走进一家肯德基店获得了高效快捷的服务和美味干净的食品，这对其行为是一种强化。消费者产生了条件反射，下次仍然倾向于进入肯德基，而所有店的 VI 设计都是一致的，于是成功地塑造了消费者进店这一行为。又如对于一位被追求的女士来说，如果其表现得很冷淡，则会弱化追求者的行为。

企业可以利用消费者条件反射这一特征，采取一定的措施，从而改变消费者的行为，或塑造某一行为，使消费者认购企业的产品，并通过一定的措施，使消费者达到对品牌的满意和忠诚。

小贴士

茶传入欧洲的传说

据传，茶传入欧洲之时正值瑞典国王古斯塔夫三世在位。社会上对茶的功用有不同的看法：一些人认为茶是东方神液，饮之有益；而另一些人则认为茶与咖啡一样，久饮多饮会上瘾，对身体有害。

瑞典国王为了验证茶与咖啡的功效，决定用人来做试验，"导演"了一场茶叶和咖啡之争。正巧有一对孪生兄弟犯了死罪被关在牢里，国王便命哥哥每天饮五杯茶，弟弟每天饮五杯咖啡，直到病死，从而免去立即杀头之刑。结果哥哥饮茶活到 87 岁，弟弟喝咖啡活到 83 岁。

从此，饮茶之风在瑞典普及开来，推动了饮茶习俗在欧洲的流行。

（资料来源：互联网）

---

4. 操作性条件反射的评价

斯金纳认为，操作性条件反射与经典性条件反射的主要区别在于，前者是一个反应—刺激过程，而后者则是一个刺激—反应过程。操作性条件反射理论是对消费者进行事后强化，应用比较广泛。

7.3　认知学习理论及其应用

认知学习的形式很多，包括顿悟学习、影像式机械学习、观察学习等。在企业活动中应用最为广泛的是观察学习，即替代性学习。本节主要介绍观察学习。

7.3.1　观察学习实验

观察学习是由美国心理学家班杜拉（A. Bandura）确立的一种学习理论，又称为社会学习理论和替代性学习。观察学习打破了人们过多重视外在刺激引起行为（即刺激—反应理论）

的研究领域，认为很多现实问题是行为学派所难以解释的。例如，为什么个体会表现出新的行为，以及为什么个体在观察榜样的行为后，这种已获得的行为可能在数天、数周甚至数月之后才出现等现象。

　　观察学习与行为学习理论的主要区别在于，无论是经典性条件反射理论还是操作性条件反射理论，均强调的是在外在刺激作用下消费者比较被动地产生反应，不关注人们的认知；而观察学习或称为替代性学习不然，它强调人类学习可以通过观察，使认知发生改变，进而引起人们的行为或行为潜能发生改变，是主动的、有意识的，不直接依赖于强化措施，也不必然引起外显的行为反应。

　　班杜拉把这种人类通过观察别人的行为以及行为结果而改变自身行为的学习，称为替代性学习，又称为观察学习。为了说明楷模的作用效果，班杜拉和他的助手们进行了一系列实验。在一项典型观察学习的实验中（Bandura, et al., 1963），班杜拉分别通过让孩子观察现实中、电影中和卡通片中的成人榜样行为，来观察成人榜样对儿童行为有没有影响。结果发现，所有这三类成人榜样都会导致儿童模仿某种行为。

小贴士

　　在另一项实验中（Bandura, 1965），班杜拉对上述研究做了进一步延伸。他要了解两个主要问题：①儿童是否不管榜样是受到奖励还是惩罚，总是会从榜样那里习得攻击性行为？②儿童看到榜样受到奖励，是否比看到榜样受到惩罚会更多地自发模仿所看到的攻击性行为？

　　在实验中，把4~6岁的儿童分成两组。儿童在电影中看到一个成年男子演示四种不同的攻击性行为，但在影片快结束时，一组儿童看到的是这个成人榜样受到另一个成人的奖励（那个人说："你是一个强壮冠军。"），而另一组儿童看到的是这个成人榜样受到惩罚（另一个成人说："喂，住手！我以后再看到你这样欺负弱者就给你一巴掌！"）。接下来，让儿童进入一间游戏室，里面放有一个同样的充气人以及这个成人榜样使用过的其他物品。结果发现，电影里榜样的攻击性行为所导致的结果（奖励或惩罚），是儿童是否自发地模仿这种行为的决定因素。也就是说，看到榜样受奖励的那一组儿童，比看到榜样受惩罚的另一组儿童表现出更多的攻击性行为。

　　（资料来源：互联网）

7.3.2　观察学习理论

1. 观察学习理论

　　通过上述实验得出，人类的学习多数是在社会交往中，通过对榜样的示范行为的观察、模仿而进行的。这种观点强调，人在通过观察进行学习时，可以不必做出外部反应，也不需亲自体验强化，仅仅是通过观察他人在一定环境中的行为，并观察他人接受一定的强化来进行学习的。例如，在上述实验中，如果儿童看到影片或现实中，榜样倾向于采取攻击性行为，那么儿童也在试图学习这种行为。而如果这种攻击性行为得到了正向的强化，如得到了表彰，受到了人们的夸奖或崇拜，那么儿童越倾向于学习，学习的效率高、效果更强，并把这种学习理论推而广之到成年人身上。这种学习是在替代了强化措施的基础上，通过观察所发生的学习，所以又称为替代性学习。尽管有些研究者试图对这几个术语进行清晰的界定，但是在本章的讨论中，仍习惯性地替换使用观察学习、社会学习、替代性学习甚至模特展示等，不做细致的区分。

2. 观察学习的过程

根据班杜拉的社会学习的观点，人的观察学习可以分为四个过程，即注意、保持、再造和动机过程（见图7-4）。

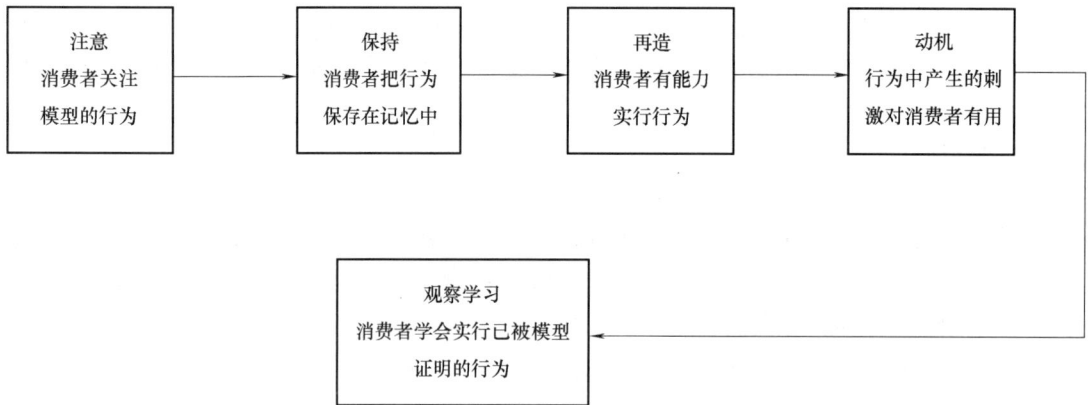

```
┌──────────────┐    ┌──────────────┐    ┌──────────────┐    ┌──────────────┐
│     注意      │    │     保持      │    │     再造      │    │     动机      │
│  消费者关注   │───▶│ 消费者把行为  │───▶│ 消费者有能力  │───▶│ 行为中产生的刺│──┐
│  模型的行为   │    │ 保存在记忆中  │    │   实行行为    │    │ 激对消费者有用│  │
└──────────────┘    └──────────────┘    └──────────────┘    └──────────────┘  │
                                                                               │
                    ┌──────────────────────────┐                              │
                    │        观察学习           │                              │
                    │ 消费者学会实行已被模型     │◀─────────────────────────────┘
                    │      证明的行为           │
                    └──────────────────────────┘
```

图7-4 观察学习过程

（1）注意过程。注意过程是指在模特展示过程中，消费者关注到了这一刺激，关注在一定程度上引起消费者的感觉和知觉，学习产生了。例如，消费者中午吃饭的时候，无意中关注到电视中的一则使用某品牌化妆品的模特展示广告，展示此化妆品专门针对某类肤质，产品价位、品牌个性、定位等正好和自己的实际需求契合，于是开始特别关注此产品的展示，包括产品的使用过程、使用后的效果等，为购买打下基础。

（2）保持过程。当消费者关注了某一模特展示之后，把模特的示范行为以印象和言语形态保存在记忆中，成为记忆编码，这会在以后实行这种行为时起到向导作用。例如，就上例而言，消费者强烈关注的刺激，会在头脑中形成一定的印象。它不会轻易磨灭，而是以一定形式保存在记忆中，也许不会直接导致消费者购买行为的改变，但在消费者下次购买化妆品时，这一信息也许会突然跳出来。

（3）再造过程。人把以符号形式编码的示范信息转化为适当的行为，这一过程即再造过程，也就是行为的实行过程。这一过程非常关键。例如，当消费者观察到某品牌电视的正确使用可以很好地保护视力，而且具有节能、环保的特征时，便将此保持在头脑中。那么在他把电视买回家后，自然倾向于像模特展示的那样进行操作，这就是行为的再造。当然，再造过程中可能存在一些偏差。例如，某美容院为了拉近与顾客之间的距离，建立良好的顾客关系，并促进本公司产品的销售，专门聘请美容顾问为消费者现场演示如何化妆。于是，消费者回家之后会尽量地再造这一过程，但实际上由于遗忘一些细节等原因，只能大致地再造这一行为。

（4）动机过程。经由注意、保持、再造三个过程之后，示范行为基本上为观察者所掌握，但人们不一定展现出他们所学到的所有东西。只有产生了积极的诱因之后，如示范行为预期能导致有价值的结果，或经由观察所获得的行为的满意感，这时，这些行为才会从潜伏状态转化为动机；如果导致惩罚或无报偿的结果，就会抑制或削弱观察者发生这种行为的倾向。例如，出于孩子上学的需要，消费者决定近期买一套房子，于是进行了广泛的了解。有一个朋友向其推荐了某团购网站，于是这则信息被他关注、保持，并经常登录此团购网站。偶尔有一天，朋友说自己通过此网站买了一套房子，价格每平方米比市场价便宜近千元。于是，此消费者真正动心了，开始着手报名并产生了通过此网站购买房子的动机。

7.3.3 观察学习的营销应用

1. 观察学习应用方式分类

观察学习揭示了通过观察人即能产生学习，而不必去通过实践来达到，非常简单易行，很快被企业所应用，俗称模特展示行为。

（1）外在模特行为。例如，有些厂商通过做广告、播放影片等来影响消费者，使其产生学习，称为象征性模特行为。有些厂商通过销售人员对产品展示等促使消费者购买，被称为活人模特行为。这两种方式在企业营销过程中是最常见的，称为外在模特行为。例如，在超市中，经常看到洗护用品的货架旁有一台电视机，正在播放一段使用某品牌洗发水的过程和获得良好效果的录像。于是，消费者产生学习，倾向于购买产品并按片中的展示来使用。洗发水商家不需要真人展示，不需要额外的促销费用，便教育了消费者。另外，商家聘请名人做代言，其实也是看中了名人的号召力，使消费者在名人的劝说下爱上某个品牌和产品。

（2）隐喻式模特方式。隐喻式模特方式是指不展示具体的动作和结果，而是向人讲述主题，让听众想象。例如，某啤酒的广告展示了这样一种场面：在炎热的夏天，工人汗流浃背，机器快速转动，下班了，工人喝一口冰凉的啤酒，顿时令人产生一种神清气爽的感觉，这即是一种隐喻式模特方式。另外，如雪碧的广告语"晶晶亮，透心凉"，旨在给人以想象空间。

（3）口头模特方式。口头模特方式是指不展示行为，也不需要听众想象，而只是告诉听众与其类似的人是如何行动的。例如，消费者去选购某品牌的羊绒衫而犹豫不决时，购物员会及时提示，说这款产品是今年最流行的，销量最好，供不应求，从而打消了消费者的顾虑。

2. 模特展示的作用

（1）借助模特，可以用来帮助观察者获得一种或更多新的反应模式，这些反应模式在观察者过去的行为中是没有的。

（2）借助模特，可以禁止或减少不受欢迎的行为。例如，某零售店在店内播放店内失窃的录像，其中有小偷被抓后受到大家指责的场景，这样以后若有小偷光顾就会有所顾忌。有一份潜意识的研究，某家商店经常在店内播放内容为"我很诚实，我不会偷窃，偷窃是不诚实的"录音，而且是以一种人耳几乎听不到的可听水平播放的。通过 9 个月的测试，一家六层连锁店的失窃损失减少近 40%，公司损失降低额达 60 万美元。

（3）促进消费者的反应。模特展示不是在突出产品的优点，而是加速消费者的反应，起到反应促进剂的效果。

3. 影响模特展示效果的因素

模特行为对消费者产生多大影响，以及模特行为在多大程度上被模仿，与很多因素有关，这也是企业乐于研究和利用的问题。

（1）模特本身的影响力。通过研究证实，模特被模仿的程度与模特本身的社会吸引力有关。这种吸引力建立在多个因素的基础上，包括模特的相貌、体形、专业知识、对评价者的熟悉程度，以及模特社会影响力是否正向，号召力是否很大，模特自身的特质与产品和特定的情景是否相匹配等。企业在展示公司产品时，倾向于请明星做代言人，就是看重明星的社会影响力。但是，如果明星在社会上形象不佳或在代言过程中出现丑闻，引起消费者反感，则这一模特行为不仅不能使消费者模仿，还会使消费者产生反感甚至厌倦。

小贴士

有研究得出，人们会通过观察而学习模特的行为。一些厂家请明星做广告，夸大产品性能，诱导消费者的事件屡屡引起关注。例如，2010 年央视"3·15"晚会曝光，某生产保健床的厂家，通过模特行为引导老年消费者花费几万元购买"包治百病"的保健床，而此产品本身的功效与广告宣传的内容大相径庭，使消费者上当受骗。

还要特别引起关注的是，电视信息铺天盖地，而电视节目又是五花八门的，一些渲染暴力、色情的庸俗的节目不仅会改变消费者的行为，还会引起儿童的模仿。

（2）被影响者的个性。模特展示的效果也与被影响者的个性有关，对于不同气质、性格、能力的人会产生不同的影响。

（3）特定的情景。任何事情的发生都有其特定的情境，也就是说，购买行为发生时的临时环境会影响模特展示的效果。例如，在爱国热潮高涨的时候，美菱公司适时推出广告语"中国人的空调，中国人的美菱"。可见，任何购买行为的背后都有着特定的环境，包括物质环境、社会环境等。

（4）模特展示内容和组织形式。模特展示的效果与模特行为本身的内容和人们的价值观等是否接近有关，也与模特展示的信息表现形式有关。那些表现为幽默诉求、恐惧诉求、情感诉求和新异刺激的展示，比较容易引起消费者的注意、保持、再造和动机，进而产生学习。

7.3.4 对观察学习理论的评价

1. 肯定

班杜拉在其对观察学习的研究中，注重社会因素的影响，改变了传统学习理论重个体、轻社会的思想倾向，把消费心理学的研究同社会心理学的研究结合在一起，对学习理论的发展做出了独树一帜的贡献，改变了原来行为学派只重行为与刺激的研究而忽视认知的研究的做法。建立在丰富、坚实的实验验证资料基础上的研究，得出的结论是比较有说服力的，在企业界和营销界都有较高的应用价值。[注]

2. 局限性

对观察学习的研究以儿童为实验对象，选择攻击性主题，受到了一些质疑；另外，此理论也不能解释所有的学习现象。

7.4 消费者的记忆和遗忘

7.4.1 消费者的记忆

1. 记忆的界定

记忆是获得信息并把信息储存在头脑中以备将来使用的过程。记忆和学习有着密切的关

⊖ 叶浩生. 西方心理学的历史与体系 [M]. 北京：人民教育出版社，1998.

系，从学习论的角度来定义，记忆即指消费者对因经验所学得并保留的行为，在需要时不必再加练习即可重现的心理历程。《辞海》中"记忆"的定义是："人脑对经验过的事物的识记、保持、再现或再认。"

记忆是一个复杂的心理过程，在生活实践中有重要意义。人的很多心理活动都与记忆有着密切的关系。当人们注意某项刺激之后，有了某一属性或整体的适当记忆，才会形成感觉、知觉。

在此基础上，消费者形成了情感和情绪；有了记忆，消费者学习的效果才能保持，消费者才能以适当记忆的信息为基础，形成态度，进而产生购买动机。

从记忆的心理过程来看，记忆过程可以分为三个环节——识记、保持、再认或回忆，如图 7-5 所示。识记是指个体获得知识和经验的过程，是记忆过程的第一个基本环节。保持是指巩固以前获得的知识、经验的过程，是记忆过程的第二个基本环节。再认是指对识记过的知识、经验等再次出现时感到熟悉并能确认的过程；回忆是指根据需要把过去感知过的事物的映像独立地在脑中呈现出来的过程。再认或回忆是记忆过程的第三个基本环节。

图 7-5 记忆的心理过程图

2. 记忆分类

按照内容的不同，记忆可以分为如下几类：

（1）形象记忆，是对感知过的事物形象的记忆。

（2）逻辑记忆，是以概念、公式、定理、规律等为内容的记忆。

（3）情绪记忆，是对自己体验过的情绪和情感的记忆。

（4）运动记忆，是对身体的运动状态和动作机能的记忆。

（5）情境记忆，是对亲身经历过的，有时间、地点、人物和情节的事件的记忆。

3. 记忆系统

用信息加工的观点看待人的认知活动，认为人的认知活动可以看作是对信息进行加工的过程。它把记忆也看作是人脑对输入的信息进行编码、存储和提取的过程，并按信息的编码、存储和提取的方式不同，以及信息存储的时间长短的不同，将记忆分为感觉（瞬时）记忆、短时记忆、长时记忆三个系统，如图 7-6 所示。

（1）感觉记忆。感觉记忆是指个体凭视、听、味、嗅等感觉器官，感应到刺激时所引起的短暂记忆，其持续时间往往按几分之一秒计算。例如，人从睡梦中醒来，来自视觉、嗅觉、味觉、听觉、触觉的信息比比皆是，如果消费者对每个刺激都充分关注，那么一定会疲惫不堪。而对于大部分的刺激，消费者仅仅停留在感觉记忆的基础上，看到了周围的若干风景，听到了部分声音等，转瞬即逝。

（2）短时记忆。短时记忆是指流入的信息在短时间内停留的记忆。例如，人们经常拨打 114 查询电话号码，查完之后立刻拨打过去，准确无误，但接下来回忆拨打的电话号码是什么，却很少有人记得清。短时记忆是长时记忆的基础，离开短时记忆，长时记忆便很难做到。例如，消费者对广告的记忆、对品牌的记忆等。

通过把小片信息结合成大块信息的过程，信息得以储存。短时记忆容量有限。起初，人们认为短时记忆一次处理 5 ~ 9 个块的信息，如电话号码设计成 7 位数。大量的实践证明，似乎 3 ~ 4 个块的信息是有效检索的最优标准。例如一个手机号码有 11 位，人们往往把它分解成 3 个或 4 个信息块来记忆；而对 7 位或 8 位数的电话号码，也是进一步分解为 3 个或 4 个信息块来记忆。

（3）长时记忆。长时记忆是指记忆信息保持在 1min 以上，直到数年乃至终生的记忆。长时记忆是对短时记忆加工、复述的结果。长时记忆的信息经过消费者编码，长时间储存于人的头脑中，可在适当的时间进行提取、再认或回忆。

记忆的三个阶段又称为三种记忆系统，它们是相互关联的。

4. 影响记忆的因素

（1）识记的目的与任务。识记的目的与任务对记忆效率和效果有一定的影响。如果识记者有良好的心态，对识记材料持良好的态度，具有提高自我或者增进知识等目的，则记忆的效果会比较高。另外，识记的任务过重时，识记效果一般不会太好。

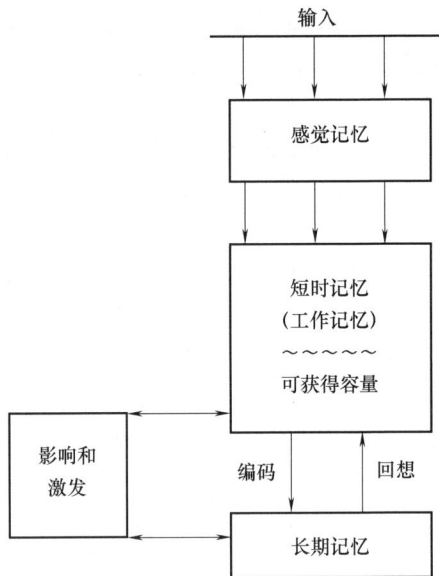

图 7-6   简化的记忆模型
（资料来源：John C. Mowen, Michael S. Minor. 消费者行为学 [M]. P52. ）

（2）识记材料的性质和数量。识记材料有无意义、有无内在联系，识记材料本身的数量、难易程度等，也会影响记忆的效果。

（3）识记者的身心条件。识记者的身心条件好，则记忆的效果好；如果识记者体弱多病，则会影响记忆的效果。同样，识记者的心理条件也很重要。如果识记者抱着积极学习的心态，那么记忆的效果会好；识记者精力充沛时的记忆度要比身心疲惫时的记忆度高。

（4）识记的方式和方法。识记材料的效果与采取的方式方法有关。例如，刚刚学过的新知识，短期内重复、回忆、再认，尊重记忆规律，记忆效果获得提高。另外，如果进行合理的编码，记忆效果会更好。

7.4.2   消费者的遗忘

1. 遗忘的含义

遗忘是指对识记过的事物不能再认或回忆，或者表现为错误的再认或回忆。例如，学习过的知识没有很好地保持，被遗忘。遗忘是和记忆相反的心理过程，主要是指记忆中的信息保持的材料丧失。造成消费者遗忘的原因是多方面的。根据遗忘时间的长短，遗忘可以分为暂时性遗忘和永久性遗忘。

艾宾浩斯遗忘曲线是由德国心理学家艾宾浩斯（H. Ebbinghaus）研究发现的。人们可以从遗忘曲线中掌握遗忘规律并加以利用，从而提升自我记忆能力，如图 7-7 所示。该曲线对现代学习理论研究已产生重大影响。

艾宾浩斯遗忘曲线表明，随着时间的增加，遗忘的总量会增加，但是在单位时间内遗忘的数量会逐渐减少，最后几乎不会遗忘，即遗忘的速度会先快后慢。

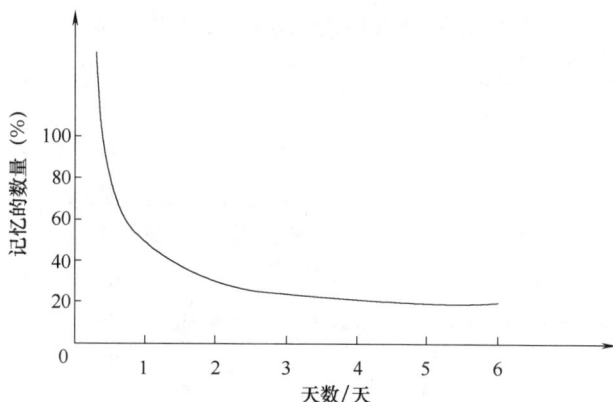

图 7-7　艾宾浩斯遗忘曲线

记忆与遗忘规律可以具体到每个人。因为每个人的生理特点、生活经历不同，可能导致有不同的记忆习惯、记忆方式、记忆特点。因此，要根据每个人的不同特点，找到属于自己的艾宾浩斯遗忘曲线。

扩展阅读

艾宾浩斯曲线

德国有一位著名的心理学家艾宾浩斯（1850—1909），在他 1885 年发表了实验报告后，记忆研究就成了心理学中被研究最多的领域之一。艾宾浩斯是发现记忆遗忘规律的第一人。

输入的信息在经过人的注意过程的学习后，便成为人的短时记忆，但是如果不经过及时复习，这些记住过的东西就会被遗忘，而经过了及时复习，这些短时记忆就会成为人的一种长时记忆，从而在大脑中保持很长的时间。那么，对于人们来讲，怎样才叫作遗忘呢？所谓遗忘，就是人们对于曾经记忆过的东西不能再认，也不能回忆，或者是做出错误的再认和错误的回忆。艾宾浩斯在做这个实验的时候是拿自己作为测试对象的，他得出了一些关于记忆的结论。他选用了一些根本没有意义的音节，也就是那些不能拼出单词来的众多字母的组合，如 asww、cfhhj、ijikmb、rfyjbc 等。经过对自己的测试，他得到了下面一些数据：

时 间 间 隔	记 忆 量
刚刚记忆完毕	100%
20min 后	58.2%
1h 后	44.2%
8~9h 后	35.8%
1 天后	33.7%
2 天后	27.8%
6 天后	25.4%
1 个月后	21.1%

然后，艾宾浩斯又根据这些点描绘出一条曲线，这就是非常有名的揭示遗忘规律的曲线，

即艾宾浩斯遗忘曲线（见图7-7）。图中纵轴表示学习中记住的知识数量，横轴表示时间（天数），曲线表示记忆量变化的规律。

这条曲线告诉人们，学习中的遗忘是有规律的，遗忘的进程不是均衡的，不是固定地一天丢掉几个，隔天又丢掉几个的，而是在记忆的最初阶段遗忘的速度很快，后来就逐渐减慢了，到了相当长的时间后，几乎就不再遗忘了。这就是遗忘的发展规律，即"先快后慢"的原则。观察这条遗忘曲线会发现，学得的知识在1天后，如不抓紧复习，就只剩下原来的25%了。随着时间的推移，遗忘的速度减慢，遗忘的数量也就减少。

（资料来源：http://www.sina.com.cn 2002/11/21 16：16，新浪教育．）

2. 遗忘的原因

关于遗忘的原因说法不一，有三种学说影响较大，即痕迹衰退说、干扰抑制说和压抑说。

（1）痕迹衰退说。该理论认为，遗忘是由于记忆痕迹得不到强化而逐渐减弱、衰退以致消失的结果。这种遗忘是自然而然的，是最常见的。正如刻在石头上的痕迹年深日久会逐渐消退一样，大脑皮层的神经细胞留下的痕迹也会随着时间的流逝而逐渐减退。

（2）干扰抑制说。干扰抑制说认为遗忘是因为在学习和回忆之间受到其他刺激干扰的结果。干扰抑制包括两类——前摄抑制和倒摄抑制。前摄抑制是指先前学习材料的学习和记忆对后继学习材料的学习与记忆有干扰作用；倒摄抑制是指后继的学习材料的学习和记忆对先前的学习材料的学习和记忆产生干扰作用。

（3）压抑说。压抑说认为，遗忘是由情绪或动机的压抑作用引起的，如果这种压抑被解除，记忆即能恢复。

小资料

据研究，消费者对广告信息的记忆及品牌认知随着时间流逝将逐渐衰退。根据艾宾浩斯遗忘曲线理论，广告投放停止一个月后，消费者对品牌的记忆度降低到最初的20%；广告出现三个月以上的空档，则广告记忆度几乎为零；而广告在每个月重复播出的情况下，品牌认知建立在过去记忆的基础上，全年则呈现成长现象。为此，媒体排期中的广告空档以不超过一个月为宜，媒体预算较少时，广告空档可延长至两个月（最低限度），如果超出了这个限度，媒体效果则将大打折扣。广告遗忘的原因主要有衰退和干扰两种。衰退是由于广告记忆痕迹得不到强化，逐渐减弱以至消失的结果；而干扰则是在广告学习和广告回忆之间的这一段时间内受到的其他刺激的影响。遗忘即是衰退的结果，也是干扰的结果。遗忘是有规律的，它是时间的衰竭函数。因此，在广告宣传中，可以根据遗忘规律，有针对性地安排广告的重播时间，以强化广告的记忆和保持。

美国学者斯鲁尔（T. Srull）通过将被试者置于过去的某些经历中，激起了三种情绪状态，即积极情绪、消极情绪和中性情绪。然后，向被试者呈现一则关于"马自达"跑车的印刷广告，并要求被试者在阅读该广告时形成对该跑车的整体印象。48h后，这些被试者被要求对这种跑车做出评价，结果发现，阅读广告之时处于积极情绪状态的被试者对该跑车的评价最高，其次是处于中性情绪状态的被试者，而处于消极情绪状态的被试者对该跑车的评价最低。由此说明，收看广告时的情绪状态对广告的评价有直接影响。戈德伯格（M. Goldberg）和戈恩（G. Gorn）所做的一项试验中，一些被试者看喜剧类电视片，另一些被试者观看悲剧类电视片，在两则电视片中均插播同一内容的广告。结果发现，看喜剧片的被试者较看悲剧片的被试者能更多地回忆起广告的内容。这一结果的一种可能解释是，积极情绪状态会使消费者从记忆中提取出更为广泛和更加完整的信息，消费者情绪越好，越有助于记忆。情绪较佳的被试者的记忆情况较佳，因此对广告有较深刻的记忆。心情愉快之时习得的材料，保持时间更长，而焦虑、沮丧、紧张时所学习的内容更易于遗忘。因此，在媒体，尤其是电视节目中间插播广告时，应注意广告前后节目的性质，有意识地增加广告情境的感染力。此外，广告本身的感染力也有助于增进消费者的情绪记忆。广告心理学研究发现，有时使用否定感染力比使用肯定感染力效果更佳，消费者往往会记住那些宣传"如果不使用某某产品就会产生不利后果"的广告。

（资料来源：互联网）

7.4.3　记忆、遗忘与企业营销活动

1. 利用记忆过程来提高消费者的记忆度

消费者记忆机制分为四个环节，即复述、编码、储存和提取。复述是指个体在内心对进入短时记忆的信息或刺激予以默诵或做出进一步加工努力。编码，如视觉记忆、图片形式等信息更易被注意，具有新奇因素与神秘色彩的广告更容易引人注目，并形成记忆。储存是指学习的信息储存在头脑中的过程；提取是指在特定环境下消费者可以提取储存在头脑中的信息，如回忆或再认的过程。企业可以利用消费者记忆机制的不同阶段来影响消费者，使其更好地复述、编码、储存和提取，以提高消费者的记忆度。对消费者的三大记忆系统，即瞬时记忆、短时记忆和长时记忆，可利用这一规律分析：首先引起消费者注意，进而使瞬时记忆进入短时记忆和长时记忆，从而持久地记忆某个品牌。

> **小资料**
>
> ### 泸 州 老 窖
>
> 泸州老窖多年获得"中国名酒"称号，并不时地通过电视广告展示，提高了消费者对品牌的记忆度，打出了知名度和美誉度。在成功推出"国窖1573"之后，持续的品牌营销使"国窖1573"品牌形象大增，打造了中国高档白酒的市场定位。2010年的央视春节联欢晚会上，在赵本山小品"不差钱"中插入"国窖1573"的植入性广告，在引起很大争议的同时，却使很多人更加关注"国窖1573"和泸州老窖，品牌知名度大增。

2. 利用记忆和遗忘的规律来减少消费者遗忘

对消费者的研究证明，有意义的材料比无意义的材料容易记忆，强大的刺激和一些谐音法更容易被人们记忆，而如果把信息编成组块记忆度会更高，适当的重复也可以增加记忆度。在企业进行广告宣传、品牌营销时，可以利用上述特征增加消费者的记忆度，减少遗忘现象的发生。

> **案例分析**
>
> ### 星巴克公司案例
>
> 1971年4月，位于美国西雅图的星巴克创始店开业。1987年3月，星巴克的主人鲍德

温和波克决定卖掉星巴克咖啡公司在西雅图的店面及烘焙厂，霍华德·舒尔茨则决定买下星巴克，同自己创立于 1985 年的每日咖啡公司合并改造为"星巴克企业"。15 年后，星巴克已经成为全球最大的咖啡零售商、咖啡加工厂及著名咖啡品牌。到 2006 年 2 月，星巴克在全球范围内已经有超过 9000 家连锁店，分布在北美洲、拉丁美洲、欧洲、中东和环太平洋地区。

1998 年 3 月，星巴克进入台湾，1999 年 1 月进入北京，2000 年 5 月进入上海，目前星巴克已成为国内咖啡行业的第一品牌。星巴克靠什么从一间小咖啡屋发展成为国际著名的咖啡连锁店品牌？

1. 模式：根据世界各地不同的市场情况，采取灵活的投资与合作模式

同麦当劳的全球扩张一样，星巴克很早就开始了跨国经营，在全球普遍推行三种商业组织结构：合资公司、许可协议、独资自营。星巴克的策略比较灵活，会根据各国各地的市场情况而采取相应的合作模式。星巴克在世界各地的合作伙伴不同，但是经营的品牌都是一样的。

另外，星巴克制定了严格的选择合作者的标准，如合作者的声誉、质量控制能力和是否以星巴克的标准来培训员工。美国星巴克集团很看好中国市场，逐步加大投资，将持股比例增加到 50%，对这个地区更加重视。

2. 直营：多以直营经营为主

近 40 年来，星巴克对外宣称其整个政策都是"坚持发展公司直营店，在全世界都不要加盟店"。业内人士分析说，如果星巴克像国内多数盟主那样采用"贩卖加盟权"的加盟方式来扩张，它的发展速度肯定会比现在快得多。当然，也不一定比现在好得多。星巴克为自己的直营路子给出的理由是：品牌背后是人在经营，星巴克严格要求自己的经营者认同公司的理念，认同品牌，强调动作、纪律、品质的一致性；而加盟者都是投资客，他们只把加盟品牌看作赚钱的途径，可以说，他们唯一的目的就是赚钱而非经营品牌。星巴克之所以不开放加盟，是因为其要在品质上做最好的控制。

3. 广告：不花一分钱做广告

星巴克给品牌市场营销的传统理念带来的冲击同其高速扩张一样引人注目。在各种产品与服务风起云涌的时代，星巴克公司却把一种世界上最古老的商品发展成为与众不同、持久的、高附加值的品牌。然而，星巴克并没有使用其他品牌市场战略中的传统手段，如铺天盖地的广告宣传和巨额的促销预算。但是，他们仍然非常善于营销。"我们的店就是最好的广告"。据了解，星巴克从未在大众媒体上花过一分钱的广告费。因为根据在美国和中国台湾的经验，大众媒体泛滥后，其广告也逐渐失去公信力。为了避免资源的浪费，星巴克故意不打广告。这种启发也是来自欧洲那些名店名品的推广策略，它们并不依靠在大众媒体上做广告，而每一家好的门店就是最好的广告。星巴克认为，在服务业，最重要的营销渠道是分店本身，而不是广告。如果店里的产品与服务不够好，做再多的广告吸引客人来，也只是让他们看到负面的形象。只有通过一对一的方式，才能赢得信任与口碑。

另外，星巴克的创始人霍华德·舒尔茨意识到员工在品牌传播中的重要性，他另辟蹊径，开创了自己的品牌管理方法，将本来用于广告的支出用于员工的福利和培训，使员工的流动性很小。这对星巴克"口口相传"的品牌经营起到了重要作用。

4. 风格：充分运用"体验"

星巴克认为他们的产品不单是咖啡，而且包括咖啡店的体验。研究表明，2/3 成功企业的首要目标就是满足客户的需求和保持长久的客户关系。相比之下，那些业绩较差的公司这方面做得就很不够，它们把更多的精力放在了降低成本和剥离不良资产上。

（1）重视同客户之间的沟通。每个服务员都要接受一系列培训，如基本销售技巧、咖啡基本知识、咖啡的制作技巧等。星巴克要求每个服务员都能够预感客户的需求，使顾客有"咖啡"体验。

（2）星巴克更擅长咖啡之外的"体验"，如气氛管理、个性化的店内设计、暖色灯光、柔和音乐等。就像麦当劳一直倡导售卖欢乐一样，星巴克把美式文化逐步分解成可以体验的东西。

"认真对待每一位顾客，一次只烹调顾客那一杯咖啡。"这个取材自意大利老咖啡馆工艺精神的企业理念，道出了星巴克快速崛起的秘诀。注重"one at a time"（当下体验）的观念，强调在每天的工作、生活及休闲娱乐中，用心经营"当下"的生活体验。星巴克还极力强调美式消费文化，顾客可以随意谈笑，甚至挪动桌椅，随意组合。这样的体验也是星巴克营销风格的一部分。

5. 推广教育消费者

在一个习惯于喝茶的国度里推广和普及喝咖啡，首先遇到的是消费者情绪上的抵触。星巴克为此首先着力推广"教育消费"。通过自己的店面，以及到一些公司去开"咖啡教室"，并通过自己的网络，星巴克成立了一个咖啡俱乐部。顾客在星巴克消费的时候，收银员除了键入品名、价格以外，还要在收银机键入顾客的性别和年龄段，否则收银机就打不开。所以，星巴克公司可以很快知道消费的时间、消费了什么、金额多少、顾客的性别和年龄段等。除此之外，星巴克每年还会请专业公司做市场调查。星巴克的"熟客俱乐部"，除了固定通过电子邮件发送新闻，还可以通过手机发短信，或是在网络上下载游戏，一旦过关即可获得优惠券，很多消费者将这样的信息转发给其他朋友，形成一传十、十传百的效应。

6. 异同的 VI 及店内设计

星巴克在上海的每一家店面的设计都是由美国方面完成的。据了解，在星巴克的美国总部，有一个专门的设计室，拥有一批专业的设计师和艺术家，专门设计分布在全世界的星巴克门店。他们在设计每个门店的时候，都会依据当地的商圈特色，然后思考如何使星巴克融入其中。所以，星巴克的每一家店，在品牌统一的基础上，又尽量发挥了个性特色。这与麦当劳等连锁品牌强调所有门店的 VI 高度统一截然不同。

在设计上，星巴克强调每栋建筑物都有自己的风格，让星巴克融合到原来的建筑物中去，而不去破坏建筑物原来的设计。每增加一家新店，星巴克的工作人员就用数码相机把店址内景和周围环境拍下来，照片传到美国总部，请他们帮助设计，再发回去找施工队。这样星巴克才能做到原汁原味。

只用了短短几年时间，星巴克在中国就成为了一个时尚的代名词。它所代表的已经不是一杯咖啡，而是一个品牌和一种文化。

（资料来源：互联网）

讨论题：

1. 运用所学相关理论分析，星巴克公司是如何研究消费者的。
2. 分析星巴克的扩张策略有什么问题和风险。
3. 分析星巴克靠什么从一间小咖啡屋发展成国际著名咖啡连锁店品牌。

思考题

1. 关于学习的两大学派是什么？
2. 什么是经典性条件反射？试举例说明。
3. 什么是操作性条件反射？试举例说明。
4. 运用本章知识探讨如何提高学习的效率和效果。
5. 什么是替代性学习？试举例说明。
6. 分析经典性条件反射、操作性条件反射和观察学习在企业中的应用。
7. 运用所学的理论探讨一家服装店该如何满足消费者的需求。
8. 学习、记忆和遗忘的含义是什么？
9. 记忆和遗忘在企业中如何应用？

第8章
消费者的态度

【本章要点】

- 消费者态度的构成
- 消费者态度的一般特性
- 消费者态度的功能
- 消费者态度的形成理论
- 消费者态度的测量方法
- 消费者态度的改变

【重点名词】

态度　　瑟斯顿量表法　　李克特量表法　　语意差别量表法

【引导案例】

赵女士的态度

春节前夕，赵女士在家附近的小超市里买了一箱伊利纯牛奶。看着外包装箱上时间较长的保质期，赵女士把这箱牛奶放到了阳台的阴凉处。春节期间的饮食足以满足全家人的营养需要，暂时不必喝牛奶了。春节过后，赵女士一家准备喝牛奶，她把打开的一盒牛奶倒在碗里，放到微波炉里加热，发现牛奶变成了豆腐脑状，而且有酸味。以前加热过的牛奶不是这样的，显然这盒牛奶变质了。她顺手拿起小包装盒，仔细阅读上面的文字，发现这盒牛奶的保质期已经过去一周了，她急忙检查其他牛奶盒上的保质期，发现日期标识不一致，有的已过期，有的还有几天才到期。

望着还有一周多时间才到保质期的外包装箱，再看看散乱在桌子上的保质日期不一的内包装盒，赵女士感觉被欺骗了，愤怒之下马上拨打了外包装箱上标注的厂家电话，陈述了自己的消费经过，并表达了自己的不满情绪。对方记录了赵女士的电话，并说当地经销商会与她联系，给予妥善解决。还好对方态度不错，赵女士的气消了一点。

过了一会儿，电话铃响了，是经销商打来的，询问情况之后，要了赵女士家的地址。半小时后，经销商登门拜访。他首先仔细检查了外包装箱上的封条，然后说，这箱牛奶确实是伊利生产的，但外包装箱上的封条已经不是出厂时的封条了。也就是说，这箱牛奶在销售环节被重新组装过，很可能是零售商把零散的盒装牛奶组装在了一个外包装箱内，以便整箱出售，但却忽略了包装箱内外保质期的一致性问题。真相大白，赵女士对伊利的不满情绪已经烟消云散了。

第二天，经销商再次登门，不仅向赵女士赔礼道歉，而且作为补偿，送来了一箱新出厂的伊利纯牛奶。从此，赵女士成了伊利牛奶的忠诚消费者。

（资料来源：互联网）

消费者在了解、接触和消费某一产品与服务的过程中，会在内心对这一产品以及提供这一产品的企业产生某种心理倾向，或喜欢，或讨厌，或赞赏，或反感，从而形成对企业及其产品的态度。这种态度不仅决定着消费者对企业及其产品的看法和评价，而且影响消费者的购买行为。虽然态度是消费者的心理状态和倾向，但这种心理状态和倾向却可以测量和认识，并根据营销的需要设法维持和改变。所以，研究消费者的态度对认识、引导消费者的行为极其重要。

8.1 消费者态度概述

8.1.1 消费者态度的含义和构成

在西方，态度（Attitude）一词源于拉丁语中的"Aptus"，后者有"合适"或者"适应"的意思。到了 18 世纪，态度开始被用来指身体姿势，代表人对其他事物身体上的倾向。18 世纪末，达尔文在生物学上使用了这个词，并赋予它"在身体上表达情感"或"情感的外部表露"之类的意思。实际上，到了 21 世纪，态度的用法已经普遍地与一个人的自我宣泄或情感表露相联系。克雷奇（Krech）曾经把态度解释为"一种与个人所处环境有关的动机、情绪、知觉和认识过程所组成的持久结构"。

在过去的研究中，很多学者从不同角度对态度下过定义。这些定义大概可以分为三种：第一种定义认为，态度主要是情感的表现，反映的是人们的一种好恶观。心理学家瑟斯顿（L. L. Thurstone）认为，态度是人们对心理客体的肯定或否定的情感；赖茨曼（L. S. Wrightsman）将态度定义为对某种对象或某种关系的相对持久的积极或消极的情绪反应。第二种定义认为，态度是情感和认知的统一。美国学者罗森伯格（M. Rosenburg）认为，对态度客体的情感反应是以对客体进行评价所持的信念或知识为依据的。所以，态度既有情感成分，又有认知成分。第三种定义则将态度视为由情感、认知和行为构成的综合体。克雷奇和克拉茨菲尔德把态度理解为一种与个人所处环境有关的动机、情绪、知觉和认识过程所组成的持久结构；弗里德曼（J. L. Freedman）在其所著《社会心理学》一书中，将态度理解为一种带有认知成分、情感成分和行为倾向的持久系统。现在，理论界一般倾向于第三种定义，即将态度定义为人们对某一事物或观念所持有的正面或负面的认识上的评价、情感上的感受和行动上的倾向。

对人、对事物的看法、评价，的确可能带有很多的主观上的情感因素。比如，当人们的需要由于某人或某物的阻碍而得不到满足时，就会有情绪，会讨厌这种障碍物。此时，情感因素在态度形成过程中好像起了决定性作用，但由此认定态度是由单一的情感成分构成的则是片面的。以消费者对某个企业产生好感为例，这种好感很可能建立在该企业产品卓越的品质、良好的服务和为消费者带来超值利益的基础上，也可能建立在对该企业不断创新、造福社会、乐善好施的认识的基础上。从这个意义上讲，态度又总是与一定的认知成分相联系。同时，消费者一旦对企业或其产品形成好感和正面认知，则可能产生要选择、购买该企业产品的行为倾向。所以，将态度理解为由情感、认知和行为所构成的系统，更能反映态度的本质。基于此，按照系统论的观点，将消费者态度定义为：消费者对某一事物或观念所持有的正面或负面的认识上的评价、情感上的感受和行为上的倾向。

消费者态度的反应方式可以是肯定的反应，如赞成、支持、欣赏等，也可以是否定的反应，如反对、拒绝、厌恶等。认识上的正面评价往往表现为质量优、服务好，在情感上的正面感受往往表现为喜欢、赞扬，在行为上的正面倾向往往表现为趋向购买；认识上的负面评价往往表现为质量劣、服务差，在情感上的负面感受往往表现为讨厌、贬低，在行为上的负面倾向往往表现为回避购买。

态度作为人们的一种心理倾向，通常以语言形式的意见，或非语言形式的动作、行为等作为反应的表现形态。因此，通过对其意见、行动的了解和观察，可以推断出人们对某一事物的态度。同样，通过消费者对某类商品或劳务的意见、评价，以及积极、消极乃至拒绝的行为方式，也可以了解他们对该类商品或劳务的态度。例如，当观察到消费者对某个畅销品牌的商品踊跃购买时，就可以推断出消费者对该品牌持肯定、赞赏的态度。

消费者的态度是由认知、情感和行为倾向三种成分构成的复合系统。各个成分在态度系统中处于不同的层次地位，承担不同的职能，如图 8-1 所示。

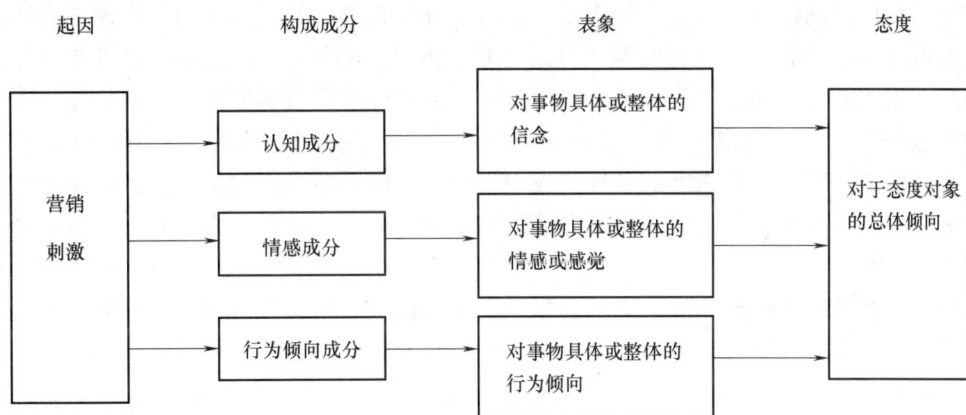

图 8-1　态度的形成过程

1. 认知成分

认知是指对态度对象的认识、理解与评价，它是构成消费者态度的基石。认知表现为消费者对有关商品质量、商标、包装、服务与信誉等的印象、理解、观点和意见。消费者只有在对某类商品有认知的基础上，才有可能形成对某类商品的具体态度；而认知是否正确，是否存在偏见或误解，将直接决定消费者态度的倾向或方向性。因此，保持公正、准确的认知是端正消费者态度的前提。

2. 情感成分

情感是在认知的基础上对态度对象的感情体验，它是态度的核心。情感因素表现为消费者对有关商品质量、商标、信誉等的喜欢或厌恶、欣赏或反感等各种情绪反应。如果说认知是以消费者的理性为前提的，那么情感则带有非理性倾向，往往更多地受消费者的生理本能和气质、性格等心理素质的影响。情感对于消费者态度的形成具有特殊作用。在态度的基本倾向或方向已定的条件下，情感决定消费者态度的持久性和强度，并伴随消费者消费行为和购买活动的全过程。

3. 行为倾向成分

行为倾向是指消费者对态度对象的反应倾向和意动效应。这里说的反应倾向和意动效应并不代表行为或行动本身，而是做出行为、行动前的思维倾向，它将形成消费者态度的准备状态，具体表现为消费者对有关商品、劳务采取的反应倾向，其中包括表达态度的语言和非语言的行动表现。例如，消费者向他人宣传某商品的优越性、准备购买的意向等。行为倾向是消费者态度的外在显示，同时也是态度的最终体现。只有通过行为倾向，态度才能成为具有完整功能的有机系统。此外，行为倾向还是态度系统与外部环境进行交流和沟通的媒介。通过语言和非语言行为倾向，消费者可以向外界表明自己的态度，其他社会成员、群体、生产厂家及商品经营者也可以从行为倾向中充分了解消费者的真实态度。

一般而言，认知、情感、行为倾向的作用方向是相互联系、相互制约、相互协调的，形成一个相对稳定的统一体。一种态度的形成，就是消费者获得足够的信息，对产品或服务产生好感，并萌生强烈的购买倾向的过程。例如，消费者在选购商品时，对商品有了一定的了解和认识之后，就会产生喜爱或厌恶的情感，在此基础上可能产生购买或拒绝的行为。

然而，在特殊的情况下，这三种因素也有可能发生背离，呈反向作用，出现不协调，以致消费者的态度呈现矛盾状态，表现为"口是心非"或"言行不一"。例如，消费者预先了解到某种商品在使用寿命或功能上存在不足，但由于对商品外观具有强烈的好感或偏爱，因而促成其"明知故买"。又如，对某一款计算机，消费者认为有必要且愿意购买，但在行动上却因某种原因一再拖延。因此，在态度的各项构成因素中，任何一项因素发生偏离，都会导致消费者态度的失调和作用的不完整，而其中尤以情感因素和行为习惯这两个方面对完整态度的形成具有特殊作用。

了解消费者态度各构成成分之间的关系对企业营销人员来说具有重要的意义。态度各成分之间如果存在相互协调的关系，就意味着企业如能影响消费者态度三种成分中的某种成分，那么另外两种成分也会发生相应的转变。在市场经济条件下，企业最关心的是消费者的购买行为，但企业又很难直接影响消费者的购买行为，也就是说，企业没有能力也没有权利要求消费者做出购买决策，更不能强迫消费者购买企业产品，但是，企业却可以通过各种方式让消费者了解本企业及产品，让消费者对本企业及产品产生好感，从而间接地影响消费者的行为。

8.1.2　消费者态度的一般特性

消费者的态度一旦形成，通常具备以下特性：

1. 态度的对象性

态度的对象性是指人们心理反应倾向所针对的客观事物，具有主体对客体的相对关系。无论是赞成的态度还是反对的态度，都是对一定客观事物的反应，若没有客观事物，就谈不上什么态度。这里的客观事物，可以是具体的事物，也可以是某种状态，还可以是某种观点。消费者态度的对象可以是消费者对商品的反应、对商家的印象、对某种消费观念的评价等，没有对象的态度是不存在的。

2. 态度的社会性

虽然态度是人们的一种心理倾向，但态度不是与生俱来的，而是人们在社会实践中形成的。消费者在消费实践中，通过对商品的观察、使用，或者根据广告的宣传、其他消费者的意见、社会媒体的评价等形成对商品的态度。因此，消费者的态度必然带有明显的社会性特点。

3. 态度的相对稳定性

消费者的态度是在长期的消费实践中逐渐形成的，一旦形成，便保持相对稳定，而不会轻易改变，如对某种品牌的偏爱、对某家老字号商品的信任等；态度的相对稳定性，在含义上还包括态度也是可以改变的，但是需要创造较充分的条件和较长的过程；另外，各种态度在稳定性方面的差异也比较大，对意义比较重大的、社会性较强的事物的看法比较稳定，对日常生活一般问题的态度较易改变。成人的态度稳定性高，儿童的态度稳定性较低，可塑性较大。态度的相对稳定性使消费者的购买行为具有一定的规律性和习惯性，从消费者态度入手研究消费者行为是很有意义的。

4. 态度的差异性

消费者的态度虽然是在社会实践中形成的，但由于其形成过程受多种主客观因素的影响和制约，如消费者个性特征、知识水平、理解能力和客观环境刺激的强度不同，因此，消费者的态度也各不相同，存在众多差异。不仅不同的消费者对待同一商品可能持有完全不同的态度，同一消费者在不同的年龄阶段和生活环境中，对同一商品也可能产生截然不同的态度和感受。态度的差异性对消费者市场细分具有重要的意义。

5. 态度的价值性

态度的价值性是指态度对象对主体价值的大小。在消费活动中，消费者之所以对某企业或某品牌有积极的或消极的态度，主要取决于该企业、该品牌给消费者提供价值的大小，如显示社会地位（社会价值）、营造欢乐氛围（情感价值）、带来生活方便（使用价值）等。如果某企业或某品牌能够给自己带来较大价值，消费者就表现出积极、赞成的态度；反之，消费者就表现出消极、否定的态度。因此，在一定意义上，企业或品牌能够给消费者提供的价值决定了消费者的态度。但是，我们常常看到这样一种现象：面对同一企业或同一品牌，不同的消费者表现为不同的态度。这说明事物对人价值的大小，是受主体的需要、兴趣、爱好、理想、信念等因素制约的。人们的价值观念不同，对待同一事物的态度就可能不同。

8.1.3　消费者态度的功能

消费者为什么要对商品、品牌、企业、店铺等消费对象形成态度，态度有什么功能和作用？前面学习了消费者决策的过程，包括消费者的问题认知、信息收集、评价与选择、购买和购后行为。其中，消费者的评价与选择是购买过程中重要的必经阶段。评价与选择的结果使消费者对商品、品牌、企业、店铺等消费对象产生心理反应倾向，即态度。可见，态度能够满足或有助于满足某些消费需要，从消费者角度看，态度本身具有一定的功能。目前学术界已经形成了不少关于态度功能的理论，其中卡茨（D. Katz）的四功能说引起了广泛的注意。卡茨认为，态度有四种基本功能，即适应功能（Adjustment Function）、自我防御功能（Ego Defense Function）、知识（认知）功能（Knowledge Function）和价值表达功能（Value-Express Function）。

1. 适应功能

适应功能也称实利或功利功能，是指态度能使人更好地适应环境和趋利避害。态度能驱使人们趋向或逃离某种对象事物，影响一个人对某事、某物或某人做出他个人的选择。例如，一个消费者如果对某一产品抱有肯定的态度，就会积极地购买该产品；如果对某一产品抱有否定的态度，就会远离这一产品。

2. 自我防御功能

自我防御功能是指形成关于某些事物的态度，能够帮助个体回避或忘却严峻的环境或难以正视的现实，从而保护个体的现有人格和保持心理健康。例如，有些女人嫉妒其他女人戴钻石饰物，因此持有"戴那些东西看起来很不正经"的负面态度。这种对钻石的坏评语，其实是为掩饰自己无能力得到同样饰物而产生的。

3. 知识或认识功能

知识或认识功能是指形成某种态度，更有利于对事物的认识和理解。事实上，态度可以作为帮助人们理解世界的一种标准或参照物，有助于人们赋予变幻不定的外部世界某些意义。例如，消费者对某种类型的销售人员形成了一种印象或态度，这种态度可能是正面的，也可能是负面的，那么，在下次再遇到该种类型的销售人员时，消费者可能根本就不细听销售人员说些什么，而是根据以前所形成的态度决定是趋近还是回避该销售人员。通过这种方式，可以使外部环境简单化，从而使消费者集中精力关注那些他认为更为重要的事物。态度的知识功能也有助于部分地解释品牌忠诚的影响。对某一品牌形成好感和忠诚，能够减少信息收集时间，简化决策程序，并使消费者的生活更为稳定。

4. 价值表达功能

价值表达功能是指消费者通过消费态度，向别人表达自己的核心价值观念。消费者态度的价值表达功能，对于高参与度的产品体现得更为明显，因为消费者会努力地把自己的价值观转化或表征为实在的东西。例如，一个购买运动跑车的人，他的自我形象可能是一个喜欢获得权力的、难以驾驭的集权型的人，争强好胜的性格可能会在购买符合这种形象的车中显示出来。又如，现在很多男孩希望自己看上去很酷，于是他们就选择那些色彩风格冷峻、式样前卫的服装，以表现他们的自我形象。

8.2　消费者态度的形成理论

西方学者对态度的形成提出了许多理论解释，大多数解释基于这样一种认识：消费者态度的形成过程具有内在的一致性的要求，他们注重自己的认知、情感和行为的和谐，如果出现不一致和矛盾，便会产生一种压力感和紧张感。

8.2.1　态度形成中的学习论

学习论即现代心理学中的学习理论，是研究学习结果的性质、学习分类、学习过程和有效学习的条件的各种学说。这一理论是由美国社会心理学家霍夫兰德（Carl Hovland）和他在耶鲁大学的同事共同提出的。霍夫兰德认为，人的态度同人的其他习惯一样，是后天习得的。人们在获得信息和事实的同时，也认识到与这些事实相联系的情感与价值。儿童认识了狗这一动物，通过观察，他发现狗能和家里的人友好相处，并且具有很多好的品性。于是，他学会了对狗形成好感，即通过学习获得对狗的肯定情绪与态度。

态度的学习有以下三种方式：

（1）联想。联想是两个或多个观念（概念）之间构成联结通道，由一个观念可以引起另一个观念的活动表现。例如，若消费者已经确立了对某企业企业文化和服务宗旨的正面、肯定的观念，他就会把企业文化和服务宗旨方面的正面、肯定的观念，与企业的产品和服务相联系，从而对企业及其产品也形成正面和肯定的态度。

（2）强化。强化是对来自外部刺激而产生的内在体验或认知，是对行为的定向控制。强化对态度的形成同样具有重要作用。如果消费者购买某个品牌的产品后从中获得了"物有所值"的体验，产生了一种满意的感觉，或者得到了同事或朋友的赞许，那么他的这一行为就会得到强化。在下一轮购买中，他更有可能重复选择该品牌。相反，如果消费者购买某个品牌的产品后发现质量并不像促销员宣传的那样好，心理产生了一种上当受骗的感觉，那么他的这一行为就会得到负强化。在下一轮购买中，他就会选择更换品牌。可见，受到奖励或惩罚也有助于消费者形成对某些事物的态度。

（3）模仿。模仿是通过对榜样人物形象的示范而产生的联想反应，即初级学习形式。榜样如果是强有力的、重要的或亲近的人物，那么引起模仿的作用就更强，甚至在没有榜样言语教诲的情况下也会产生。事实上，从孩提时代到现在，任何一个消费者的绝大部分行为，都是通过模仿他人的消费过程学习而来，包括产品的选择、使用的场合、消费的体验等。时装界公认英国已故王妃戴安娜引领着世界时装的潮流，连她那个典型的发式也被命名为戴安娜式。这一现象或许能从一个侧面反映出，时尚女性的模仿欲望和模仿行为是出于对已故王妃戴安娜的特殊情感与态度。

8.2.2 态度形成中的诱因论

诱因论是从趋近因素和回避因素的冲突入手来分析态度问题的，它把态度的形成看作是权衡各种可能情况的趋近和退避而后采取最好抉择的过程。消费者对一种产品或服务既有一些趋近的理由，也有一些回避的理由。例如，某种产品与众不同，能够体现自己的个性，使用时可能会招来同事和朋友的钦羡，产生令人兴奋的感觉，但这种产品的品质不一定有保证，价格比较贵，而且自己的父母或家里的其他成员并不喜欢这种产品。前者会使消费者对购买这种产品产生积极的态度，后者则会使之产生消极的态度。按照诱因论，消费者的最终态度是由趋近和回避两种因素的相对强度来决定的。如果前者在强度上超过后者，则会形成总体上的积极态度；反之，则会形成消极态度。

虽然诱因论和学习论都认为态度是由肯定因素和否定因素的相对关系来决定的，但诱因论与学习论不同的是，它强调人不是被动接受条件作用的环境反应论者，而是主动、积极地对诱因冲突进行周密计算然后做出选择的决策者。因为学习论认为，无论是概念之间联想的形成、社会对态度的强化还是个体对他人态度的模仿，均将人置于一种被动适应的情境。在这一点上，诱因论比学习论更主动、更积极。

诱因论有两种表现形式，其中一种表现形式是认知反应论。这一理论由格林沃尔德（A. G. Greenwald）于 1968 年提出，认为人们在对信息做出反应的时候，总产生一些积极的或消极的解释性思想，这些思想称为认知反应。认知反应决定着人们对是否接受信息所持的态度，是否改变自己的态度。假定企业发表言论，劳动力价格的上涨导致了产品涨价。你听后感到是理所当然的。这种积极的认知反应可能使你赞成企业的决策。如果你听到朋友的抱怨，称工资不涨，物价上涨，导致生活水平下降。这种消极的认知反应就可能使你对企业的涨价行为持反对态度。可见，人是自动的信息加工者，会对信息产生自己的认知反应，这种认知反应左右着他所采取的态度。当个人对外来信息产生的认知反应与外来信息相反时，则可能出现反作用。

诱因论的另一种表现形式是预期价值论。预期价值论由爱德华（W. Edwards）于 1954 年提出。他认为，由于诱因冲突的复杂性，人在做抉择时总要对每一种情况进行评价，人们尽量从各种可能的预期结果中选择价值最大的一种态度。而人们进行情况评估时，一般都试图通过预期后果的价值（Value）及出现这种后果成功的可能性，即概率（Probability）的估量，以取得最大的主观效用（Utility）。其公式为 $U = V \times P$。如果后果价值高、成功概率大，则效用也大，人就会积极对待并参与；反之，如果效用较小，人就会消极对待或不参与。如果面临两件事或两种行动，成功概率相同，价值大者所得也大，价值小者所得也小。如果遇到一件事存在两种成功的可能性，得大于失为正值，人就会采取积极态度或行动；得小于失为负值，则人会采取消极态度或不去行动。

诱因论把人的态度形成看成是理性的、主动决策的过程，它比学习论进了一步，但它把人的态度形成都看成是个人为得失深谋远虑的表现，这并不完全符合实际。事实上，人的态度形成是一个复杂的过程，人所表现出来的态度并非事事都通过认真的决策形成。

8.2.3　态度形成中的认知相符理论

认知相符理论（Cognitive Consistency Theory）由美国心理学家 W.J. 麦克盖尔（W. J. McGuire）提出，是当代西方学者解释态度形成与变化的一项重要理论。该理论的基本观点是：人的信念或态度如果与其观点和自身行为发生矛盾，就会有一种动力倾向性推动其进行自我调整（或改变原信念、原态度，或否定其他观点和行为），以达到或恢复认知上的相符和一致。在这一共同思想的基础上，许多社会心理学家展开了大量研究，形成了自成体系的理论，包括平衡理论、认知失调论、认知—情感相符理论、归因理论、一致性理论等。这些理论统称为认知相符理论。这里介绍平衡理论和认知失调论。

1. 平衡理论

平衡理论由美国心理学家弗里茨·海德（F. Heider）于 1958 年提出。其前提是：在社会环境中生活着的人，是同他自身以外的各种事件、人、观念、文化等因素紧密联系着的。所以，他的体验是快乐还是郁闷，是喜悦还是愁苦，都取决于他与自身之外的各种因素的关系状态。为了说明问题，海德把人们彼此的态度与对某事件的态度比作 P-O-X 三角（见图 8-2），设 P 为主体本人，O 为他以外的其他人，X 为事件，这三者构成了环状的封闭系统，称为 P-O-X 三角。三角上各因素之间的关系按其正负特点，分别取 +1 或 −1，然后将三角上所有 +1 或 −1 的值相乘，如果结果是 +1，则此三角的状态是平衡的；反之，则是不平衡的。

处在三角某一端点的因素都与另外两个端点的因素有某种关系。这些关系的特点是由主体 P 的认知和态度决定的。如果主体 P 喜欢某人 O，他们二人对事件 X 的态度又是一致的，或者主体 P 不喜欢某人 O，他们二人对事件 X 的态度又是不一致的，这时出现认知平衡状态；如果主体 P 喜欢某人 O，他们二人对事件 X 态度不一致，或者主体 P 不喜欢某人 O，他们二人对事件 X 的态度是一致的，这时出现认知不平衡状态。出现不平衡状态时，人们倾向于把它改变为平衡状态。不平衡状态产生一种压力使人改变态度，以达到平衡状态。至于采取什么方式改变，平衡理论提出最少用力原则，预测改变的方向。如主体 P 喜欢某人 O，但二人对事件 X 的态度不一致，主体 P 赞成，某人 O 反对。这是一种不平衡状态，改变的方法有几种：主体 P 可以设想他实际上不喜欢某人 O，或者他实际上反对事件 X，或者曲解现实，认为某人 O 实际上不反对事件 X。无论选择哪一种方法，都可以达到平衡。这样选择依赖于容易程度，即最少用力原则。

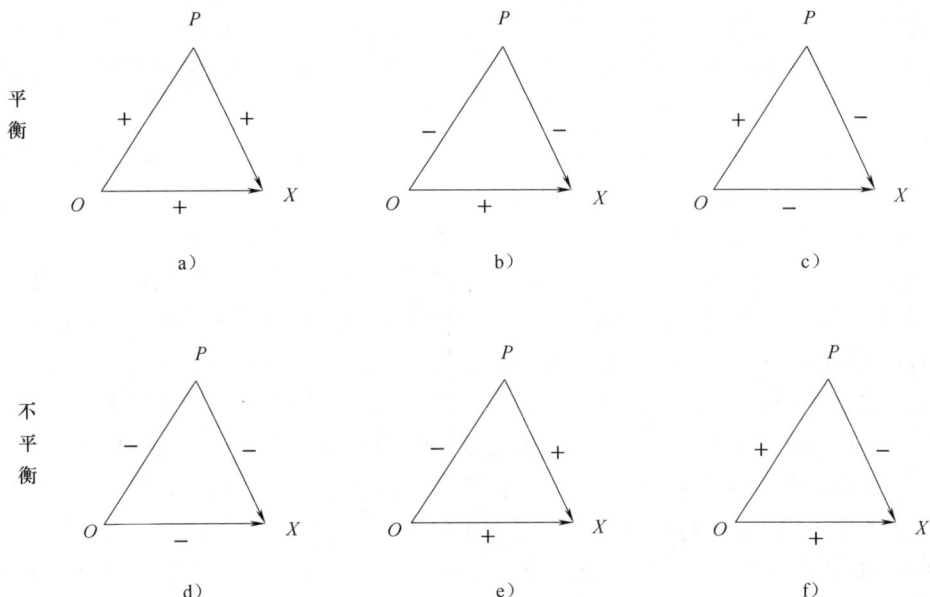

图 8-2　*P-O-X* 三角图

虽然海德的平衡理论为解决不平衡状态提供了多种解决途径和思考线索，对理解态度的形成与变化过程提供了启迪，然而这一理论也存在不足。它只从定性的角度分析人的心理体验的平衡效果，只能告诉人们一个人当前的体验是什么方向，而不能了解他体验的强度有多大，若处在不平衡状态，他的不愉快的体验是强还是弱。此外，*P-O-X* 三角不能为人们提供当人处在不平衡状态时，他究竟会选择哪一种关系作为调整平衡状态的出发点。

美国社会心理学家 T. M. 纽科姆（T. M. Newcomb）于 1968 年对平衡理论做了补充。他认为，当主体 *P* 不喜欢某人 *O* 时，平衡的压力是较弱的，他把这种情况称为非平衡状态，这是为了区别于不平衡状态。他认为主体 *P* 和某人 *O* 之间的情感关系是首要的，人们并不关心与他们不喜欢的人的态度是否一致。改变的方向主要是改变主体 *P* 或某人 *O* 对事件 *X* 的态度，而不是主体 *P* 对某人 *O* 的态度。

至此，平衡理论向我们解释了人如何作用于 *P-O-X* 三角，如何将不平衡状态转变为平衡状态，如何选取转变的出发点，为态度的形成与改变提供了分析工具。

平衡理论为人们理解某些企业的营销活动提供了依据。很多公司请来大家喜欢的明星做广告，就是想把人们对明星的好感转移到他（她）所代言的产品上来。而一旦明星出现负面新闻，则企业要立刻出面澄清，或取消该明星的代言，也是这个道理。

2. 认知失调论

认知失调论最早由费斯汀格于 1957 年提出。费斯汀格假定，人有一种保持认知一致性的趋向。在现实社会中，不一致的、相互矛盾的事物处处可见，认知的不一致就意味着认知不协调或失调。关于认知失调的定义，费斯汀格认为，假如两个认知要素是相关的且是相互独立的，如果由一个要素导出另一个要素的反面，那么这两个认知要素就是失调关系。例如，一个人有这样两种认知："抽烟能导致肺癌""我抽烟"，则这个人就会体验到认知失调。因为由"抽烟能导致肺癌"可以推出"我不应该抽烟"的结论。

费斯汀格认为，任何人都具有许多认知因素，如关于自我、自己的行为以及环境方面的信念、看法等。这些认知因素之间存在三种情况：①相互一致和协调；②相互冲突和失调；③相互无关。当两个认知因素处于第二种情况时，认知失调便产生了。

费斯汀格认为，认知失调可能有两种原因：一种原因是逻辑上的不一致。如果说所有的乌鸦都是黑的，那么如果见到某只乌鸦是白色的，则个体的认知就会产生不一致，失调就随之产生。另一种原因是态度与行为之间的不一致，或者同一个体的两种行为不一致，这种现象最容易导致失调。一个人在态度上可能反对战争，这样"我反对战争"和"我参加战争"就是两种矛盾的认知，个体也就必然产生认知失调。这种范例同样可应用于两种不一致的行为。

费斯汀格认为，认知失调在程度上是有区别的。具体地说，它取决于两个方面：一方面是不协调的程度同某一认知元素对个人生活的重要性成正比，如丢掉一元钱与丢掉一份满意的工作所造成的不协调程度是不同的；另一方面是不协调的程度取决于一个人所具有的不协调认知的数目与协调认知数目的相对比例。如果不协调认知的数目大于协调认知数目，则个体认知失调的程度相对强，反之，个体认知失调的程度相对弱。

认知失调时会使个体心理上呈现痛苦状态，于是人们就会不由自主地驱使自己去减少这种矛盾和冲突，力求恢复和保持认知因素之间的相对协调和一致。消除认知不一致或认知失调的途径很多，主要有三种：①改变自己对行为的认知。例如，认识到"吸烟有害健康"，而自己又有吸烟嗜好，此时可把前者改为"有许多吸烟的人身体仍很健康"，这样两个认知之间便协调一致了。②改变自己的行为，使行为与其他认知相一致。例如，由吸烟转变为戒烟。③改变自己对行为结果的认识。例如，由"吸烟有害健康"这一行为结果的认识转变为"抽烟可以提高工作效率，个人健康是次要的"等认识，减轻不协调压力。

认知失调理论为态度的形成或改变提供了心理依据和指导方法。但也应该看到，由于不协调在主观上被体验为心理的不舒适，这种心理的不舒适，不同个体的体验各不相同，因此就个体改变态度的方向问题，认知失调理论不能做出明确判断。

8.3　消费者态度的测量

了解消费者的态度是市场营销工作的必要内容，确切判断消费者的态度并非易事。态度常常隐藏于人的内心，或者自己也不十分明确，因此，必须采取一定的技术、方法进行间接测量。消费者态度的测量是指先按照特定的规则，对测量对象的某种属性赋予数字或符号，然后通过测量消费者对某事物或状态属性处的数字或统计量来研究其对事物或状态的看法、偏好和意向。下面介绍几种营销人员在营销研究的实践中逐渐形成的一些测量消费者态度的特定方法和技术。

8.3.1　瑟斯顿量表法

瑟斯顿量表又称瑟斯顿等距量表，是瑟斯顿（L. L. Thurstone）和蔡夫（F. J. Chave）在1929提出的测量态度的方法。该方法的操作步骤是：首先拟订多条有关事物态度的题目，由陈述句表达；然后以等间隔方式，将题目按照强弱程度形成一个均衡分布的连续统一系统，并分别赋予量表值；最后让被测者任意选择自己同意的题目，根据被测者所选题目的量值来确定其态度的倾向及强弱程度，得分越高表明态度的强度越高。

例如，某电视机厂为了解消费者对彩电屏幕大小的意见，设计如表8-1所示的问卷。被测试者赞成该题目时，在括号内画"√"符号，不赞成则画"×"符号。测试者根据被测试者得分高低来判断消费者的态度倾向。正式测量时，各题量表值一律不在卷面标出。

表 8-1　瑟斯顿量表法例表

量　表　值	题　号	题　目
6.5　（　　）	1	应全部生产大屏幕彩电，小屏幕彩电可淘汰
5.0　（　　）	2	应以生产大屏幕彩电为主，可少量生产小屏幕彩电
3.5　（　　）	3	大小屏幕彩电各有需求，都应生产
2.0　（　　）	4	小屏幕彩电适合我国居民住房普遍较小的特点，应以小屏幕彩电为主
0.5　（　　）	5	能源危机日益严重，应生产耗电少的小屏幕彩电，淘汰耗电多的大屏幕彩电

　　运用瑟斯顿量表测量消费者的态度，要求被试者给予积极、诚实的配合，同时，它需要评审者对众多陈述题目进行筛选、排序，并分别计算每一陈述意见的量表分值。整个操作过程极其复杂，这极大地限制了这一测量方法的应用。

8.3.2　李克特量表法

　　李克特量表法是美国心理学家李克特（R. A. Likert）在 1932 年提出的。这是在瑟斯顿量表法的基础上设计出的一种比较简便的态度测量表。该表同样使用陈述句提出众多有关态度的题目，但不将题目按内容强弱程度均衡分解为若干个连续系列，而是仅采用肯定或否定两种陈述方式的题目；然后要求被测试者对各项陈述题目表明赞同或不赞同的程度；最后由主测者根据得分情况，对被测者的态度倾向进行定量分析。供选择的态度程度意见在量表中用定性词给出，并分别标出不同的量值，程度的差异一般可做 5~7 级划分。

　　例如，仍用上例，采用李克特量表法对"我赞成生产大（小）屏幕彩电"的陈述意见可做如表 8-2 所示的设计。

表 8-2　李克特量表法例表

题目	我赞成生产大（小）屏幕彩电						
等级	极赞成	赞成	有些赞成	无所谓	有些反对	反对	极反对
分数	−3	−2	−1	0	1	2	3

　　被测者可按照自己的意愿从中选择任一等级，打上"√"号，量表上取得分值越低，表明对陈述意见赞成的程度越高；反之，则越低。当然，也可以规定量表分值越高，赞成程度越高，这种规定是人为确定的。由于每一态度可以由被试者对多个陈述意见的赞同或反对予以度量，所以，在实际测量中，应对被试者在各个陈述意见上的态度量值加以汇总，得到该被试者在此态度上的综合得分，从而确定被试者的总体态度倾向。

　　运用李克特量表测量消费者的态度，要求确定合适的表明消费者态度的陈述语句，即这些陈述语句一定要刻画或反映出消费者某一方面的态度。

　　瑟斯顿量表法和李克特量表法各有长短，在测量中应根据需要有所选择。瑟斯顿量表法可以比较详尽地给出供选择的题目，准确反映态度倾向的细微差异，因而对于复杂态度的测量具有良好效果。但是该表的测量程序比较复杂，对陈述项目的分类标准难于把握，因而在一定程度上削弱了其实用价值。相比之下，李克特量表法较为简单明确，易于得到被测者的配合，且包容量大，可以同时测试消费者对多方面问题的态度，因而在实际测量中得到了广泛认可和应用。需要指出的是，李克特量表法也有其局限性，由于它采用态度等级的自我报告法，加上它自身存在一种将问题简化处理的倾向，因此最终测试的效果可能会受到影响。

8.3.3 语意差别量表法

语意差别量表又称语意分析量表，是美国心理学家奥斯古德（C. E. Osgood）等人于1957年提出的一种态度测量方法。该量表的基本思想是：对态度的测量应从多个角度并采用间接的方法进行，直截了当地询问人们对某一主题的看法或态度，结果不一定可靠；人们对某一主题的态度，可以通过分析主题概念的语意，确定一些相应的关联词，然后再根据被测者对这些关联词的反应加以确定。

使用语意差别量表时，首先要确定和测量对象相关的一系列属性，对于每个属性，选择一对意义相反的形容词，分别放在量表的两端，中间划分为7个连续的等级。受访者根据他们对被测对象的看法，评价每个属性，并在合适的等级位置上做标记。图8-3是一个应用语意差别法测量受访者对 A、B 两个花店印象的例子。

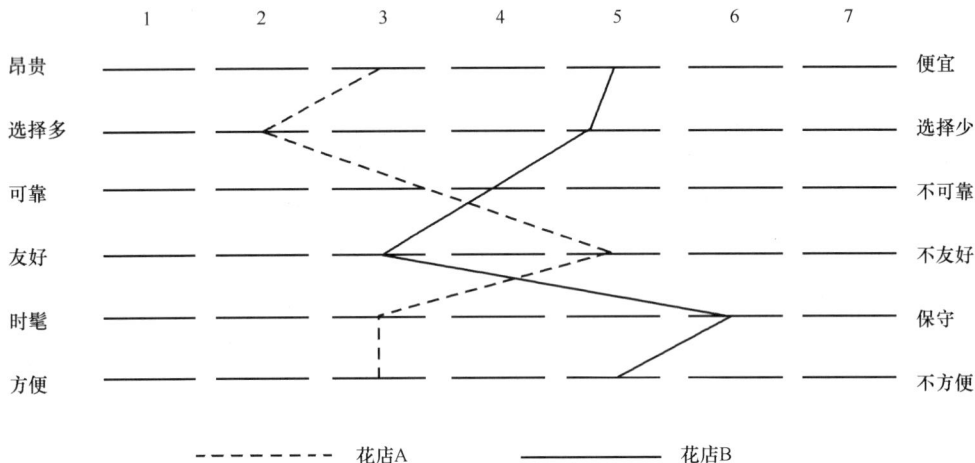

图 8-3   消费者对花店态度的语意差别测量

图8-3给出了100位消费者对 A、B 两家花店评价结果的平均值。从图8-3中可以看出，花店 A 的位置较好，布置较新潮，选择余地较大，但价格较昂贵，服务态度不够好；花店 B 服务态度较好，价格适中，但所处位置不够理想，选择余地较小，形象有些保守。

语意差别量表构造比较简单，适用范围广泛，常常用于测量人们对商品、品牌、商店的印象。但它也有局限性，这种测量方法的结论来源依然依赖被试者的自我报告，而且量表中各种评价属性的确定仍带有一定的主观性。

小贴士

改变消费者态度的两个小案例

1. 美国猪肉生产商理事会

在1985年，美国人的猪肉消费从1980年的平均每人68lb下降到59lb。全美都在抵制牛

_____

○   1lb（磅）= 0.45359237kg。

肉和猪肉，喜欢瘦型、少热量的家禽肉。虽然养猪工艺实际上因采用了新饲料和新饲养法而得到改进，但公众继续认为吃猪肉是不健康的选择。美国猪肉生产商理事会委托波士尔广告公司改变猪肉的形象，并在全国市场上年投入 1200 万美元广告费。新广告语是"猪肉，另一种白色的肉"。1986 年开始做广告，到 1988 年，猪肉销售上升了 11%——相当于鸡肉的增加数量，同期比牛肉多增加 2%。

2. 对敞篷车和吉普车的态度

在 20 世纪 90 年代的美国，人们开始喜欢敞篷车和运动型车。许多消费者对豪华轿车不再感兴趣，取而代之的是一些四轮驱动型车和敞篷小车。1994 年，运动型车的销售量是 140 万辆，而豪华车的销售量是 110 万辆。一些分析家预测，到 1996 年，运动型车的市场将扩大 40%，而豪华型车仅为 13%。

尽管对高价轿车征收高税是导致其销售量下降的一个原因，但最主要的原因是消费者对轿车的态度发生了改变。福特汽车的一个销售商说："运动型车也像豪华车那样得到了大众的普遍接受。对某些人来说，其甚至更受青睐。"

这类车很受欢迎。Once Spartan 这种装有各种豪华设施，如地毯、CD 唱机的流行运动型车是这类车中最受欢迎的。尽管其售价在 25000 美元甚至更高一些，但与日本和欧洲一些豪华轿车相比，其售价还是便宜的。

运动型车对年轻的购买者（40 岁左右）的吸引力比豪华型车对年老的购买者（55 岁左右）的吸引力更大。汽车制造商认为，富裕起来的新一代在购买运动型车之后，最终的选择还是豪华轿车，这种态度将最终重振豪华轿车市场。制造商应密切注意消费者态度的变化，以便随时做出应变，在竞争中处于不败之地。

（资料来源：保罗·彼德，杰里 C 奥尔森. 消费者行为与营销策略[M]. 4 版. 大连：东北财经大学出版社，2000.）

8.4 消费者态度的改变

消费者态度的改变是指消费者已经形成的态度在受到某一信息或意见的影响后而引起的单一的或多方面的变化。消费者态度的形成和改变具有动态性，某种态度在形成之后并非一成不变的，而是可以调整和改变的。企业营销的任务就是要变消费者消极不定的态度为积极肯定的态度，从而触发购买行为。这里主要研究影响消费者态度改变的因素，探讨态度改变的方式和途径，制定改变消费者态度的营销策略。

8.4.1 态度形成与改变的过程

态度是人在与后天社会环境相互作用的过程中逐步形成的，受主观和客观两方面因素的影响。主观因素包括个体的个性、经验、需要和愿望，与态度的形成有直接关系；客观因素包括家庭、学校、群体和社会文化等，与态度的形成有间接制约关系。态度在不断变化的主客观因素的影响下，不是一成不变的，它会随着外界环境的变化而变化，从而形成新的态度。态度的形成或改变经历了由简单到复杂、由动摇到稳定、由表面到深化的过程。美国心理学家凯尔曼（H. C. Kelman）在 1961 年把这个过程按递进关系依次概括为服从、同化和内化。据此，把态度的形成与改变过程确定为模仿与服从阶段、同化阶段和内化阶段。

1. 模仿与服从阶段

模仿与服从阶段是态度形成和改变的第一个阶段，它一般开始于两种情况：一种情况是出于感性，无意识地、自觉不自觉地模仿；另一种情况是出于压力，消极被动、迫不得已地服从。一般来说，人具有模仿和认同于他人的倾向，尤其是倾向于认同所崇拜、所仰慕的对象。所以，人在模仿中通过认知不同的对象而习得不同的态度，并作为形成自己态度的起点，这是人们在形成和改变自己态度的过程中最常见的一种现象。这个过程往往是在无意识的情况下通过非理性认同的方式表现出来的。所谓服从也称顺从，是人们为了满足自己的需求愿望或避免惩罚而表现出来的表面上改变自己的观点与态度的做法，是指个体按照社会要求、群体规范以及别人的意志而表现出来的一种心理反应和行为表现。这种服从的方式是迫于压力而产生的，如规章制度的要求、权威领导的指示等。这种情况下的顺从是被迫的，而不是发自内心的，在行为上则是暂时性的。例如，员工对公司规定"厂内不准抽烟"的态度，当员工意识到违反规定会受到罚款 50 元的惩罚时，他就会表现出被迫的顺从行为，而当公司对此规定监督不力时，他就可能中止顺从，在厂内随意抽烟。

2. 同化阶段

同化也称认同，同化阶段是态度形成和改变的第二个阶段，表现为个体在感性上自愿接受他人的观点、信念和行为，并使自己的态度与他人或群体的态度保持一致。在同化阶段，个体表现为自觉接受、自愿服从他人的态度和要求，并付诸个人行为，从而形成习惯。同化能否顺利实现，取决于他人或群体的影响力。一般来说，个体对群体的依附感越强，在群体中所处地位越重要，同化越容易实现。同样可以用上例说明，如果员工认为本企业是自己谋生的重要依托，或自己已提升为管理层次，那么即使在无监督的情况下，也会自觉地不在厂内抽烟。

3. 内化阶段

内化阶段是态度改变的最后阶段，是指个体已把情感认同的态度纳入自己的价值体系，成为自己态度价值体系中的有机组成部分，真正从内心深处相信并接受了他人的观点、信念，彻底地形成了自己新的态度。内化阶段的态度比较持久，不易改变，具有稳固性。如"厂内不准抽烟"的规定，如果内化成为员工态度体系中的一部分，员工就会把"厂内不准抽烟"作为自己的行为准则而自觉地长期遵守。

一般来说，服从、同化、内化是个体态度形成或改变的基本过程。一种态度的形成起初大都始于服从，逐步形成习惯，最后成为个人稳固的思想和观念。但是，态度的形成和改变是一个复杂的过程，事实上，并非每一个人对所有事物态度的形成或改变都要经历上述三个阶段，有些态度的形成，仅仅停留在顺从或同化阶段，而没有发展到内化阶段。可见，稳固、持久态度的形成或改变都比较困难。

8.4.2 影响消费者态度改变的因素

任何消费者态度的形成与改变，都是消费者在后天环境中不断学习的过程，是各种主客观因素不断作用和影响的结果。引起某种态度改变的方式可以是多种多样的，但必须考虑影响态度改变的相关因素。

1. 传递者因素

传递者是指传递产品信息、宣传产品知识的人。传递者对消费者态度改变有着重要的影响，这种影响主要体现在传递者的特征上。一般来说，影响说服效果的传递者特征主要有四个方面，即传递者的权威性、可靠性、外表的吸引力和受众对传递者的喜爱程度。

（1）传递者的权威性。它是指传递者在有关领域的学识、经验和资历。由专家、权威传递信息，可以增强信息的可信度和影响力。一种新药的评价如果是出自一位名医之口，显然会较普通人的评价更具有说服力。在媒体的宣传中，经常请有关专家、学者宣布某项消息或信息，目的就是增加信息的可信度和影响力。

（2）传递者的可靠性。它是指传递者在信息传递过程中能否做到公正、客观和不存私利与偏见。借助第三方或对手传递信息，进行沟通说服，可以让说服对象感到客观、公正。例如，即使再有名的医学权威，如果是为自己开的公司做宣传，人们对其评价的可信度也会存在疑问。很多消费者之所以对广告和推销员的说辞表示怀疑，原因也恰恰在于认为他们在宣传中难以做到客观、公正。若借助新闻媒体、政府机关、民间团体甚至是企业的竞争对手、消费者之口来宣传本企业，则可以大大提高信息传递的可信度。

（3）传递者外表的吸引力。它是指传递者是否具有一些引人喜爱的外表特征。有关传递者外表特征的研究表明，传递者的外表吸引力与说服效果正相关。传递者相貌姣好、富有魅力，能引人注意、引起好感，便能增强说服效果。很多商业广告用俊男美女作为打动顾客的手段，就是运用了这一原理。但应注意有选择地使用，因为传递者外表魅力的发挥要受制于其他因素，如产品自身的特征。在一项实验中，当产品是香水时，具有高吸引力的传递者能引发更多的购买意向；相反，当产品是咖啡时，不太具有吸引力的传递者能产生更好的影响效果。因此，在选择形象代言人时，企业要综合考虑，不仅要考虑代言人的外表吸引力，还要考虑产品因素和目标顾客的特点。

（4）对传递者的喜爱程度。它是指受众或消费者对传递者的正面或负面情感。情感的产生除了受外表吸引力的影响外，还取决于其他因素，如举止、谈吐、幽默感等。喜爱之所以会引起态度改变，是因为人具有模仿自己喜爱对象的倾向，较容易接受喜爱对象的观点，受喜爱对象的情趣影响，学习喜爱对象的生活方式。这就要求企业在选择形象代言人时，首先要评价目标顾客对该形象代言人的情感。

2. 传播信息因素

改变消费者态度是一个向消费者传递信息的过程。信息内容的选择和传递角度的选取，对能否有效地将信息传递给消费者并使之发生态度改变具有十分重要的影响。在传递内容方面，当传递者发出的态度信息和消费者原有的态度有较大出入时，信息传递所引起的不协调感会增强，消费者面临的改变态度的压力会变大；相反，当传递者发出的态度信息和消费者原有的态度较接近时，消费者就比较容易接受新的信息。在营销实践中，商家应注意把本身所表达的理念与目标消费者原有理念的差距控制在一定的范围内，让消费者较容易地接受本企业所传递的信息。

在选取传递角度时，应针对不同的目标受众采取不同的策略。对于知识水平较高或产品知识较丰富、确信自己的判断水平、喜欢自己做选择判断的消费群体，宜采用双面论述策略，在宣传产品优点的同时，不掩盖产品的不足，给消费者一种客观、公正的感觉，可以降低或减少消费者对信息源的抵触情绪。但对判断力较差、知识面狭窄、依赖性较强的消费者，较适宜采用单向式传递信息的方式，即宣传时应明确指出商品的优势，能给使用者带来什么好处，直接劝告他们应该购买此商品。

3. 目标受众因素

目标受众对信息的接收并不是被动的，他们对于信息传递者的说服有时很容易接受，有时则采取抵制态度，这在很大程度上取决于目标受众的特征。目标受众对某种信念的信奉程度决定了对其改变态度的难易程度。倘若目标受众对某种信念的信奉程度很高，如在多种公开场合表明了自己的立场与态度，或者根据这一信念采取了行动，此时要改变目标受众的态度将是相当困难的；如果目标受众对某种信念的信奉程度不是特别强烈，也没有在公开场合表明过自己的立场，此时说服目标受众改变其原有的态度会相对容易一些。

目标受众对某一购买问题的介入程度也决定了改变其态度的难易程度。目标受众对某一购买问题的介入程度越深，其信念和态度可能就越坚定；如果介入程度比较低，则可能更容易被说服。在购买个人计算机时，目标受众可能要投入较多的时间和精力，从多个方面搜寻信息，然后形成需要哪些功能、什么配置等比较重要的信念。这些信念一经形成，可能相当牢固，要使之改变比较困难。而在低介入的购买情形下，如购买饮料，目标受众在没有遇到原来熟悉的品牌时，可能就会随便选择售货员所推荐的某个品牌。

目标受众的人格因素会对态度改变产生直接影响。人格因素包括自尊、智力、性别差异等。例如，低自尊者较高自尊者更容易被说服。低自尊者不太重视自己的看法，遇到压力时很容易放弃自己的意见；高自尊者往往很看重自己的观点与态度，在遇到他人的说服或攻击时，常会将其视为对自身价值的挑战，所以不会轻易放弃自己的观点。智力高的人比智力低的人难以被说服，高智商者较少受不合逻辑的论点的影响，说服高智商者应准备逻辑严密的信息内容。男性与女性在各自擅长的领域均不易被说服，而在非擅长的领域则较易被说服。例如，在西方社会中，从事金融、管理等工作的大多是男性，女性在这方面可能缺乏自信，因此，女性可能较男性更易被说服；但在家务和孩子抚养方面，女性较为自信，因此对与这些方面有关的问题可能较男性更难被说服。

4. 相关者因素

态度具有相互影响的特点，个人态度受他人意见和团体压力的影响很大。个体接受他人意见的方式是多种多样的，从众、服从和顺从是其中最主要的方式。

当一个人首先表示他对某事的意见后，在场的其他人很容易附和。而当另一种意见更有说服力时，人们又可能转变认识。这表明人们对事物的看法、见解很容易相互影响。

消费者的态度通常是与消费者个人所属团体的期望和要求相一致的。团体的规范和习惯力量会在无形之中形成一种压力，影响团体内成员的态度。团体中的个体也愿意使自己的态度和行为与团体中的大多数成员相一致，以求得到团体的认可。在多数情况下，人们是与团体中的其他成员相比较来评估自己的。如果个体与团体的意见不一致，通常人们会认为是个体错了。更值得强调的是，当消费者改变了个体所处的团体时，其态度又会同新的团体规范相适应。

8.4.3 消费者态度改变的方式

消费者态度改变的方式是指消费者态度在一定条件下发生方向和强度的改变。

1. 方向改变

方向的改变表现为态度发生了性质的变化，即由原来的正面倾向性转变为负面倾向性，或由原来的负面倾向性转变为正面倾向性。例如，消费者对某名牌冰箱一直抱有好感，但购买后频频发生质量问题或服务不到位现象，从此消费者对该品牌冰箱失去信任，即由积极肯定的态度改变为消极否定的态度。在市场营销过程中，营销人员应对商店形象、商品品牌、质量、售后服务等营销环节高度重视，因为消费者从积极的态度转变为消极的态度很容易，而由消极的态度转变为积极的态度则十分困难。

2. 强度改变

在强度的改变中，态度不发生方向性变化，而是沿着原有倾向呈现增强或减弱趋势的量的变化。例如，通过实际使用，消费者对微波炉由一般感兴趣发展为大加赞赏，并极力向他人推荐，即态度的积极程度逐渐得到加强。

实际上，以上两种方式的区分并不是绝对的。在性质的改变中包含着程度或量的改变；而量的改变积累到一定程度，又会引起质的变化。通过各种途径将消极态度转变为积极态度，使一般的好感增强为强烈的赞许、支持，同时阻止积极态度向消极态度退化，力求使恶意或反感得到弱化，正是改变消费者态度的目的所在。

8.4.4 改变消费者态度的营销策略

消费者的权利和行为具有高度自主性，对其态度的改变不能采取强制、压服的方式，而只能通过说服、诱导的途径，促使消费者主动放弃原有态度，接受新的意见或观念。由于消费者的态度是由认知、情感和行为倾向三种成分构成的复合系统，因此，说服、诱导消费者改变态度，要从认知、情感和行为倾向三个方面来确定相应的营销策略。

1. 改变原有认知成分

改变认知成分是一个常用的和有效的改变态度的方法。认知是消费者形成态度的理性基础，改变认知可能导致购买行为的发生，对产品的使用可能产生对产品的喜爱。改变原有认知成分应从以下四个方面着手：

（1）改变信念。消费者对品牌的信念是因为品牌具有的特征（属性），每一个特征都能带来利益。改变信念就是改变消费者对品牌的一个或多个属性的利益特征的认识。具体方法是提供有力的事实或描述，说明某一品牌产品的功能和利益优势。

（2）改变属性的权重。若消费者认为产品的某些属性比另外一些属性更加重要，从而对本公司的品牌产生了较不利的认知，营销人员可以设法改变消费者的属性权重，强调本公司产品相对较强的属性是此类产品最重要的属性，以改变消费者的品牌认知。例如，某一品牌汽车在款式、耐用性、节油性、舒适性等方面和竞争者相比不占优势，但它的安全性是最高的，因此在广告中大力强调汽车的安全性是汽车最重要的属性，使消费者的品牌认知朝着有利于该品牌的方向倾斜。

（3）增加新属性。增加新属性是指在消费者的认知结构中增加新的属性概念，使消费者原先没有认识到或没有重视而本公司或本品牌相对较强的属性成为影响消费者产品认知的重要属性。例如，多数消费者购买台式计算机显示器时，对辐射问题并未给予充分的重视，换言之，消费者关于显示器的品牌信念形成过程中没有考虑"辐射量"这项属性指标。如果这种情况不改变，消费者就不可能购买无辐射但价格昂贵的显示器。营销人员可运用多种手段宣传辐射对人体造成的危害，促使消费者把辐射量作为显示器的重要属性来考虑，就能够改变其产品信念和购买行为。

（4）改变理想点。改变理想点是指在既不改变消费者的属性权重，也不增加新属性的条件下，改变消费者对产品属性理想标准的认识。例如，电视机的尺寸大小是消费者选择产品所考虑的重要属性之一，许多人存在着单纯求大的倾向，导致许多中等尺寸的电视机销路不佳。营销人员可宣传电视机的尺寸应当与收看距离相适应，改变消费者关于电视机理想尺寸的认识。

2. 改变情感成分

企业越来越多地试图在不直接影响消费者品牌信念和行为的条件下先影响他们的情感，促使他们对品牌产生好感。一旦消费者以后对该类产品产生需要，这种好感会导致对该品牌的正面信念，或者会直接促进购买。营销人员改变消费者情感成分的方法有三种，分别是经典性条件反射、激发对广告本身的情感和增加对品牌的接触。

（1）经典性条件反射。企业将消费者喜爱的某种刺激与品牌名称放在一起展示，多次反复就会将该刺激产生的正面情感转移到品牌上来。例如，把品牌名称与一段经典的或流行的音乐同时播放，过了一段时间后，消费者对该音乐的喜爱就会自然地转移到本品牌上来。

（2）激发对广告本身的情感。消费者对广告的正面情感，也能导致对产品或品牌的正面情感，进而提高购买参与程度。使用幽默广告、名人广告、情感性广告都能增加消费者对广告的喜爱。

（3）增加对品牌的接触。研究表明，大量的品牌接触也能增加消费者对品牌的好感。对于低度参与的产品，可以通过广告的反复播放增加消费者对品牌的接触频率，而不必改变消费者的认知成分。

3. 改变行为成分

正常情况下，消费者的行为发生在认知和情感之后，但有时消费行为却发生在认知和情感之前，即由消费行为直接导致了认知和情感的形成。例如，消费者常常在事先没有认知和情感的情况下，尝试购买和使用一些便宜的新品牌或新型号的产品，而后对产品或品牌产生了认知和情感。营销人员的关键任务是促使消费者使用或购买本企业产品，并确保产品的优异质量和功能，使消费者感到购买本产品带来的利益。吸引消费者尝试购买新产品的常用技巧有赠优惠券、免费试用、附赠品以及降价销售等。使用这些方法需要注意的是，要健全商品分销系统，保持适当的库存，避免脱销，防止现有顾客再去尝试竞争性品牌，因为这种尝试很可能引起消费者对竞争产品的好感并改变其品牌偏好。

案例分析

麻雀变凤凰岂能自己说了算？

中国人对夏利车再熟悉不过了，尤其在北京，夏利车曾经是出租车的代名词。2001 年春节前，夏利 2000 作为新生代家用轿车的重要力量，以 13.28 万元的定价进入市场。此次品牌延伸夏利瞄准了更有潜力的私家车市场，但可惜的是夏利 2000 这个"初生儿"，月销售量一直不尽如人意，库存积压居高不下。夏利的品牌延伸不幸遇阻。

为什么会这样？理智地评判，当年夏利 2000 的性价比非常合适，但消费者就是拒绝接受。在中国，轿车绝不仅仅是一种代步工具，更是一种身份的象征。提起夏利 2000，任何人都会自然而然地把它和夏利出租车联系在一起。消费者纷纷表示："13 万元买一辆夏利，太贵了吧。"

消费者会有这样的反应其实不足为奇，夏利车长期定位于出租车、低档车市场。而此次的夏利 2000 却瞄准了较为中端的私家车市场，虽然其采用了丰田最新技术，除发动机为夏利原产外，其余主要配件也来自进口，并且与老夏利在完全不同的生产线上生产，但因为"名称"的关系，消费者却"自觉"地把它认知为夏利出租车的新产品。

厂家单纯地认为，性价比对汽车至关重要，但忽视了品牌名称的作用，从根本上说是品牌战略的缺失。要知道，品牌名称除了代表某一事物的符号外，更能体现一个品牌的内涵，其中包含品牌价值、品牌联想、企业形象等。夏利 2000 的命名完完全全保留了夏利出租车的全部信息，不自觉地让人联想到该品牌汽车陈旧、呆板的品牌形象。厂家希望夏利这个品牌在私家车市场有所突破，这岂是自己能决定的？再好的性价比、再先进的生产流程……只要消费者持排斥态度，夏利 2000 也只能无功而返。

（资料来源：互联网）

讨论题：

1. 消费者对夏利 2000 的态度是怎样的？为什么？
2. 依据所学习的改变消费者态度的理论，为夏利 2000 设计改变消费者态度的营销策略。

思考题

1. 什么是态度？态度由哪些成分构成？
2. 消费者的态度有哪些特征？
3. 消费者态度有哪些基本功能？
4. 学习论的基本思想是什么？它认为态度形成是通过哪些方式实现的？
5. 运用瑟斯顿量表法、李克特量表法、语意差别量表法三种态度测量方法做一次实践活动。
6. 举例说明改变消费者态度的营销策略。

第 **4** 篇

个体因素与消费者行为

第 9 章

消费者的个性、自我概念和生活方式

【本章要点】

- 个性与消费者行为
- 自我概念与消费者行为
- 生活方式与消费者行为

【重点名词】

个性 自我概念 生活方式 AIO 分析法 VALS 分析法 VALS2 分析法

【引导案例】

Apple Watch 卖的不是表，而是一种生活方式

科技正在试图一点点地改变人们的生活方式。

Apple Watch 是苹果公司于 2014 年 9 月公布的一款智能手表，分为普通款（Apple Watch）、运动款（Apple Watch Sport）和定制款（Apple Watch Edition）三种。

用"人文情怀"这四个字来形容苹果公司的广告一点不为过。近日，Apple Watch 也已经在中国正式发售了，同期推出了三个广告，来展现此新产品的各种强大的功能。三个广告片为《Us》《Rise》《Up》，分别从人们的日常生活、社交、运动等方面来强调产品给生活带来的变化。广告没有任何语言描述，以背景音乐为主体展现了 Apple Watch 可以支持收发信息、趣味涂鸦、表情动画、路线导航、运动监测等智能互动方式。

在消费实践中，消费者的行为既表现出某些共性特征，又存在明显的差异，面对同一刺激，即使处于同一民族、年龄、职业和社会阶层，不同的消费者也经常会表现出各自相异的反应方式和行为方式。这说明消费者个体对外部因素的作用具有选择性，这种选择性来自消费者的个性、自我概念和生活方式的差异因素。消费者的个性是个体在多种情境下表现出来的具有一致性的反应倾向。自我概念是个体对自身的情感和看法，是隐藏在个体内心深处的心理结构。生活方式是自我概念的外在表现，是消费者个体如何生活的问题。研究消费者的个性、自我概念和生活方式，对于把握消费者是否更容易接受他人的影响，是否对某些新的信息更具有感受性等，均有一定的预示作用。

9.1　个性与消费者行为

个性是个体在多种情境下表现出来的具有一致性的反应倾向，包括能力、气质和性格等。不同消费者的个性心理特征有很大的不同，并直接影响消费者行为。

9.1.1　消费者的个性

1. 个性的含义和特征

个性是指一个人在先天因素的基础上，在社会条件的制约下，在社会活动中表现出来的稳定的心理倾向和心理特征的总和。它反映人的整个精神面貌，体现个人的本质特点。个性心理包括两个方面：一是个性倾向性。它是人在与客观现实交互作用的过程中，对事物所持有的看法、态度和意识倾向，具体包括需要、动机、兴趣、爱好、态度、理想、信念和价值观等。个性倾向性体现了人对社会环境的态度和行为的特征，对消费者心理的影响主要表现在心理活动的选择性、对消费的态度体验和消费行为模式上。二是个性心理特征。它是指区别于他人、在不同环境中表现为一贯的、稳定的行为模式特点，主要包括能力、气质和性格，是多种心理特征的独特组合，集中反映了人的心理面貌的差异。例如，在行为方面，有的人活泼好动，有的人沉默寡言，有的人热情友善，有的人冷漠无情，有的人有文学才能，有的人有数学才能。这些都反映了人的生理活动和行为活动的差异水平。

2. 个性特征与消费偏好

个性作为反映个体基本精神面貌的本质的心理特征，具有相对稳定性、整体性、差异性、可变性、社会性和生物性等基本特性。这些特性在消费者的个性心理中同样明显地体现出来。分析个性的基本特性，有助于加深对消费者消费偏好的理解。

（1）稳定性。稳定性是指消费者经常表现出来的、表明消费者个人精神面貌的心理倾向和心理特征。偶然的行为和心理不能体现个性。例如，一个比较理智的消费者偶然表现出冲动的购买行为，不能就此把他算作冲动型的购买者。

（2）整体性。整体性是指消费者的各种个性倾向、个性心理特征以及心理过程不是彼此分割、孤立的，而是有机地联系在一起、紧密结合、相互依赖的，并形成个性的整体结构。例如，消费者的气质是多血质，其性格往往表现为开朗善谈、精力充沛，应变能力、交际能力和活动能力都比较强。

（3）差异性。差异性是指不同消费者所体现的某一具体的、不同于他人的精神风貌。在消费实践中，正是由于个性的绝对差异性，决定了消费者心理特征和行为方式的千差万别，同时显示出消费者独有的个人风格和特点。例如，面对消费时尚，有的消费者亦步亦趋，从众逐流；有的则固守己见，不为潮流所动。选购商品时，有的消费者审慎考虑，独立决策；有的则盲目冲动，缺乏主见。

（4）可变性。可变性是指消费者个性的稳定性是相对的，随着环境的变化、年龄的增长和消费实践活动的改变，个性也是可以改变的。不同年龄的消费者、不同的消费情境，可能表现出不同的消费模式。

（5）社会性。社会性是指消费者个性的差异性并不否定人与人之间在个性上的共同性。每个人都生活在一定的社会环境之中，个性的形成不可避免地受到社会的影响，不可避免地具有人类的共性、种族与民族的共性、地域与文化的共性。离开了社会环境，个性心理就无法形成和发展。

（6）生物性。生物性是指消费者个性的生理基础。个体的遗传和生物特性是消费者个性形成的生理基础，为个性的形成和发展提供了可能性，影响着消费者个性发展的道路和方式。

上述个性的心理特征是能力、气质、性格等心理机能的独特结合。其中，能力体现个体完成某种活动的潜在可能性特征；气质显示个体心理活动的动力特征；性格则反映个体对现实环境和完成活动的态度特征。三者的结合构成个性心理的主要方面。研究个性心理与消费者行为的关系，主要就是研究不同消费者在能力、气质、性格方面的差异及其在消费行为上的反映。

9.1.2 消费者的能力

1. 能力的含义和形成

所谓能力，是指人们顺利地完成某种活动所具备的并且直接影响活动效果的个性心理特征。理解能力这一概念要把握两个方面：首先，能力是顺利完成某种活动的主观条件。从事任何一项活动都需要一定的条件，这些条件既有客观方面的，也有主观方面的。能力就是人们成功地完成一项活动的主观条件。例如，消费者为了完成其购买活动，必须具备注意能力、观察能力、记忆能力、思维能力、想象能力、决策能力等，从而正确地认识商品，完成购买活动。其次，能力总是和人的某项具体活动相联系并且表现在活动中的，而且直接影响活动的效率。只有结合一个人从事的某项活动，才能了解他所具备的能力，并且从活动的效率和效果中看出其能力的大小。离开具体活动的能力是不存在的。例如，评价某一消费者的购物能力如何，就可以根据他购买商品的全过程和购买结果做出评价。

一般而言，人们从事某项具体的活动都需要有一定的能力保证，而且大多数情况下需要多种能力的有机完备组合，即才能。

那么，能力是如何形成与发展起来的呢？它主要受哪些因素的影响？现代心理学认为，能力不是人与生俱来的，它是在遗传素质的基础上，通过环境和教育的相互作用以及个人的主观努力，在学习与实践活动中逐步形成和发展起来的。具体地说，能力的形成与发展与以下因素有关：

（1）遗传因素。遗传就是父母把自己的性状结构和机能特点遗传给子女的现象。它包括感觉器官、运动器官以及神经系统和脑的特点，这些与生俱来的解剖生理特点，是能力形成和发展的自然前提和物质基础。例如，神经系统的强度水平影响人的注意力集中程度和持续时间，并与学生的学习能力有关；神经系统的平衡性影响注意的分配；神经系统的灵活性影响知觉的广度。离开遗传因素这个物质基础，就谈不上能力的发展。

（2）环境因素。遗传提供了心理发展的可能性，而可能性转化为现实需要环境因素的配合。家庭环境、生活方式、教育训练条件等都对能力的形成与发展有极大的影响。例如，在歌德小时候，他的父亲就有计划地对他进行多方面的教育，经常带他参观城市建筑物，并讲解城市的历史，以培养他对美的欣赏和对历史的爱好。他的母亲常给他讲故事，每讲到关键之处便停下来，留给歌德去想象，待歌德说出自己的想法后，母亲再继续讲。歌德从小就受到良好的家庭教育，这为他能成为世界著名的大诗人打下了基础。

（3）社会实践。实践活动是人与客观现实相互作用的过程，是人所特有的积极主动的运动形式。前面提到的遗传和环境是能力形成的重要因素，但这些因素只有在实践活动中才能影响能力的形成与发展。实践活动是能力形成与发展的必要条件。心理学工作者通过对从事不同职业的人的感受能力的研究发现：油漆工在长期的工作中，辨别漆色的能力得到充分发展，他们可以分辨的颜色达四五百种；陶器和瓷器工人听觉很灵敏，他们可以根据轻敲制品时发出的声音的性质，来确定器皿质量的优劣。这些能力显然与他们长期从事某一领域的实践活动有关。

（4）个性心理因素。人的主观能动性与人的能力发展也有密切关系。具有相似的遗传因素与环境条件，又从事同样的实践活动的人，能力的提高也可能不同，这主要取决于个人的个性心理因素，即理想、兴趣及勤奋和不怕困难的意志力。许多研究表明，如果一个人刻苦勤奋、积极向上、具有强烈的求知欲与顽强的钻研精神，他的能力就可能得到较好的发展。

2. 消费者的能力构成

在消费实践中，消费者无论购买何种商品或从事何种消费活动，都必须具备某些基本能力，这些能力的有机整体构成了消费者的消费能力。这些基本能力的高低强弱会直接导致消费行为方式和效果的差异。消费者的消费能力根据性质不同，可以分为以下几个方面：

（1）感知能力。感知能力是指个体消费者对商品外部特征和外部联系做出直接反应的能力。通过感觉、知觉器官，消费者可以了解到商品的外观造型、色彩、气味、轻重以及所呈现的整体风格，从而形成对商品的初步印象，为下一步分析评价提供依据。因此，消费者对商品的感知能力是消费者能力构成的基础和先导。消费者的感知能力是存在差异的，主要表现在速度、准确度和敏锐度方面。例如，在手感方面，同样一件衣服，手感细腻的消费者，摸一摸衣服的面料，看一看做工，就能判断出这件衣服面料的质地和价格；而对于有的消费者来说，凭手感和观察很难判断出衣服面料的质地和价格。

（2）分析评价能力。分析评价能力是指消费者对接收到的各种商品信息进行整理加工、分析综合、比较评价，进而对商品的优劣做出准确判断的能力。消费者接收到的商品信息包括企业促销信息、购物场所信息、商品本身特点、他人消费评价、企业信誉等。分析评价能力的强弱主要取决于消费者的思维方式和消费经验。有的消费者思维的独立性、灵活性和抽象概括力很强，产品知识和消费经验比较丰富，能够对企业促销信息、购物场所信息、商品本身特点、他人消费评价、企业信誉等做出客观的分析，在此基础上形成对商品本身的全面认识，对商品的优劣做出评价。有的消费者则缺乏综合分析能力和产品知识和消费经验，难以迅速做出明晰、准确的分析评价。

（3）选择决策能力。选择决策能力是指消费者在充分收集信息和比较评价商品的基础上，及时果断地做出是否购买商品的决策的能力。消费者的决策能力既受到个人性格和气质的影响，又与消费者的产品知识和购买习惯有关。例如，一个性格外向、反应迅速的消费者，在购买现场往往决策果断，决策过程迅速；而一个性格内向、反应迟缓、意志力较差的消费者，在做出购买决策时就容易犹豫不决。消费者的商品知识越丰富，习惯性购买驱动越强，决策过程则越果断，越迅速，决策能力也就越强；反之，决策能力也就越弱。

（4）记忆力和想象力。记忆力和想象力也是消费者必须具备和经常运用的基本能力。记忆力是过去经验在人脑中的反映能力。消费者在进行商品选购时，经常要参照和依据以往的购买、使用经验及了解的商品知识。这就需要消费者具备良好的记忆能力。凭借记忆，消费者在购买决策过程中能够把过去关于某些产品的知识和体验与现在的购买问题联系起来，从而迅速地做出判断和选择；缺乏记忆或离开记忆的参与，消费者就无法积累和形成经验，就不能形成概念并在此基础上进行判断和推理，从而无法适应复杂多变的环境，甚至连最简单的消费行为也难以实现。

想象力是人在已有形象的基础上，在头脑中创造出新形象的能力。消费者在选购商品时，经常从商品本身想象到该商品在特定环境和条件下的使用效果，从而激发其美好的情感和购买欲望。因此，消费者想象力的丰富程度与对商品的购买和使用有重要关系。

（5）使用商品能力。使用商品能力是指消费者购买商品后，对商品的使用、保养和处置能力。例如，在消费实践中，消费者对商品功能的使用和开发程度就不同。同样一款手机，有的消费者能充分使用手机的所有功能，而有的消费者则仅会使用一两项功能；同样一种小家电，有的消费者能迅速组装并投入使用，而有的消费者则对照说明书也组装不好。使用商品的能力与消费者的知识、观察能力、动手能力有关。

（6）自身权益的保护能力。自身权益的保护能力是指消费者在消费特定商品过程中，对发生的与商品有关的损失和伤害而采取的保护、维权能力。我国1994年1月1日颁布实施、2013年10月25日修正的《中华人民共和国消费者权益保护法》规定，消费者享有九项基本权利，具体包括：安全权、知情权、自主选择权、公平交易权、求偿权、结社权、获得有关知识权、人格尊严和民族风俗习惯受尊重权与个人信息依法得到保护权、监督权。消费者自身权益保护能力的强弱与消费者的维权意识、法律知识有关，也受社会给消费者提供的维权渠道制约。

3. 消费者能力的差异

消费者由于先天的遗传因素不同，以及受后天环境、学习等因素的影响不同，消费能力有着明显的差异。消费能力的差异使他们在消费活动中表现出不同的行为特点。这些行为特点具体可以分为以下几种典型类型：

（1）成熟型。成熟型消费者对于所购买的商品不仅非常了解，而且有长期的消费经验，甚至有多年的消费习惯，对于该商品的性能、价格、质量、销售情况等方面的信息非常了解，甚至堪称是这一类商品的专家。在购买的过程中，由于成熟型消费者具有丰富的商品知识和购买经验，他们通常注重从整体角度综合评价商品的各项性能，能够很专业地在同种或同类商品中进行比较、选择，加之有明确的购买目标和具体要求，所以在购买现场往往表现得比较自信、坚定，自主性较高，不会轻易接受商业广告的宣传和售货员的各种推荐，不易受购物现场情景的影响。总之，成熟型消费者通常具有较全面的消费能力。

（2）一般型。一般型消费者的能力构成处于中等水平。他们通常具备一定的商品知识，并掌握有限的商品信息，但是缺乏相应的消费经验，主要通过广告宣传、他人介绍等途径来进一步认识商品，因此，综合消费能力不如成熟型消费者。这表现为一般型消费者在购买之前，一般只有一个笼统的目标，缺乏对商品的具体要求，很难对商品的内在质量、性能、适用条件等属性提出明确的要求，对同种商品不同品牌之间的差异也不明确。一般型消费者由于消费能力不强，因而在消费过程中容易受外界环境的影响和左右。例如，受销售人员的介绍和厂商的现场宣传影响较大，更易接受其他消费者的意见，表现出不自信或缺乏独立见解，需要在广泛征询他人意见的基础上做出购买决策等。

（3）缺乏型。缺乏型消费者的消费能力处于较低水平。他们不仅不具备有关的商品知识，而且没有任何购买和使用经验。在购买之前，仅有一些朦胧的意识和想法，往往没有明确的购买目标；在选购过程中，对商品的了解仅限于直觉观察和表面认识，缺乏对商品本质特征及优缺点的认识，因而难以做出正确的选择；在制定决策时，极易受环境影响和他人意见的左右，经常表现为犹豫不决、举棋不定；在选择购买时，常常带有很大的随意性和盲目性。显然，这种能力状况对于提高消费效果是极为不利的。但缺乏型消费者所占比例并不大，通常仅存在于对某类不熟悉的商品或新产品的消费中，以及不具备或丧失生活能力的婴幼儿、老年人和残疾人消费者中。

消费者能力的类型都是相对的。一个消费者可能在某一方面或某一类商品的消费中表现为成熟型，而在另一类商品的消费中表现为一般型或缺乏型。此外，随着消费经验的积累，消费者的能力水平也会不断提高。

9.1.3　消费者的气质

1. 气质的概念和特征

心理学中所说的气质和日常人们所说的气质的含义不同。日常人们所说的气质，常常是指一个人的风格、风度或在某种职业上所具有的非凡特点；而心理学中所说的气质，是指个体心理活动的典型的、稳定的动力特征。这些动力特征主要表现在：①心理过程的速度和稳定性（如知觉的敏锐度、思维的敏捷性、对事物注意时间的长短）；②心理过程的强度（如情绪体验的强弱、意志力的强度）；③心理活动的指向性（是倾向于外部事物，从外界获得新的印象，还是倾向于内部，经常体验自己的情绪，分析自己的思想和印象）。人们气质的不同，就表现在这些心理活动的动力特征的差异上。

个人的气质不受个人活动的目的、动机和内容的影响。气质是一个人基本的特征，具有某种气质特征的人，常常在内容完全不同的活动中表露出同样的动力特点，影响个人活动的各个方面。气质具有以下特征：

（1）气质作为个体典型的心理动力特征，是在先天生理素质的基础上，通过生活实践，在后天条件影响下形成的。由于先天遗传因素不同及后天生活环境的差异，不同个体之间在气质类型上存在多种个别差异。这种差异会直接影响个体的心理和行为，从而使每个人的行为表现出独特的风格和精神面貌。气质的差异和影响同样存在于消费者及其消费活动中。因此，气质是消费者固有特质的一种典型表现，不同气质的消费者在消费活动中表现出不同的行为。例如，一个平日工作中情绪易于冲动的人到商店买东西，对自己满意的商品表现得喜形于色，容易产生冲动购买，对商场的 POP 广告、商品陈列和其他消费者的行为比较敏感，反应强烈，排队等候时间稍长便焦躁不安。而一个平日里沉默寡言的人到商店买东西，一般不爱多说多问，对周围环境的影响和刺激反应淡漠，排队等候或遭冷遇都能默默忍耐。气质类型相同或相近的消费者常常有近似的行为特点。

（2）气质作为个体稳定的心理动力特征，一经形成，便会长期保持下去，并对人的心理和行为产生持久影响。但是，随着生活环境的变化、所从事职业的熏陶、所属群体的影响以及年龄的增长，人的气质也会发生缓慢改变。例如，青少年时期，人们往往表现得好动，情绪容易冲动；中年以后，人的行为活动则趋向沉着、深刻和安静。这是因为遗传因素对气质的影响会随着年龄的增长而减小，而环境对人的影响以及个体主动适应社会学习等方面对气质的影响会越来越大。消费者的气质也是如此。当然，这一变化是相当缓慢的、渐进的过程。

（3）气质可以影响个体进行活动的效率和效果。一个易于冲动、情感反应强烈、行动敏捷的人，往往做事迅速，但容易忽略细节、产生纰漏；而情感反应淡漠、行动缓慢的人，往往完成任务时间较长，但做事认真细致，少有差错。在消费活动中，不同气质的消费者由于采取不同的行为方式，如态度的热情主动或消极冷漠、行动的敏捷或迟缓等，往往也会产生不同的活动效率和消费效果。这一特性正是人们在消费心理与行为研究中关注气质特性的意义所在。

2. 气质学说

长期以来，心理学家对气质这一心理特征进行了多方面的研究，从不同角度提出了各种气质学说，并对气质类型做了相应分类。

（1）体液说。古希腊著名医生希波克拉底最早提出气质的体液说，认为人的气质是由体液的类型和数量决定的。他根据临床实践提出，人体的体液类型有四种，即血液、黏液、黄胆汁、黑胆汁。每个人身体中都有四种体液，是四种体液的混合。根据每种体液在人体内所占比例不同，可以形成四种气质类型：在体液的混合比例中，血液占优势的人属于多血质；黏液占优势的人属于黏液质；黄胆汁占优势的人属于胆汁质；黑胆汁占优势的人属于抑郁质。希波克拉底还详细描述了四种典型气质的行为表现。由于他的理论较易理解，所以这一分类方法至今仍为人们所沿用，但其关于体液存在的观点始终未得到生理学和现代医学的验证。

（2）血型说。1927年，日本心理学家古川竹二将四种血型和四种气质类型联系在一起提出了血型说。血型说认为，气质与人的血型具有一定联系，O型、A型、B型、AB型四种血型分别构成了气质的四种类型。其中，O型气质的人意志坚强，志向稳定，独立性强，有支配欲，积极进取；A型气质的人情绪稳定，老实顺从，不善交际，忍耐力强，做事细心谨慎，但不果断；B型气质的人感觉灵敏，大胆好动，多言善语，行动奔放，不愿受束缚；AB型气质的人属于复合气质类，兼有A型和B型的特点，机智大方，办事干脆利落，冷静，不浮夸，行动有计划，喜分担责任，兴趣广泛。这种理论在日本较为流行。

（3）体形说。德国精神病学家和心理学家恩斯特·克雷奇默（Ernst Kretschmer）根据临床观察研究，在《本格和性格》（1921年）一书中，提出了体格类型学。克雷奇默把人的体格类型分为三种：肌肉发达的强壮型、高而瘦的瘦长型和矮而胖的矮胖型。他认为，不同体型的人具有不同的气质。强壮型的人肌肉结实、身体强壮，具有乐观、富有进取心等特点；瘦长型的人体型瘦长、腿长、胸窄、孱弱，具有不善交际、孤僻、沉默、羞怯、固执等特点；矮胖型的人健壮、矮胖、腿短、胸圆，具有外向、易动感情，有时高兴、有时垂头丧气，善于交际，好活动等特点。

（4）激素说。激素是由内分泌细胞分泌的高效能化学物质，人体内的各种激素在不同人身上有着不同的分布水平。美国心理学家伯曼把人分为四种内分泌腺的类型，即甲状腺型、垂体腺型、肾上腺型和性腺型，并认为内分泌腺类型不同的人气质也不相同。例如，甲状腺型的人，甲状腺分泌过多者精神饱满、意志坚强、感知灵敏，甲状腺分泌不足者迟缓、冷淡、呆板、被动；垂体腺型的人智慧、聪颖；肾上腺型的人情绪容易激动；性腺型的人性别角色突出等。

（5）高级神经活动类型说。前苏联心理学家巴甫洛夫在实验的基础上，根据高级神经活动类型与规律的研究，提出了气质的高级神经活动类型说。他发现人的高级神经活动过程有三个基本特征，即强度、平衡性和灵活性。神经过程的强度是指神经系统兴奋与抑制的能力，兴奋与抑制能力强，其神经活动就是强型，兴奋与抑制能力弱，其神经活动就是弱型；平衡性是指兴奋与抑制能力的相对强弱；灵活性是指兴奋与抑制之间相互转换的速度。

巴甫洛夫根据上述三种特性的相互结合，提出了高级神经活动类型的概念，并据此划分出高级神经活动的四种基本类型，即兴奋型、活泼型、安静型、抑制型，并指出所谓气质就是高级神经活动类型的特点在动物和人的行为中的表现。具体来说，兴奋型的人表现为兴奋过程时常占优势，且与抑制过程不平衡，情绪易激动、暴躁而有力，言谈举止有狂热表现；活泼型的人神经活动过程平衡，强度和灵活性都高，行动敏捷而迅速，兴奋与抑制之间转换迅速，对环境的适应性强；安静型的人神经活动过程平衡，强度高但灵活性较低，反应缓慢而深沉，不易受环境因素的影响，行动迟缓且有惰性；抑制型的人兴奋和抑制两种过程都很弱，且抑制过程更弱些，难以接受较强刺激，是一种胆小而容易伤感的类型。

3. 气质类型与消费者行为

由于巴甫洛夫的结论具有充分的科学依据，又由于各种神经活动类型的表现形式与传统的体液说有对应关系，因此，人们通常把体液说和高级神经活动类型说结合起来，以前者作为气质类型的基本表现形式，而以后者作为气质类型的生理学依据，把人的气质划分为胆汁质、多血质、黏液质和抑郁质四种基本类型。气质类型不同的消费者，消费行为也表现出特有的活动方式和表达方式。

（1）胆汁质。胆汁质的人高级神经活动类型属于兴奋型，他们的情绪兴奋性高，抑制能力差，反应速度快，直率热情，精力旺盛，灵活性较差，脾气暴躁，容易冲动，心境变化剧烈。

胆汁质的消费者在购物中喜欢标新立异，追求款式奇特、具有刺激性的流行商品。他们一旦感到需要，就很快产生购买动机，并干脆利落地迅速成交，但又往往不善于比较，缺乏深思熟虑。如果遇到营业员怠慢，也会激起他们烦躁的情绪和激烈的反应，体现出冲动型的购物行为特点。接待这类顾客，要求营业员头脑冷静，充满自信，动作快速准确，语言简洁明了，态度和蔼可亲，让胆汁质消费者感到营业员急他所急，想他所想，全心全意地为他服务。

（2）多血质。多血质的人高级神经活动类型属于活泼型，一般表现为情绪兴奋度高，外部表露明显，反应速度快而灵活，活泼好动，行动敏捷，喜欢交往，乐观开朗，兴趣广泛而不持久，注意力集中程度低，情感丰富但不够深刻稳定。

多血质消费者在购物中灵活性较强，能以较多的渠道得到商品信息，对购物环境和陌生人有较强的适应能力，在购物时观察敏锐，反应敏捷，易于与营业员进行沟通。这类人在行为中常带有浓厚的感情色彩，兴趣常发生变化，但有时因为兴趣与目标选择过多而容易转移或一时不能取舍，体现为不定性的购物行为特点。接待此类顾客，要求营业员要热情周到，尽可能为顾客提供多种信息，为顾客当好参谋，取得顾客的信任与好感，从而促进购买行为的顺利完成。

（3）黏液质。黏液质的人高级神经活动类型属于安静型。他们情绪稳定，不易外露，反应速度慢，一般表现为沉静安详，少言寡语，行动缓慢，善于克制忍耐，做事踏实，慎重细致，但不够灵活，易固执己见。

黏液质的消费者在购物中比较谨慎、细致、认真，表现为头脑冷静，不易受广告宣传、商标、包装、他人干扰等，喜欢通过自己的观察、比较做出购买决定。对自己熟悉的商品会积极购买，并持续一段时间，对新商品往往持审慎态度，体现出理智型的购物行为特点。营业员为此类顾客服务，要热情有度，过于热情会影响其观察商品的情绪，介绍商品时点到为止，应尽可能让顾客自己了解商品、选择商品。

（4）抑郁质。抑郁质的人高级神经活动类型属于抑制型，其特性为情绪兴奋度低、易波动、反应速度慢而不灵活，具有刻板性，敏感细腻，孤僻多疑，对事物反应较强，情感体验深刻，但很少外露。

抑郁质的消费者在购物时往往考虑比较周到，对周围的事物很敏感，能够观察别人不易察觉的细节。其购物行为拘谨，犹豫不决，一方面表现出缺乏购物主动性，另一方面对他人的介绍不信任，体现出谨慎型、敏感型的购物行为特点。接待此类顾客，营业员要耐心、细致、体贴、周到，要熟知商品的性能、特点，及时准确地回答各种提问，增强他们购物的信心，从而促进购买行为的实现。

上述四种气质类型是气质的典型形态。在现实生活中，大多数消费者的气质介于四种类型的中间状态，或以一种气质为主，兼有另一种气质的特点，即属于混合型气质。需要指出的是，气质类型无所谓好坏，一般来说，每种气质都有积极的方面，也有消极的方面。气质对人心理活动的进行和个性品质的形成，既有一定的积极作用，也有一定的消极作用。

气质对消费者购买行为的影响主要是通过上述气质类型表现出来的。当然，在现实生活中，由于消费者受后天环境因素的影响，属于典型气质类型的人很少，多数人属于混合型。作为营销工作者，学会根据消费者在购买活动中的行为表现，发现和识别消费者在气质方面的特点，从而有针对性地进行销售服务，可以更好地满足消费者的需求，促进营销工作的开展。

9.1.4 消费者的性格

1. 性格的含义与结构

（1）性格的含义。性格一词源于希腊语，原意为"印记""特色""记号"。在现代心理学中，性格是指个人对现实的稳定态度和与之相适应的习惯化的行为方式。性格是个性心理特征中最重要的方面，它通过人对事物的倾向性态度、意志、活动、言语、外貌等方面表现出来，是人的主要个性特点的集中体现。人们在现实生活中显现的某些一贯性的态度倾向和行为方式，如大公无私、勤劳、勇敢、自私、懒惰、沉默、懦弱等，即反映了自身的性格特点。

性格易与气质混为一谈。实际上二者既有区别，又有联系。气质主要是指个体情绪反应方面的特征，是个人心理活动中不易受环境影响的比较稳定的动力特征。气质与遗传因素有密切的关系，并无好坏之分；性格是气质的后天发展和改造，除了包括情绪反应的特征外，更主要的是还包括意志反应的特征，是个性结构中较易受环境影响的可变的心理特征，自然就有优劣之分。气质与性格相互影响、相互作用。气质可以影响性格特征的形成方向和发展速度，决定性格的表现方式，从而使性格带有独特的个性色彩；性格则对气质具有重要的调控作用，性格一经形成，可以在一定程度上掩盖或改造气质，使气质的消极因素受到抑制，积极因素得到发挥。

（2）性格的结构。性格的结构是指性格的基本组成部分及其关系，它包括性格结构的成分和性格的特征。通常认为，性格结构的成分包括四个方面：①性格的态度特征，即表现个人对现实的态度倾向性特点，如对人、对事、对己的态度倾向性；②性格的意志特征，即表现个人自觉调节自己行为的方式和水平方面表现出来的特征，如是否具有明确的行为目标，能否自觉调试和控制自身行为，能否长期坚持预定目的，克服困难与障碍；③性格的情绪特征，即表现个人对情绪控制的某种稳定的特点；④性格的认知特征，即表现一个人在感知、记忆、想象和思维等认知活动方面表现出来的稳定的心理特征，也就是一个人的认知特点与风格，如在感知方面，有的人主动积极，不易受环境干扰，有的人被动，极易受环境干扰和暗示。

人的性格并不是上述四个层面的性格结构成分的机械组合和简单堆积，在每个具体的人身上，这四个层面是相互联系、相互制约的。性格结构作为一个系统性的组织，具有整体性、多样性、稳定性与可塑性等特点。性格结构的整体性是指各种性格特征之间存在内在联系，协调地组合成为一个独特的整体。性格结构的多样性是指性格特征在不同情境下有不同的结合，从而表现出性格的不同侧面。性格的稳定性是指人的性格的基本结构是不变的，一个人的性格一旦形成就具有稳定性，在某种情况下，一个人总是表现出特定的生活情感和态度。常言道"江山易改，本性难移"就是这个道理。性格的可塑性是指性格一旦形成就比较稳定，但并非一成不变的，且与气质相比更易于改变。性格随着环境的变化和年龄的增长而发生改变。

2. 性格理论

长期以来，心理学家们对性格理论展开了深入的研究，并尝试从不同角度对人的性格类型进行划分。下面介绍几种主要的性格学说理论及其分类：

（1）机能类型说。19 世纪英国心理学家培因（A. Bain，1818—1903）等人根据智力、情感、意志三种心理机能在性格结构中何者占优势，把人的性格区分为理智型、情绪型和意志型。其中，以理智占优势的性格，称为理智型。这种性格的人观察事物认真仔细，思维占优势，很少受情绪波动的影响。以情绪占优势的性格，称为情绪型。这种性格的人情绪体验深刻，不善于进行理性思考，言行易受情绪支配，处理问题喜欢感情用事。以意志占优势的性格，称为意志型。这种性格的人在各种活动中都具有明确的行动目标，富有主动性和自制力，勇敢、果断、坚定，不易为外界因素干扰。

（2）向性说。瑞士心理学家荣格（C. G. Jung）按照个体的心理活动倾向于外部或倾向于内部，把人的性格分为外倾型和内倾型。内倾型的人心理活动倾向于内部，沉默寡言，反应缓慢，情感深沉，待人接物小心谨慎，性情孤僻，不善交际。外倾型的人心理活动倾向于外部，对外部事物比较关心，活泼开朗，情感容易流露，待人接物比较随和，善于交际，不拘小节，但比较轻率。荣格的这种分类最为简便易行，但实际生活中属于典型的内倾型或外倾型的人是很少的，大多数人是中间型。

（3）独立—顺从说。独立—顺从说按照个体的独立性程度，把性格分为独立型和顺从型两种类型。顺从型性格的人独立性差，易受暗示，习惯照别人的指示办事，抉择问题时犹豫不决。独立型性格的人则善于独立发现和解决问题，有主见，不易受外界影响，较少依赖他人。

（4）特质分析说。美国心理学家卡特尔（Cattell）通过因素分析法，从众多行为的表面特性中抽象出 16 种根源特质，如兴奋、稳定、怀疑、敏感、忧虑、独立、自律、紧张、乐群、聪慧、持强、有恒、敢为、幻想、泄欲、实验等。根据这 16 种根源特质的不同结合，可以区分出多种性格类型。

（5）价值倾向说。美国心理学家奥尔波特（G. W. Allport）根据人的价值观念倾向，把人的性格划分成相应的六种类型。

1）理论型。理论型性格的人求知欲旺盛，乐于钻研，善于观察、分析和推理，自制力强，对情绪有较强的控制力。

2）经济型。经济型性格的人倾向于务实，从实际出发，注重物质利益和经济效益。

3）艺术型。艺术型性格的人重视事物的审美价值，善于审视和享受各种美好的事物，以美学或艺术价值作为衡量标准。

4）社会型。社会型性格的人具有较强的社会责任感，以爱护关心他人作为自己的职责，为人善良随和，宽容大度，乐于交际。

5）政治型。政治型性格的人对权力有较大的兴趣，十分自信，自我肯定，也有的人表现为自负专横。

6）宗教型。宗教型性格的人非常重视命运和超自然的力量，一般有稳定甚至坚定的信仰，逃避现实，自愿克服比较低级的欲望，乐于沉思和自我否定。

（6）性格九分法。近几年来，性格九分法作为一种新的分类方法，在国际上引起重视并逐渐流行开来。这种分类把性格分为九种基本类型。

1）完美主义者（完美型）（The Perfectionist）。完美主义者对自己和他人都有极高的要求，相信总有一种正确的方法。这种人有一种天生的优越感，认为自己比他人强，因为害怕犯错而犹豫不决，推延行动。他们经常使用的词是"应该"和"必须"。

2）给予者（助人型）（The Giver）。给予者要求获得他人的好感和认同，希望成为他人不可缺少的一部分，从中获得被爱和被欣赏的感觉。这种人愿意满足他人的需要，具有很强的控制能力和多样的自我——能够在不同的朋友面前展示不同的自我。他们具有很强的吸引力，引人注目。

3）实干型（成就型）（The Performer）。实干型的人希望通过自己的行动和成就来获得他人的爱。这种人乐于接受竞争，追求成就感，总是把自己想象成胜利者并拥有相当的社会地位。他们注重外表形象，精于打扮，把真正的自我与工作角色混为一谈，看上去往往比实际上更出色。

4）悲情浪漫者（自我型）（The Tragic Romantic）。悲情浪漫者被不切实际的幻想所吸引，理想状态永远不是此时此地。他们性格内向、忧伤、敏感，具有艺术气质，会因为失去一个朋友而伤心不已，甚至会痴心于一个不存在的恋人。

5）观察者（思考型）（The Observer）。观察者总是在情感上与他人保持一定的距离，注重对自己隐私的保护，不愿被牵扯到别人的生活中。这种人宁愿脱离也不愿参与，对自己的义务和他人的需要感到疲惫。他们喜欢把责任和义务分清楚，不愿意接触其他人和事，也不愿去体验感情。

6）怀疑论者（忠诚型）（The Devil's Advocate）。怀疑论者用怀疑的眼光看待一切，因为怀疑而害怕，而疲惫。这种人用思考代替行动，在采取行动的时候犹豫不决，害怕受到攻击，对失败的原因非常敏感。他们反对独裁，愿意自我牺牲，而且非常忠诚。怀疑的态度往往会产生两种极端。

7）享乐主义者（欢乐型）（The Epicure）。享乐主义者是童话中的小飞侠（Peter Pan）——那个像孩子一样天真的成年人；他们怀念青春，渴望永远年轻。这种人对任何事都一知半解，不断更换恋人，感情肤浅，爱好冒险，喜欢美食和美酒。他们从来不愿意做出承诺，总是希望拥有多种选择，总是希望处在情绪的高潮中。他们是乐天派，喜欢前呼后拥的感觉，做事常常半途而废。

8）保护者（领袖型）（The Boss）。保护者具有很强的保护能力，愿意保护自己和朋友，积极好斗、主动负责、喜欢挑战。这种人无法控制自己，会公开地发泄怒火，展示自己的力量，对于愿意站出来向自己挑战的对手充满敬意。他们的生活方式包括熬夜、暴饮暴食、大声喧哗等。

9）调停者（和平型）（The Mediator）。调停者自身充满矛盾，考虑各方观点，愿意放弃自己的观点，接受他人的想法，放弃真正的目的，去做一些没必要的琐事。这种人极易沉迷于食物、电视和酒精，对他人的需求十分敏感，往往比他人自己更了解。他们对自己却不确定，不知道自己是否应该出现在某个地方和某个团队中。调停者为人亲切，不会直接发脾气。

3. 消费者性格类型与购买行为

上述性格特征反映在消费者对待商品的态度和购买行为上，就构成了千差万别的消费者性格。消费者性格的差异在消费实践中往往表现出不同的消费行为。

（1）从消费态度角度划分。从消费态度角度划分，消费者性格可以划分为节俭型、保守型、自由型。

1）节俭型。节俭型消费者崇尚节俭，讲究实用，反对不必要的开支和浪费。他们在选购商品时，首先看重的是商品的质量和实用性，以物美价廉为选择标准，不太重视商品的品牌和外观，受商品外在装潢及商品广告宣传影响较小，对营业员的推荐和介绍一般保持较为客观的分析态度，经常按照自己的购物经验来购买商品。

2）保守型。保守型消费者的性格一般比较内向，消费态度大都比较严谨、固执，习惯传统的消费方式。他们接受新产品、新观念比较慢，甚至对新产品、新观念持抵制态度，在购物时，喜欢购买传统的和有过多次使用经验的商品，不太愿意冒险尝试新产品。

3）自由型。自由型消费者的消费态度比较随意，没有长久、稳定的消费模式。这种人在选购商品时表现出较大的随机性，选择商品的标准也往往多样化。他们经常根据实际需要，采取不同的选择标准，而且受外界环境及广告宣传的影响较大。

（2）从购买方式角度划分。从购买方式角度划分，消费者性格可以划分为习惯型、慎重型、挑剔型、被动型、冲动型。

1）习惯型。习惯型消费者往往根据以往的购买和使用经验或消费习惯采取购买行动。他们一旦熟悉并接受某一品牌商品，就会重复购买，不易改变自己的观点和看法。习惯型消费者受社会时尚和消费潮流的影响较小。

2）慎重型。慎重型消费者大都沉稳、慎重，遇事冷静、客观，情感体验深刻，情绪不易外露。选购商品时，他们常根据自己的实际需要和购物经验，结合外部信息，经过慎重的分析、比较和选择之后，才会做出购买决定，具有较强的自我控制能力。

3）挑剔型。挑剔型消费者大都具有一定的商品知识和购买经验，因此在选购商品时善于发现不被人注意到的细微之处，主观性强，自信果断，对营业员的推荐介绍有相当的戒心，对产品要求较高，有时甚至很苛刻。

4）被动型。被动型消费者大多缺乏商品知识和购买经验，选购商品时缺乏自信和主见，常不知所措，希望得到别人的帮助，对品牌和款式没有固定的偏好，营业员的宣传和推荐往往会对其购买行为产生较大的影响。

5）冲动型。冲动型消费者性格的情绪特征非常明显，对外部刺激的反应非常敏感。他们在选购商品时，以直观感觉为主，易受促销活动、广告宣传、产品造型等因素影响，并喜欢追求新产品和时尚商品，对商品价格、功能考虑不多，常常凭个人的一时兴趣购买商品。

上述按消费态度和购买方式对消费者性格进行的大概分类，只是在理论上而言的。在购买活动中，由于周围环境的影响，消费者的性格很少能完全按原来的面貌表露出来，所以，在观察、判断、分析消费者的性格特征时，必须考虑性格的稳定性特点，而不能凭一时的购买态度和偶然的购买行为来做出判断。

9.2 自我概念与消费者行为

每个人都会逐步形成关于自身的看法。一般认为，消费者将选择那些与其自我概念相一致的产品、品牌或服务，避免选择与其自我概念相抵触的产品、品牌或服务。正是在这个意义上，研究消费者的自我概念对企业营销特别重要。

9.2.1 自我概念的含义及形成

自我概念也称自我形象，是指个人对自己的能力、气质、性格等个性特征的感知、认识和评价的总和。换言之，即自己如何看待自己。自我概念回答的是"我是谁"和"我是什么样的人"一类的问题。这一概念以潜在的、稳定的形式参与到行为活动中，对人们的行为产生极为深刻的影响。同样，自我概念也渗透到消费者的消费活动中。

自我概念是个人在社会化过程中，个体自身体验和外部环境综合作用的结果。个体通过与他人交往以及与环境发生作用，反观自己行为的得失成败，从而形成对自己的评价。在自我认识过程中，自我概念的形成主要是通过以下三种途径来完成的：

（1）通过自省来判断自己的行为是否符合社会所接受的标准，并以此形成自我概念。人们往往通过对自己的心理活动和行为表现进行自我观察、自我分析，也就是"内省"来认识、评价自己。古训云"吾日三省吾身"，就是说要通过自我分析来认识自己。

（2）通过他人对自己的评价来进行自我反应评价，从而形成自我概念。他人评价对自我评价的影响程度取决于评价者自身的权威性和评价的内容。通常，评价者越具有权威性，与自我评价的一致性越高，对自我概念形成的影响程度也就越大。

（3）通过社会比较而形成和改变自我概念。这种比较有两种：一种是和一个绝对的标准来比较。例如，做数学题、背英文单词等可以根据正确答案来做出质量和数量上的判断，从而衡量出自己的有关能力。这种比较标准是固定的、绝对的。但是，这种绝对标准的比较在生活中很有限，更多的情况是另一种比较，即通过与他人相比较来形成自己的自我概念。还是举做数学题、背英文单词的例子，与他人相比，同样得出了正确的答案，但如果两人用时不同，方法有简有繁，那么，在与他人的比较中就会形成超过或逊于他人的结论，这都会在一定程度上改变人们的自我评价。

从自我概念的形成途径中可以看出，自我概念实际上是在综合自己、他人或社会评价的基础上形成和发展起来的。自我概念不是通过个体与环境的相互作用被动地形成的，而是一个调整个体内部的心理过程和人际关系过程的动态结构，是由个体的先前经验形成的一个自我结构，并对新接收的关于个人和社会的信息的加工而不断更新和变化。人们都具有完善形象的意愿和内在冲动，这种冲动成为人们不断修正自身行为、以求自我完善的基本动力。不仅如此，人们还力求使自己的形象符合他人或社会的理想要求，并为此而努力按照社会的理想标准从事行为活动。

消费者自我概念的形成和发展同样受他人和社会评价体系的影响，这一现实问题给企业营销工作带来一些启示：企业产品的设计、产品的定位、品牌形象的设计要综合考虑多种社会因素，而且产品设计、产品定位一般不应该保持不变，因为消费者的自我概念会受环境的影响而变化。

9.2.2　自我概念的分类

由于自我概念是由多种途径形成的，因此一个人往往拥有多种自我概念。美国心理学家沃特（R. D. Wirt）把自我概念分为以下四个组成部分：

（1）真实自我。真实自我是一个人完全客观的、真实的自我本质。但是，任何人对于真实自我都不会有客观、全面的认识。

（2）理想自我。理想自我是一个人希望自己成为的那样的人。这种自我和一个人所崇拜、所信仰的对象，以及所追求、所渴望的目标有很大关系。理想自我很难完全实现，因为人的追求与期望是无止境的。

（3）自我形象。自我形象是一个人对自己的看法、认识和评价，也是真实自我与理想自我的混合物。

（4）镜中自我。镜中自我是一个人自己认为别人对自己的看法。这种自我同一个人对别人的看法有关，如别人的学识、年龄、社会地位等，因此是一种互动关系。

沃特自我概念的组成理论对指导营销工作具有借鉴意义。例如，有些企业凭借产品质量的优势，在促销时一味地夸耀产品的好处，称赞选用该产品是明智和有品位的，这样就有了为突出自身产品的优势而否定了消费者选择权的嫌疑，暗含了对消费者自我意识的贬低，否定了消费者的自我形象判断，当理性的消费者对自我形象的重视大于镜中自我时，消费者就会对其产品产生防卫心理。另一方面，营销人员的过分热情从表面上来看是对消费者的尊重，但从更深层次上看，他过分夸大了对消费者镜中自我的诉求，变相贬低了自我形象的肯定，会使消费者产生一种不安全感。可见，营销人员对自我概念四个方面分寸的把握十分重要，如果把握得当，对促进销售是很有利的；如果把握不当，则会带来消极影响。

9.2.3　自我概念的测量

人在日常生活中，为了心理健康和人格健全的需要，应当关注对自己的认识和评价。企业在营销实践中，为了使产品代言人的形象、产品或品牌形象与目标受众的自我概念相匹配，就应设法掌握消费者的自我概念定位。为此，这里介绍两种自我概念的测量方法。

1. 田纳西自我概念量表

田纳西自我概念量表（Tennessee Self-Concept Scale，TSCS）由美国心理学家费茨（W. H. Fitts）于 1965 年编制，1988 年进行了修订。该量表基于自我概念的多维观点而编制，主要依据是临床经验。该量表总共有 70 个题目，每题必答，在 5 点量表（完全不相同，大部分不相同、部分相同、部分不同，大部分相同，完全相同）上选择答案（见表 9-1）。

表 9-1　田纳西自我概念问卷

这份问卷的目的是帮助你了解自己。问卷上的每一个题目都是在描述你的实际情况，请仔细阅读每个题目，判断该题目所叙述的内容与你的真实情况是否相同。请在相应的选项上打"√"。

测试题：

1. 我的身体健康

完全不相同，大部分不相同，部分相同、部分不同，大部分相同，完全相同

2. 我喜欢经常保持仪表整洁大方

完全不相同，大部分不相同，部分相同、部分不同，大部分相同，完全相同

（续）

3. 我举止端正，行为规矩
完全不相同，大部分不相同，部分相同、部分不同，大部分相同，完全相同

4. 我的品德良好
完全不相同，大部分不相同，部分相同、部分不同，大部分相同，完全相同

5. 我是个没有出息的人
完全不相同，大部分不相同，部分相同、部分不同，大部分相同，完全相同

6. 我经常心情愉快
完全不相同，大部分不相同，部分相同、部分不同，大部分相同，完全相同

7. 我的家庭幸福美满
完全不相同，大部分不相同，部分相同、部分不同，大部分相同，完全相同

8. 我的家人并不爱我
完全不相同，大部分不相同，部分相同、部分不同，大部分相同，完全相同

9. 我讨厌这个世界
完全不相同，大部分不相同，部分相同、部分不同，大部分相同，完全相同

10. 我待人亲切友善
完全不相同，大部分不相同，部分相同、部分不同，大部分相同，完全相同

11. 偶尔我会想一些不可告人的坏事
完全不相同，大部分不相同，部分相同、部分不同，大部分相同，完全相同

12. 我有时候会说谎
完全不相同，大部分不相同，部分相同、部分不同，大部分相同，完全相同

13. 我的身体有病
完全不相同，大部分不相同，部分相同、部分不同，大部分相同，完全相同

14. 我全身都是病痛
完全不相同，大部分不相同，部分相同、部分不同，大部分相同，完全相同

15. 我为人诚实
完全不相同，大部分不相同，部分相同、部分不同，大部分相同，完全相同
……

田纳西自我概念量表有较好的信度和效度指标，是应用广泛的人格量表之一。

2. 马赫塔语意差别量表

美国学者马赫塔（Malhotra）发明了一种既可衡量自我概念，又可衡量产品形象的语意差别量表（见表9-2）。该量表由15组两极形容词构成，这些形容词可以运用在很多不同的场合。

表 9-2　测量自我概念、产品概念和品牌概念的量表

1 粗糙的	-------	-------	-------	-------	-------	-------	-------	精细的
2 易激动的	-------	-------	-------	-------	-------	-------	-------	沉着的
3 不舒服的	-------	-------	-------	-------	-------	-------	-------	舒服的
4 主宰的	-------	-------	-------	-------	-------	-------	-------	服从的
5 节约的	-------	-------	-------	-------	-------	-------	-------	奢侈的
6 愉快的	-------	-------	-------	-------	-------	-------	-------	不快的
7 当代的	-------	-------	-------	-------	-------	-------	-------	非当代的
8 有序的	-------	-------	-------	-------	-------	-------	-------	无序的
9 理性的	-------	-------	-------	-------	-------	-------	-------	情绪化的
10 年轻的	-------	-------	-------	-------	-------	-------	-------	成熟的

（续）

11 正式的	-------	-------	-------	-------	-------	-------	-------	非正式的
12 正统的	-------	-------	-------	-------	-------	-------	-------	开放的
13 复杂的	-------	-------	-------	-------	-------	-------	-------	简单的
14 暗淡的	-------	-------	-------	-------	-------	-------	-------	绚丽的
15 谦虚的	-------	-------	-------	-------	-------	-------	-------	自负的

　　马赫塔提出的这一量表在描述自我概念以及产品与品牌形象方面非常有用，每组形容词均被用来描述被评价对象。被试者可在 7 级量表上表明看法，反映两极形容词中的某一极在多大程度上刻画了被评价的个人、产品或品牌。例如，形容词的一极是"愉快的"，与之对应的另一极是"不快的"。消费者越是在靠近"愉快的"一极这端做记号，表明被评价对象越令人愉快；反之，则表明令人不快；如果消费者在量表的中间位置做记号，则表明被评价对象既非令人愉快，也非令人不快。

9.2.4　自我概念与产品的象征性

1. 消费者自我概念赋予某些产品以象征意义

　　自我概念作为影响个人行为的深层个性因素，同样存在于消费者的心理活动中，并对其消费行为产生深刻的影响。商品和劳务作为人类物质文明的产物，除具有使用价值外，还具有某些社会象征意义，因为不同档次、质地、品牌的商品往往蕴含着特定的社会意义，代表着不同的文化、品位和风格。例如，购买劳斯莱斯、宝马、奔驰汽车的消费者显然不只是购买一种单纯的交通工具。一些学者认为，某些产品对拥有者而言具有特别丰富的含义，它们能够向别人传递关于自我的重要信息。

　　消费者表达自我形象及由现实自我向理想自我转变的重要途径之一，就是购买象征性产品。通过对某些具有象征性产品或劳务的消费，可以显示出消费者与众不同的个性特征，帮助消费者有效地表达自我概念，保持自己的某种形象或完善自己的形象，实现理想的自我形象。国外有些研究表明，一些消费者力求购买"威望类"产品，如高档服装、珠宝首饰、豪华轿车、私家游艇等，就是要加强和突出个人的自我形象，或实现由实际自我向理想自我的转变。

2. 消费者自我概念与产品象征性的联系

　　大量消费实践证明，消费者在选购商品时，不仅以质量优劣、价格高低、实用性能强弱为依据，而且把商品或品牌特性是否符合自我概念作为重要的选择标准，即判断商品是否有助于"使我成为我想象或期望的人"。如果能够从商品中找到与自我认识或评价相一致（相似）之处，消费者就会倾向于购买该商品。例如，一个自认为气质不凡、情趣高雅、具有较高欣赏品位的消费者购买服装时，会倾心于那些款式新颖、色调柔和、质地精良的服装；而一个收入较高、处于上层社会的消费者在选购服装时，往往会挑选名牌产品。由此可以得出结论，消费者购买某种品牌的产品与他们的自我概念是比较一致的。消费者购买某种产品，不仅是为了满足特定的物质或精神需要，同时还出于维护和增强自我概念的意愿。在这一意义上，购买商品成为加强自我概念的手段，自我概念则成为控制购买行为的核心要素。

　　产品象征意义对消费者的重要性可以从图 9-1 中得到进一步说明。图 9-1 由三部分构成：

个体的自我概念、参照群体和象征性产品。如图所示，消费者首先会购买某种能够向他人传递其自我概念的产品；其次，他希望参照群体体会到产品所具有的象征性；最后，他也希望参照群体将产品所具有的象征品质视为他人格的延伸部分或自我的一部分。概括地说，消费者购买产品是为了象征性地向社会传递关于自我概念的不同方面。

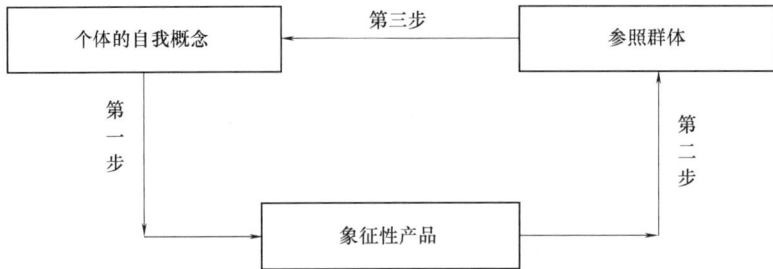

注：
第一步：个体购买象征自己的产品
第二步：参照群体将产品与个体联系
第三步：参照群体将产品的象征性视为个体个性的一部分

图 9-1　消费者自我概念与产品象征性的联系

哪些产品最有可能成为传递自我概念的象征性产品呢？成为象征性产品一般应具有三个方面的特征：①应具有可见性。就是说，它们的购买、使用和处置能够很容易被人看到。②应具有变动性。由于资源禀赋的差异，这种产品只有少数消费者有能力购买，而多数消费者则无力购买。如果每人都可拥有一辆"奔驰"车，那么，这一产品的象征价值就丧失殆尽了。③应具有拟人性。也就是说，产品能在某种程度上体现一般使用者的典型形象，如汽车、珠宝等产品均具有上述特征，因此，它们很自然地被人们作为传递自我概念的象征性产品。

3. 消费者的自我概念与企业营销策略

就企业而言，关于消费者自我概念的研究有着极其重要的意义，是企业进行营销决策和制定营销策略的基础。在通常情况下，消费者往往表现出与自我形象一致的行为特点。消费者自我概念的系统结构与对产品、服务或品牌的态度之间形成系统投射关系，消费态度是自我概念系统结构的外在表现，自我概念的系统结构是消费态度形成的心理基础。运用自我概念的理论，可以清楚地解释消费者购买动机和购买行为中的某些微妙现象，并揭示这些现象背后的深层原因；同样，运用自我概念的理论，可以准确地设计出反映消费者自我概念的产品，并制定出适合这一消费群体自我概念的营销策略。

（1）运用自我概念发现市场机会。市场机会就是未被满足的消费者需要。要了解消费者哪些需要没有被满足或没有完全被满足，通常涉及对市场条件和市场趋势的分析，这里包括对消费者自我概念的分析。通过分析消费者的生活方式或消费者收入水平的变化，可以揭示消费者有哪些新的需要和欲望未被满足。在此基础上，企业可以有针对性地开发出新产品。例如，在我国40岁左右的职业女性中，其中有一部分收入较高，随着年龄的增长，非常在意自己的外在形象，属于表现自我比较突出的女性。企业要满足这类女性对自我形象追求的需要，开发美容健身产品和服务就是一个不错的市场机会。

（2）运用自我概念细分市场。市场细分是制定营销策略的基础，其实质是将整体市场细分为若干子市场，每一子市场的消费者具有相同或相似的需求或行为特点。市场可以按照人口、个性、生活方式进行细分，也可以按照自我概念进行细分。企业如果把具有相同自我概念的消费者作为一个子市场，根据目标市场在自我概念上的需求特点，制订有针对性的营销方案，就能使目标市场的消费者的独特需要得到更充分的满足。

（3）运用自我概念给产品店铺定位。企业的产品与店铺定位只有与消费者的自我概念相一致或接近，才能满足消费者的心理需求，才能实现营销的目标。营销人员只有了解目标消费者心目中的自我概念的位置，了解企业的品牌或商店与目标消费者的自我形象的位置的差距，才能恰当地给品牌定位，才能保持或改变品牌或商店的形象。

（4）运用自我概念设计广告内容。广告是企业向消费者传递产品和品牌信息的重要渠道。在广告宣传方面的决策，也要考虑消费者的自我概念，广告代言人和广告内容都应反映消费者的自我形象。只有将广告代言人和广告内容设计成与目标顾客群的自我形象相一致，才能对目标消费者产生更大的吸引力。

9.3　生活方式与消费者行为

9.3.1　生活方式的含义

关于生活方式的说法很多，简言之，生活方式就是如何生活。它是个体在成长过程中，与社会诸因素交互作用时表现出来的活动、兴趣和态度模式。具体地说，是指人们在衣、食、住、行、劳动工作、休息娱乐、社会交往、待人接物等物质生活和精神生活中的活动模式。个体和家庭均有其生活方式。不同的个体和不同的家庭有着不同的生活方式。家庭生活方式部分地由家庭成员的个人生活方式所决定，反过来，个人生活方式也受家庭生活方式的影响。

生活方式与前面讨论的个性、自我概念既有区别又有联系。

它们的区别是：个性是一个人的心理倾向和心理特征，是个体先天因素和后天环境共同作用的结果。个性是客观的，是人的本来面目。自我概念是个人对自己个性特征的评价，是个体对自己的感知、认识和评价。自我概念是主观的，往往不具有真实性。个性和自我概念两者都侧重从内部来描述个体，更多地反映个体的思维、情感和知觉特征，具有内隐性。生活方式是人的活动模式，由人的主观意志来选择，以客观的形式表现出来，关心的是人们如何生活、花费、消磨时间等行为，侧重从外部来描述个体，具有外显性。

它们的联系是：个性是自我概念的基础，一个性格极其内向的人不可能形成活泼、开朗的自我概念。人的个性和自我概念对其生活方式的选择会产生很大影响。一个具有保守、拘谨性格的消费者，其生活方式不大可能过多地包容如登山、跳伞、丛林探险之类的活动。

（小贴士）

美好时刻共同分享：肯德基

肯德基倡导的生活是一种全家团聚的生活。在对肯德基餐厅进行案例研究的时候，看到餐厅招聘员工的标语是"欢迎加入肯德基大家庭"。肯德基餐厅推出的食品也往往更适合全家人一起分享（如肯德基全家桶），而其创始人的白胡子老爷爷形象更是可以使人联想到全家人其乐融融的温馨画面。

这一生活方式背后的核心理念就是"分享"：美好的事物、美好的时刻不应该一个人享受，而应该和亲人、朋友共同度过。可以说，肯德基的企业文化十分契合中国社会的"家文化"传统，而肯德基在中国所获得的巨大成功也证明了这样一种生活方式的定位具有多么重要的意义。

（资料来源：经营企划. 现代营销理念的革命. http://bbs. 55top. com. ）

9.3.2 消费者生活方式的测量

消费者的生活方式由消费者的心理所决定，很多研究人员试图通过心理测试来区分不同的生活方式。目前较为流行的关于生活方式的测量方法主要有两种：一是 AIO 方法，即活动、兴趣、意见测试法；二是 VALS 方法，即价值观念和生活方式结构法。

1. AIO 分析法

AIO 分析法又称为活动、兴趣、意见测试法，其基本思想是通过问卷调查的方式了解消费者的活动（Activity）、兴趣（Interest）和意见（Opinion），以区分不同的生活方式类型。因此，该量表最初通过活动、兴趣和意见这三个维度来设计问题，考察消费者的生活方式。普卢默（Plummer, 1974）又将人口统计变量引入 AIO 量表中，修正后的 AIO 量表包含 4 个主要维度及 36 个子维度。其中，第一个主要维度是活动方面的问题，包括消费者做什么、买什么、怎么样打发时间等；第二个主要维度是兴趣方面的问题，包括消费者的偏好和考虑的事物；第三个主要维度是意见方面的问题，包括消费者的世界观、道德观、人生观、对经济和社会的看法等；第四个主要维度是人口统计项目方面的问题，包括性别、婚姻、年龄、职业、教育程度和每月平均收益。表 9-3 列出了测量消费者活动、兴趣和意见构成的主要维度。

表 9-3　AIO 测试项目表

主 要 维 度	子　维　度
活动	工作、爱好、社会活动、度假、文娱活动、俱乐部会员、社交、采购、运动
兴趣	家庭、住所、工作、交际、娱乐、时髦、媒介、成就、食品
意见	自我表现、社会舆论、政治、业务、经济、教育、产品、未来、文化

AIO 分析法在设计量表时，首先要从活动、兴趣、意见三个主要维度发展出子维度。子维度并没有一个固定的指标，应视研究目的和研究所涉及的领域及其性质来决定（见表 9-3），然后再根据子维度来设计不同的衡量问题。对子维度问题的考察主要通过问卷来完成，即用一份清单式的问卷对消费者子维度问题进行访谈，这份清单由大量的陈述句组成，消费者可以表达对这些陈述的同意或不同意的程度（一般用 5 级或 7 级李克特量表），从而得到消费者对调查项目的活动、兴趣、意见方面的信息。

表 9-4 是美国电话电报公司用来研究消费者与电话有关的问卷的一部分。

由于 AIO 分析法的主要维度只有三个方面，这使统计数据范围过于狭窄，因此研究人员又在活动、兴趣、意见测量的基础上，加上了对态度、价值观、人口统计变量、媒体使用情况、产品使用频率等方面的测量维度，这样的综合测量法拓展了数据收集范围，使对消费者生活方式的测量更为准确。

表9-4　消费者子维度问卷举例

	非常同意	比较同意	有些同意	有些不同意	比较不同意	非常不同意
请阅读以下每一陈述，在最符合您的同意或不同意程度的括号内打上一个"√"。						
我是一个凡事都有计划的人	（　）	（　）	（　）	（　）	（　）	（　）
我试图给每月的长途电话费设定一个限度	（　）	（　）	（　）	（　）	（　）	（　）
在最近三年内，我可能会迁居	（　）	（　）	（　）	（　）	（　）	（　）
在使用一种新产品之前，我很少征求他人的意见	（　）	（　）	（　）	（　）	（　）	（　）
当我情绪低落的时候，给合适的人打个长途电话，便能振作起来	（　）	（　）	（　）	（　）	（　）	（　）
亲密的朋友和亲戚在我给他们打了长途电话后总感到很高兴	（　）	（　）	（　）	（　）	（　）	（　）

2. VALS 分析法

VALS 分析法又称为价值观和生活方式调查（Value and Lifestyle Survey，VALS）。它是 SRI（斯坦福国际研究院）1978 年基于对约 1600 户美国家庭的调查研究提出的。最初设计的是一个把消费者放在九个生活方式群体系统中的量表，这九个生活方式分别是求生者、维持者、归属者、竞争者、成就者、我行我素者、体验者、社会良知者和综合者。VALS 系统现已被多家公司和广告代理商运用于营销实际活动中。

为了更好地吸引营销者使用 VALS 分析法，1989 年，SRI 对其做出了较大的修改，引进了被称为 VALS2 的量表。VALS2 较原来的量表有着更加广泛的心理学基础，更加侧重于活动与兴趣，与消费者购买行为的关系更为直接，更多地选择那些具有相对持久性的态度和价值观来反映个人生活方式。VALS2 根据两个层面，将美国消费者分成八个细分市场：第一个层面是资源的多寡。其涉及心理、体能、人口统计因素和物质手段等各个方面，反映了个人追求他们占支配地位自我取向的能力。第二个层面是自我取向。自我取向被分成三种类型：①原则取向。持原则取向的人主要依信念和原则行事，而不是依情感或获得认可的愿望做出选择。②地位或身份取向。持这种取向的人很大程度上受他人言行、态度的影响。③行动取向。持这一取向的人热心社会活动，积极参加体能性运动，喜欢冒险，寻求多样化。这三种自我取向决定了个人所追求的目标和行为的种类（见图 9-2）。

该量表将消费者分成实现者、完成者、成

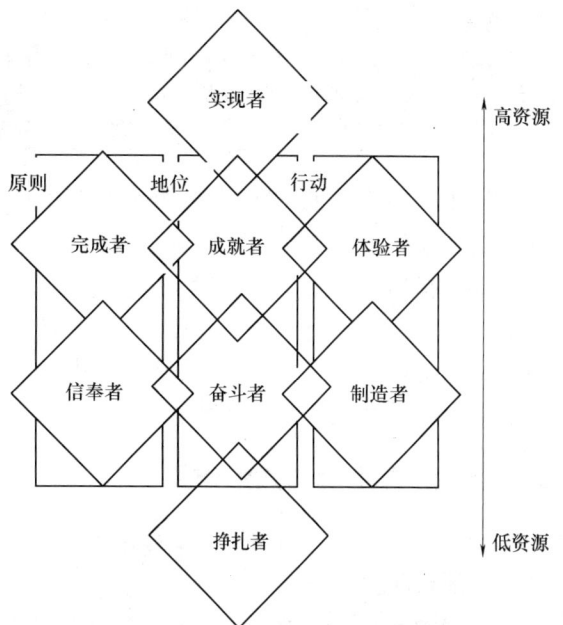

图 9-2　VALS2 分类系统

就者、体验者、信奉者、奋斗者、制造者和挣扎者八大类，见表9-5。

表9-5　对VALS2的八个细分市场的简要描述

（1）实现者，约占人口的8%。他们是一群成功、活跃、独立、富有自尊的消费者。他们的资源最丰富，具有大学及以上受教育水平，平均年龄在43岁左右，年收入达58000美元。他们在消费活动中喜欢"精美的东西"，容易接受新产品、新技术，对广告的信任度低，经常广泛地阅读出版物，看电视较少
（2）完成者，约占人口的12%。他们采取原则导向，是一群成熟、满足、善于思考的人。他们拥有较丰富的资源，受过良好教育，从事专业性工作，平均年龄48岁，年收入约38000美元，一般已婚并有年龄较大的孩子。他们在消费活动中对形象或尊严不感兴趣，在家用产品上他们是高于平均水平的消费者，休闲活动以家庭为中心，喜欢教育性和公共事务性的节目，广泛并经常阅读
（3）信奉者，约占人口的17%。他们采取原则导向，是传统、保守、墨守成规的一群人。他们资源较少，高中教育程度，平均年龄58岁，年收入约21000美元。他们的生活超过平均水平，活动以家庭、社区或教堂为中心，购买美国制造的产品，寻找便宜货，看电视，阅读有关养老、家居、花园的杂志，不喜欢创新，改变习惯很慢
（4）成就者，约占人口的10%。他们采取身份导向，是一群成功、事业型、注重形象、崇尚地位和权威、重视一致和稳定的人。他们拥有丰富的资源，受过大学教育，平均年龄36岁，年收入约50000美元。在消费活动中，他们对有额外报酬的产品特别有兴趣，看电视的程度处于平均水平，阅读有关商业、新闻和自己动手一类的出版物
（5）奋斗者，约占人口的14%。他们采取身份导向，寻求外部的激励和赞赏，将金钱视为成功的标准，由于拥有资源较少，因而常因感到经济拮据而抱怨命运不公，易于厌倦和冲动。他们平均年龄34岁，年收入约25000美元。在消费活动中，他们中的许多人追赶时尚，注重自我形象，携带信用卡，钱主要用于服装和个人护理，看电视比读书更令他们喜欢
（6）体验者，约占人口的12%。他们采取行动导向，是年轻而充满朝气的一群人。他们拥有较丰富的资源，一般是单身，尚未完成学业，平均年龄26岁，年收入约19000美元。他们追逐时尚，喜欢运动和冒险，将许多收入花在社交活动上，经常冲动性购物，关注广告，听摇滚音乐
（7）制造者，约占人口的11%。他们采取行动导向，是保守、务实、注重家庭生活、勤于动手、怀疑新观点、崇尚权威、对物质财富的拥有不十分关注的一群人。他们拥有的资源较少，受过高中教育，平均年龄30岁，年收入约30000美元。在消费活动中，他们的购买是为了舒适、耐用和价值，不去关注豪华奢侈的产品，只购买基本的生活用品，听收音机，一般阅读杂志中涉及汽车、家用器具、时装和户外活动的内容
（8）挣扎者，约占人口的16%。他们生活窘迫，受教育程度低，缺乏技能，没有广泛的社会联系，一般年纪较大，平均年龄61岁，年收入仅9000美元，常常受制于人和处于被动的地位。他们最关心的是健康和安全，在消费上比较谨慎，属品牌忠诚者，购物时使用赠券并留心降价销售，相信广告，经常看电视、阅读小报和女性杂志

VALS2较原来的VALS有着更加广泛的心理学基础，更加侧重于活动与兴趣，与消费者购买行为的关系更为直接，更多地选择那些具有相对持久性的态度和价值观来反映个人生活方式。应当指出，虽然VALS2较原VALS有较大的改进，但它仍然存在某些局限。例如，VALS2中的数据是以个体为单位收集的，而大多数消费决策是以家庭为单位做出或很大程度上受家庭其他成员的影响。尽管如此，VALS2仍是目前运用生活方式对市场进行细分的最完整的系统，它已经并将继续被企业广泛运用。

9.3.3　测量生活方式的作用

消费者生活方式的测量不仅对企业制定营销策略具有重要价值，而且对消费者的消费行为具有重要影响。

1. 生活方式的分类为市场细分提供了依据

生活方式量表在市场细分中有着广泛的应用。例如，"我购买服装的时候，既看重款式又看重价格""我与朋友经常谈有关时尚的问题""我认为穿漂亮衣服是表现自己的一种重要方式"。在这样的有关时装方面的量表中，可以通过同意程度高低来判断消费者对时装的态度，从而可以根据这种消费者态度的程度细分若干个市场，并采取相应的营销策略。

前面（9.2.4中第3个问题）论证过，市场可以按照人口、个性、生活方式进行细分，也可以按照自我概念进行细分。这里需要指出的是，在市场细分过程中，过早以个性区分市场，会使目标过于狭窄。因此，一些研究人员建议，营销人员应先根据生活方式细分市场，然后再分析每一细分市场内消费者在个性上的差异。这样可使营销人员识别出大量具有相似生活方式特征的消费者。

2. 生活方式的识别有利于市场营销组合的制定

企业按生活方式细分市场的营销目标是使企业营销组合符合消费者的生活方式，满足消费者实现自己所选择的生活需要。企业营销更重要的任务是确定哪些产品或服务与消费者特定的生活方式相联系。某一生活方式往往与一组产品相联系，这组产品就成为该生活方式的消费组合。例如，20世纪80年代的雅皮士的消费组合为：劳莱克斯手表、宝马车、古奇公文包、软式网球、新鲜的绿色沙司（Sauce）、白酒和乳酪。这一社会角色对当时的文化价值和消费偏好的导向都有重要影响。

3. 生活方式影响消费者需要以及具体的购买和消费行为

研究消费者生活方式通常有两种途径：一种途径是研究人们一般的生活方式模式；另一种途径是将生活方式分析运用于具体的消费领域，如户外活动，或与公司提供的产品、服务最为相关的方面。在现实生活中，消费者很少明确地意识到生活方式在其购买决策中所起的作用。例如，在购买登山鞋、野营帐篷等产品时，很少有消费者想到这是为了保持其生活方式。然而，追求户外活动和刺激生活方式的人可能不需多加考虑就购买这些产品，因为这类产品所提供的利益与其活动和兴趣相吻合（见图9-3）。

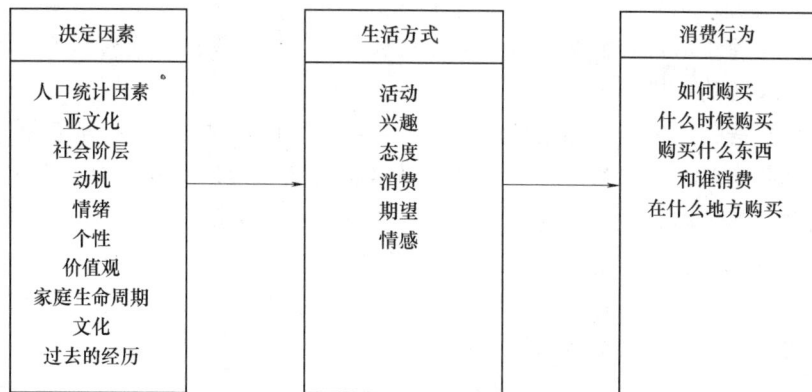

决定因素	生活方式	消费行为
人口统计因素 亚文化 社会阶层 动机 情绪 个性 价值观 家庭生命周期 文化 过去的经历	活动 兴趣 态度 消费 期望 情感	如何购买 什么时候购买 购买什么东西 和谁消费 在什么地方购买

图9-3　生活方式决定消费行为

案例分析

宝马车的生活方式营销

在2002年北京的一次国际汽车展览会上，宝马公司展出了专为中国"新贵们"量身定制的宝马"新7系"、宝马"个性极品"系列等数十款豪华轿车。在"个性极品"系列中，每一部个性极品车的内饰选材和色彩都是完全不同的。从消费心理方面来讲，这也充分满足了中国消费者"专属独尊"的个性要求。宝马"新7系"打造出来的是一种豪华气派和卓越动感的精神享受，对消费者来说，自有一种高贵不凡的享受。

宝马公司的口号是"用宝马的产品来征服中国人的心"，但真正征服中国消费者的并不是它的车，因为在很多商品同质化的今天，真正的商品能打动人的情况太少了，而这次宝马公司刻意打造的"宝马生活方式"却感动和影响了不少消费者。在宝马公司这种"生活方式营销"的推动下，"宝马生活方式专卖店"随即在北京应运而生。宝马公司中国区总裁席曼毫不掩饰他们的目的：让顾客通过购买宝马的产品来显示他们的成功，把宝马品牌和消费者本身的成功很好地融合在一起，使使用宝马产品成为客户的一种生活方式。

在宝马的摩托车方面，他们同样在20世纪末采取了一系列"生活方式营销"的法则。宝马摩托车借着"开宝马，坐奔驰"的口号，也在近几年快速崛起。有数据可以证明宝马摩托车在北美惊人的销售成绩——五年内翻了三番！

1998年，宝马摩托车销量仅为6000辆，2003年就迅速增长到16000辆。在2003年短短一年的时间里，宝马摩托车的销量增幅竟然高达32%！通过新的品牌定位"真正的骑士标志"和广告语"驾驶的乐趣"等非常接近生活方式的情感营销方法，使宝马的摩托车骑驾上升到一个新的高度。为了提升宝马摩托车的品牌认知度，让更多的摩托迷钟情宝马，2004年的那次营销攻势主要针对18~45岁的摩托车拥有者和潜在购买者。除了常规的营销方法以外，宝马公司还选用了大批世界知名杂志来做宣传活动，其中包括《摩托车世界》《男性周刊》《户外》《花花公子》《摩托骑士》《国家地理探险》等。

当时，宝马公司的核心目标是建立宝马摩托车的品牌认知度。尽管宝马摩托车已有80多年的历史，但是知之者甚少。在美国，平均每位摩托车骑驾者都拥有2.3辆摩托车，但哈雷摩托却占据着难以撼动的领导地位！宝马公司并不是野心勃勃地想成为第一，他们只希望宝马摩托车能成为人们车库中的第二辆摩托车。有关资料显示，一旦摩托车迷购买了宝马摩托车，就会成为该品牌忠实的购买者……

宝马公司的广告创意者们也充分考虑到了这一点：摩托车杂志是摩托车营销的敲门砖，当人们准备购买摩托车时，会在杂志上寻找某一品牌的特定信息。但是，只有不到10%的摩托车骑驾者阅读摩托车杂志，因此，选用生活方式类的杂志就显得尤为重要。因为在精神生活水准较高的地区，各类生活类杂志是人们生活中必不可少的文化快餐。所以，这些非摩托品类的杂志能帮助宝马公司将产品信息传送到那些通过传统营销方式无法到达的人群，这些人虽然不是摩托车爱好者，但是他们希望尝试另一种生活方式，这种生活方式或许就与探险、体育运动或休闲活动有关（在美国，骑摩托车已经成为一种休闲活动）。他们可能准备尝试骑摩托车，也可能准备更换骑驾品牌。于是，宝马成功了，他们借助充满亲情味的生活方式营销法则，并着力于在生活中无处不在的杂志上做广告，这个"第二"的位置终于得以实现。当然，想要取得第一，首先要占据第二，否则便是空中楼阁。

非常有意思的是，宝马这个品牌也能延伸到服饰行业中，并且取得了相当不错的成绩。这也是宝马有意将情感营销延伸到生活中的例证。宝马之所以能延伸到服饰，是因为宝马不仅象征着非凡的制车技术与工艺，还意味着"潇洒、优雅、时尚、悠闲、轻松"的生活方式，车和服饰都是诠释宝马核心价值观的载体。

（资料来源：生活方式营销．百度百科）

讨论题：

1. 宝马摩托车在北美取得惊人销售成绩的原因是什么？
2. 结合本文，谈谈宝马产品消费者的生活方式有哪些特征。

思考题

1. 什么是个性？个性具有哪些特征？
2. 什么是能力？消费者在购买活动中应具备哪些能力？
3. 试述气质与气质类型。不同气质类型的消费者在消费行为上有什么差异？
4. 什么是性格？面对不同类型性格的消费者，营销人员应采取哪些不同的营销策略？
5. 如何测量消费者的自我概念？
6. 什么是象征性产品？象征性产品一般具有什么特征？
7. 消费者用象征性产品传递自我概念对营销人员有何启示？
8. 简述生活方式及其作用。
9. 简述 AIO 分析法。
10. VALS2 的构建基于哪两个层面？请描述这两个层面的关系。

第 10 章
人口统计特征与消费者行为

【本章要点】

- 年龄对消费者行为的影响
- 性别对消费者行为的影响
- 收入对消费者行为的影响
- 区域对消费者行为的影响
- 资源对消费者行为的影响

【重点名词】

人口统计变量　　　　性别　　　年龄　　　收入　　　区域　　　资源

【引导案例】

李宁更换口号和标志

2010 年 6 月 30 日，李宁公司正式宣布推出新的标志和口号，启动 "90 后李宁" 营销策略，将原来的 "L" 形标志改为 "人" 字形标志，将原来的口号 "Anything is possible" （一切皆有可能） 改为 "Make the Change" （让改变发生）。这一 "变脸" 背后，是一家带有鲜明中国制造烙印的公司，如何 "变年轻" 去迎合 "90 后"，以及希望更加国际化的意图。

李宁公司 2006—2007 年对消费者的市场调查报告显示，李宁品牌实际消费人群的整体年龄偏大，35～40 岁的人群超过 50%，而对体育用品企业来说，14～25 岁的年轻人群是更为理想的消费者群体。另一方面，消费者，尤其是年轻消费者在对李宁品牌的印象上，"积极向上" "有潜力" "中国特色" "认同度" 等方面得分很高，而 "酷" "时尚" "国际感" 等特质则较国际品牌略逊一筹。此次更换标志改变了原有品牌的 "老化感"，李宁公司在新的品牌标志中加入更多橙色元素，增添时尚感，重现了品牌的年轻与活力。品牌标语定为 "Make the Change"，则更多地体现了 "90 后" 不断求变的心理。

（资料来源：互联网）

消费者的人口统计变量是指消费者在人口上的特性。这些变量是消费者身上一些明显可见的特性。一般而言，人口统计变量相当清楚明确，因此，很多厂商经常采用人口统计变量来作为细分的变量。常见的人口统计变量包括年龄、性别、区域、资源、职业、宗教以及收入等。

10.1　年龄与消费者行为

随着消费者年龄的改变，其价值观、信念、生活形态以及消费形态都会随之发生变化。由于相同年龄的人在价值观、信念、生活形态以及消费形态上会呈现很高的同构性，因此，营销人员可以用年龄来进行市场细分，或是将年龄当作一种亚文化。消费者的需求与消费能力会随着年龄而改变，不同年龄的人，生理上的需要也不同，因而其购买行为表现出不同的特点。按照一般的分类方法，消费者在年龄段上被分成以下四类：少年儿童、青年、中年和老年。

10.1.1　少年儿童的消费行为

一般来讲，把少年儿童的年龄界定为 0～18 岁，这一时期是人的心理发展和智力开发的重要时期。这一阶段又可以细分为婴儿期、幼儿期、学前期、学龄期和少年期。为了方便起见，把它简单地分为儿童期和少年期。少年儿童是特殊类型的消费群体，是家庭消费的中心，而且这一年龄阶段的消费者属于未成年消费者。

1. 儿童消费者的消费行为

在人的一生中，儿童时期是一个迅速发展的时期。儿童期的心理发展和生理发展都逐渐趋于成熟：在生理上，从完全依靠别人照顾到自己照顾自己并能帮助他人做事情；在心理上，有了一定的分析问题和解决问题的能力，并形成了最初的个性倾向；在行为上，逐渐地由被动变为主动。

儿童消费者的消费行为主要表现在以下几个方面：

（1）从纯生理性需要逐渐向带有社会内容的需要发展。儿童在婴幼儿时期的需要，主要是生理性需要，以满足生理性需要为其消费的欲望和目的。这一时期，父母注重的是婴幼儿的营养与健康，以及使婴幼儿得到心理和智力开发的玩具和早教。随着年龄的增长，婴幼儿不断接触到外界环境的各种刺激，消费的中心从物质、生理的需要向精神、文化的需要转移，精神、文化和知识的需要占据了中心地位。父母开始有意识地培养孩子的兴趣，让孩子学习绘画、弹琴、舞蹈等，有些父母还会为孩子购买计算机、钢琴等。

（2）从依赖性消费逐步过渡到半依赖性消费。儿童在婴幼儿时期，生理和心理都不成熟，没有选择能力，完全依赖父母满足消费需求。随着年龄的增长，生理和心理迅速发展，有了一定的自我意识，独立自主意识逐步增强，会将自己的喜好和意愿告诉父母，并影响父母的购买决策。虽然这一时期的儿童主要是商品的使用者而非购买者，但他们的消费行为已经是半依赖性消费。

（3）从模仿性消费逐步向带有个性特点的消费发展。模仿是儿童的天性，到了三四岁之后，儿童的模仿心理活动逐渐增多。由于他们没有生活经验和知识，缺乏选购能力，所以电视上的精彩产品广告或者同龄小朋友拥有的一些物品，以及父母的言谈举止、穿着打扮等方面都会影响到他的需要。这体现了模仿性消费的特点。随着年龄的增长和自我意识的不断提高，儿童的模仿性消费逐渐被有个性特点的消费所代替，"与众不同"的意识或"比别人强"的意识常常影响他们的消费行为。

（4）消费情绪从不稳定发展到比较稳定。儿童对事物的认识主要是外观和自己的喜好，所以儿童的消费心理很不稳定，易受别人影响，易转移变化，刚才还吵闹着要得到的物品，得到后可能会毫不爱惜地抛弃。随着年龄的增长和控制自己情感的能力不断增强，儿童的偏好逐渐显露出来，因而其消费情绪逐渐稳定下来。

（5）儿童消费品中，娱乐用品的消费比重比较大。玩耍是儿童的天性之一。为了满足儿童的这一生理和心理需要，家长们毫不吝啬地为孩子买各种玩具、娱乐性和知识性的少年儿童读物以及光顾各种有助于儿童身心发展的各种少年儿童娱乐场所。可以说，在所有的各年龄阶段中，儿童消费者用于娱乐消费的比重最大。

2. 少年消费者的消费行为

从年龄上来说，少年时期一般是指 11 岁到 18 岁的年龄段。在我国，这一年龄段其实差不多就是指整个中学时期。这一年龄段的少年处于生长发育的重要时期，由于受教育、文化和社会的影响，其独立性和自我意识得到加强与发展。这一阶段的少年能够意识到自己的某些需要，而且还会要求家长购买指定品牌的商品，甚至有独立购买的意愿。他们的消费行为表现为以下几个方面：

（1）喜欢与成年人相比。由于少年期自我意识的发展变化迅速，他们在主观上认为自己已经长大成人，在心理上要求得到与成年人一样平等的地位和权利，渴望像成年人那样独立地处理自己的事情。在消费行为上，表现出不愿受家长束缚，倾向于自主独立地购买自己喜爱的商品的特点，同时，在生活习惯和嗜好等方面喜欢与成年人相比。

（2）从受家庭的影响逐步转向受社会群体的影响。儿童消费心理主要受家庭的影响，尤其是父母的消费观念和消费行为对他们的影响很大。但到了少年期以后，由于自我意识的提高和自理能力的增强，他们有了一定的独立性，特别是在集体学习和集体活动中，通过与其他人的经常接触，使得他们的消费观念和消费行为由受家庭影响逐渐转向受集体或群体的影响。

（3）购买的倾向性开始确立，购买行为趋于稳定。处于少年期的消费者，知识不断丰富，对社会环境的认识不断加深，兴趣趋于稳定，有意识的思维与行为增多。随着购买活动次数的增加，少年消费者的感知经验越来越丰富，对消费品具备了初步的判断、分析、概括能力，购买行为趋于习惯化、稳定化，购买的倾向性也开始确立，购买动机与现实条件的吻合度有所提高。

10.1.2　青年消费者的消费行为

从心理学角度来说，青年时期通常是指 18~35 岁的年龄段。由于青年消费者年龄跨度大、人口众多，消费能力和购买潜力都很大，使得青年消费者在整个消费活动中处于重要的位置。因此，了解青年消费者的消费行为特点，对市场营销人员来说非常重要。

青年消费者消费行为的特点表现在如下几个方面：

1. 追求新颖、时尚的消费趋向

青年人富于幻想，对新事物比较敏感，而且易于接受新鲜事物，因此，他们往往是各种高新技术产品的首先购买者、使用者和传播者。在他们的带领下，出现了一轮又一轮的消费时尚。总之，一种新的消费趋势总与青年人分不开，时尚的特征也从青年消费者身上最充分地表现出来。

2. 购买行为中有较强的感情色彩

青年人处于少年向中年过渡时期，少年期的未成熟心理和中年期的成熟心理并存。与中老年人相比，青年人的生活经验还不丰富，对事物的分析和判断能力还没有达到成熟阶段，他们的思想感情、兴趣爱好、性格特征还不完全稳定，因而往往容易感情用事，爱冲动。在购买商品的过程中，青年消费者的情感和直觉因素起着重要作用，因而他们特别看重商品的外观、款式、品牌、颜色等，而对于内在质量、价格等不会过分计较。因此，不少青年人是在头脑发热、冲动的情况下产生购买行为的，但常常在购买某商品以后，才发现当初的决策欠考虑，所购商品往往用不了几次就束之高阁了。

3. 具有较强的购买力和较广的购买范围

这里所讲的青年消费者，主要是指具有独立购买能力的青年人。他们有一定的经济来源，而经济负担又不太重，特别是现在的青年人，大多没体验过苦日子，因此花起钱来比较大方，显示出较强的购买力。另外，他们的消费观念也比中老年人更开放，追求现代化的生活方式，注重享受和娱乐。因此，凡是能满足他们这方面消费需要的商品，都能引起他们的兴趣，触发其购买动机。

4. 追求个性，表现自我

随着生理、心理发育的成熟以及社交面的扩大，青年人希望塑造完美的个性形象，追求个性色彩。因此，他们的每一种行为都力求表现出"我"的内涵。在购买商品时，他们喜欢能够体现个性的商品，并且往往与自己的性格、职业、兴趣、理想相联系，形成自己独特的购买需求。

5. 超前消费

青年人的消费观念新颖，时代感强，易于接受新观念，而且一些青年人较自信，加上没受过苦，愿意享受，所以往往超前消费。例如，现在的很多青年人会贷款买车、买房。

10.1.3　中年消费者的消费行为

中年人一般是指 35 ~ 60 岁的人。中年人一般是家庭购买的决策者。由于他们的子女尚未独立，购买商品的决策权往往由父母承担，而且他们的父母年岁已高，外出购物不方便，所以往往把购物的决策权交给儿女，因此，中年人在消费活动中处于重要的决策地位。中年人在消费行为方面主要表现出以下特点：

1. 理智性购买多于冲动性购买

中年人具有较高的文化知识，加之具有丰富的工作经历和知识阅历，因此比较理智，会控制自己的情绪，很少感情用事。表现在购买活动中，中年人从购买欲望的形成到购买行为的实施，都是经过深思熟虑的。他们会准确地接受和分析商品信息，很少出现像年轻人那样毛手毛脚地把东西买回家后又后悔的情况。

2. 计划性购买多于盲目性购买

中年人是家庭经济的主要负担者，既要赡养老人，又要负担子女的生活和教育费用。特别是近几年来，我国家庭用于子女教育的费用不断提高，子女受教育的费用已经成了很多家庭一笔不小的开支。因此，很多中年人要考虑经济合理，懂得理财当家、量入为出，在实施购买行为前就要计划好所购买商品的价格、数量、质量、用途等，盲目性小。

3. 多方选择，注重商品的实用性与便利性

由于经济条件的限制以及繁重的工作压力，中年消费者在购买商品时更注重商品的实用性与便利性。他们一般会货比三家、多方选择，而且对购物环境、具体商品、售后服务等都会反复比较，并对华而不实的商品不感兴趣。因此，他们选择商品时着重考虑其内在质量（特别是功能、使用寿命以及操作的方便性等）和价格，然后才是款式和颜色等。

小贴士

　　一项对中年消费者的调查显示，中年消费者存在如下消费趋势：①求质量。52%的消费者把商品的质量放在消费决策因素的首位，即使价格偏高或者款式普通，也愿意选择优质的商品。②求使用价值。51%的中年消费者注重商品的使用价值，不过分挑剔商品的款式、外观和色调。③求方便。32%的中年消费者注重商品的便利性，包括使用便利和维修便利，购买商品时愿意选择售后服务好、跟踪安装、上门调试维修的品牌。④求价廉。27%的中年消费者以价格低廉作为购买目的，他们在观念上保持着简朴的传统，对款式、花色、功能等均无过高要求，在同类产品的选择中，多以价格低廉商品代替价格较高的商品。⑤求信誉。10%的中年消费者对产品信誉表示重视，对质量好、信誉高的商品长时间保持使用。

　　（资料来源：徐萍. 消费者心理学教程［M］. 上海：上海财经大学出版社，2005：245-246.）

10.1.4　老年消费者的消费行为

　　一般情况下，60岁以上的人称为老年人。老年消费者在心理和生理上同中青年消费者相比都发生了明显的变化，形成了具有特殊需求的消费者群体。在身心方面，老年消费者的生理和心理都发生了重大的变化。与之相对应，他们对消费品的需求以及表现出的消费行为有以下几个方面的特点：

1. 对消费品的种类和结构有特殊的需求

　　老年人的视觉、听觉、味觉、嗅觉、触觉等较年轻时明显下降，反应迟缓，记忆力减退，睡眠减少，对冷暖等外界刺激较为敏感，容易疲劳、厌倦等。这使得他们对消费品的需求，从范围广泛、品种繁多渐渐集中到他们最需要、最感兴趣的商品上。而这些商品主要是指能够弥补老年人身体方面的某些缺陷与不足，有助于老人身体健康，给老人的生活带来更多的方便与舒适的各种商品。例如，有营养、易消化的食品，各种滋补品，家用治疗保健器械以及各种消遣性的商品。在需求结构方面，老年人货币支出的大部分用于食品和医疗以及保健用品上，而穿和用的支出相对减少。

2. 有比较稳定的消费习惯和品牌忠诚

　　老年人喜欢怀旧，在选购商品时，他们喜欢凭过去的经验、体会来评价商品的优劣，并对老牌子的商品、名牌商品有深刻的记忆。多年养成的固定消费习惯，使他们的购买动机有较强的理智性与稳定性，不易受外界因素的干扰，也不为商品的某一特点所动。因此，老年消费者的消费兴趣和爱好比较稳定，对老牌子产品有特殊感情，而培养新的习惯和嗜好相对较难。

3. 购买商品讲求方便，希望得到尊重和礼遇

　　一般老年人的体力和精力都有不同程度的减弱，行动也变得不方便，所以老年消费者希望能有一个方便、良好的购物环境。例如，购物场所交通便利、店内有供消费者休息的设施、商品陈列便于挑选、购买程序比较简单等。老年人在社会上和家里都是长者，他们唯恐受到冷遇，总希望得到尊重和礼遇。在消费过程中，他们希望销售人员能够对商品给予详细介绍，且言谈举止有礼貌。

4. 具有较好的经济基础，一部分老年消费者具有补偿性的消费行为

我国城市的退休职工有着稳定的退休工资或社会保障金，而且中国人有储蓄的习惯，到退休时已积蓄了一笔钱财，所以经济并不困难。这使得很多老年消费者在消费时也有很潇洒的一面，特别是那些经济条件比较好，或者觉得年轻时太委屈了自己，而到了老年才想得开的那部分消费者。这部分消费者大多同意这样的提法："退休才是新生活的开始"，没有了工作负担并完成了养儿育女的任务以后，他们更愿意"换一种活法"，以享受生命、享受生活。因此，这部分老年人是很有潜力的消费者，尤其在旅游、健身、购买消费品和营养品方面，是企业不可忽视的一个日益重要的消费者群体。

5. 喜欢迹象征兆

老年人都希望自己无病无灾，能够久安长寿，所以，与长寿健康有关的物品很容易引起他们的兴趣，被他们视为吉祥瑞福。在选购商品时，老年人喜欢有利于健康长寿的商品，喜欢带有与吉庆、长寿、健康相关联的商品包装或者广告宣传。

> 小贴士
>
> **年龄结构对消费行为的影响**
>
> 首先，年龄是许多目标筛选的首要纬度。日本索尼公司早年在这方面吃过大亏。作为电子音响巨头，许多目标客群都是 15～24 岁的年轻人，这些人喜欢什么非常重要。起初索尼只是死板地宣传质量好等，市场份额基本在后面，最好的一次是第七名。最后发现目标客户群体 50% 以上都是 15～24 岁的年轻人的时候，索尼公司开始赞助沙滩排球赛场，效果果然不凡，索尼立体声汽车音响的收入翻了一番。
>
> 其次，不同年龄层面对产品的需求有相似处。例如某位分销经理，30 岁，他说想把现在使用的力科电动剃须刀换成飞利浦的。问他为什么，他说不一样，感觉该换了。这种感觉深处分析其实是一个年龄层变化带来的变化。如果力科和飞利浦在对 18～35 岁人群竞争目标进行分割的话，30 岁是一个分水岭，30 岁之后，无论是从产品品牌定位还是价格，或者质量和目标客群需求变化等方面，飞利浦要强。
>
> 最后，不同年龄的价值观取向不同。宝洁公司曾经建立了两个网站研究青少年对一些概念的认知，包括对产品的看法，对什么是"酷"的理解，等等，用来进行营销决策。虽然有一定效果，但这种在线测量方式有其不足，无法用量化的数据下结论说成功或不成功。但是这个方法是对的，测量价值观取向相当重要，特别是一些重大事情的影响。

10.2　性别与消费者行为

性别不同，在生理上的需要和心理上的差异是不同的。正如人们常常会说男人理性，女人感性，这确实是一种客观存在。而这种对待事物的差别也影响了消费动机和行为。营销人员可以根据这些差别来进行有针对性的营销，如对于衣服、化妆品、个人保养品、杂志、珠宝、鞋子等产品，都可依性别差异来细分市场。在过去，汽车设计主要是以男性为诉求对象，但是随着女性拥有汽车数量的增加，汽车制造商也开始注重设计某些能吸引女性的特色汽车。

10.2.1　男性消费者消费行为的特点

1. 购买行为的目的性和迅速性

与女性相比，男性很少去"逛"商店，他们常常在缺货时才产生购买动机，所以他们购买的目的性很强，而且是到了目的地（商店）后买完就走，很少会在不同的商店之间反复比较和选择。另外，男性善于控制自己的情绪，处理问题时能够冷静地权衡各种利弊因素，从大局着想。具有较强的独立性和自信心的特点直接影响他们在购买过程中的心理活动。因此，在需要购买某样产品时，他们能果断、迅速地形成动机，并能立即促成购买行为，即使处在比较复杂的情况下，也能够果断处理，迅速做出决策。

2. 购买行为的理智性

男性比女性更善于控制自己的情绪，在购买活动中心境变化比女性小，因而更具有理智性。特别是在购买一些高档或大型商品方面，男性消费者的购买决策过程不易受感情支配，更注重商品的性能、质量、品牌及维修等。

3. 购买动机的被动性

就普遍意义讲，男性消费者的购买活动远远不如女性频繁，购买动机也不如女性强烈，比较被动。在许多情况下，男性消费者购买动机的形成往往是由于外界因素的作用，如家里人的嘱咐，同事、朋友的委托，工作的需要等，动机的主动性、灵活性都比较差。

4. 购买动机的感情色彩比较淡薄

男性消费者在购买活动中心境变化不如女性强烈，不喜欢联想、幻想，感情色彩比较淡薄，所以，当动机形成后，稳定性较好，其购买行为也比较有规律。男性消费者在购买某些商品时，与女性的明显区别就是决策过程不易受感情支配。如购买汽车，男性主要考虑商品的性能、质量、品牌、使用效果、转售价值和保修期限。如果上述条件符合要求，他就会做出购买决策。而女性则喜欢从感情出发，对车子的外观式样、颜色严加挑剔，并以此形成自己对商品的好恶。另外，男性消费者认为男性的特征是粗犷有力，因此，他们在购买商品时，往往对具有明显男性特征的商品感兴趣，如烟、酒等。

5. 购买过程的独立性与缺乏耐性

对熟悉的商品或已经决定了要购买的商品，男性消费者在购买时表现出更多的自信，不易受外界的影响。与此同时，他们在购买过程中缺乏耐性，表现为对商品挑选不仔细，不愿意讨价还价，不愿意在商店或柜台之间进行比较和衡量等。

10.2.2　女性消费者消费行为的特点

在我国，女性角色的重要性与地位的提升已经是一个不可忽视的事实。据调查所得，在家庭每月的消费中，由女性所花的钱平均占到3/4。所以，女性是家庭的消费主力，也是社会消费的重要一环。

女性消费者购买行为的特点主要表现在以下几个方面：

1. 购买行为的主动性和灵活性

女性爱逛街，其购买行为经常发生在逛街的过程中。女性进行购买活动的原因是多方面的：有的是迫于客观需要，如操持家务；有的则是为满足自己的需要，如爱美、追求时尚等；有的把购买商品作为一种乐趣或消遣等。所以，购买动机具有较强的主动性、灵活性。而且这种主动性和灵活性也时常体现在购买具体商品上。如原打算购买某种商品，但商店无货，这时男性往往放弃购买行为，而女性会随便逛逛，在逛的过程中购买一些原本没打算购买的商品。

2. 具有浓厚的情绪和感情色彩

女性的心理特征之一是感情丰富、细腻，心境变化剧烈，富于幻想、联想，因此购买动机带有强烈的感情色彩。特别是在逛商店的时候，食品的诱人香味、化妆品的外观和芬芳、服饰的款式和色彩等符合她们的心理需要，就能激发她们的购买动机。例如，看到某款儿童服装新颖漂亮，马上会联想到自己的孩子穿上这套服装会是什么样子，从而引起积极的心理活动，产生喜欢、偏爱等感情，促发购买动机。而且女性的购买动机受情绪影响较重，很多女性在特别开心或特别苦恼的时候都容易产生购买行为。特别开心的时候，她觉得一切都那么美好，对预期的收入比较乐观，因而购买时出手比较大方；同样，在苦恼的时候，很多女性把逛商店作为排遣自己压抑情绪的一种方式，在这种情况下，有的人是为了赌气，有的人是为了在购买中享受快乐而产生购买行为。

3. 购买行为受环境因素的影响，波动性较大

由于女性消费者具有较强的自我意识与敏感性，心理活动易受各种外界因素的影响，所以她们在选购商品时，比较容易受购物环境因素的影响。商品广告宣传、购买现场的状况、营业员的服务、其他消费者的意见等，都会影响到女性消费者，从而容易出现从众行为，即所谓的"随大流"现象。例如，许多商店为了招徕顾客，用醒目大字标明"减价商品""处理商品""出口转内销"等，这些往往对女性具有特别的吸引力。又如，有时并没打算买某种商品，可是看到现场有很多人在抢购，有的女性消费者就会不由自主地加入购买的行列中，即使排着长队也无所谓。从这个意义上说，女性消费者比男性消费者更容易出现购买冲动。

4. 注重商品的具体利益与实用价值

女性消费者富有处理家务劳动的经验，掌管家庭收支，她们往往在购物时更重视所买商品的实用性，商品在生活中的实际效用和具体利益越能看得见越好。女性消费者既要工作，又要操持家务，所以她们希望减轻家务劳动工作量，因此，她们对日用消费品和主副食品的方便性、实用性有强烈的需求。她们最喜欢的购物场所是超级市场，因为那里商品品种齐全、价格合理、环境较好，能达到一站式购物的目的。而职业女性喜欢操作简单而又功能齐全的高科技产品，因为这样的商品既能减轻家务劳动，又能显示出一定的档次与品位，同时还不用仔细研究产品说明书。

5. 消费倾向的多样化和个性化

当今中国的女性，在经济收入和在家庭中的地位提高的同时，自我意识也不断提高。越来越多的女性开始关注自己的社会形象，希望自己与众不同，特别是在穿着打扮方面，既希望跟上社会潮流，又不愿意与别人雷同，年轻的职业女性更是如此。最常见的就是本来在商店里看中了一套衣服，在决定购买之前突然想到本单位的某同事也有一套这样的衣服，这时大多数女性都会放弃购买。当然，反过来也是一样。如果看到本单位的某同事穿着和自己一样的衣服，就很可能把这套衣服"打入冷宫"。特别是对于休闲装，女性更愿意穿出自己独特的品位，以展现自己独特的风格与气质。

鉴于女性消费者在购买行为中的上述特点（当然不止这些），以及当今女性在家庭和社会中消费能力的提高，企业在制定营销策略时，应该采取适当的、符合女性消费者心理需求的各种措施。例如，橱窗的设计与布置、商品的包装装潢以及色彩、款式等，都要考虑女性消费者的心理特点与购买行为特征。

在中国一线市场，中国女性的消费"决策权"早已经从传统的食品杂货、化妆品、服装，发展壮大到旅游健身、文化教育、休闲娱乐、数码产品、奢侈品（中国女性的奢侈品消费占市场的55%）、房产、汽车等新的精神、高端消费领域，呈现"多元化、智能化、个性化"三大特征。而中国二三线女性消费市场正在迅速成长中。

1. 商品"她"化

（1）商品"时尚化"。女人都是时尚崇拜者，享受生活，追求时尚。所以，她们在购买化妆品、服饰等商品时，较多地侧重于设计、外观包装，在意美的效果，期望通过使用流行、时尚、新颖、奇特的产品来强调自我的唯一性。

（2）商品"女性化"。商品"女性化"，就是产品尽量满足女性消费者这个"细分"市场，尽量迎合女性消费者的审美情趣，如时尚小家电、女性保健品，大量针对白领女性的卡通、彩色笔记本电脑。

（3）商品"实惠化"。对于"居家过日子"的产品，许多女性消费者可谓是"斤斤计较"，因此，产品在包装规格、容器容量、产品文案、产品价格、产品功效等的策划设计上，应尽量给她们"经济、实惠"的感觉，以增加产品销售力。这个现象在中国二三线女性消费市场上特别明显，企业需要研究、应对。

2. 终端"她"化

女性消费者在购物时不但细致，而且很重视"购物环境"，一些特别的环境也会刺激消费者的购买欲望。因此，商家在终端渠道及产品陈列上应尽量"她"化，以吸引女性消费者前来购物并多购物。

在卖场中，商品陈列是无声传播与推销，手段的高低将在很大程度上影响产品的销售效果。在消费"她时代"，商品陈列应尽量考虑女性消费者在陈列高度、色彩搭配、陈列风格、灯光、装饰、POP等方面的特色与需求。而且，女性对美的追求永无止境，因此，卖场的商品陈列需要经常更换"新面孔"，吸引顾客前往。"我感知"是终端最后的诱惑，如服装产品，应尽量通过模特将产品展示给女性消费者——女性购买欲望受直观感觉影响较大，容易因感情因素产生购买行为。

3. 促销"她"化

（1）女性消费者的理性、务实一面。企业在产品促销时，如洗衣粉（液）、沐浴露、洗洁精、食用油等产品，一定要多使用"买赠""打折""加量不加价"等常规性促销手段，以吸引女性消费者的购买欲望，尽量满足她们"会过日子"的消费心理需求。

（2）女性消费者的非理性、冲动一面。企业在产品促销时，如化妆品、服装等产品，在确保产品时尚、精美的前提下，企业导购一定要充分发挥"三寸不烂之舌"，针对女性消费"容易受他人影响"的特点，导购可尽量采用"从星"（明星）策略，多进行赞美，一定要让消费者亲自体验，消费者往往在"半梦半醒"的状况下自掏了腰包。

（资料来源：黄志东，2010年10月《广告人》，有删减）

10.3　收入与消费者行为

改革开放 30 多年来，我国城乡居民的收入有了空前的增长，生活质量大大改善。但在收入总体增长的同时，居民收入在分配上存在着差距拉大的现象。在不同地区之间、不同行业之间、城乡之间的差距都有拉大之势。不同的收入阶层有不同的消费需求，因而收入影响着人们的消费行为。

10.3.1　消费者收入与消费行为的关系

1. 消费者收入预算线

消费者的选择决策，是根据自己的购买能力，在所有可能买到的商品中，购买自己认为最佳的品种与数量的组合，以使自己达到获得效用最大化的目的。可见，消费者的选择是由三部分组成的：目标—效用最大化、可供选择的方案和环境约束。环境约束是指由收入和价格决定的预算收入，即财富收入和价格因素对消费者的外部限制。也就是说，消费者是不可能满足无限欲望的，只能根据自己的收入量力而行。

消费者预算线也称消费可能线、家庭预算线或者等支出线，表示在消费者收入和商品价格既定的条件下，消费者的全部收入所能够买到的两种商品的不同数量的各种组合。如果以 I 表示消费者的既定收入，以 P_1 和 P_2 分别表示已知的商品 1 和商品 2 的价格，以 X_1 和 X_2 分别表示商品 1 和商品 2 的数量，那么，预算线的方程为：$I = P_1X_1 + P_2X_2$。该式表示，消费者的全部收入等于他购买商品 1 的支出和购买商品 2 的支出的总和。消费者预算曲线如图 10-1 所示。

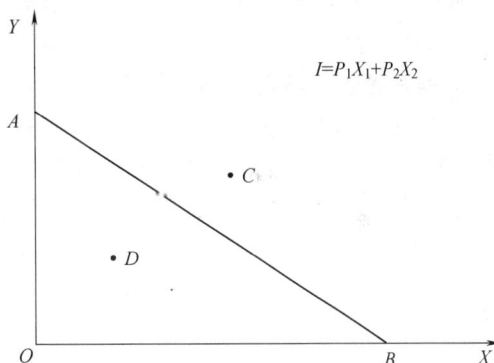

图 10-1　消费者预算曲线

如图 10-1 所示，预算线 AB 把平面坐标图分为三个区域：预算线 AB 以外的区域中的任何一点，如 C 点，是消费者利用全部收入不可能实现的商品购买组合点；预算线 AB 以内的区域中的任何一点，如 D 点，表示消费者的全部收入购买该点的商品组合以后还有剩余；唯有预算线 AB 上的任何一点，才是消费者的全部收入刚好花完所能购买到的商品组合点。

2. 消费者收入与消费需求的收入弹性

收入对消费需求的影响，可以用"消费需求的收入弹性值"来表示，它代表收入增长与消费需求增长之间的函数关系。其规律是：在其他经济参数不变的前提下，收入增长，则消费需求也增长；反之，收入下降，则消费需求也下降。但在不同的方面，其各自增长的范围和幅度是不同的。据统计，随着收入的增加，我国消费者对高档耐用消费品需求的增长幅度是最大的，其次是副食品，而对日用品需求的增长幅度是最小的。

除了上述现期收入影响消费需求外，预期收入也能对消费者行为产生影响。现期收入是指在当时条件下消费者的收入水平；预期收入是指消费者以现期收入为基础，对今后收入的一种预计和估算。这种预计和估算取决于消费者对个人能力的信心和对社会发展前景的信心。

如果消费者的预期收入高于现期收入或者至少不低于现期收入，他可能增加现期的消费支出，以提高现期的消费水平，如他可能贷款买房、买车；反之，当消费者的预期收入可能低于现期收入时，他将降低现期的消费水平，减少日常开支并倾向于储蓄，以使未来的消费水平有一定的保障。

3. 消费者收入与消费支出结构

消费者收入与消费支出结构有密切的关系。早在100多年前，德国经济学家恩格尔就提出，一个家庭或国家越穷，其消费支出总额中，用于购买食品的费用所占比例就越大；反之，一个家庭或国家越富，其消费支出总额中，用于购买食品的费用所占比例就越小。这就是著名的恩格尔定律。

恩格尔定律告诉人们，随着家庭收入的增加，人们在食品方面的支出在收入中所占的比例就越小，用于文化、娱乐、卫生、劳务等方面的费用支出所占比例就越大。其中，食品支出在消费总支出中所占的比例被称为恩格尔系数。具体指标是：恩格尔系数在59%以上，为绝对贫困；恩格尔系数在50%~59%，为基本温饱；恩格尔系数在40%~50%，为小康水平；恩格尔系数在20%~40%，为富裕家庭（或社会）；恩格尔系数在20%以下，为极其富裕。

因此，根据恩格尔系数划分的消费结构水平代表了一个国家或一个家庭的生活水平，并可以据此分析消费者的消费行为与消费趋势。

4. 消费者收入与新产品采用

在影响新产品采用的因素中，消费者的经济状况起了一定的作用。具体来说，收入高的消费者，在消费心理方面表现为求新、求好，因此常常是新产品的最先试用者；收入一般的消费者，在消费心理方面表现为谨慎、求实，因而是新产品的晚期采用者；而当消费者的收入很低的时候，他一般不可能对新产品产生任何奢望，因而表现在消费心理方面只能是守旧者。

小贴士

收入提高影响服饰消费者行为

收入提高影响服饰消费者行为，不仅表现在服饰数量的增加上，而且也表现在穿着结构上逐步向中高档发展。消费者对服饰面料质量的要求随购买力的提高而相应提高，并且增长速度可观；而且，消费者经济收入提高还反映在对服饰款式和色泽上更加讲究。人购买服装的动机不再只是为了实际需要，而更多地是为了美化需要。人民的衣着状况反映了一个国家、一个民族的政治、经济和文化、生活水平。同时，一个人的衣服质量在一定程度上反映了其所取得的成就和利益。

10.3.2 不同收入阶层的消费行为特征

消费者的收入水平不同，其消费特点也不同。根据消费者的收入水平，消费者可分为三种类型，即低收入阶层消费者、中等收入阶层消费者和高收入阶层消费者。

1. 低收入阶层消费者的行为特征

低收入阶层消费者主要是下岗职工、失业人员、靠打零工或摆小摊养家糊口的人、较早退休或内定退休的集体企业职工、停产或半停产企业职工以及领取最低生活保障的残疾人和孤寡老人。这部分人的收入非常低，预算约束上没有什么回旋余地，安排消费时，仅看眼前的现期收入，是"短视的、原始的"消费者。由于他们的预算约束是一期的，相应的，他们追求的是即期的效用最大化，因而他们的消费行为是短期行为。这部分消费者能够意识到未来的风险，有比较强的储蓄欲望，但他们的经济实力决定了他们不可能有太多的储蓄，而必须将收入的大部分消费掉。其消费相对于其他阶层来说难以压缩，因为这个阶层的人，消费的绝大部分都是以食物支出为特征的生活必需品消费。如果贫困阶层的恩格尔系数高达 0.8 以上，这意味着低收入阶层消费中至少有 80% 是为了吃饭，在这种情况下，压缩消费极为困难。即使低收入阶层消费者的收入提高，他们的收入增量中绝大部分也不会用于储蓄。其原因在于，这个阶层的储蓄是在消费受到高度压抑的前提下出现的，也就是通常所称的"从牙缝里挤出来的"。所以，此阶层的收入若有提高，首先将导致他们被压抑的消费释放出来，储蓄则是排在第二位的。

2. 中等收入阶层消费者的行为特征

中等收入阶层主要由政府公职人员、国有企业职工、科教文卫人员、个体经营者等组成。他们年龄大都在 30～45 岁，有较高的受教育程度，多为所在行业的骨干力量。年轻、拥有丰厚的收入、从事知识密集型职业，这些外显特征只构成这一群体的物质基础。中等收入阶层不仅仅是一种经济范畴，它还是一种生活方式、一种内在生活理念。中等收入阶层崇尚自由、快乐、平等，具有非常强的社会责任感和独特的政治见解，讲究情调、品位，有较高的审美水平，追求自然朴素的生活状态，更加追求自我，也更加喜欢表现自我。这些因素都对其购买行为产生深刻影响。

（1）具有较高的消费倾向。中等收入阶层消费者普遍拥有超前享受和消费观念，不断追求时尚并走在时尚的前端。他们有着较为丰厚的经济收入作为保障，乐于进行消费活动，有着较高的消费倾向。

（2）需求趋向多样化、个性化和高档化。在生理需要得到满足之后，中等收入者开始更多地关注生活品质和自身技能的提高，开始求"精"求"好"，消费趋向高档化。中等收入阶层群体追求时尚，对于新兴产品，特别是科技含量较高的产品更为青睐，更注重产品的智能化和能否满足自己个性化的需要。为了保持自身的职业竞争力和顺应时代的发展，他们对继续教育、身体保健的需求不断增加。较高的收入和提高生活品质的内在需要，使他们对住房、旅游、娱乐等产品或服务的现实需求也明显高于低收入者。因此，中等收入者的需求趋向多样化、个性化和高档化。

（3）社会责任感强，更加关注自己在心理、精神上的满足程度。由于受教育程度和具有的认知程度较高，中等收入阶层相对来说具有更强的社会责任感，他们关心国家政治、经济生活和社会可持续发展，关注企业的社会责任表现和承诺。因此，企业在劳工、安全、环保等社会责任上的所作所为对中等收入者购买决策的影响越来越大。哪些企业更关心员工的健康、安全和发展，更关注环境保护和减少资源消耗，就容易赢得消费者的青睐，进而建立起良好的市场形象和品牌忠诚。人的需要是分层次的，有初级的生理需要，也有高级的自我实现的需要。调查与研究表明，中等收入群体在购买商品时受自我观念影响比较大。如果产品的形象符合他们心理、精神上的需要，他们就会对此产品形成积极的评价或偏好。因此，他们在购买产品时不单考虑产品本身，更注重产品的象征性意义（即整体产品概念中的外延层），关心它们是否达到心目中对自己的期望。

（4）中等收入阶层有着强烈的消费示范作用，是社会消费潮流的引领者。一方面，中等收入阶层易于接受新生事物，站在时尚的前端，有自己独特的品位；另一方面，目前的中等收入阶层大多是知名企业的白领、企事业单位的领导者或骨干力量，有着丰厚的收入，社会活动参与程度高。这两方面原因，使得他们的生活方式、消费行为很容易成为大众追随、效仿的榜样。一种新产品、新消费方式的出现，中产阶级群体往往是最先的尝试者和推动者。他们追逐着时尚，同时也制造和引领着时尚。对于营销人员，应该密切捕捉中等收入阶层在消费动态上发生的任何细微的变化。因为，今天中等收入阶层流行的东西，明天也许就是整个社会流行追赶的东西。同时，一种产品占领了中等收入阶层市场，就更容易打入其他阶层市场，特别是普通收入阶层市场。

3. 高收入阶层消费者的行为特征

高收入阶层消费者主要是企事业单位的管理人员、演艺界和体育界的明星、律师、医生等。从外部环境设定来看这部分人，有如下一些特点：

（1）预算约束。这部分消费者的收入在近几年增长较快，在满足日常消费后仍有大量结余，资产积累较多，具有跨时预算的能力，但并不像生命周期假说所描述的那样以一生的收入作为预算。

（2）流动性约束。虽然由于我国私人消费信贷市场目前还处在起步阶段，但由于收入水平较高，资产积累较多，他们受流动性约束的影响很小。

（3）不确定性。他们的收入水平非常高，其住房、医疗和社会保障问题都已得到妥善解决，因而他们受宏观经济不景气和住房、医疗及社会保障体系改革带来的不确定性的影响很小。从内在因素设定看，高收入水平及较多的资产积累，使他们具有了跨时预算约束的能力，与此相应他们追求的是跨时效用最大化；在我国经济转轨时期进行的各项制度改革所形成的不确定性虽然对他们的影响不大，但也使他们的风险意识和风险预期行为在逐步加强；对他们而言，时间偏好仍然不显著。

这个阶层消费者的消费行为较接近持久收入消费理论。他们的收入较高，在满足了对生活必需品和高档消费品的需要之后，还有大量剩余，这些剩余在转化为储蓄之后，能够为这个阶层提供大量的财产收入。所以，无论在现期还是未来，无论在退休前还是退休后，这个阶层的人均不会面临生活水平下降的危险，除非他们的财产受到某些意外的损失。此阶层的消费有其独特之处：①由于他们在消费上几乎不存在预算障碍，所以就不存在消费压抑现象，即他们的消费已经在现期得到满足，如果暂时收入增加，则绝大部分将转化为储蓄；②由于消费存在生理极限，因此他们的收入增长只能带来微弱的消费增长。

10.4 地理因素与消费者行为

地理因素是指消费者所处的地理位置与地理环境，包括地理区域、地形、气候、人口密度和地域文化等一系列的具体变量。对中国而言，由于地域广、亚文化圈多，中国市场的差异程度往往超乎人们的想象。这种差异具体表现在市场的多元多样性：一国多个市场，一国多层市场。因此，中国市场营销中最关键的战略之一就是，尤其不可忽视区域消费差异及（地理）细分。

根据英国经济学家情报社（The British Economist Intelligence Unit，EIU）的调查（1997），

进入中国市场的跨国公司，把中国看成 1 个市场的有 44%，把中国看成 2 个市场的有 6%，把中国看成 3 个市场的有 11%，把中国看成 4 个或更多市场的有 39%。把中国看成是 4 个或更多市场的公司基本上都赢了，把中国看成是 1 个和 2 个市场的公司很多都输了。又如国内一大型饮料集团一两年前曾策划过一次全国性的赠品促销活动，选择的赠品是日常用家庭装食用油，为此统一采购了某品牌调和油发放全国。未曾预料到的是，统一的赠品在全国不同区域市场上反响不同：东北市场要求改送豆油，华南市场要求改送花生油，华中市场要求改送菜籽油，只有华东地区接受调和油。这个真实的事件提醒人们，中国营销中的区域消费差异是明显的。

10.4.1　地理区域与消费行为

由于中国地域广阔，各地区的经济发展水平、特点和条件存在着明显的不同。例如，工业分布上存在着"北重南轻"的结构差异和"北煤南水"的能源赋存差异，农业上更是存在着水热组合条件和农业利用结构上的差异等。目前，我国从经济地理区域上可以分为如表 10-1 所示的七大区域。

表 10-1　中国经济地理区域分类

环渤海经济区	以北京、天津、沈阳、大连、济南、青岛、石家庄、唐山、太原、呼和浩特等城市为核心，坐落于东北亚的中心，是国家政策引导发展的重点区域
东北经济区	包括黑龙江、吉林、辽宁和内蒙古东部盟市，地处东北亚开放地带，石油化工、矿冶机电设备、交通运输设备制造在全国居突出地位
长江三角洲及沿江经济区	包括长江三角洲 15 个市和沿江 28 个地市，是全国最大的经济技术核心区，成为内联中、西部的中国与亚太经济区的结合部；是以地方农副产品资源优势建立起来的，以轻纺工业为主、轻重工业均较发达的综合经济区
中部五省经济区	包括河南、湖北、湖南、江西、安徽，是中国经济发达地带向西部的过渡带和上海、连云港、广州三个对外开放"窗口"的连接地带；水土光热等自然条件优越，农业发达，是中国重要的农业基地
东南沿海经济区	包括广东、福建两省和浙江南部沿海地区，是中国改革开放的前沿——经济特区集中的地带，是中国收入水平最高的地区
大西南经济区	包括四川、重庆、贵州、云南、广西、西藏、海南以及广东西部，资源组合条件良好，但资源开发程度较低，是中国面向东南亚和南亚开放的前沿
西北经济区	包括陕西、甘肃、宁夏、青海、新疆和内蒙古西部盟市，生态环境脆弱，但自然资源特别是能源、矿产等资源丰富，少数民族集中，经济总体水平偏低，是我国通往中亚、西亚乃至欧洲的重要门户

七个经济区域的经济发展水平不同、地理位置不同，所以消费行为和习惯也不同。例如，东南沿海经济区和长江三角洲及沿海经济区是我国经济最发达的地区，所以消费能力强，是新产品的主要推广区和采购区；而西北经济区经济较落后，购买力低，当地消费者注重的是实惠。而且，我国是一个二元的社会，城市与农村的消费行为有很大的差异。城市有着舒适的生活条件、便利的交通、快捷的通信、方便购物场所和娱乐场所，所以消费时间分散、消费能力强，是新产品的最先采用者。

与城市相比，农村的消费特点具体表现在以下几点：

（1）消费的实惠性。农村经济平均收入普遍低于城市，并且这些收入不但要用于生活消费，还要用于生产投资。农村经济收入渠道比较单一，收入的大部分是靠辛苦的体力劳动换来的，所以，长期以来形成了节约的生活习惯。许多农民富裕起来后，仍然保持着勤俭持家的生活习惯。孩子教育、家庭建房、父母医疗、生产投资、孩子结婚等一般开支都非常大，农村社会保障体系尚不健全，几乎完全依靠自己的储蓄，因此，农民即便有钱也不喜欢花，也不敢花。这种特性决定了农民喜欢物美价廉的产品。

（2）消费的时间集中。由于受农业耕种季节的影响，只有在丰收后，农产品才能变成现金，因此农村消费呈现很强的季节性，消费的时间集中。年节、集会及订婚结婚等时间，都是消费的黄金时期。农村的购买频率低，但是购物的量比较大。所以，农村市场的营销推广时间和促销方案必须与农村购买黄金时期配合起来。

（3）消费的重点性。农村消费有四大重点：生产投资、家庭建房、孩子教育、孩子结婚。这四种消费在家庭开支中一般都被列为头等大事，具有资金优先支配权；而且这四项消费总体费用都比较庞大，农民一般都在几年内节衣缩食，重点筹办这些事情。有许多农民还要通过借款、贷款等方式来完成这些事情。

（4）邻居效应明显。所谓"邻居效应"，是指农村消费购买受邻居影响特别大，往往形成周围许多村民都购买同一类产品的现象。山东合效营销策划机构在农村调研中发现，农村出现了许多"长虹村""时风村"。这主要是由于农民之间互相了解、沟通方便，他们的购买受"精神领袖"的影响特别大，所以口碑宣传在农村具有很强的说服力，而且模仿消费在农村具有很大市场。因为知识的欠缺，农民了解产品信息的渠道较少，他们相信邻居的选择。如今，攀比消费在农村很普遍，尤其是结婚购买大宗产品时更是如此。村里的同伴一旦购买了某品牌产品，就成为"村标"，许多人宁可借款也要达到同伴的消费标准。农村许多未过门的媳妇，在购买家电、汽车等大件时，指明要购买同伴家庭购买过的产品。

（5）消费不理智，相信广告和名牌。农村的消费比较不理智，对品牌的认识主要依靠电视广告、熟人口碑相传，而一些"消费领袖"的意见胜过无数的电视广告，但年轻一些的消费者受广告影响也比较大。在选购大件耐用消费品方面，农民选择名牌的意向很强。他们把这些商品当作固定资产一样去购置。例如，买计算机，肯定是联想的；买羽绒服，肯定是波司登、雅鹿等名牌的；买电磁炉，肯定是美的或者格兰仕等品牌的；买电冰箱，肯定是海尔的。在快速消费品方面，由于现在的通信及交通越来越方便，电视广告、网络及人员流动性很强，信息会快速传播，因此农民也倾向于购买熟知的名牌。例如，人们在购买牛奶时，优选蒙牛、伊利等品牌；选择方便面时，优选康师傅、华龙、白象等品牌；在消费白酒时，优选当地产酒及全国的二线名酒中的产品。

10.4.2　地域文化与消费行为

长期形成的地域习惯，一般比较稳定。这些习惯影响着一个地区消费者的生活方式、生活水平、购买力的大小和消费结构，从而在不同的地域可能形成不同的消费文化，就如俗语所说的"百里不同俗，千里不同风"。

10.4.3　气候与消费行为

气候也是影响消费行为的一个主要因素，尤其是在饮食、家庭生活用品和女性化妆品方面影响很大。例如，南方潮湿，所以南方人在饮食上爱吃辣以祛湿；北方干燥，因而在女性护肤品方面保湿补水的护肤品畅销。

中东地区气候炎热，人们容易出汗，所以喜欢用气味浓烈的香水；该地区少有凉风，气温高达四五十摄氏度，当地人常用发乳涂身以润肤防暑，并喜欢用清爽易挥发的化妆品。而在许多高寒地区的国家，含油脂多的化妆品便无人问津。从中国不同地区的饮食习惯来看，湖南人爱吃辣椒，四川人喜食麻辣食物，浙江人爱吃甜食，山西人喜食醋，等等，都是由于当地自然环境条件的影响。

10.5 资源与消费者行为

消费者资源反映了消费者满足其需要的能力，它主要包括经济资源、时间资源和消费者的知识资源。资源既是有限的，在不同消费者中的分配又是不均衡的。有的消费者缺乏收入、财产等经济资源，而另外一些消费者则更多地受时间资源的约束，资源的差异最终反映在消费者的行为上。

10.5.1 消费者的经济资源

消费者经济资源的类型很多，如收入、财富和信贷等，这里只讨论消费者最主要的经济资源——收入，因为收入是绝大多数消费者消费或支出的主要来源。不同的消费者具有不同的收入，不同收入的消费者在消费观念和消费行为上又是千差万别的，因此，可以按收入对消费者进行经济阶层划分。这部分内容在本章 10.3 节中已进行阐述，在此不再赘述。

10.5.2 消费者的时间资源

对于当代的消费者来说，时间变得日益宝贵，他们对时间就像对金钱一样珍惜，因此，时间资源也成为消费得以实现的影响因素之一。时间资源是指消费活动中消耗的时间，包括购前时间（如搜寻信息、比较价格）、购时时间（如购买方式、付款方式等）和购后时间（如学习使用、填写保证卡、掌握使用的便利性、维修等）。

有些产品和服务是消费时间的，如看电视、溜冰、钓鱼、打网球、健身等均需要时间。消费者是否购买这些产品和服务，很大程度上取决于他们是否拥有可自由支配的时间和是否愿意为此付出可自由支配的时间。消费者的时间分为可自由支配时间（休闲时间）与非自由支配时间（包括工作时间等）。这两种时间具有一种此长彼短的关系：非自由支配时间越多，自由支配或休闲的时间就越少，反之则越多。现在人们越来越追求休闲时间，但减少工作时间会引起收入的减少，对很多消费者来说这并不是一种好的选择。因此，要获得更多的休闲时间，更好的选择是压缩非自由处置时间，其中购物时间是一个重要组成部分。因此，企业可以提供节省时间的产品与服务来帮助消费者达到目的。例如，雇人照看小孩、请钟点工清扫与整理房间等都有助于消费者从繁忙的家务活动中解脱出来，从而腾出时间来工作或休闲。人们所熟知的肯德基、麦当劳就是以求快惜时的营销策略横扫全球的，它们注重节省消费者的时间。

节约消费时间就等于节省金钱，从这个意义上说时间是稀缺的、有价的。当然，由于时间的宽裕程度不同，不同的消费者对时间付费的意愿存在差异，越忙碌、越紧张的消费者越愿意为时间付费。为此，可以从消费者时间资源的视角对客户进行分类评价，构建消费者消费资源投入方格（见图10-2）。该方格把消费者投入的资源分为重视金钱资源和重视时间资源两个维度，通过组合可以得到五种典型类型的顾客：A类顾客极端重视金钱资源，为此不惜耗费时间；E类顾客极端重视时间资源，为了惜时可以多付出金钱；B类顾客既没有强的金钱资源投入意识也没有强的时间资源

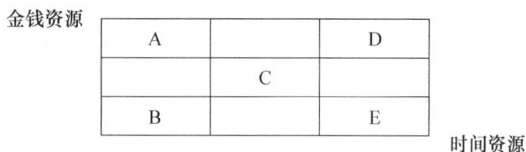

图 10-2　消费者消费资源投入方格
（资料来源：黄顺春．基于消费者时间资源的市场营销策略分析［J］．商业研究，2010（4）．）

投入意识；C类顾客既重视金钱也重视时间资源的投入，但保持着适当的度；D类顾客则在金钱资源和时间资源投入上都有极高的要求。

为此，营销者应通过长期调研或现场沟通，全面、细致地把握消费者的消费类型，提供有针对性的消费策略。很多企业在促销战略中应用广告特别强调其产品和服务节省时间的属性，如强调安装的快捷和维修的方便等。一些零售商店和购物中心也在方便顾客出入停车和减少排队等方面采取了不少措施，以求吸引时间敏感型的消费者。

10.5.3　消费者的知识资源

知识是指储存在头脑中的信息。消费者知识则是指与履行消费者功能相关的信息。消费者知识并不必然与消费者的受教育程度成正比，一个受教育程度很高的人，在某些产品的购买、使用与消费上的知识可能远不及一个受教育程度低的人。

1. 消费者知识的内容

（1）产品知识。产品知识涉及很多方面，如关于产品类型及该产品里各种品牌的知识，关于产品术语的知识，关于具体产品或品牌信息的知识、产品价格知识，等等。产品知识中需要单独拿出来讨论的一个重要方面是消费者对产品价格的了解程度。现实生活中，不同的消费者对同一产品的价格感知差别很大。研究表明，某服务的使用者能准确地判断这些服务的价格，而非使用者所给出的价格是实际价格的2倍。

（2）购买知识。购买知识主要涉及两方面，即在哪里买和何时买。一般而言，在哪里买的知识包括以下三个层次：①哪些商店出售何种类型的商品以及这些商店的形象；②在零售店，不同类型的商品放在什么位置；③某种产品在商店的具体放置位置。

（3）使用知识。使用知识主要是指有关产品如何使用、在什么场合使用、使用时有哪些要求等方面的知识。消费者拥有足够的使用知识很重要。首先，当消费者对产品缺乏使用知识时，他购买该产品的可能性会减少；其次，不合适的使用知识还会造成购买障碍，很多产品有多种用途，但消费者不一定知道，由此就会抑制消费者对这些产品的购买；最后，即使不充分的使用知识不至于妨碍产品购买，但也可能降低消费者的满意度，不正确的使用会导致产品不能正常发挥作用，甚至造成人身伤害。

2. 消费者知识资源的现实意义

（1）对于企业来说，了解消费者对购买知识的掌握程度是增加利润的有效途径之一。例

如，同一件商品，如钢笔，可以从文具店、百货公司等不同类型的商店购买，消费者选择何种类型和哪家商店购买某特定产品，取决于其购买知识，尤其是关于店铺形象方面的知识。如果消费者对产品放在商店何处的估计或印象很深刻，他就会习惯于到这家商店购物。因此，企业在制定营销渠道战略上应慎重选择商品的零售商。例如，中高档化妆品或大件家电应选择在客流量较大的闹市区的经销店或专卖店出售；而日杂店对各种便利品或中低档选购品来说，是比较好的零售渠道。此外，商家还可以利用人们的反季节消费的心理，对过季商品降价出售，以减少仓储费用，加速资金周转。

（2）对于企业来说，开发消费者的使用知识是提高商品销售量的手段之一。从传统的单一物品销售到产品和附加服务统一销售可以说是营销史上的一个进步，但这种仅限于售后的附加服务目前已不能满足消费者的需求，售前服务开始引起各营销者的普遍关注。企业应该采取各种促销战略手段增加消费者的使用知识，缩短其对产品的采用过程；在消费者使用过程中，企业还应该建立完善的技术咨询服务。虽然这些服务可能增加企业的成本，要求更多的雇员和更高的管理技术，而且会花费很多时间，但这些服务能帮助企业创造和保持竞争优势。

案例分析

万宝路的"变性手术"

在全球消费者心目当中，万宝路（Marlboro）无疑是知名度最高和最具魅力的国际品牌之一。从销售而言，全球平均每分钟消费的万宝路香烟就达 100 万支之多！不论你是否吸烟，万宝路的世界形象和魅力都给你留下了深刻的印象，令你难以忘怀。

大概谁也不会想到，风靡全球的万宝路香烟曾经在 1854 年以一小店起家，1908 年正式以品牌 Marlboro 在美国注册登记，1919 年才成立菲利普·莫里斯公司。

在创业的早期，万宝路的定位是女士烟，消费者绝大多数是女性，其广告口号是"像五月的天气一样温和"。可是，事与愿违，尽管当时美国吸烟人数年年都在上升，但万宝路香烟的销路却始终平平。女士们抱怨香烟的白色烟嘴会染上她们的口红，很不雅观。于是，莫里斯公司把烟嘴换成红色。可是这一切都没有能够挽回万宝路女士香烟的命运，莫里斯公司终于在 20 世纪 40 年代初停止生产万宝路香烟。

第二次世界大战后，美国吸烟人数继续增多，万宝路把最新问世的过滤嘴香烟重新搬回女士香烟市场并推出三个系列：简装的一种、白色与红色过滤嘴的一种以及广告语为"与你的嘴唇和指尖相配"的一种。当时美国的香烟消费量达 3820 亿支/年，平均每个消费者要抽 2262 支之多，然而万宝路的销路仍然不佳，吸烟者中很少有人抽万宝路的，甚至知道这个牌子的人也极为有限。

一、手术操刀者：李奥·贝纳

在一筹莫展中，1954 年，莫里斯公司找到了当时非常著名的营销策划人李奥·贝纳（Leo Burnett），交给了他这个课题：怎样才能让更多的女士购买消费万宝路香烟？

作为一个策划课题的承接者，李奥·贝纳面临着这样的资源处境：既定的万宝路香烟产品、包装等；同时又面临着这样的任务：让更多的女士熟悉、喜爱从而购买万宝路香烟。李奥·贝纳必须在这样的资源处境中，寻找实现这样任务的途径。如何解决这个问题？

如果李奥·贝纳，这里是说"如果"，完全局限于莫里斯公司提出的任务和既定的资源，循着扩大女士香烟市场份额的思路进行策划，那么风靡全球的万宝路就不会出现在这个经济世界了。幸运的是，李奥·贝纳并没有被任务和资源所限定，而是对莫里斯公司给予的课题进行了辩证的思考。

二、大胆改造成就万宝路

在对香烟市场进行深入的分析和深思熟虑之后，李奥·贝纳完全突破了莫里斯公司限定的任务和资源，对万宝路进行了全新的"变性手术"，大胆向莫里斯公司提出：将万宝路香烟改变定位为男子汉香烟，变淡烟为重口味香烟，增加香味含量，并大胆改造万宝路的形象，包装采用当时首创的平开盒盖技术并以象征力量的红色作为外盒的主要色彩。广告上的重大改变是：万宝路香烟广告不再以女性为主要诉求对象，而是一再强调万宝路香烟的男子汉气概，以浑身散发粗犷、豪迈、英雄气概的美国西部牛仔为品牌形象，吸引所有喜爱、欣赏和追求这种气概的消费者。

这是迄今为止最为成功和伟大的营销策划之一，由于李奥·贝纳突破资源和任务的大胆策划，彻底改变了莫里斯公司的命运。在万宝路的品牌、营销、广告策略按照李奥·贝纳的策划思路改变后的第二年（1955年），万宝路香烟在美国香烟品牌中的销量一跃排名第10位，之后便扶摇直上。今天，万宝路已经成为全球仅次于可口可乐的第二大品牌，其品牌价值高达500亿美元。

三、突破限定任务的营销思维

李奥·贝纳在最初接手万宝路的时候，莫里斯公司给他的任务和资源都是限定的，作为一般人的想法，策划就只能在这样的限定条件上进行。而李奥·贝纳的最可贵之处在于：在莫里斯公司给予的任务与资源中进行循环反复的修正，并进行了辩证的思考，最后他完全突破了莫里斯公司给定的任务和资源，最终成就了万宝路的世界。

（资料来源：互联网）

讨论题：

请从人口统计特征变量方面回答，万宝路为什么要进行"变性手术"？你从中获得了什么启示？

思考题

1. 影响消费者行为的人口统计变量主要有哪些？
2. 青年消费者有哪些消费行为特点？
3. 女性消费者有哪些消费行为特点？
4. 消费资源有哪些？它们如何影响消费者的消费行为？

第**5**篇

环境因素与消费者行为

第 11 章

文化因素与消费者行为

【本章要点】

- 文化、文化的特征、亚文化
- 非语言沟通的文化影响因素
- 不同文化与消费者行为的差异
- 中国文化的特点及其对消费者购买决策的影响

【重点名词】

文化　亚文化　文化价值观　他人导向价值观　环境导向价值观　自我导向价值观

【引导案例】

中国陶瓷制品为何出口难

中国陶瓷制品一直深受广大消费者喜爱。中国加入世界贸易组织后，给中国陶瓷制品出口带来了新的机遇。但是，由于世界各国风俗习惯、消费水平的不同，给我国陶瓷制品出口带来了很大困难。陶瓷企业必须加强调查研究，才能达到适销对路的目的。

德国消费者对中国陶瓷制品的评价很高，大多数人喜欢淡雅颜色的陶瓷制品，对艺术瓷一般喜欢色彩明快淡雅的和艺术性高的，不少人喜欢小动物造型的陶瓷制品，各类瓷瓶中最受欢迎的是细长扁肚瓶。目前，一部分知识阶层人士热衷于原始艺术瓷，因而仿古瓷较好销。

法国人喜欢马的图案，马在法国象征着幸福；孔雀有祸鸟之说，因而法国人不喜欢；另外，法国人不喜欢墨绿色。在法国市场上，有不少我国澳门仿制的粉彩、广彩花瓶，是从日本进口后在我国澳门加彩的。在法国，消费者喜欢我国出口的花瓶台灯，以 6～18in⊖ 的产品最好销。在法国市场，仿造欧洲风格的人物、动物、花鸟图案的瓷器较好销，动物造型小尺寸的瓷器比大尺寸的适销，含铅和镉量高的日用瓷滞销。

中国生产的陶瓷制品在英国市场享有盛名，消费者对我国产品的瓷质洁白、造型优美、图案富有东方民族特色颇为欣赏。我国生产的 18 头瓷茶具在英国已家喻户晓，因为配套完全适合普通四口之家。但英国进口陶瓷制品有含铅量的限制。

意大利对含铅量检查很严。意大利人在购买陶瓷制品时对花瓶的画面图案有所选择，人

⊖　1in（英寸）＝0.0254m。

物、花鸟的较好销，山水图案的次之。葫芦梅瓶和四方瓶受欢迎。无论陈设瓷和日用瓷，白瓷很受欢迎。意大利人喜欢鸭的图案，不喜欢黑色和菊花的图案。艺术瓷的仕女人像的小手指不能单独翘起，据说这种动作不雅。紫砂陶壶较好销，但要藤把的，不要金属把和塑料把的。

日本人夏季喜欢用瓷器，冬季喜欢用陶器。日本一般家族、饭店、旅馆喜欢使用陶制的餐茶具、茶壶、茶碗、盘、花盆、瓶、罐等，颜色都是一道釉的，如灰色釉、均红、窑变等。规格要求多是小型的，茶壶要 4~5in 的，一般都是直把的，而不喜欢提梁的，喜欢壶嘴朝下。日本人喝酒以前都习惯把酒杯扣着放，所以底要大，另一种敞口茶碗（不带把）也受欢迎。日本人还喜欢仿旧陶器的艺术品。

加拿大市场的瓷器销售以艺术瓷居多，雕塑类以人物为主，器皿以花瓶为主。加拿大客商反映，中国大陆产品价格较高，销售困难，如一件 12cm 高的"五子佛"，大陆产品卖 180 多元，而我国台湾产品只卖 60 多元。加拿大要求瓷器图案色泽淡雅，以纯朴的底色衬以鲜艳的翠绿、梅红、金色、孔雀蓝等图案花纹为好，售价每件为 30~40 加元，包装精美、适合作礼品、可馈赠亲友的产品适销。

美国主要畅销画面清淡素雅、线条简洁明快的陶瓷。一个人用的 5 头，四人用的 20 头，八个人用的 45 头、92 头大套茶具、咖啡具较好销售。

（资料来源：透析国际陶瓷现状——解析中国陶瓷出口难，中国建材第一网，有改动）

文化作为一种社会现象，是影响消费者行为的重要环境因素之一。非语言沟通的文化形式同样对消费者行为有着广泛而深远的影响。不同国家、不同地区、不同种族及不同社会成员的消费者行为会表现出不同的特点。中国文化的特点使中国消费者的购买决策更为多样和复杂。

11.1　文化概述

11.1.1　文化的含义

很多社会学家和人类学家都曾对"文化"做过界定，在 1871—1951 年的 81 年里，关于文化的定义有 164 条之多。人类学的鼻祖泰勒（E. B. Tylor）是现代第一个界定文化的学者。他在《原始文化》一书中提出了狭义文化的早期经典界说，即文化是包括知识、信仰、艺术、道德、法律、习俗和任何人作为一名社会成员而获得的能力和习惯在内的复杂整体。"解释人类学派"的创始人克利福德·格尔茨（Clifford Geertz）在他的《文化的解释》一书中认为："文化是一种通过符号在历史上代代相传的意义模式，它将传承的观念表现于象征形式之中。通过文化的符号体系人人得以相互沟通、绵延传续并发展出对人生的知识及对生命的态度。"学者 R. 林顿（R. Linton）将文化定义为"学习行为和行为结果的总体即完型"。《美国传统词典》对文化的定义为"人类群体或民族世代相传的行为模式、艺术、宗教信仰、群体组织和其他一切人类生产活动、思维活动的本质特征的总和"。

多数学者认为文化应有广义与狭义之分。我国社会学家艾君先生指出，谈"文化"这一概念时其内涵、外延差异很大，故文化应有广义与狭义之分。有学者将文化理解成三性，即历史性、群体性、影响性，所以才有了"文化指人类在社会历史实践中所创造的物质财富和精神财富的总和"的广义说法。广义的"文化"着眼于人类与一般动物、人类社会与自然界的本质区别，认为正是文化的出现"将动物的人变为创造的人、组织的人、思想的人、说话的人以及计划的人"，因而将人类社会生活的全部内容统统摄入文化的定义域，由于文化定义的涵盖面非常广泛，所以广义文化又称为"大文化"。狭义文化是指排除人类社会生活中关于物质创造活动及其结果的部分，专指精神创造活动及其结果的部分，所以狭义文化又被称为"小文化"。前面提到的英国人类学家泰勒关于文化的定义就是狭义文化早期的经典界说。在汉语言系统中，"文化"的本义"以文教化"就属于这种"小文化"范畴。毛泽东在论及新民主主义文化时说，"一定的文化（当作观念形态的文化）是一定社会的政治和经济的反映"，这里的"文化"也是指狭义文化。

文化的广义概念和狭义概念都可以看作是文化的一般概念。具体某一研究领域的文化概念应由研究者的学科、课题和研究目的而定，不能一概而论。在消费者行为研究中，由于研究者主要关心文化对消费者行为的影响，所以将文化定义为一定社会经过学习获得的、用以指导消费者行为的信念、价值观和习惯的总和。

消费者信念反映了一个人对企业、产品或品牌的认识、知识和评价，消费者价值观是指一个人对客观事物（包括人、事、物）的意义、重要性的总评价和总看法。它与消费者信念的不同是：价值观不针对特定的事物或环境，因此在数量上相对少些，它具有持久性和稳定性，并为一定社会的成员所普遍接受。

相对消费者信念和价值观而言，消费者习惯是公开的行为方式，它构成了特定环境中消费者的行为方式。例如，某位消费者的日常行为，如在咖啡中加糖和牛奶、在周末与家人一起出外就餐等，就是一种习惯。因此，如果说信念和价值观是人们行为的指南，那么习惯就是人们经常的、可接受的行为方式。

11.1.2　文化的特征

就整体而言，各民族文化具有某些共同特征，把握这些共性特征有助于了解文化对消费者行为的影响和作用方式。

1. 文化的习得性

文化不是人与生俱来的，而是在后天成长过程中通过学习而得到的。人自出生之日起就在社会文化环境中生活。个体在社会化的过程中，在与他人、社会交往沟通中，自觉不自觉地接受了社会文化的影响和熏陶，使自己成为带有本民族、本地域文化特征的"文化人"。个体掌握文化的方式有两种：一是正式学习，即接受家长、老师、他人和宣传媒介的教育和指导，掌握文化知识和行为规范；二是非正式学习，即环境对个体长期的耳濡目染与影响熏陶，使学习者具有了某些风俗习惯和生活方式。例如，广告中的品牌代言人，时装表演的模特，演艺界、体育界的名人等，对消费者的行为有着潜移默化的影响，渐渐地，一部分人开始效仿名人的生活方式、使用名人常用的产品和品牌等。

2. 文化的动态性

文化不是静止不变的，而是不断变化的。人们的价值观念、行为方式、生活习惯、偏好和兴趣都会随着社会的进步而不断地变化。例如，20世纪初的几十年，在西方人的文化意识里，人们追求悠闲、享乐、安逸、舒适的生活方式，节省时间的观念比较淡薄，这是大多数人的基本信念。但近几十年来，随着商品经济的高度发展和工业化程度的不断提高以及"后工业时代"的逐步到来，人们越来越关心如何提高工作效率以节省时间。在节省时间和提高工作效率的新观念下，更多的人开始接受省时、方便的产品或服务，如速溶饮料、快餐食品、快速加热设备、邮政快递等，也更愿意到便利高效的零售商店去购物。

3. 文化的群体性

文化是由某一特定社会的成员在生产劳动和生活劳作中共同创造的，因此，它为特定社会群体的大部分成员所共有，并对群体中的每一个成员产生深刻影响，使其心理倾向和行为方式表现出这一群体的共同特质。因此，文化通常被看作是把一个群体的成员联系起来的纽带。每个国家、民族或地域都会形成不同的文化特质，从而构成各自特有的社会或群体文化。就国家文化而言，每个国家在其建立和发展的过程中都会形成自己独特的语言、文字、仪式、风俗、习惯、民族性格、民族传统与生活方式。例如，英国文化的典型特征是经验的、现实主义的，由此使得英国人形成重视经验、保守、讲求实际的民族性格，英国人的时装往往给人以庄重、大方、实用、简练的鲜明印象；法国文化则是崇尚理性的，因此法国人更喜欢能够象征人的个性、性格，反映人精神、意念的东西。

4. 文化的约束性

作为某一特定群体成员共同拥有的价值观念、风俗习惯和宗教信仰的消费者文化，具有规范、约束每一个个体成员行为的特点。因为文化本身包含着一些理想的行为标准或模式，它使群体成员在特定的情况下，对问题的思考和行为的方式有一个共同的理解。如果有人的思想或行为与群体的价值观念、风俗习惯或宗教信仰不一致，那么他就会受到来自群体的压力或谴责，在这种压力或谴责包围之下，他就会改变思想与行为，保持与群体的协同一致；或者为了避免尴尬，保留思想观念的差异，而直接保持与群体行为规范的一致。

5. 文化的无形性

文化是抽象的、无形的，就像一只"看不见的手"影响和引导着消费者的行为。文化对人们行为的影响是潜移默化、自然而然的，因此，人们根据一定文化所采取的行为通常被看作是理所当然、顺理成章的。例如，当研究人员问消费者为什么要做某件事时，消费者通常会回答："因为这是正确的事情。"这一回答表面看来似乎是肤浅的，但它却深刻地反映了文化对消费者行为的决定性作用。通常只有当人们接触到具有不同文化价值观和习惯的人时，才能真正感受到文化对人们行为的决定性力量。因此，要了解文化对消费者购买决策的影响，就需要了解不同文化群体的文化特征，从而给予企业、产品、品牌相应的文化内涵，满足消费者的精神需求，走文化营销的经营之路。

11.1.3　亚文化

所谓亚文化，是指"某一文化群体所属次级群体的成员共有的独特信念、价值观和生活习惯"[⊖]。它是不占主流的、只属于某一群体的文化现象。例如，中国文化按照宗教信仰可以区分为佛教、道教、基督教、伊斯兰教等宗教亚文化。亚文化与文化二者并不冲突，二者的关系是：每一亚文化都会坚持其所在的更大社会群体的文化；同时，每一社会的文化又都包含着较小群体的亚文化。一般认为，亚文化赋予个人思想和行为某种典型的文化特征，可以此判断个人的身份。亚文化对成员的影响比主流文化还要强烈，因而对消费者的购买行为有着更为直接的影响。探讨文化与消费者行为的关系，必须深入到亚文化这个层次中去。

按照不同标准，亚文化可以分出许多种类。目前，国内外营销学者普遍接受的是按民族、

⊖ 符国群. 消费者行为学 [M]. 北京：高等教育出版社，2001：264.

宗教、种族、地理标准划分亚文化的分类方法。

1. 民族亚文化

民族是指历史上经过长期的发展而逐步形成的相对稳定的共同体。同一个民族一般具有相同的语言、类似的生活方式，即具有共同的文化，这就是民族亚文化。不同的民族分别有不同的民族亚文化，受民族亚文化的影响，不同民族的消费者，其消费行为有着较大差异。例如，我国有56个民族，就有56种民族亚文化。各民族虽然都带有明显的整个中华民族的文化烙印，但在民族背景、宗教信仰、图腾崇拜、风俗习惯、审美意识、价值观念、生活方式等方面存在着许多差异。例如，朝鲜族人喜食狗肉、辣椒，喜欢穿色彩鲜艳的服饰，群体感强，男子的地位相对女子要高一些。蒙古族人的习惯则是吃牛羊肉，喝烈性酒，穿蒙古袍，住帐篷。由此可见，民族亚文化对消费者行为的影响是巨大而深远的。

2. 宗教亚文化

世界上有许多教派，如基督教、佛教、伊斯兰教等，不同教派有着不同的文化倾向和戒律，这就是宗教亚文化。宗教亚文化深刻影响着人们对待客观世界的态度、认识事物的方式和行为准则。以基督教为例，在美国，90%的人信奉基督教。美国社会的主要节日，如圣诞节、复活节和感恩节等都起源于基督教。圣诞节期间，工作人员都要放假狂欢，以示庆祝。在圣诞节前后，人们会掀起一次大规模的购物高潮，人们会购买大量的圣诞贺卡和圣诞礼品，以便相互赠送表示美好的祝愿。对企业来说，宗教节日往往是一年中难得的商机，但如果向这些国家出口商品应该特别注意，不要触犯他们的忌讳。例如，基督教教徒一般都忌讳"13"这个数字，认为它不吉利。因此，出口商品的编号一般不使用"13"这个数字，否则商品的销售可能受阻。

3. 种族亚文化

不同肤色的人类群体构成种族，如白种人、黄种人、黑种人等。不同种族的人有着不同的文化传统、生活态度与行为习惯，这就是种族亚文化。例如，在美国，黑人文化和黑人市场对营销者来说是不容忽视的。黑人消费者是美国增长最快的细分市场之一，总人口超过3000万人，占美国人口的12%，主要居住在南部和南部以外的各大城市。与白种人相比，黑种人具有不同的消费特征，由于收入较白种人少，许多黑人家庭很难在他们工作附近的社区找到满意的房子，因此他们多倾向于购买或租借他们的收入水平所能负担得起的便宜些的房子居住，这样一来，他们就可以省下"多余"的钱用于购买服装、个人保健服务或者到高档购物中心和零售商店购物。美国黑人购买的产品、购买行为、支付价格、选择的媒体等和白种人都有显著的差异。就购买的产品来说，黑种人在服装、个人服务和家具上的支出要比白种人多，白种人在医疗服务、食品和交通上的花费相对来说多一些。例如，黑人每人每年平均购买两三双鞋子，而白人仅为1.3双；黑人每年消费的苏格兰威士忌酒约为总销量的52%，是白人的3倍；黑种人购买的相册数量是白种人的2倍，对橘子汁、大米、软饮料和速食土豆的需求量也要高得多。在黑人市场上，大众媒介的成效显著，非洲裔美国人比白人更多地使用大众传媒。在广告方面，黑人对于汽车、汽油、啤酒、罐头、牛奶、汽水及电冰箱等产品在大众媒介上刊登的广告具有相当浓厚的兴趣，付账时也表现得很慷慨。

4. 地理亚文化

自然环境是人们物质文化生活的必要条件之一。地处山区与平原、沿海与内地、热带与寒带的人们，在价值观念、生活方式和消费习惯上存在的差异是显而易见的。例如，中国饮食文化中的川菜、鲁菜、苏菜、粤菜等八大菜系风格各异，就是因地域不同而形成的。从气候这一地理因素来看，在我国北方，由于气候寒冷，人们有冬天吃火锅的习惯，几乎家家都备有火锅、砂锅；而南方人由于夏天气候炎热，养成了吃泡菜、熏肉、腊肠的习惯。在节日文化中，春节期间，北方人喜欢逛庙会，南方人喜欢逛花会。在休闲娱乐方面，沿海地区的人们喜欢全家驱车到郊区或风景优美的大自然中去放松身心，而内地的人们则喜欢在家里打牌或聊天来打发时间。

自然地理环境不仅决定着一个地区的产业和经济发展格局，而且间接地约束着一个地区消费者的生活方式、生活水平、购买力和消费结构。例如，我国北方地区由于冬天气候寒冷，因此家里和室内工作区要安装暖气等取暖设备；南方地区由于夏天气候炎热，室内和交通工具中要安装空调。南方夏天蚊虫较多，休息时要用蚊帐；北方则蚊虫较少，较少用到蚊帐。地理亚文化对人们的衣、食、住、行等方面习俗的影响对企业来说是极其重要的。营销中对上述问题的了解，不仅有利于企业开发、生产适合特定地域的产品，而且在推销产品时更容易找到目标受众，在宣传产品时能够更准确地提出独特的卖点。

小贴士

宗教影响印度人性格

一道山脉或一条河流可以是一种文化的坐标，也可以是两种文化的界标。喜马拉雅山脉就是这样一个文化界标，它隔开了中国文化和印度文化，又把这两种文化维系在一起。中印两国国情相似，都有着悠久的历史，见面时两国人都爱称兄道弟。记者在印度的生活体会却是，中印兄弟不仅长得不像，而且两国文化相差甚远。

1. 重精神轻享受

历史悠久的国度都拥有众多的节日。中国人过节特别讲究吃，喜欢用美味佳肴来烘托节日气氛。印度人却从来不讲究口福，节日庆典更与美食无缘，有时甚至还要减少餐桌上的食物。例如，在 4 月份庆祝罗摩转世时，民众不仅要吃素食，菜肴中还不得加入葱、蒜等刺激性调料。印度节日的主要目的是让神灵高兴，自己再从中得到精神上的满足。因此，印度人把创造力献给了神庙和神像，不在饮食上下工夫。在印度，素食者占很大比例，全国到处都是素食餐厅。

中印文化专家帕兰杰毗（中文名白春晖）曾对中印文化进行过比较。他认为，中国人生活在世俗世界，印度人生活在精神世界。印度教相信生命轮回。只有当肉体死后，肉体包裹的灵魂才会投胎转世。肉体是灵魂的载体，也是灵魂最后解脱的障碍，所以，印度教教徒不会用美食娇纵自己的身体。这种世界观对印度文化产生了重要影响。公元前 321 年，旃陀罗笈多建立了孔雀王朝后便退位苦修，最后飘然逝去。他的孙子阿育王把印度疆域扩到中亚，却在晚年皈依佛门，青灯孤影，了此一生。几乎同一时期，秦始皇统一了中国，并为自己修造了奢华陵墓，还把财富和军队搬入地下。印度古代帝王没有留下坟冢墓碑，连骨灰也没有留下。遍布印度各地的庙和塔都是神的居所。由此可见，两种世界观造就了不同的文化遗产。

2. 重内在秩序轻外部环境

印度人对精神有多么执著，就对现实有多么冷漠。印度的街道和公共场所显得散漫而无序：路上，车辆和动物并行，很多汽车都有碰撞过的痕迹。仅仅把这种混乱归结为管理不善并不全面。根据印度教圣典《奥义书》的解释，人生活的物质世界都是幻觉。既然是幻觉，何必在意眼前的混乱呢？同时，印度教的轮回观念使印度人不重视时间，反正这辈子不行还有下辈子，印度人的性格似乎注定是散漫的。

印度并非没有秩序，这种秩序是建立在内心之上的。印度教按社会分工把人分为四等：负责祭祀的婆罗门地位最高，刹帝利是武士阶层，吠舍主要是经商，首陀罗只能从事卑微的工作。这种种姓制度构筑起了印度钢铁般的社会结构。在现代都市，城市生活掩盖了市民的种姓身份，但只要来到一个印度教教徒的家庭，依然会看到等级差别的存在。厨师只负责做饭，扫地者只负责扫地，两种工作不得混淆。

在印度教文化中，精神比物质重要，内容比形式重要，目的比表达重要。印度人不会把漂亮的建筑故意集中在主干道两侧，而是根据建筑物的功能和需要来选择建筑地点，所以街道显得破烂陈旧。在一些不起眼的地方，却经常可以看到精美漂亮的建筑。这不仅让人领略到印度建筑的精致，也可以认识到印度文化的精髓。

3. 重个人轻集体

印度教的修行是一种个人行为，任何人都无法取代。《吠陀》里有一句话："就算在群飞的鸟儿中，每一只鸟都得自己飞。"印度教没有固定的礼仪和聚会，一个人每天的行动和想法，决定了他来世的命运。这种自我意识在印度妇女纱丽的丰富色彩中得到了体现。正如一棵树上没有完全相同的两片叶子一样，在一群妇女的纱丽中，很难看到一模一样的颜色和图案搭配。每个妇女都能依据自己的喜好找到恰当的色彩和图案。

这种注重自我的精神也与印度历史有关。印度历史分裂时间长、统一时间短。这就削弱了印度人的集体意识。在宗教文化的熏陶下，人们只想着自己头顶的那一片天空。印度人擅长数学计算和逻辑推演，这使得印度人在任何场合都显得精明而自信。这种自信往往通过咄咄逼人的讲话表现出来。这是一种情绪释放，没有明确目的，也不期待对方有任何正面反应。

这种自信在西方社会获得广泛赞许，也使印度人多了一份自负。印度边境口岸竖立着不少巨型广告牌，上面醒目地写着："你已经进入了世界上最大的民主国家。"无论外国人在印度看到的是贫困还是富裕，印度人根本就不在乎别人的评论。

（资料来源：张讴. 人民网 >> 环球时报 >> 第十九版 文化教育 .）

11.2　非语言沟通的文化影响因素

语言作为人类文化交流、思想表达的重要工具，是由语言和非语言两种传播系统构成的。语言的表现形式是口语和文字；非语言的表现形式是事物含义、形体动作等依靠头脑分析才能理解的信息符号。在一个民族中，常常给予这些信息符号特定的含义。虽然语言是人类最重要的符号系统，但是非语言符号同样在日常传播活动中也扮演着不可或缺的角色。美国学者雷 L. 伯德惠斯特尔（Ray L. Bird whistell）估计，在两个人传播的场合中，有65%的社会含义是通过非语言符号传递的。[⊖]

相对于语言沟通而言，不同国家、地区或不同群体之间，非语言上的差异是不易察觉的。易于被人们所忽视的影响非语言沟通的文化因素主要包括时间、空间、象征、契约、礼仪、肢体语言等。这些因素上的差异往往也是难以察觉、理解和处理的。人们总是习惯根据自己的文

⊖　百度百科. 非语言符号.

化来理解其他文化所使用的非语言信号，其结果往往导致对广告的误解、推销的失败和其他经营上的麻烦。因此，学习和掌握不同的非语言文化，对于了解不同文化背景下的消费者心理、实行跨文化营销是极其重要的。

11.2.1　时间观念

自从 19 世纪钟表大规模生产以后，时间对人们的观念与生活方式产生了更深刻的影响。虽然时间已经成为人类社会共有的认知概念，但由于不同文化背景下人们的社会历史经历不同，形成了各自不同的价值观、世界观、人生观，因此，人们赋予时间的意义和利用时间的方式必然存在着差异。当不同文化背景下的人们进行交际或经济往来时，时间作为一种无形的向导就会对人们的言行产生重要的影响，甚至直接涉及交际或经济往来的结果。

中国人自古就流传很多珍惜时间的名言，主要表达的内容是提醒人们珍惜时间、勤奋学习和工作，如"闻鸡起舞""时不我待""一寸光阴一寸金"等。对于时间就是金钱的美国人来说，高度竞争的社会环境使美国人必须分秒必争。对于他们来说，每一分钟都要计划赚一定数目的美元。美国人喜欢直截了当，主张迅速达成交易，如果某笔生意谈的时间太长，美国人可能认为对方没有给予足够的重视。

时间观念上的差异及由此产生的人们不同的需求和生活方式，对于营销实践具有重要影响。例如，一家美国烟草公司在向某一亚洲市场输入一种过滤嘴香烟时，曾以过滤嘴香烟所能带来的未来利益——减少肺癌风险作为广告宣传的诉求。结果不久亚洲市场就显示出了失败迹象，原因在于该市场上的人们在时间观念上具有强烈的当前导向，认为未来利益是缺少价值和意义的。

11.2.2　空间观念

人类的空间使用方式有着生物性的一面，同时还受到文化的影响。由于文化背景的不同，不同人在空间使用方式上存在差异。

具有不同文化背景的人对于人与人之间站得远近有不同的偏好。美国白人、英国人和瑞典人站得最远，意大利人、希腊人站得比较近，南美洲人、巴基斯坦和阿拉伯人站得最近。南美洲人同别人谈生意时总是靠得很近，几乎是鼻尖对鼻尖；而美国人普通商务会谈要求保持比较远的距离，极其私人性事情才要求保持相对较近的距离。因此，在南美洲人同美国人谈生意时，常常是美国人往后退，南美洲人就向前进，结果不欢而散。

不同文化背景下的人对于空间大小的喜好也不相同。美国人以大为好。因此，在美国的公司里，办公室一般按照职务等级或声望高低而不是按照实际需要进行分配，董事长拥有最大的办公室，其次是执行副董事长，依此类推。对于这一点，中国人具有相同的观念。

此外，个体的人格因素也会影响个人空间行为。人格中的自尊对个人空间行为会产生影响。具有积极的自我概念的个体要比具有消极自我概念的个体较近地接近他人。同时，个体的方位因素也会影响个人空间。个体对正前方的空间距离的需求总是比后方的空间距离需求大。

空间观念上的差异以及由此产生的不同需求和生活方式，同样对营销实践具有重要影响。对于开放的美国人而言，空间是可以共享的，人与人之间的界限并不明显。因此可以看到的许多美国住宅是开放式的，邻里间没有围墙，客厅和厨房是相通的；严谨的德国人界限意识非常强烈，几乎在所有场合都强调个人空间，因此德国的宅院多是封闭式的。

11.2.3 象征

象征不仅是文化的重要内容，而且也是非语言沟通的重要因素。所谓象征，是指用具体事物表现某些抽象的意义。象征之所以重要，是因为它能帮助人们以最小的付出完成比较复杂的思想的沟通。例如，中国人用红豆代表相思，用红色代表喜庆，用白鸽代表和平，这是象征意义含蓄的表达和体现。如果企业了解不同文化背景下事物的象征意义，则可以把产品或服务与某一象征事物联系在一起，激发消费者对产品的美好联想，从而促进产品的销售。因为人们可能基于产品的象征价值来评价、购买和消费产品。

现在许多公司都通过产品命名或品牌设计来使它们的产品具有象征价值。例如，汽车制造商对于用动物名给汽车命名一直保持着较高热情，希望以此来赋予汽车某种特点和个性，如美洲豹象征勇敢，野马象征自由，蓝鸟象征灵活、幸福等。颜色也具有象征价值，红、黄、绿、蓝、紫、白、黑等都有各自的象征意义。在中国，白色象征纯洁，红色象征热情喜庆，黑色象征哀伤或庄重肃穆，绿色象征生命、青春与希望；在美国，蓝色对绝大多数人来说是代表男子汉的形象，灰色代表着昂贵、高质量并且值得信赖；在日本，灰色是同廉价商品联系在一起的。

11.2.4 契约

不同社会文化中的人，对契约的重视和理解程度不完全一样。在传统的经商理念上，与欧美国家相比，中国人重视和依赖契约的程度要低得多，中国商人最关心的是其潜在贸易伙伴的信誉而不是契约本身。即使在今天，这种倾向在一定程度上仍然存在。在达成契约的问题上，俄罗斯人和希腊人把契约的签订仅仅看作是谈判的开始，而整个项目的完成才是契约的达成。中国人和美国人则一般把契约的签订看作是契约的达成。在契约签字上，中国人把举行隆重的合同签字仪式视为对合同的重视，在契约生效程序和手续上，我国既要签字又要盖章，有的合同还须经国家有关部门鉴证或公证，备案后方才生效；而有的国家实行签字即生效的规则。

11.2.5 礼仪

礼仪是社会交往中一般被接受的行为方式，不同社会文化中的人对礼仪有着不同的理解。为了庆祝合作成功或协议达成，中国人的表达方式是双方握手，而西方人的表达方式是相互拥抱。男人坐着时跷起二郎腿的行为在中国和其他一些东方国家在许多场合会被认为是对他人的不尊敬，或者是缺少教养和没有礼貌的。而在某些国家，这些行为则会被认为是正常的、可接受的，因此在某些国家的广告里都有跷二郎腿或者把双脚搁在桌子上的画面。与印度人交谈时不盯着对方看表示尊敬，而在美国直盯着谈话者的眼睛才表示尊敬。

总之，适当的礼仪对于企业营销，尤其是人员推销和广告的制作是极其重要的。营销人员必须懂得在跨文化营销中，在自己的文化中是自然和适宜的礼仪，在他人的文化中可能是不适合的。

11.2.6 肢体语言

不同的文化有着各自的肢体语言。跨文化营销时，相同的肢体语言形式可能具有完全不同的意义。伸出食指和中指做"Ｖ"字状，"Ｖ"是英文 victory 和法文 victore（胜利）的第一个字母，故在英国、法国、捷克等国，此手势含有"胜利"之意；但它在荷兰语中则代表"自由"；在塞尔维亚语中，这一手势代表"英雄气概"。将拇指和食指弯曲合成圆圈手心向前，这个手势在美国表示"OK"；在日本表示钱；在拉丁美洲则表示下流低级的动作。有这样一个故事：一个日本人问一个美国旅客，机场是否提供行李车服务，美国人想告诉他机场不仅提供行李车服务，而且还是免费提供。于是，他用了人人皆知的表示"OK"的圆形手势作答。然而对那个日本人来说，这个手势表示"钱"，因此日本人断定行李车服务收费昂贵。而这时旁边一位突尼斯人看到了这一幕，认为美国人在对日本人暗示"他是一个卑鄙无耻的小偷"，让他小心点，否则杀死他⊖。瞧，同一肢体语言，其含义在不同的民族有着多么大的差异。

跨文化交际营销的基本内容之一就是用非语言因素沟通，而肢体语言又是非语言交际的重要内容。假如对肢体语言信息处理不好，就可能产生误解，因此，在跨文化营销中，营销人员一定要了解不同文化中肢体语言的含义。

11.3　不同文化与消费者行为的差异

文化作为外部环境因素，对消费者行为的影响是巨大而深远的。不同社会、不同国家文化背景下的消费者行为存在着明显的差异。我们研究不同社会、不同国家的消费者行为，是在研究不同国家中具有共性的、大多数消费者的行为，而不是一个国家某一个别消费者的行为。具有共性的、大多数消费者的行为是在一定社会或国家的文化价值观影响下产生的。所谓文化价值观，是指为社会的大多数成员所信奉，被认为是社会所普遍倡导的信念。它为社会成员提供了关于哪些行为是可以接受的，哪些行为是不能接受的，以及人们应追求一个怎样的最终状态的共同信念。它是人们用于指导其行为规范、态度和判断的标准，而人们对特定事物的态度一般也反映和支持了他的文化价值观。因此，研究社会文化对消费者行为的影响，从文化价值观入手，分别探究不同文化价值观下消费者的行为特征，这样的研究结果将是深入和具体的。

文化价值观是通过一定的社会规范来影响人的行为的。要弄清行为规范上所体现的文化差异，首先应当了解不同文化背景下人们价值观的差异。影响消费行为的价值观很多，而且这些价值观因文化而异。为了研究方便，从比较广泛的意义上把文化价值观分为三种形式，即他人导向的价值观、环境导向的价值观和自我导向的价值观。对消费者行为影响最深远的文化价值观都可归入上述三种价值观。

11.3.1　他人导向价值观

这一类价值观反映社会对于个体之间、个体与群体之间以及群体彼此之间应如何相处或建立何种关系的基本看法，包括个人与集体、扩展家庭与核心家庭、年轻与年长、男性与女性、竞争与合作。

1. 个人与集体

不同的社会文化在对待个人与集体的关系上会有不同的价值取向。有的社会强调的是团队

⊖　Argyle M. 肢体的沟通［M］. New York：Methuen，1988：188.

协作和集体行动，并且往往把成功的荣誉和奖励归于集体而不是个人；相反，有的社会强调的是个人成就和个人价值，荣誉和奖励常常被授予个人而不是集体。例如，美国、澳大利亚、英国、加拿大、荷兰和新西兰的文化特别强调个人主义，"要展现你自己""鹤立鸡群""要与众不同"之类的主题在美国十分有效。而日本、韩国、中国和大多数阿拉伯国家都是典型的集体主义文化，这些国家的人往往承受着服从并和相关群体保持一致的巨大压力。当日本人的某个团队受到奖励时，其成员很少有愿意上台领奖的。因此，单纯运用个人物质奖赏和提升来激励日本的营销人员通常是不合适的。同样，采用如强调个人形象和成就的广告主题在日本可能难以奏效。当然，随着文化的发展，日本的年轻人已开始从传统的集体主义价值取向逐渐地转变为带有个人主义的价值取向。

2. 扩展家庭与核心家庭

无论任何社会，家庭都是一个基本的社会单位。然而，在不同文化下，不同的家庭类型与消费者行为密切相关。在美国，家庭概念是比较狭隘的，较之于其他国家的家庭在美国社会所起的作用，家庭成员之间的权利、义务相对比较少。一般而言，在美国，一个人只有对家庭的主要成员或核心成员，如父母、子女，才认为有某种责任与义务；而对于其兄弟、姐妹、叔叔、侄儿等扩展亲属的责任与义务相对很少。这是核心家庭的文化特征。这种文化下消费者往往以个人为中心进行开支预算，很少顾及家庭其他成员。在其他一些文化下，家庭所起的作用较之在美国文化下要大，家庭责任与义务通常延及祖父、叔侄等。这是扩展家庭的文化特征，这种文化下的消费者在进行个人开支预算时，往往要顾及家庭其他成员，甚至整个家庭的经济状况。例如在中国，一些家庭生活困难的人自己参加工作有收入后，仍然克制个人的消费欲望而去支援还在上学读书的弟弟妹妹。

3. 年轻与年长

不同的社会文化在对待年轻人与年长者的价值取向上也可能存在差异。有的社会中，荣誉、地位、重要的社会角色都是赋予年纪较大的社会成员的，而有的社会中则可能是属于年轻人的。有的社会中，年长者的行为、衣着和生活方式常常受到其他社会成员的效仿，而有的社会中则是年轻人被效仿。在许多亚洲文化中，一直以来都非常重视长者的智慧，广告代言人选择年长者较年轻人更容易获得成功。美国的社会文化则有着明显的年轻导向，对美国孩子的需要，父母常常给予正面的回应，而亚洲国家则不同。需要指出的是，亚洲国家的传统文化正在发生变化，随着以年轻人作为目标顾客的广告越来越多，文化有向年轻导向发展的趋势。但是营销人员不应忘记，由于传统的价值观依然存在，所以传统的细分市场仍旧存在。

4. 男性与女性

在具有不同文化的社会，男性与女性的社会地位可能存在很大差异。有的国家男性在社会和家庭中占有支配地位，女性只能处于附属地位；有的国家男女的社会地位是平等的，都有机会担任重要的社会职务，在重要的家庭购买中通常是由夫妻共同做出决定的。因此，分析男性和女性在社会与家庭中的地位，特别是在购买决策中所扮演的角色，将是许多营销决策的基础。

5. 竞争与合作

不同的社会文化对竞争与合作的态度有所不同。在有的文化价值观中，人们崇尚竞争，信奉"优胜劣汰"的自然法则。例如，美国、英国和澳大利亚就非常重视竞争，公开表示对竞争的推崇。在另一些文化价值观中，人们则倾向于通过合作取得成功。例如，日本文化认为公开的竞争姿态是不可取的，那样会使其他人没有面子。

不同的文化差异往往能从对待比较广告的反应中得以体现。例如，在德国和西班牙，比较广告遭到禁止；在日本，由于合作性文化观念的影响，比较广告被视为趣味低下；而在美国，比较广告受到鼓励。因此，企业的市场进入方式、员工报酬和激励制度以及比较广告的应用等决策，都应考虑社会文化在竞争与合作关系上价值取向的影响。

11.3.2　环境导向价值观

有关环境的价值观反映的是社会与经济、技术以及自然等环境之间关系的看法，包括清洁、成就与出身、传统与变革、承担风险与保持安定、能动地解决问题与宿命论以及自然界等。这些价值观对消费者行为具有重要影响，并最终影响企业营销策略的选择及其成败得失。

1. 清洁

不同的社会文化对清洁的重视程度可能不同。这方面的价值观不只在经济发达国家之间存在差异，在发达的工业社会与落后的农业社会之间差异更加明显。对清洁卫生的重视程度决定了人们对清洁卫生产品或服务，如空气清新剂、除臭剂、工业污染处理设备、废物回收和处理设备等的需求数量。例如，许多欧洲人认为美国人患有"洁癖"，超过99%的美国成年人使用除臭剂，仅液体除臭香皂就有160亿美元的市场。与之形成对照的是，欧洲国家男性使用除臭剂的比例相对要低很多。

2. 成就与出身

一个社会的文化有时会表现在对待个人成就与家庭出身的关系方面。在有的社会文化中，机会、奖赏和荣誉是基于个人业绩和能力的，任何社会集团都不具有特权；而在有的社会里，个人的机会往往取决于他的家庭、家庭的社会地位及其所属的社会阶层。成就来源的价值取向不同，决定了消费者品牌认知程度的不同。在文化价值观强调出身的社会里，人们更加偏爱优质高价、具有良好品牌声誉的产品，而不是功能、物质效用相同但不知名或低价的产品。在中国、日本、新加坡、菲律宾、马来西亚、印度尼西亚、泰国和大多数阿拉伯国家，消费者常常对代表身份、地位和形象的名牌产品情有独钟。而在美国，广告很少以地位和财富作为诉求。

3. 传统与变革

社会文化不同，人们对待传统和变革的态度也会不同。在重视传统的社会里，只要是祖宗遗留下来的习惯，任何人都不能冒犯；在比较容易接受变革的社会里，人们打破传统建立新的模式是很自然的事。对待传统与变革的不同态度表现在消费行为上也是有差异的。在重视和维护传统的保守社会里，新产品往往会受到人们的抵制。相比之下，美国、中国和韩国消费者在接触新事物方面较为保守，英国的文化也相对重视传统，有3/4的人声称具有品牌忠诚倾向，而在德国和法国只有1/2的人能保持品牌忠诚。

4. 承担风险与保持安定

不同文化对待风险与安定的态度是有差别的。有的社会文化崇尚冒险精神，勇于冒险的人会受到社会的普遍尊敬；有的社会文化则可能更加重视安定、安全和稳定，认为冒险做事是不必要和不值得的。这方面的价值观对消费者行为具有重要的影响。在崇尚承担风险的社会里，诸如滑雪、野营、登山、探险等活动和俱乐部较多，其用品也有较大的需求量，而在其他社会仅有少量的需求。

5. 能动解决问题与宿命论

不同文化下的人对待困难和灾难的态度不完全一样。有的文化下的人们乐观向上，面对困难和灾难有信心去克服。例如，在一些国家，人们常常说声"没问题"或"没关系"来对待困难。在他们的观念中，难题既然已经存在，担心也没用。而有的文化下的人们还是听天由命，采取宿命论的态度。当宿命论者购买到不满意的商品或服务时，一般都不会提出正式的抱怨。

6. 自然界

不同文化背景下的人们在对待自然以及人与自然的关系上，可能会具有不同的观念和态度。有的文化给自然界赋予一种正面价值，如要给予保护；而有的文化则把自然视为被制服、被驯服的对象。传统上，美国人持有后者的观点，动物要么被屠杀，要么被作为英雄或宠物。与此不同，大多数北欧国家非常重视环境保护，在这些国家，包装和其他环境立法与限制较美国要严厉得多。相比之下，南欧和大多数发展中国家环境保护工作做得更为被动。现在，越来越多的人开始认识到保护环境和生态平衡的重要性，全球的可持续发展问题最终在 20 世纪 90 年代被作为《21 世纪议程》提了出来。消费者也在以抵制污染、保护环境、拒绝过度包装的行为表明自己对待自然界的态度。

11.3.3　自我导向价值观

有关自我的价值观反映的是社会各成员的理想生活目标及其实现的途径，主要包括主动与被动、物质性与非物质性、纵欲与节欲、勤奋工作与休闲、延迟享受与及时享乐、严肃与幽默。

1. 主动与被动

不同文化社会的人们在工作和生活中采取的态度不完全一样，有的文化表现为积极主动，如美国人更倾向于从事体力活动，对任何问题采取"行动"导向的态度；有的文化表现为消极被动，面临工作时常常要"静观其态"。不同的思维方式使其消费价值取向也有所不同，主要体现在对闲暇时间的安排与运动性产品的消费数量上。一项关于妇女社会活动的调查显示：法国妇女一般喜欢同朋友一起在炉边闲聊，用来消磨夜晚；而挪威妇女花在运动上的时间是美国妇女的 2～4 倍。这种活动上的差异会带来不同的产品需求或服务需求，另一方面，这也会影响广告的诉求主题和文案形式。

2. 物质性与非物质性

尽管物质财富是一切社会存在和发展的基础和前提，但在不同的社会文化中，人们对待财富的态度却是不一样的。有些人把物质财富的拥有看作是至高无上的，认为占有产品就获得了相应的物质利益，如克莱斯勒在德国做的汽车广告就把物质财富与地位的追求联系起来。有些人在对待物质财富的态度上表现为更看重产品带来的精神享受。例如，很多收藏艺术品的人士并不是将其作为获利或达到其他目的的手段，而是为了获得拥有艺术品本身所带来的那份快乐。不同文化背景下，人们对待财富物质性与非物质性的不同态度表现在消费行为上是有很大差异的，企业的广告诉求也不尽相同。在奉行物质性的社会里，广告诉求一般多强调产品能给购买者带来的物质利益和效用。例如，无论是在美国还是在日本，大部分广告都带有物质性的浓厚色彩。在非物质性的社会里，联系消费者非物质方面的需求，如宗教信仰、民族气节与自尊等做广告则可能更加有效。我国有的企业在广告中提出"以产业报国为己任"之类的口号，就体现了对我国消费者爱国主义精神的支持。

3. 纵欲与节欲

纵欲与节欲的价值观体现了不同文化背景下人们不同的生活态度。一个社会在多大程度上接受沉溺于吃喝玩乐的生活方式？抑制自身欲望是否值得称道？对这些问题的不同回答，将决定其消费行为的差异。中国文化在性方面是相对保守的，对于赤裸裸的性产品广告一直持有相当的厌恶和反感，这类广告往往也会遭到法律的干预；而性产品及性广告在美国则是可以接受的。

4. 勤奋工作与休闲

人们对待工作的目的、工作与休闲的关系问题有不同的观念和态度。一般来说，大多数人是为了获取经济报酬而工作，有的人较倾向于从工作中获得自我满足，而有的文化则在告知人们在基本经济需求满足后应更多地选择休闲。在拉丁美洲的某些地方，工作被视为不可摆脱的累赘；而在欧洲的很多地方，工作被认为是充实人生不可或缺的基本组成部分。正因为如此，在瑞士等国家，节省劳动力的某些产品以及快餐食品就不像在另外一些国家那样容易获得成功。例如，坎贝尔汤料公司由于忽略了巴西主妇更愿意亲手为家人做汤而较少购买速成汤料这一事实，其进入巴西市场的营销活动惨遭失败。

5. 延迟享受与及时享乐

在不同的社会文化背景下，人们的生活态度也不尽相同。有的社会文化倡导居安思危、细水长流，鼓励储蓄；有的社会文化鼓励人们及时行乐，提倡使用消费信贷，用明天的钱圆今天的梦。延迟享受与及时享乐的价值观，不仅对消费者行为影响很大，而且对企业制定分销策略、鼓励储蓄和倡导消费信贷均有重要意义。所以，在美国个人信用的使用是普遍的；而在德国和荷兰靠信用赊账购买被视为超越个人能力的行为，因而会受到蔑视。

6. 严肃与幽默

社会文化的差异也体现在严肃与幽默在多大程度上被接受和欣赏方面。在一种社会文化中被看作是幽默的东西，在另一种社会文化中可能被认为是严肃的东西。男人与女人的幽默感不同，成人与儿童在幽默感上也会存在差异。在美国人看来，幽默与严肃之间的沟通几乎没有冲突；但在日本人看来，二者之间是不能相容的。企业推销技术以及促销信息的设计，一定要符合具体文化下人们在这一价值层面的看法和态度。

小贴士

三 个 客 人

在一个咖啡店里有三位客人，他们每人要了一杯咖啡，但每杯咖啡里都有一只苍蝇。日本客人看见苍蝇勃然大怒，拍着桌子冲侍者说："赶紧把你们经理叫来，我得告诉他怎样经营咖啡店，怎样管理他下面的雇员。"英国客人看见苍蝇后一声不响，把钱往桌上悄悄一放，慢条斯理地走了。美国客人的咖啡杯里也有一只苍蝇，只见他把食指一勾，把侍者叫来，说："在我们美国呀，苍蝇归苍蝇放，咖啡归咖啡放，客人爱吃多少苍蝇，由他自己加，不必麻烦你们事先加好了。"美国人非常幽默，英国人是绅士派头，日本人讲究管理。三个客人对苍蝇的态度反映了不同民族的文化。

（资料来源：庞朴. 文化的民族性与时代性［M］. 北京：中国和平出版社，1988. 略有改动）

11.4 中国文化的特点及其对消费者购买决策的影响

中国是历史悠久的东方文明古国，特定的自然条件和社会历史条件形成了博大精深、源远流长的民族文化。在这种文化背景下，消费者形成了一些独特的心理特点和购买方式。

11.4.1 中国文化的主要特点

中国文化有着五千年的历史。改革开放以后，虽然西方文化的东进对中国文化影响较大，但它没有也不可能取代传统文化观念在中国文化系统中的地位。当代中国文化仍然具有浓厚的传统文化色彩。

1. 强大的生命力和凝聚力

中国文化强大的生命力表现在它的同化力、融合力和延续力上。以中国文化的同化力为例，佛教开始流传于尼泊尔、印度、巴基斯坦一带，其并不是中国的本土文化。佛教传入中国之后，经过几百年的传播都不能使其文化征服中国的士大夫，结果一部分演变成中国式佛教（如禅宗），一部分消融到宋明理学之中。中国文化并非单纯的汉民族文化或黄河流域的文化，而是在汉民族文化的基础上有机地吸收各民族、各地域的文化（如楚文化、吴文化、巴蜀文化、西域文化等），从而形成了具有丰富内涵的中华文化，这说明中国文化具有极强的融合力。在人类历史上多次出现过因为异族入侵而导致文化中断的悲剧，但是在中国，此类情形从未发生。唯有中国文化历经数千年持续至今而未曾中辍，表现出无与伦比的延续力。

中国文化的凝聚力具体体现在文化心理的自我认同感和超越地域、国界的文化群体归属感上。直到今天，无数华侨华裔，有的虽已在异国定居繁衍，但他们的文化脐带仍然与中华母亲血肉相连，在他们的意识中一刻也不曾忘记自己是中华儿女、炎黄子孙。

2. 追求和谐、崇尚和美的民族要义

人与人之间的和谐、和美问题很早就受到众多先哲的关注。例如，儒家学派孔子提出"礼之用，和为贵"，孟子提倡"天时不如地利，地利不如人和"；道家学派讲"知和曰常"；墨家学派提倡"非攻""兼爱"；法家学派主张制定和实施法律以维护社会稳定；近代的洪秀全希望建立"有田同耕，有饭同食，有衣同穿，有钱同使"的理想社会，康有为描绘了"人人相亲，人人平等，天下为公"的社会状态，孙中山描绘了"大同世界"的理想；毛泽东有"环球同此凉热"的追求，现代中国则倡导建设"和谐社会"。这些描述成为中国文化的核心和要义，它们虽带有一定的历史烙印，但都在一定程度上反映了人民对美好生活的追求，体现了中华民族热爱和平、追求和谐的精神。

3. 根深蒂固的家族文化

家族观念在中国源远流长。近代以来，随着从传统到现代文化转型的实现，作为封建意识形态构成的家族观念也已消失。但是，作为特殊的社会心理，作为中国人伦理亲情重要载体的家族文化迄今不仅仍然存在，而且随着现代化进程的延伸而进一步凸显，并在社会发展中起着不可忽视的作用。每年春节，数以亿计的中国人想方设法从四面八方赶回家过年，这样的情形令世界对中国人的家族观念感叹不已。事实表明，现在很多社会问题的解决是通过家族文化的内聚力和向心力来实现的。农村生活中的很多事情，如治疗疾病、外出打工、经济周转、婚丧嫁娶等，都是通过亲戚关系、家族力量互相帮助而得以解决的。需要指出的是，由于家族文化可能带有狭隘性和自私性，因此，它始终不能成为现代社会主流文化的核心价值。

4. 重理性与人文教养的基本格调

中国传统文化重视理性和人文教养的特点源于中国传统文化以人为本的思想。所谓人本主义，就是以人为根本考虑一切问题，在天人之间、人神之间、人与自然之间始终坚持以人为中心。人本主义是中国文化的基本格调，重理性与人文教养被认为是中国文化的一大特色。

中国古代思想就一贯反对以神鬼为本，而坚持人本主义的价值取向。自西周开始就出现了"重民轻神"的思想。西周统治者的信条是"敬天保民""明德慎罚""民之所欲天必从之"。春秋战国时期孔子就告诫弟子"务民之义，敬鬼神而远之，可谓知矣"。这种人本主义思想得到儒家广泛的认同和发展，许多思想家进而采取了无神论的立场。他们重视现世人生的意义，积极倡导和弘扬人的主体精神，高度评价人类在宇宙中的地位和作用。

中国传统文化不仅重视人文精神，而且重视人文教养，靠道德理性来支撑人们的精神信念和维系社会关系，通过道德教育、礼乐的熏陶来加强人文教养，从而使人的灵魂得到升华，进入到一种高尚的精神境界。

5. 崇古重礼和尊老爱幼的历史回复意识

中国文化具有明显的崇古重礼和尊老爱幼的特征。崇古就是以古风、古言为真、善、美的价值标准，以"先王""古圣"为最高人格理想。儒家、墨家崇尚尧、舜、禹三代圣王；道家则崇尚神农、黄帝；《易传》以伏羲、神农为理想人格；《淮南子》以伏羲、女娲为神圣楷模。"皇""帝""先王""圣人""古者圣王""真人""神人"等被抽象掉具体人格的古圣和他们所代表的时代，均被后人作为价值评价的标准和理想的人生状态。现代人著书立说常常引用古人、圣人的名言警句来增加文章的说服力。

中国是礼仪之邦，自古重视礼仪教育。周代到春秋战国时期有《周礼》《仪礼》和《礼记》"三礼"；汉代把儒家礼仪具体概括为封建社会的"三纲五常"；秦汉时期中央设立"三公九卿制"，"九卿"里的奉常，就是主管宗庙礼仪和教育事务的；隋唐时期的"三省六部制"的礼部，就是专管礼仪和科举考试的；现在的外交部有礼宾司，就是主管外事礼仪的。今天仍有许多流传和发展过来的传统礼仪，如开国大典、升国旗仪式、颁奖仪式，大型工程的开工、竣工仪式，学校有开学典礼、毕业典礼，社会上有婚礼、葬礼等。

在传统中国社会，许多家庭都是数代同居，敬老爱幼的风尚世代沿袭。《礼记·内则》中曾子说："孝子之养老也，乐其心，不违其志。乐其耳目，安其寝处，以其饮食忠养之。"孟子也说："养老尊贤，俊杰在位，则有庆""老吾老以及人之老，幼吾幼以及人之幼"。敬老爱幼的传统礼仪，形成了中国社会有序和谐的人际伦理关系。

总之，崇古重礼和尊老爱幼的意识几乎渗透到中国文化的每一领域，在哲学、历史、伦理、宗教、医学等学科，都可以感受到这种文化底蕴和民族心理。崇古重礼和尊老爱幼是中国文化的又一重要特点。

6. 重整体、倡协同的集体主义价值取向

重视整体利益的维护以整体为思考单位，提倡协同达到和谐是中国文化的又一特点。中国封建社会以大一统为特征的专制主义统治，要求在政治领域表现为"春秋大一统"的整体观念；在社会领域表现为个人、家庭、宗族和国家不可分割的情感；在文化领域表现为求同存异、兼收并蓄、相互借鉴的宽容精神；在伦理领域表现为顾全大局，必要时不惜牺牲个人或局部利益，以维护整体利益的价值取向，等等。要达到整体和谐的目的，就必须要求人们在道德

观念、心理框架等方面达到认同。这就需要人们具备协同性的道德和精神，并将其外化为具体的协同性行为。从历史过程来看，协同性道德对于规范人们的行为，对于维护和巩固统一的政治局面，对于增强民族文化的向心力和凝聚力，起到了积极作用。

中国文化博大精深，上面只介绍了中国文化的主要特点，并没有突出中国文化的核心价值观。文化的核心价值观就是特定社会群体在一定历史时期内形成并被广泛持有的居于主导地位的价值观念。中国文化的核心价值观是通过对天人、群己、义利、理欲等关系的规定展示出来的，主要包括人道主义、先义后利、理性优先、诚信知报、贵和尚中、修己内圣、自强不息和求是务实。由于核心价值观具有极强的稳定性，任何企业都无法或很难改变，因此，明确中国文化核心价值观的内容，对于企业在经营理念中适应和反映中国文化的核心价值观念、制定合理的营销策略，是极其重要的。

11.4.2　中国文化对消费者购买决策的影响

文化作为市场营销的外部环境因素，对消费者行为的影响是广泛而深远的。不同国家、不同文化的内容导致了消费者行为的差异化现象。

中国文化和亚文化因素使中国消费者的价值观和行为规范与西方国家有巨大差异。中华民族在价值观、行为规范、思维方式、处世方式、生活态度、风俗民情等方面都不同于西方国家，中国人形成了自己的行为逻辑。研究中国消费者独特的购买行为对于中国企业的市场营销活动是有积极意义的，同时这种研究结论对于其他国家在中国的跨国营销也是有借鉴意义的。

下面将结合中国文化的特点、中国文化的核心价值观讨论文化对消费者购买决策的影响。为了研究方便，按照典型的消费者购买决策过程（问题认知、信息收集、评价选择、购买和购后行为）来分别讨论。

1. 对问题认知的影响

问题认知即消费者意识到的需要解决的消费问题，这是购买决策的第一个阶段。在不同的民族文化背景下，消费者的消费认知是不同的。中国传统文化，尤其是儒家文化在消费者心里根深蒂固，中国消费者的问题认知呈现出的巨大特点是"有的需要被肯定和强化，有的需要则被贬抑和压制"[⊖]。例如，中国人在"君子谋道不谋食""存天理灭人欲"的价值原则和"谦、良、恭、俭、让"传统观念的影响下，个人的物质欲望和生理需要往往受到压抑。

在家族观念、以"根"为本的传宗接代观念影响下，多数中国人把家庭建设、子孙教育当作人生追求的目标。家庭建设方面，集中表现为中国人把拥有一套属于自己的住房作为家庭建设的第一要务，西方人的及时行乐、租房度日的生活在很多中国人看来是无法理解的。中国人重视生命、血统的延续，望子成龙、光宗耀祖的愿望极其强烈，对子女教育高度重视，有的家庭在这上面的投资占家庭开支的一半以上，有的家庭为了让孩子接受良好的教育而不惜节衣缩食。

在传统的宗法观念和知恩图报观念的影响下，中国人把"来而不往非礼也"的古训作为人与人交往的信条，"人情消费""关系消费"也就成为一种突出的消费者行为特征。消费者的购买行为往往不仅仅是一次经济交易，而且是一种社会互动和关系交往。送礼消费是每个家庭和个人都不能摆脱的，礼品的薄厚是关系远近的标志。许多包装精致的商品上印有"馈赠佳

⊖　符国群. 消费者行为学［M］. 北京：高等教育出版社，2001：282.

品"就是这种倾向的反映。

在中国文化中，人们交往时非常注重自己的形象，很在意自己在他人心目中的地位，为了形象体面的"面子消费"，成为中国人消费认知的价值取向。对于中国人来说，个人和家庭形象不仅意味着成就和经济收入，而且是一个人及其家庭社会地位的确定标志。因此，中国人往往在外显性产品，如美容美发、服装、汽车、装饰品等方面舍得支出，甚至相互攀比，通过强化别人眼中自己的形象来维护自己的面子和自身的社会地位。"破落户穷极不离鞋袜，新发家初起好炫金饰"就是对这种"面子消费"的最好概括。

2. 对收集信息的影响

消费者的信息来源主要有四个途径，分别是个人来源、商业来源、大众来源以及经验来源。中国消费者受传统文化的影响，更容易接受个人来源和经验来源。中国人对待前辈极其尊重，"尊老崇古"的社会心理成为一种普遍的人生原则。常言道"姜是老的辣""不听老人言吃亏在眼前"等，都从不同侧面肯定了前人的价值，也是对经验的推崇。对待消费信息，消费者常常表现为征求长辈意见或者咨询有过消费体验的人。某些以缅怀先人为题材的广告语，如"思古之幽情""集传统秘方之精髓、采高科技研究创新之大成""重新发现了失传已久的……"等更容易打动消费者的原因就在于此。

中国消费者对广告的信任度并不高，其原因除了某些虚假、欺诈广告让消费者深受其害外，中国文化因素对消费者的影响是一个重要原因。中华文明也可以说是农业文明，中华民族在长期农业生产活动中培育和发展了独特的中国农业文化，形成了独具一格的重农轻商的经济思想。"王婆卖瓜自卖自夸""好酒不怕巷子深"的传统观念削弱了广告这一信息来源对消费者的影响。

3. 对评价选择的影响

消费者的文化价值观会在诸多方面影响和制约消费者信息评价的过程。例如，受中国传统文化中集体主义价值观的影响，"从众"是中国消费者评价选择商品时最显著的特色。为了使自己的消费行为与"圈子"里的人不至于有太大差别，消费者在做出购买决定前往往更多地考虑别人的看法，从而保持自己与群体行为的一致性。在中国，"从众型"消费体现出高群体约束力，参照群体对消费者行为影响较大。

中国传统文化中关于义利关系的处理原则对消费者评价选择商品影响也较大。应该说先义后利、以义制利是中国传统义利观的核心，也是始终居于正统地位、对中国传统儒商影响最为深刻的一种义利观。在现实的企业和消费者博弈之中，聪明的企业往往将"义"与"利"并重，为了长远利益宁可放弃眼前利益，为了整体利益愿意放弃局部利益，以维护消费者的"利"，"义"字当先也就体现了诚信和信誉。在消费者看来，得到了厂商的"义"也就得到了应有的"利"，因而在先义后利的价值取向指导下，消费者往往会选择讲诚信和有信誉的企业的产品，注重企业售中和售后的承诺和服务。

4. 对购买过程的影响

消费者经过对信息评价选择后，会产生一定的购买意图，但从有购买意图到完成购买活动，还要受他人的态度、购买力、支付方式等其他因素的影响。文化价值观在其间会发生一定的作用。中国文化强调家长制，家长不仅要为全家负责，而且家庭重大消费问题往往由家长决策，因此，在中国出现决策者、购买者和使用者分离的情况较多，如家庭成员的大部分收入都集中起来由一名"当家人"统筹安排。

在家庭和个人消费这个环节上，中国文化强调节欲勤俭，主张精打细算、量入为出，反对奢侈浪费，反对及时行乐的生活态度。当收入减少时，中国消费者往往会节省开支，减少支出，先前的开支额较大而又是非必需品的购买意图将被最先取消或者被暂时搁置起来，而不会像西方有些国家的消费者那样，往往通过借贷来满足即时的消费需要和欲望。与此不同的是，由于中国人重视面子，所以往往讲究场合消费，如对于红白喜事、结婚庆典、逢年过节等仪式消费与节庆消费，常常表现得比较铺张浪费。

在中国文化中，人际关系是一项重要内容，"熟人文化"成为人们交往中非常重视和崇拜的一种文化现象。办事时，"有熟人""有关系"往往就能获得特别优惠的利益，或者得到一般人享受不到的精神享受。消费者在选择店铺消费时也能印证这一结论。

5. 对购后行为的影响

不同的文化价值观对消费者购后行为的影响不同，有的消费者会重复购买，有的消费者会退换货，有的消费者会投诉和抱怨，还有的消费者会把产品转让给他人，等等。

中国文化注重和谐与统一，这是区别于西方文化的一个重要方面。以"和为贵"的思想去对待其他民族和文化的价值观，就是提倡平等待人，承认其他民族和文化的价值，主张不同民族或群体之间思想文化的交互渗透和包容。这在消费中体现得更为明显，中国人习惯了平和心态的消费模式，商品交易时尽可能地实现"和气生财""以和为贵"自然就成了一条潜规则。20世纪90年代以前，大多数消费者在遇到不满意的消费时，甚至在自己的权益受到商家损害时，往往忍气吞声，最多只会向朋友、同事或其他熟人倾诉不满，而很少通过向商家投诉、找媒体或向消协组织反映、诉诸法律等途径获得权益的保障。现在这种情况虽已有了很大的改善，但是改变较为缓慢，而进一步的改变将是一个长期的过程，原因之一就在于"和为贵""息事宁人"的传统思想仍然根深蒂固。

案例分析

团结村的婚庆礼俗消费

2002年春节，我回家（湖北）参加了堂弟的婚礼。作为家族同辈中的长兄，我参与了整个婚礼的操办过程，因此得以全面了解家乡农村的婚庆礼俗消费。

在乡下办大事，最关注的是礼簿。礼簿体现了主人的社会关系及各种关系的远近亲疏，同时也表明了亲友与主人的亲疏与进退的关系。在农村，主要的亲友类型大体上可以分为四种：亲、朋、邻、其他。不同的亲友送礼时是非常注意自己的身份及与主人的关系的。

当地的收入水平平均仅约2000元/（年·人），一次婚礼的礼金多的达到500元（全年收入的25%），少的也需50元（全年收入的2.5%）。面子决定送礼厚薄，礼金支出远高于收入水准。

"亲"主要是指有血缘或姻缘关系的亲戚，主与客在送礼时会准确把握远近亲疏的区别。一般而言，关系越亲，礼金就越重，每个人都会自守本分，不会超越自己的范围，多了主人不好接受，或不好在礼簿上登记。同是舅舅，由于远近不同，礼金也是有差异的。如果远亲的礼金超过了近亲的礼金，近亲就会感到脸上无光，在这种情况下，主人一般会自己拿钱垫上，以免让近亲丢面子。

"朋"是指朋友，包括同学、战友、同事或社会经历中的朋友。朋友在送礼时也会好好拿捏，尽量不让主人的亲戚难堪，一般都会比亲戚的礼金少。如果想与主人的关系加强，可采取灵活的方式，如另外再送一些实物礼品，或私下以其他方式多送一些额外的钱或礼品，此时主人与客人都心照不宣。

"邻"是指邻居。邻里关系是除了亲友之外的另一重要关系，俗话说"远亲不如近邻"。邻居在送礼时也有自己的套路。邻居在广义上讲不仅包括近邻，而且还包括同村或邻村的人。邻居在送礼时一般数额较少，并且大家都会很统一。他们来的主要目的不是攀比，而是给主人捧场。邻居参加礼俗的人数的多少表明了主人在当地的地位与影响。

其他则是上述三类客人之外的客人。这些客人可能是临时碰上的，也可能是对主人有所求的。如果家里有人干得不错或有一官半职，当地的干部甚或头面人物也会来捧场。他们的礼金不需要将来回送，也不会受其他关系群体的约束，但也自成体系。

消费排场体现了主人的脸面，一般看下面几个方面：客人的数量及其身份的贵贱、宴席的丰盛程度、烟与酒的档次、热闹程度等。主家常常不惜花钱买热闹。

客人们主要争面子的地方则是礼金和座次排位。

资料：中国农村礼俗的类型及其变迁（20 世纪末）

20 世纪 70 年代：结婚（红喜事）、满月、周岁、10 岁、老人祝寿、老人离世（白喜事），这些礼俗对老百姓来说是大事，主家必请亲朋好友相聚，亲朋好友也要准备礼金来捧场。

20 世纪 80 年代：除上述诸事外，又有新项目，如家里有人考上大学或中专，或进城当了工人，也要庆祝一番。对农村人来说，能考上大学是一件了不起的事，因为从此就跳出了农门，脱离了苦海，改变了身份，所以亲友也来祝贺，主人家也极有面子。

20 世纪 90 年代：礼俗"大事"的种类还在增加，如盖了新房、过 20 岁生日、30 岁生日等，有的人为了找理由办大事，每年宴请亲友给自己的小孩过生日，或为父母祝寿。其原因在于现在小家庭多了，小孩少，基本大事办完后没有机会办事收礼金，而在传统的礼俗圈中，人们又不得不送礼，有些小家庭也送出了很多，所以希望找机会捞回本钱。送礼在农村不仅是一种相互帮助和交往的工具，而且还是一种"捞本钱"的工具。

（资料来源：卢泰宏．消费者行为学［M］．北京：高等教育出版社，2005：142-145．有改动）

讨论题：
1. 中国消费者礼俗消费有哪些文化特征？
2. 作为充当送礼的产品或品牌，如何才能满足消费者的送礼需要？
3. 中国农村消费者的送礼行为与城市消费者有什么差异？

思考题

1. 什么是文化？文化有哪些特征？
2. 什么是亚文化？亚文化一般分为哪几类？
3. 什么是文化价值观？了解不同文化价值观下消费者行为的特征。
4. 什么是非语言文化沟通？举例说明非语言文化在不同民族的不同含义。
5. 中国文化有哪些特点？
6. 试述中国文化对消费者行为的影响。

第 12 章

社会因素与消费者行为

【本章要点】

- 社会阶层的含义
- 社会阶层对消费者行为的影响
- 群体的含义及群体对消费者行为的影响
- 家庭消费决策及家庭收入对消费者行为的影响
- 角色的定义及对消费者行为的影响

【重点名词】

社会阶层　　　参照群体　　　家庭　　　角色

【引导案例】

营销人员经常在群体背景下为其产品做广告——全家人享用麦片粥早餐，朋友们在打完橄榄球后喝软饮料，邻居对新买的汽车表示赞赏。这样做是为了反映出朋友和亲属对消费者的影响。苹果麦金塔计算机的广告就是一个例子，它通过将产品和学生联系起来，暗示这种产品因为能促进学习而被许多学生所接受。

营销人员也经常利用社会名流作为发言人来反映出群体的影响。在这种情况下，名人代表的是距离普通消费者很远而且又被消费者所美慕的群体中的一员，而不是消费者参照群体中的一个实际成员。设想消费者容易受他们影响是因为想和这些名人保持一致。例如，耐克就曾在广告中利用迈克尔·乔丹、安德烈·阿加西来吸引那些力图与这些明星保持一致的购买者，它甚至还利用与主流文化格格不入的篮球明星丹尼斯·罗德曼来代表那些愤世嫉俗、愤恨权威的价值观，以此吸引了许多新生代。

这些例子都说明了营销人员在试图影响消费者的参照群体，但是，如果这些群体极其显著而且集中，那就能反过来影响市场营销的策略，某公司的顾客群就说明了这一点。许多顾客把身穿牛仔裤、T恤衫和皮夹克作为该公司的标志服装。这家公司并没有创建这种联系，而这种联系一旦建立起来，该公司就通过推出一个全系列的标有该公司品牌的服装来培养这种联系。

另一个例子是"旧车改装的强马力汽车"群体影响了20世纪50年代和60年代底特律"强马力汽车"时代的汽车设计。

消费者周围的群体是对消费者行为影响最大的一个环境因素，参照群体提供了一条对这种影响进行分析的途径。

这一章将描述参照群体、社会阶层、角色及家庭等环境因素对消费者行为的影响。社会阶层由具有相同社会地位的成员组成。处于同一社会阶层的消费者在价值观念、需求偏好和行为方式上往往具有高度的同质性，具有重要的营销意义。消费者生活在特定的群体之中，消费者的价值观、态度和行为都受到社会群体的影响。

家庭作为社会的基本单位，不仅对个体消费者的购买心理和行为具有影响，而且也表现出自身作为购买单位的行为独特性。角色是指一个人在群体或社会中所界定的地位，以及与该地位相关的行为模式。本章在阐述社会阶层、参照群体、角色基本定义的基础上，分析环境因素对消费者消费行为带来的影响，探讨不同环境因素下对应的营销策略。

12.1　社会阶层与消费者行为

12.1.1　社会阶层的含义与特征

1. 社会阶层的含义

社会阶层是依据经济、政治、教育、文化等多种社会因素所划分的相对稳定的社会集团和同类人群。这里应当指出的是，社会阶层不同于社会阶级，其划分测量的标准不仅仅是经济因素，还有其他各种社会因素，如社会分工、知识水平、职务、权力、声望等。社会阶层有两种类型：一种类型是阶级内部的阶层。同一阶级的人在他们与特定生产资料的关系上是共同的，其根本利益和社会经济地位是一致的。另一种类型是阶级之外的阶层，它们与阶级形成交义并列关系，划分这一类阶层的客观依据是阶级因素之外的知识水平、劳动方式等社会因素的差异。

2. 社会阶层的特征

（1）同一阶层的成员，其行为远较不同阶层的成员更为相似。无论何种类型的阶层，其内部成员都具有相近的经济利益、社会地位、价值观念、态度体系，从而有着相同或相近的消费需求和消费行为。

（2）人们根据他们所处的社会阶层而占有优劣不同的地位。

（3）人们归属于某一社会阶层不是由单一参数变量决定的，而是由职业、收入、财产、受教育程度、价值观、生活方式等多种因素综合决定的。

（4）人们所处的社会阶层不是固定不变的。在其生命历程中，人们可以由较低阶层晋升到较高阶层，也可能由较高阶层降至较低阶层。在现实社会中，这种变动的范围随社会分层限度的大小而定。

12.1.2　社会阶层的划分

关于社会阶层的具体划分，目前常用的主要有两种方法：一种是综合指标法，即同时使用几种尺度的综合衡量方法；另一种是单一指标法，即只使用单一尺度衡量的方法。个人在社会中所处的地位或阶层受多种因素影响，所以，一般来说，使用综合指标法划分社会阶层比使用单一指标法划分社会阶层精确度要高些。

1. 综合指标法

目前，西方学者在划分社会阶层时，较为常用的有二因素、三因素、四因素甚至更多因素的综合划分方法。

（1）二因素划分法。这种方法选取的是职业和教育两个因素。具体划分时，首先确定等级差别，即职业等级和教育等级；然后确定它们的权数，职业等级的权数为7，教育等级的权数为4；最后进行等级评分，从而确定其社会阶层。具体计算方法为

$$社会阶层得分 = 职业等级 \times 7 + 教育等级 \times 4$$

得分越高，社会阶层越高。

（2）A. B. 霍林谢德的三因素划分法。此方法通过综合住房、职业、收入三个主要因素划分主要阶层。划分时确定的权数如下：住房为6，职业为9，收入为5。

（3）W. L. 沃纳的多因素划分法。沃纳综合了四个主要因素（职业、收入来源、住房条件、居住地区），或者五个主要因素（另加收入数额），或者六个主要因素（再加教育）来划分社会阶层。实践证明，用四个、五个或六个主要因素划分的结果往往差别不大。

2. 单一指标法

利用单一指标法划分社会阶层不如利用综合指标法划分社会阶层精确，但在研究消费者行为时，采用单一指标容易确定社会阶层与消费行为的相关关系，在实际应用中也更为简便易行。较常用的单一指标主要有收入、教育、职业等。

（1）收入。收入是划分社会阶层和地位最常用的传统指标。这是由于收入是维持一定生活方式的必要前提条件，收入的高低直接影响人们的消费态度、消费能力和消费水平，高阶层必然依附于高收入。但仅以收入作为衡量社会阶层的基本指标也有其局限性，即收入并不能完全解释人们的生活态度和消费方式。

（2）教育。教育作为单项指标，在划分社会阶层时有其特殊意义。一个人的受教育程度决定了其知识结构、文化层次、职业选择乃至收入水平。教育水平对消费者的影响在于，受教育程度不同的消费者会有不同的价值观念、审美标准、欣赏水平、兴趣爱好，从而在消费活动中表现出不同的品位和特点。一般来说，受教育程度高的消费者比较偏爱知识性较强的商品，并且在选择商品的过程中喜欢并善于利用各种外界信息；而受教育程度较低的消费者则表现出相反的倾向。

（3）职业。职业也经常被用作划分社会阶层的重要指标。职业是研究一个人所属社会阶层的最基本、最重要的线索。由于职业在一定程度上反映了一个人的知识层次、专业特长、收入水平，因此，根据所从事职业可以大体确定人们的生活方式和消费倾向。采用职业作为划分依据的困难在于，对社会上成千上万种职业进行分类并确定出等级并非易事。

12.1.3　社会阶层对消费者心理与行为的影响

1. 社会阶层方面的三种消费者心理

（1）基于希望被同一阶层成员接受的"认同心理"，人们常会依循所属阶层的消费行为模式行事。

（2）基于避免向下降的"自保心理"，人们大多抗拒较低阶层的消费模式。

（3）基于向上攀升的"高攀心理"，人们往往会喜欢采取一些超越层级的消费行为，以满足虚荣心。

2. 不同社会阶层消费者的心理与行为差异

不同社会阶层消费者的心理与行为表现出明显差异。具体表现在以下几个方面：

（1）不同阶层的消费者对信息的利用和依赖程度存在差异。一般来说，高阶层的消费者

善于比低阶层消费者利用多种渠道来获取商品信息。高阶层的消费者大都受过良好教育，读书、看报、翻阅杂志、上网的时间和机会较多，因而可以充分利用不同媒体获取有价值的商品信息；而低阶层的消费者受教育程度较低，平时较少读书看报，却比较喜欢看电视，因而电视广告往往成为他们获取信息的主要来源。

（2）不同阶层的消费者在对购物场所的选择上存在差异。不同阶层的消费者喜欢光顾的商店类型明显不同。高阶层的消费者乐于到高档、豪华的商店购物，因为在这种环境里购物会使他们产生优越感和自信，得到一种心理上的满足；而低阶层的消费者在高档购物场所购物则容易产生自卑、不自信和不自在的感觉，因而他们通常选择与自己地位相称的商店购物。

（3）不同社会阶层的消费者在购买指向上存在差异。美国商业心理学家和社会学家将美国社会划分为六个社会阶层，各阶层消费者的购买指向和消费内容特征如下：

1）上上层，由少数商界富豪或名流家族组成。他们是名贵珠宝、古董、著名艺术品的主要购买者，也是高档消遣、娱乐方式的主要顾客。

2）上下层，主要由工商界人士、政界显要人物和经营特殊行业而致富的人组成。他们大都经过艰苦奋斗而由中产阶级进入上流社会，因而有着强烈的显示自我的愿望，渴望在社会上显示自己的身份、地位。他们是私人别墅、游艇、游泳池及名牌商品的主要消费者。

3）中上层，由各类高级专业人员，如律师、医生、大学教授、科学家等组成。他们偏爱高品质、高品位的商品，注重商品与自己的身份地位相匹配。他们大都拥有良好的住宅、高级时装、时尚家具等。

4）中下层，由一般技术人员、教师和小业主等组成。他们喜欢购买大众化、普及性的商品，对价格较为敏感，努力保持家庭的整洁和舒适。

5）下上层，由生产工人、技工、低级职员等组成。他们整日忙于工作和生活，很少有精力和兴趣去关心社会时尚的变化，喜欢购买实用价廉的商品。

6）下下层，属于贫困阶层。他们几乎没有受过教育，收入属于社会最低水平。他们通常没有固定的购买模式，是低档商品的主要消费者。

（4）不同阶层的消费者对消费创新的态度存在差异。不同社会阶层的消费者之间的差别还表现在对消费创新的态度上。

小贴士

美国社会阶层及其划分

社 会 阶 层	百分比（%）	收入/美元	学　历	典 型 职 业
上层		600000	硕士	董事长
上上层	1.5	450000	硕士	社团总裁
上下层	12.5	150000	医学学位	开业医生
中层		43000		
中产阶级	32.0	28000	本科	高中老师
工人阶级	38.0	15000	高中	装配工人
下层		14000		
下上层	9.0	9000	高中肄业	门卫
下下层	7.0	5000	小学	无业

由上述分析可见，不同社会阶层的消费者无论在获取信息、购买方式、购买指向和消费态度上都有着明显差异。把握这些差异，有助于企业根据不同阶层消费者的需求偏好进行市场细分，以便更好地满足目标市场消费者的需求。

3. 同一社会阶层消费者行为的差异

如上所述，同属一个社会阶层的消费者，在价值观念、生活方式及消费习惯等方面都表现出基本的相似性。但由于各个消费者在经济收入、兴趣偏好和文化水准上存在具体差别，因而在消费活动中也会表现出不同程度的差异。

美国学者考尔曼通过对汽车与彩色电视机市场的分析，认为在同一阶层中，人们的收入水平存在三种情况：一种是"特权过剩"类，即他们的收入在达到本阶层特有的居住、食品、家具、服装等方面的消费水平之后，还有很多过剩部分；一种是"特权过少"类，即他们的收入很难维持本阶层在住房、食品、家具、服装等方面的消费水准，几乎没有剩余部分；还有一种，他们的收入仅能够达到本阶层平均消费水平。

考尔曼用"特权过剩"与"特权过少"的概念来解释某些消费现象。例如，在美国曾有一段时期，各阶层消费者都等量购买彩色电视机，从表面看对彩电的购买与社会阶层无关，但经认真分析后发现，购买彩电的消费者大都是各阶层的"特权"家庭；同样，购买小型汽车的人大都是各阶层的贫困族。由此可以看出，即使在同一阶层内，人们的消费行为也存在一定差异。

12.2　参照群体与消费者行为

在现实生活中常常可以看到，一个人单独表现的行为与在群体中表现的行为是不一样的。群体心理的存在对于个体有着重要的意义，因为社会是一个宏观环境，对个体而言，是一种抽象的关系；而群体是一种微观环境，对个体而言，是一种具体的关系。社会对个体的影响，就要通过群体这种微观环境发生作用。

12.2.1　群体的概念与分类

心理学中的群体是指人们通过一定的关系结合起来，有较为稳定的互动方式和结构，有密切相互关系的人群共同体。

1. 参照群体的分类

社会群体一般有以下分类：

（1）主导群体和辅助群体。主导群体是形成个体消费者社会本质的基础，如家庭、邻里、工作单位等。消费者从孩提到暮年，日复一日的消费行为都要有意无意地受到其主导群体成员的影响。辅助群体多是由于个体某种专门兴趣、某种信念或某方面的特殊需要而从属或参加的群体。其成员之间也存在着直接交往，所以辅助群体的影响作用也常在消费者行为中体现出来。

（2）参与群体和期望群体。参与群体是消费者确实参加的群体，它可以较为直接地影响到每个成员的消费行为。期望群体是消费者目前尚未加入但渴望加入的群体，它可以促使消费者通过比较和追求，改变原有的消费行为。

（3）自觉群体和回避群体。自觉群体是消费者按自己的年龄、性别、民族、教育、职业等指标自动地将自己归属于某个群体，并能有意识地用这一群体的特征约束自己的消费行为。回避群体与自觉群体相反，它是个体消费者自认为与自己不相符的、极力避免归属的群体。这类情况可以影响到市场上某种商品的销售或企业的形象。例如，国外某种啤酒曾被认为是低阶层消费者饮用的，在中高阶层的消费者中就难以找到消费市场。

（4）长期群体和临时群体。长期群体是个体在较长的一段时间内参加的群体，其成员对个体的消费行为有较长期且稳定的影响。临时群体是消费者暂时参加的群体，如同一购买现场的其他消费者在选购过程中结成群体，一旦选购完成，便退出群体。这种消费群体对消费行为只会产生一时的、不稳定的影响，但对消费者是否采取购买行动起着非同小可的作用。

2. 参照群体的主要特点

与消费者行为有关的参照群体的特点主要有以下几个方面：

（1）群体规范。群体规范是指群体所确立的、每个成员必须遵守的行为准则。每个群体都有特有的行为准则。这种准则，有的是明文规定的，有的是约定俗成的，但都有约束和指导成员行为的效力。群体成员的态度和行为如果符合群体规范，就会受到群体的肯定；如果成员偏离或破坏其准则时，群体就会运用各种方法加以纠正。当然，群体规范不是一成不变的，随着形势的变化，它也会发生变化。而且，参照群体对成员行为的影响既可以是主动的，也可以是被迫的。也就是说，成员既可以主动模仿别人的行为，也可能在群体压力下不得不采取某种行为。后一种现象在社会心理学中又被称为社会从众。

（2）角色。角色是指社会对具有某一特定地位的个人所规定和期待的行为模式。现实生活中，每个人在某一群体中都会扮演一种角色，如有的人在企业中是经理，有的人是秘书，有的人是司机等。而且，所有人在同一时间都可能扮演不同的角色，如一个人既是经理，又是父亲、丈夫、某俱乐部会员等。不同的角色要求有不同的行为。也就是说，在不同场合的行为要符合特定的角色身份，不能混淆。例如，单位里经理的行为与家中父亲的行为就应该有所区别。另外，随着时间的推移，个人所扮演的角色是会发生变化的，有时是获得新的角色，有时是放弃现有的角色。所以，随着新角色的获取或原有角色的放弃，个人应该学会适应角色的变化。例如，由一个学生转变为一个职员，穿着打扮、言谈举止都要随着角色的变化而变化。

营销人员了解角色理论是很有帮助的。首先，不同的角色有不同的角色关联产品集。所谓角色关联产品集，是人们普遍认为某种角色所需要的一系列产品。这些产品或者有助于完成角色扮演，或者具有重要的象征意义。营销者的主要任务，就是确保其产品能满足目标角色的实用性或象征性需要，从而使人们认为产品适用于该角色。例如，计算机制造商正在努力使笔记本电脑成为"商人角色关联产品集"中的核心产品。其次，角色的获取或转换会使产品或品牌与新的角色相联系，从而为营销者提供机会。例如，随着单亲家庭的增多，一些企业像银行、保险公司等已经开始向发生这种角色转化的人提供特殊的服务项目。最后，社会角色能影响人们的消费态度和消费习惯。例如，知识分子家庭对于书籍、计算机等文化产品的消费要高于一般的工人家庭。

（3）观念领导者。参照群体中经常包括观念领导者或者称作意见领袖的个人，是指那些影响他人的人。显然，说服这些人购买他们的产品或服务对营销人员来说是非常重要的。很多在今天成为人们生活一部分的产品或服务，最初就是受到了这些有影响力的意见领袖或观念领导者的推动。

12.2.2　参照群体对消费者行为的影响

1. 群体心理对消费者行为的影响

人们在群体中相互作用、相互影响，就产生了群体心理，如从众、模仿、流行和暗示等。这些群体性的心理现象对消费者心理及行为产生制约作用。

（1）从众。心理学认为，个体在群体中常常会不知不觉地受到群体的压力，而在知觉、判断、信仰以及行为上，表现出与群体中多数人一致的现象，这就是从众现象。从众现象是一种较普遍存在的心理现象，在消费领域中更是屡见不鲜。例如，前些年城市居民攀比竞相购买耐用消费品，"许多人家都有了，我家没有显得寒酸"的心理，致使一些收入不高的家庭也节衣缩食去争购。又如，有一个班级的学生在谈到野炊时，大家七嘴八舌地说包羊肉馅饺子，而你恰恰讨厌吃羊肉，但是听到大家都说要吃羊肉馅饺子，你也不好坚持自己的意见，只好随大溜。再如，在我国近几年来办婚事的消费急剧膨胀，其中也有从众心理的原因。

从众行为既有积极意义，也有消极意义，这主要看从众从的是什么样的行为。对于一种良好的社会风气，就要在社会上大力宣传，形成一种社会舆论，使人们感到一种无形压力，从而产生从众行为。例如，宣传消费要量力而行、合理安排、讲究实效、不图虚荣，形成一种社会风气，使人们产生从众行为，这是有积极意义的。在消极方面，如果经济条件不允许，却不顾自己的收入水平，硬去与别人攀比，甚至借债，更有个别人不惜铤而走险，以非法手段来达到目的，这样的从众心理显然是消极有害的。

影响消费者从众行为的因素有如下几种：

1）团体因素。一般来说，团体规模越大，团体内持相同意见的人越多，所产生的团体压力越大，越容易产生从众行为；同时，团体的内聚力越强，团体领导者的权威越大，影响力越大，也越容易发生从众行为；个体在团体中的地位越低，越容易被影响，也越容易发生从众行为。

2）个体因素。一般来说，容易发生从众行为的消费者，是对社会舆论和别人意见敏感的人，或者是缺乏自信心的人，他们非常注重社会和别人对自己的评价。有资料表明，女性比男性更容易出现从众行为。

（2）模仿。所谓模仿，是指在没有外界控制的条件下，个体受到他人行为的影响，仿照他人的行为，使自己的行为与之相同或相似。由此可知，模仿就是自觉或不自觉地效仿一个榜样。

小贴士

利用从众实验，设计商品的人员推销情境

首先利用某种方法，确定目标顾客，然后把这些目标顾客带到一个地方参加销售展示。当展现每种设计时，做演示的推销员迅速浏览群体中每个人的表情，以便发现最赞赏该设计的那个人（如他不断点头）。询问点头者的意见，当然他的意见一定是赞同的。推销员还请他详尽地发表意见，同时观察其他人的神情，以发现更多的支持者，并询问下一个最为赞同者的意见。一直问下去，直到问到那个最初最不赞同的人。这样，由于第一个人的榜样作用以及群体对最后一个人所产生的压力，推销员就能使群体中的全部或大部分人对该设计做出正面的评价。

注意：①这个实验情境与市场上的"托儿"有本质的区别；②即便是这样，也一定要事先考虑好这样的问题：这样做是否道德？

模仿是普遍存在的一种心理现象，从个体对他人的无意识的动作，到衣、食、住、行及对他人的风度、性格、工作方法、生活方式，乃至对整个社会生活有关的风俗、习惯、礼节、时尚等，都存在着模仿。例如，影迷们总是喜欢模仿他们崇拜的电影明星的装束打扮。总之，衣着、发型、交际风度等都是模仿的对象。

模仿的影响力取决于榜样的崇高威望和地位，也取决于榜样行为的大众化、实用化的程度，有时也取决于榜样的专业性质和地域范围。学习雷锋，我国人民有口皆碑，连美国西点军校也开展学雷锋活动，可见影响之大。孙中山先生首创的"中山装"，引起群众的广泛模仿，这除了中山装确有不少优点外，不能不说与孙中山先生的崇高威望和显赫地位有关。因此，企业的经营者应充分利用榜样的感染力，推出新颖、健康的商品，丰富和美化人们的物质生活和精神生活，以达到最大的经济效益和社会效益。

值得一提的是，在一些消费领域中盲目模仿的后果，在美感上可能变成东施效颦，在经济上则可能入不敷出。例如，表现在服饰方面，不顾自己的身材、肤色、年龄、职业，而盲目模仿别人穿着，结果反倒显得难看；在用的方面，凡是现代化商品都想要，人家房里有的，自己最好也有，弄得在房间里连转身都转不过来。因此，对他人的消费方式要有分析地对待，不要盲从。消费者在打扮自己时，首先要了解自己，善于设计自己。女性美各有特色，如雍容华贵、端庄大方、热情活泼、清淡素雅，都取决于不同的审美观，不同的性格、修养和精神面貌。重要的是把握气质、定准基调，再根据肤色、身材等考虑衣式色彩，最后运用发型、饰物、化妆等来完成形象塑造。

（3）流行。许多人竞相模仿，从而成为一种风尚的结果，就是出现流行。流行这种群体心理现象，是指社会上相当多的人在较短时间内，由于追求某种行为方式，使人们相互之间发生了连锁感染，并使之在整个社会中到处可见。模仿可以是个别行为，而流行则已成为社会现象。

消费行为的流行，就是一定时期内常常出现的一种为一个群体或一个阶层的许多人都接受和使用的商品样式。在消费流行中，形成了对某种商品、劳务的需求热，以及对某种消费形式的追求热。它既包括有形物质商品的消费热，如"彩电热""冰箱热""电子琴热"等，也包括非物质商品的消费热，如"美术热""书法热"等，还包括消费观念上的意识形态领域的流行热，如"出国旅行热""进口家电热"等。消费者通过对所崇尚的商品的追求，从而获得一种心理上的满足，这在物质消费上，特别是服装打扮、家庭陈设等方面尤为突出，在精神生活领域也有反映。

商品行为的流行方式有：①自上而下依次引发的流行方式。例如，中山装、列宁装，首先是由社会上层领导人物或名士带头使用或穿戴，引起人们纷纷模仿和效仿，从而形成社会流行。②社会各阶层间相互诱发横向流行的方式。例如，高跟鞋、喇叭裤等，是由社会的某一个阶层率先使用，而后向其他阶层蔓延、普及。③自下而上的流行方式，即是由社会的下层先采用，然后向上层推广而形成时尚的方式。例如，"牛仔裤"原是美国西部牧牛人的服装，后来连美国总统里根也穿了；领带源于北欧渔民系在脖子上防寒的布巾，现在则已成为与西装配套的高雅服饰。

引发流行除了上述的榜样作用以外，宣传也起着推波助澜的作用，如苹果系列产品的广告宣传，使之成为人们争相购买的时髦商品。

消费流行是商品经济发展特有的社会经济现象，其产生的社会基础是生产力的发展和人们物质需要、精神需要的增长；否则，既不可能生产出流行商品来，也不可能使商品具有流行性。消费流行是消费者需要的重要表现，因此，研究消费流行有利于新产品的开发。工业企业生产的新产品要适应消费流行期的不同阶段，要以消费流行规律为依据。

（4）暗示。所谓暗示，是指人或环境以含蓄、间接的方式向他人发出某种信息，而使之无意识地接受并做出相应的反应。营销活动中运用暗示方式对消费者的心理和行为施加影响，可以使消费者产生顺从性的反应，或接受暗示者的观点，或按暗示者要求的方式行事。暗示的方式可以有营销人员个人的词语和语调、手势和姿势、表情和眼神以及动作等，使之成为传递暗示信息的载体；还可以有营销单位的集体大动作，如聘请名人做广告，雇用一批人拥向摊位，造成一种"生意兴隆"的假象。在营销现场，经常能看到有人排队，马上就会有人跟着排队的盲目抢购现象，这是行为暗示的结果。

在购买活动中，消费者受暗示而影响决策的行为很常见。实践证明，暗示越含蓄，其效果越好。因为直接的提示会使消费者马上产生"想赚我的钱"或"想推销你的东西"的心理反应。德国生产的奔驰轿车的广告语是："如果有人发现我们的奔驰轿车发生故障、被修理车拖走，我们将赠送你1万美元。"这就以婉转的方式从反面暗示顾客，奔驰轿车的质量有绝对的保证。

2. 参照群体影响成员行为的程度

参照群体不会对消费者的每个购买决策都施加影响，即使在群体影响确实起作用的情况下，消费者也会受到其他变量的影响。因此，在不同的情况下，参照群体对消费者购买行为的影响程度是不一样的。也就是说，参照群体对消费者行为所起作用的大小是不一样的。其影响因素主要有以下几个方面：

（1）产品与品牌。参照群体对不同产品和品牌的影响程度是不同的。这种不同的影响至少体现在两个方面：一个方面是这种产品是必需品还是非必需品。必需品是每个人所必需的东西；而非必需品是特定阶层的人或在特定的情况下才拥有的东西。另一个方面是他人对这种产品的认知程度，即公众的还是私人的。公众商品是指那些当自己拥有和使用时能引起其他人重视的东西；私人商品则是指那些在家里使用的、别人无法注意到的东西。一般来说，一件产品的必需程度越低，参照群体的影响程度越大；产品的公众性越强，即产品或品牌的使用可见性越高，参照群体的影响程度就越大。

小贴士

公众必需品是能被大家看见的生活必需品，如手表、西装等；公众奢侈品是指能被大家看得见的非生活必需品，如高尔夫俱乐部、游艇；私人必需品是指除了家人外别人无法注意到的生活用品，如厨具、化妆品等；私人奢侈品则是指供家里人使用的非生活必需品，如电子游戏机、各种保健品等。

（2）个人与参照群体的关系。一般来说，个人对参照群体越忠诚，就越会遵守群体规范，参照群体对他的影响就越大。例如，当一个人要参加一个渴望群体的活动时，他就会非常重视自己的穿着打扮；而对于要参加一个非渴望群体的活动时，他就会显得很随便。

（3）个人特征。个人在购买中的自信程度越低，越容易求助于参照群体成员，参照群体对他的影响就越大。特别是在购买他不太熟悉的产品或重要的产品（如汽车、保险等）时更是这样。此外，个性、安全感、地位等也对个体是否遵从群体规范起重要作用。个人在群体中的地位能影响他对群体规范遵守的程度。一般来说，一个人在群体中越受欢迎，或在群体中的地位越高，越能够自觉地遵守群体规范，与群体保持一致。

（4）群体特征。群体特征是指影响个体遵从的参照群体的特征。群体影响个体的能力随着群体规模的大小、凝聚力以及领导力的强弱而不同。群体人数越多，越难以达成一致，因而其影响力就越小；群体凝聚力或领导力越强，其影响力就越大。

12.3　家庭与消费者行为

一般来说，个人都在一定的家庭中生活，每个劳动者在社会经济中都不是孤立存在的个人，都要抚育子女、赡养老人，因而个人的消费在任何情况下都要受家庭经济生活的制约。可以说，家庭是人类基本的消费单位。

家庭的社会地位和经济条件不仅决定了家庭的购买能力，也决定了家庭成员的需求层次和消费水平、消费结构。家庭对消费的影响主要取决于家庭的经济收入，还取决于家庭结构、家庭消费决策和家庭生命周期等方面。

12.3.1　家庭结构

1. 家庭结构类型

家庭结构是家庭成员组成的情况，也称家庭形态。家庭人员组成一般是指家庭人数、年龄、性别、各成员之间的关系等。

家庭结构一般有这样几种不同的类型：①单身者或个人家庭；②尚无子女的年轻夫妇或与子女分居的老年夫妻家庭；③有子女的单亲家庭或不完全家庭；④有子女的双亲家庭或完全家庭；⑤复代家庭或延续式家庭。

我国传统的家庭多为由三代人组成的家庭。随着社会进步和人们观念的改变，家庭结构正由大变小，一夫一妻一个孩子的小型化家庭结构正在成为我国家庭结构的核心模式。一个家庭中，由于年龄、身份、经济地位不同，不同的家庭成员扮演着不同的角色。少儿阶段正是长知识、长身体的阶段，全靠父母抚养；当青年人有独立收入时，能为家庭负担一些经济支出；中年人是以户主的身份出现在家庭中的，掌握着家庭经济大权，是家庭消费活动的决策者；老年人离退休后，大多数有一定的经济收入，一般在生活上不同程度地依附于家庭。由此可知，家庭结构不同，消费和购物的特点也不同，家庭结构直接影响着为谁买、买什么、买多少等决策。

小贴士

儿童对父母购买决策的影响

很多人认为，现在的孩子越来越早熟，尤其是表现在消费方面。因为很多家庭中父母都有工作，因此空闲时间比较少，他们总是鼓励孩子自己买东西。由于儿童看电视的时间比较长，更容易受到广告的影响，也更了解产品。此外，与双亲家庭中的孩子相比，单亲家庭中的孩子更多地参与家庭决策中并实际去购买商品。孩子对购买食物方面的决策有更大的影响力，很多家庭常常是围绕着孩子的需要和喜好来安排食谱。对于诸如玩具、服装、休闲、娱乐等的消费，孩子的影响力也是足够大的，尽管他们常常并不是这些商品的实际购买者。

---

2. 家庭结构对消费结构的影响

由于我国的政策,使家庭明显趋于小型化。家庭规模的小型化给家庭消费结构带来重大影响,具体表现为:①家庭小型化的结果,使儿童消费品趋于高档化、多样化,儿童娱乐用品、服装、营养品的需求量逐步增大;②随着家庭规模趋小,家庭生活用品也趋向小型化,如家庭用炊具、锅碗等;③家庭购买耐用消费品的数量、种类增多;④餐饮消费结构同时也会变化,如在外吃饭的人数和次数增多,方便食品、罐头食品的消费量增加;⑤家庭用于医疗、文化娱乐等方面的支出比重增大。综上所述,家庭结构的变化不仅对家庭自身消费结构产生影响,对工商企业、服务业等也都产生直接影响。

12.3.2 家庭消费决策

1. 家庭消费决策的含义

家庭消费决策是指家庭在发挥其消费职能的范围内,从实际出发,确立所要达到的消费目标,选择正确的途径和方法,使预定的目标能够最大限度地实现。简单地说,就是分析条件、确定目标、选择途径、实现最佳消费行为。就一个家庭而言,收入总是有一定限度的,所以消费范围以及满足消费目标的程度也是有限的。在各种家庭需要难以同时兼顾的情况下,家庭的决策者要确保家庭的整体利益和重点利益,敢于放弃某些消费。

消费者的购买活动一般以家庭为单位,但是购买的决策者通常不是家庭这个集体,而是家庭中的某一成员或某几个成员。不同的家庭成员对购买商品具有不同的实际影响力。在一般家庭做出购买决策的过程中,通常可以发现,家庭成员扮演着五种主要角色:①提议者:促使家庭其他成员对商品发生兴趣的人;②影响者:提供商品信息和购买建议,影响挑选商品或服务的人;③决策者:有权单独或与家庭其他成员一起做出买与不买决定的人;④购买者:购买商品的人;⑤使用者:使用所购商品或服务的人。至于家庭中有多少人充当这些角色,什么人充当哪些角色,则要根据家庭的不同和他们所购买商品的不同而逐一确定。

2. 家庭消费决策类型

家庭消费决策从家庭权威的中心点角度来划分,可有如下几种类型:①各自做主型:每个家庭成员都有权相对独立地做出有关自己的决策;②丈夫支配型:家庭购买决策权掌握在丈夫手中;③妻子支配型:家庭购买决策权掌握在妻子手中;④调和型:大部分决策由家庭各成员共同协商做出。

家庭消费决策类型还可按所购商品的因素来划分。对于不同的商品,家庭成员发挥的作用也不同,如购买家庭食品、日用杂品、儿童用品、装饰用品等,女性影响大;购买五金工具、家用电器、家具用具等,男性影响大;购买价格高昂、全家受益的大件耐用消费品以及文娱、旅游方面的支出,往往由家庭成员共同协商。家庭中孩子可以在家庭购买特定类型产品的决定上产生某些影响,如对购买点心、糖果、玩具、文体用品等有较大影响。在我国当今的城市家庭中,妻子与丈夫有平等的经济收入,她们既工作,又承担更多的家务,家庭经济多为她们控制,家庭的大部分日用品及耐用消费品大多在她们的影响下购买,这在城市家庭中已成为很普遍的现象。

企业了解家庭消费中每一成员的不同作用,可以有针对性地进行促销宣传,制定相应的推销策略,减少促销的盲目性。为了更好地满足消费者的需要,促进企业产品的销售,企业必须认真研究一般家庭是怎样做出其购买决策的。

12.3.3　家庭生命周期

家庭生命周期是指一个家庭从建立、发展到分解乃至解体过程中所经历的生活阶段，这些不同的生活阶段形成了周期。消费心理学对家庭生命周期的分析，就是根据家庭存在的各个不同阶段，确定每一个阶段的家庭生活特征，再按照这些特征来分析消费过程和消费结构的变化。

1. 家庭生命周期的划分

对家庭生命周期的划分，许多学者提出了不同的模式，但根据家庭主人的婚姻状况、家庭成员的年龄、家庭规模等因素构成的家庭发展阶段来划分，又有很多类似之处。一般可以把家庭生命周期分为：单身期，指已长大成人，但尚未结婚者；新婚期，指筹备新婚用品至结婚，建立起独立的家庭；生育期，生育第一个孩子至最后一个孩子；满巢期，子女长大尚未成年时期；离巢期，孩子成年后相继离开家庭，自主独立消费，直到原来的家庭中只剩父母二人；鳏寡期，指夫妇两人的一方丧偶期。

2. 家庭生命周期中的消费变化

随着家庭生命周期的变化，家庭的需求结构、经济能力和消费水平也相应发生着变化。

（1）单身期。这个时期的青年男女收入大多并不高。目前我国多数单身青年无经济负担，并还保持与父母共同生活的习惯。因与父母生活在一起，所以消费需要简单。一份部分城市的调查资料表明：在青年员工中，将自己的收入部分补贴家庭开支的只占 31.11%，自挣自花甚至不交饭钱的占 45.83%，父母倒贴的达 18.24%。他们的收入一部分用于自己的穿着、娱乐、交往、发展等方面的需要，一部分用于储蓄。

（2）新婚期。调查显示，青年人在结婚费用中，耐用消费品支出占首位，酒席的支出占第二位，穿着支出占第三位，床上用品支出占第四位。在我国，一些青年人结婚费用高得惊人，已成为众人瞩目的社会问题。由于组建新家庭，几乎所有消费品都需要购买，因此，不仅花光了自己的积蓄，还花费了父母亲辛苦积攒起来的钱，有的甚至还需借款。

（3）生育期。这个阶段的家庭特征是：年轻的夫妇由于有了孩子，家庭开支增大，购买频率高，购买心理随孩子的成长而发生变化，重视儿童食品、玩具、服装和教育费用开支。这一时期的消费表现出对家庭和社会的责任感。

（4）满巢期。在这个阶段，夫妇已到中年，孩子已到少年或青年。家庭收入达到高峰，家庭支出开始稳定，医疗支出下降，日用品、穿着、文化娱乐费用上升，家庭有了储蓄。

（5）离巢期。夫妇已到老年，子女相继成家。购买活动开始更多地投向满足自己需要的商品，营养、保健用品、高档家电支出上升，娱乐费、交通费下降。家庭的收入因退休而减少，储蓄部分用于自己的重点消费上，部分用于子女。

（6）鳏寡期。夫妇一般已到老年，两老之中有一方先谢世。此时，家庭收入明显减少。老年人渴望健康长寿，其消费支出大部分用于购买食品和医疗保健品，穿和用的部分比重逐渐下降，尤其是娱乐费、交通费及购买耐用家电产品的支出下降。老年人在进行购买决策时更缜密、更稳健、更内敛。有调查表明，老年男性在购买烟、酒和洗理费等方面花的零用钱较多，老年女性在购买点心、水果和化妆品等方面花的钱较多。

总之，在不同的阶段里，人们购买和消费的商品发生了变化。探索家庭生命周期的规律，有助于工商企业了解各个阶段家庭的消费特点，这是工商企业进行市场细分化的一个重要依据。

家庭决策类型对消费行为的影响

家庭决策类型主要有妻子主导型、丈夫主导型、民主型和各自做主型，不同的家庭决策类型会对消费行为产生影响。例如，在丈夫做主的家庭中，购买商品主要由丈夫说了算，因此这样的家庭购物就体现出较强的男性购买特征，即比较注重商品的质量、性能，而对商品的外观和颜色等不大挑剔；而在妻子做主的家庭中则正好相反，体现出较强的女性购买特征。最近一项"家庭消费准拍板"调查显示：孩子对小件决策，大宗影响；男人具有决策权；女人更想做"妻子"；中老年人失去发言权。

12.3.4　家庭经济收入对消费行为的影响

消费者任何消费动机的实现，或是生理、心理需要的满足，都要有经济收入做基础。因此，家庭经济收入制约着家庭与个人的购买能力、购买方式、消费结构和生活习惯等。如果经济收入十分有限，其家庭成员的高层次需要和心理性动机就要受到抑制，就要让位于低层次需要或生理性动机。

根据我国对城市职工收支抽样调查和市场实地调查的结果可以看出，家庭经济收入的影响体现在如下一些不同的方面：

1. 对消费支出结构的影响

从消费结构中对生存、享受、发展三种属性进行分类，由于家庭收入高低的不同，家庭类型可划分为：

（1）生存消费型家庭。这类家庭用于生存资料消费的开支占绝大部分。他们所购买的消费品质量不高，以维持正常生活为标准，文化精神方面的消费比重小，家庭消费内容单调。

（2）生活享受型家庭。这类家庭在物质生活方面向高、精方向发展，享受型消费资料的消费在家庭消费资金中占相当大的比重。此外，文化精神消费欲望强烈，家庭消费内容比较丰富。

（3）生活发展型家庭。这类家庭的消费内容已达到相当丰富的程度，已开始追求高质量、高品位的物质、文化精神方面的消费，发展型消费资料的消费在家庭消费资金中已占比较高的比重。

2. 对消费者购买动机的影响

收入高的家庭求新、求美、求名等动机强烈，而收入低的家庭求廉、求实、求利等动机强烈。在市场上还发现，有些消费者对简便包装或不包装的零售食品，对削价、积压、滞销而处理的商品很感兴趣。由此可见，家庭经济状况对消费者选购商品的出发点及目标有影响。

3. 对耐用品拥有量及更新商品的影响

一般来讲，家庭实际人均收入水平越高，耐用消费品拥有量越多。我国居民素有"三大件""五大件"之类的俗称。此外，收入高的家庭，相对来说商品更新快，使用周期短，"心理废弃"的现象较多；而收入低的家庭商品更新较慢，使用周期长，不仅正常更新的情况较多，而且延迟损耗性消费也多，如自行车、电器等，都要通过维修延长使用寿命，节省开支。

就我国目前家庭消费而言，具有均等性、稳定性和集约性等特点。所谓均等性，就是家庭成员在消费生活方面是平等的。成年人基本上能够互相协商购买决策，全家共享商品的使用价值。所谓稳定性，是指我国家庭收入一般比较固定，因而用于消费支出及各项消费品之间的分配比较稳定和均衡，同时，正常的家庭生活受制度和法律保护，家庭成员之间的关系维系紧密，生活安定、和睦、幸福。所谓集约性，是指家庭通常集中较多的消费资金用于某一项或者某几项消费所需。但也由于每一家庭受所属的民族文化、社会阶层、宗教信仰、职业性质及受教育程度的制约，形成了各自的家庭消费风格、家庭消费习惯和家庭消费态度等。每个消费者一般都要在一个特定的家庭中生活一定的时间，老一辈家庭成员的消费行为会潜移默化地影响下一代家庭成员；同时，家庭成员在共同消费中的互相作用又不断改变、革新着家庭消费意识及行动。从大家庭里分化出去的各个小家庭乃至每一个家庭成员的消费行为，都必然带着原有家庭消费特征的烙印。因此，企业在研究消费者行为时，绝不能忽视家庭的影响作用。

12.4　角色与消费者行为

社会活动对个人行为的影响，以及个人行动在社会中的实现，是不可能孤立进行的，它们之间必然存在若干中介环节。其中，角色就是一个很重要的中介环节。

12.4.1　角色的概念

"角色"这个概念是从戏剧界借用过来的。这里所指的角色就是和一定的社会位置相关联的行为模式。换句话说，角色就是社会对个人职能的划分，它指出了个人在社会中的地位和在社会关系中的位置，代表了每个人的身份。身份也常用于指个人的社会地位。这一点对购买个人和家庭消费品都是有影响的。从事不同职业和担任不同职务的人，由于在工作环境、劳动性质以及知识水平、年龄、性别、所接触的群体内其他成员等方面存在差异，因而影响个体的消费行为，不仅在购买商品的类别、品种、质量、价格等方面有区别，即使对同一商品，也会出于截然不同的购买动机和需要而有明显差异。

12.4.2　角色对消费行为的影响

1. 角色形成不同的社交方式

不同的社交场所交往的人不同，交往的方式不同，对商品的要求也不同。这一点在许多消费者购买礼品时反映得比较明显，可以从购买礼品的种类、数量、质量上看出来。例如，学生交往互送鲜花、贺卡的不少，老年人交往互送保健品、保健饮料的较多。

2. 角色决定个体的生活方式

消费者担当的角色决定着其生活方式。这一点在消费态度、消费习惯上比较突出。有时并不是经济收入方面的原因，如从事某一职业和担任某一职务的消费者，其家庭的室内陈设、吃穿水平、接待客人的标准等往往要与同等角色和身份的人保持相似或相近。

3. 角色多样化使购买行为出现差异

一个人可以同时属于不同的几个群体，并在其中担任不同的角色，每一个角色都会不同程度地影响其消费行为。例如，一个男性消费者在作为一个教师给自己买衣服时，可能考虑要大方庄重、结实耐穿；作为丈夫给妻子买衣服时，可能就会选择色彩鲜艳、式样入时的；作为父亲给孩子买衣服时，可能要挑选新颖活泼、价格便宜的；作为朋友给要好的同事买衣服时，又可能要求包装精美、品牌著名。

　　一个人担任的角色越多，其消费行为越复杂，有时考虑对自己的效用，有时要顾及对他人的效用，有时还要考虑社会效果。有人曾对北京某商店购买糕点的消费者进行调查，发现他们的购买目的基本属于两类：一类是自己食用或与家人一起食用；另一类是送礼用。前一类消费者选商品时考虑的因素依次为风味、营养、名气、包装；后一类消费者的考虑顺序为包装、名气、风味、营养。

小贴士

柒牌家庭角色营销

　　"要想改变命运，必须改变自己。男人必须对自己狠一点！"作为中国十大广告流行语的柒牌男装，把自己服装的角色定位为"让女人心动的男人"。全国目前30%的家庭面临生存问题，作为一家之主的男人，感到前所未有的压力。一个让女人心动的男人当然会选择坚强，选择奋起。柒牌男装的商标图案抽象于一面迎风飘动的旗帜，表现一种"迎风而立"的品牌形象。该品牌的核心价值是励志，即激励男人的自信，无论他目前面临的是成功还是失败。

案例分析

张丽的行为

　　随着年龄的增长，许多年轻女孩为了防止眼袋和眼角纹的出现，很早就开始使用眼霜。而张丽对此却不以为然："我今年才20岁，眼袋、眼角纹离我还很遥远。如果岁月不留人，眼霜又如何能留住青春？"然而有一天，张丽突然发现周围的朋友都在使用眼霜，甚至许多人比自己的年龄还小。"眼霜真的有必要吗？"张丽问朋友们。"当然，至少可以延迟衰老。你应该用些眼霜了，眼袋已经很明显了。"几乎所有朋友都这样说。于是有一天，张丽也悄悄用上了眼霜。

（资料来源：互联网）

讨论题：

1. 张丽的以上行为属于什么行为？
2. 影响该行为的因素有哪些？

思考题

1. 什么是社会阶层？社会阶层会对消费者行为产生哪些影响？
2. 参照群体分为哪几类？参照群体如何影响消费者行为？
3. 家庭经济收入对消费行为有何影响？
4. 什么是角色？营销人员了解角色理论有什么作用？

第 13 章
口头传播与创新扩散

【本章要点】

- 口头传播的概念与模型
- 意见领袖的内涵及其对营销信息沟通的影响
- 消费流行的含义与影响流行的因素
- 创新与创新扩散的概念
- 影响创新扩散的产品特征

【重点名词】

口头传播　　　　　意见领袖　　　　　流行　　　　　创新扩散

【引导案例】

　　王冠啤酒是美国本土品牌，许多美国西南部的居民在墨西哥度假时总是把它带上，这使得王冠公司开始出口啤酒。首先是在美国本土得克萨斯州的奥斯汀，在当地的酒吧、红辣椒餐厅和旅馆，通过口头交流的扩散，这种啤酒很快就普及开来。其次是圣地亚哥，那里的冲浪者和海滨游客接受了这种品牌，信息从那里沿着加利福尼亚海岸传播开去。也就是说，消息以一种扩散的形式在群体之间进行传播。这个品牌开始向东扩散，并在芝加哥获得了认可，在那里的嬉皮士中它极其流行。到 1984 年，仅仅依靠口头交流，王冠的销售量就从 3 万瓶上升到 170万瓶。所有这些增长还只是基于酒吧和旅馆销售的前提之下。

　　到了 1987 年，随着这个品牌开始在超市出现，销售量达到 1370 万瓶。虽然王冠也开始选择一些杂志做有限的广告，但它并没有计划在电视上做广告。直到那时，王冠在东部沿海地区的分销还是依赖于口头交流而不是销售广告。到了 20 世纪 80 年代早期，由于国外啤酒更为激烈的竞争，王冠的销售虽然有所下降，但从口头交流的力度可以预测，王冠仍然可能继续成长。

　　王冠从口头交流和扩散过程中受益匪浅。在许多场合，营销人员试图通过广告描述产品，或者试图通过意见领袖使用和谈论产品来直接影响口头交流。例如，加拿大干啤公司在全国的主要市场上成立了一个由社会地位显著的女性所组成的咨询委员会，通过在她们典雅的聚会上提供加拿大干啤公司的夜总会汽水，并在她们社会显赫的朋友们中大力赞扬，使它变得非常引人注目进而占领市场。同时，这家公司正想方设法为公司的活力之水进行竞争，并提议把加拿大干啤汽水送给当地的意见领袖，希望发动一场口头交流的促销活动来占领更大的市场。

王冠啤酒与加拿大干啤的事例充分说明了群体内部和群体之间交流的重要性。本章将介绍口头交流发生的过程、意见领袖的特性以及创新对消费行为的推动力。

从社会发展的整体趋势来看，新事物与新观念不断地涌现，社会成员不断地经历这些新事物与观念的冲击。新事物与新观念在社会中是如何传播的？消费者的行为会受到这些创新哪些方面的影响？本章在介绍口头传播、意见领袖、流行和创新扩散基本概念的基础上，分别讨论上述不同信息沟通方式对消费行为产生的影响。

13.1　口传过程与意见领袖

13.1.1　口传过程

1. 口头传播的概念与基本模型

口头传播是指消费者个体之间面对面地以口头方式传递和分享相关的营销信息。

传播者如何把思想或意见传递给受众？传播者所要传递的思想或意见以记忆单位储存在记忆里，所以传播者的思想或意见不能直接传递给受众，它首先要转换成能使受众的感觉器官感知的符号（编码）。也就是说，传播者把自己的思想或意见转换成符号（话），然后通过传递手段（声音）再转换成物质性的刺激（音波或字体）传递给受众。受众通过感觉器官把刺激的物质性的能源转换成精神能源，从而把握传播者的思想或意见（译码）。这些传播可以解释为：谁（信源）以什么目的（效果）利用哪些渠道（媒体）向谁（受众）传递什么（信息）。例如，在广告中的传播过程可以解释为：广告中出现的模特是谁（信源），如何描述广告产品（信息），目标消费者以何种方式反应广告（受众），哪些电视台在哪些节目后播出的（媒体），广告的目的是宣传品牌还是改变目标受众的态度（效果）。

图 13-1 是传播的模型。传播的主要参与者是传播者和受众，传播的手段有信息和媒体，传播的功能可以概括为编码、译码、反应、反馈。另外，噪声是在传播的各阶段都会发生的一个因素。

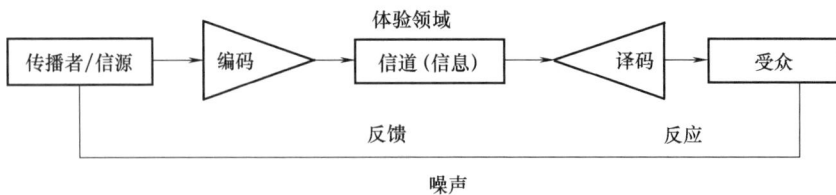

图 13-1　传播的模型

（1）信源/编码。传播者/信源是指要与其他个体或群体分享信息的人或组织。信源不仅指人（推销员或信息传播者），而且也指非人的实体（企业本身或者媒体手段），所以其含义是多方面的。例如，在计算机杂志上阅读有关计算机方面报道的时候，杂志就是信源。另外，消费者在与朋友、亲戚或者邻居、同事等的人际交往中获得有关消费信息。所以，信源就是与思想或意见的传递直接或间接相关的人或实体。就广告中出现的模特来看，直接信源是指传递相关产品信息的产品或企业的代言人在广告中演示产品的品牌推荐者。间接信源是指为引起受众注意而在广告中出现的表演模特。

信源为向受众传递思想或意见而选择的语言、象征物、符号等，这个过程就是编码过程。编码是把思想、意见或者信息转换成象征性符号的过程。传播者为使受众充分理解自己的思想或意见而把它们符号化，即对自己的思想或意见进行编码。

（2）信息。给信源要传递的内容以符号化的结果就是信息（传播符号）。信息的形式有语言信息和非语言信息。有象征性形态或符号的信息要符合传播渠道即信道的要求。传播的效果不仅取决于信息的实际内容，也取决于对信息的印象或形象。

信息是能脱离参加传播关系的传播者和受众而单独存在的人类传播要素。例如，某符号在传播者的头脑中代表 A 意义，传播时受众能通过这一符号明白 A 的意义，这种符号就是传播信息的具体表现物，它是脱离了参与传播的传播者和受众而单独存在的。

（3）信道。信道（传播渠道）是传播者把信息传递给接收者所利用的工具或媒介。信道大致分为人际信道和非人际信道。人际信道是直接与受众接触的渠道，如人员推销、口传等传播方式。非人际信道是在传播者与受众之间没有人际接触的情况下传递信息的，媒介一般包括电视、报纸、广播、杂志等大众媒介以及网络媒介等，其特点是向大众传递信息。

（4）受众/译码。受众一般是指愿意分享传播者思想或意见的人，是传播过程中信息的接收者。受众处于传播过程的终端，但并不是静止的接收器，而是活跃的社会群体，其内部不停地进行着信息的传递、讨论和劝说活动，通过这些活动，媒介所负载和传达的信息得到扩散、分析、解释、理解和反应。

译码是接收者解释传播者信息的过程。它受译码受众的体验领域和参照体系的影响。这里所说的受众的体验领域包括对传播情境的体验、知觉、态度以及价值标准。传播的有效性取决于传播者编码与接收者译码之间的一致程度。就是说，传播者与接收者之间共同的背景越多，传播就越有效果。传播者越了解接收者，就越能理解接收者的需要，从而越能有效地传递信息。

（5）噪声。传播过程中信息会被歪曲，受到信息本身或者阻碍接收的外部因素的影响。在传播过程中没有预料到的歪曲或阻碍称作噪声。噪声是由于传播者与接收者之间在体验领域没有共同点而出现的或者错误的编码。接收信息时注意力分散等都阻碍信息的传播。

（6）反应/反馈。接收者在观看或收听信息之后引起反应。接收者对信息的反应是多种多样的。有时接收者对传递的信息直接反应，如炎热的夏天看了冰激凌广告以后马上购买冰激凌；有时接收者对信息的反应是无法观察的，因为接收者把所接收的信息储存到了记忆里。

反馈是接收者的反应全部或部分地又传递到传播者的过程。

2. 口头传播的特点与原因

与其他信息传播方式相比较，口头传播具有以下特点：

（1）信息来源的可信性。口头传播是在亲戚、朋友、同事、邻居之间进行的，并不具有明显的商业性目的，常常被认为具有比商业广告或者人员推销更高的可信度。

（2）信息内容的两面性。商业广告或推销人员提供的都是关于产品或服务的正面信息，而口头传播的信息却可能包含产品缺陷或服务问题在内的正反两方面内容，不仅容易为消费者所接受，而且也提高了信息本身的可信度。

（3）传播功能的多样性。口头传播传递的不仅是产品或服务信息，而且还包括消费者的个人体验；口头传播不仅起到信息提供和经验分享的作用，而且还发挥购买决策建议的功能。

(4) 信息传递的双向性。这表现在两个方面：一是信息传播者和信息接收者的互动。例如，某位消费者向朋友推荐他所喜欢的饭店，但朋友告诉他这家饭店的服务并不是很好，价格也不便宜。双方在这里进行了信息的交流，实现了信息传递的互动。二是信息传递过程中的角色转换。信息传播者变成信息接收者，反之亦然。例如，随着朋友聊天的话题从房屋转向汽车，原来的信息传播者虽对当地的房地产市场非常熟悉，但谈及轿车购买问题却不得不征求他人的意见，成为信息的接收者。

口头传播对消费者进行购买决策有着举足轻重的影响。有关学者的研究发现，口头传播对于消费者购买食品和家用品品牌选择的影响是广播广告的 2 倍、人员推销的 4 倍、报纸和杂志广告的 7 倍。在服务行业，律师、医生等专业服务提供者很少做广告或进行营业推广，主要是依赖顾客的口头传播及其相应的客户网络。口头传播为什么会发生？为何有些消费者愿意提供和传播购物信息，而其他一些消费者又乐意打听和收集这些信息呢？

从信息传播方的角度来看，消费者之所以传播购物信息，可能出于以下几个方面的考虑：①给自己带来某种权利与声望的感受。作为一种稀缺资源，购物信息的提供和传播意味着权利的释放和声望的提高。②减少或消除购后的不协调。通过购物信息的提供和反馈，得到他人的认同与支持，有利于减轻或摆脱对自己购物决策的怀疑或疑虑。③增加与其他消费者的接触和往来。可以购物信息的提供为契机，扩大自己的社会交往，获得他人的认同或接纳，并期望在将来得到"礼尚往来"的回报。

而站在信息接收方的立场上，消费者乐意向他人打听购物信息，其原因主要有：首先，获取更为可靠的购物信息。广告或者推销员提供的商业信息不够全面，甚至可能带有虚假成分，所以常常转向亲戚、朋友或者其他成员打听购物信息。其次，降低可能的购物风险。对于那些性能复杂、规格繁多而又难以客观检测的产品，或者那些社会可视性很高的产品，消费者总是期望在购买之前能够充分听取他人的意见，以降低感知的购物风险。最后，减少信息搜寻的时间和成本。虽然在现代社会中各类营销信息充斥，但要获取有效的购物信息却可能要花费大量的时间和金钱。通过口头传播方式从亲戚、朋友或其他消费者那里获取信息，既方便省时，又成本低廉。

13.1.2　意见领袖

1. 意见领袖的内涵与特点

在口头传播过程中，有些消费者要比其他消费者更加主动、更加频繁地提供购物信息，这类消费者通常被称为意见领袖。研究发现，意见领袖受到产品类别的限制。例如，家用电器领域的意见领袖在家具或医疗服务的购买决策上可能成为信息接收者。但也有研究显示，某些消费者可能在多个并不相关的产品领域成为意见领袖。

由于意见领袖在口头传播过程中的重要作用，研究人员一直试图确定意见领袖所具有的特征，至今为止已达成一些共识。

首先，意见领袖对特定的产品类别表现出很高的参与水平。参与程度差异一直是区别意见领袖和一般信息传播者的重要依据。意见领袖对特定产品具有浓厚的兴趣，他们积极主动地搜寻产品信息，广泛阅读专业杂志文章，拥有丰富的产品知识。

其次，意见领袖在产品的购买上表现出很高的创新意识和率先采用倾向，但又不同于产品的创新采用者。创新采用者常常被描述为敢为天下先的冒险者；而意见领袖更像一位编辑，虽能对作者施加影响进行引导，但并未远离他们原有的目标、可接受的价格和观点。创新采用者往往不愿意融入社会群体，试图通过率先采用新产品来打破群体规范；而意见领袖则是通过信息传播和产品影响等方式来融入社会，显然并不支持那些背离群体规范和社会准则的观点和看法。

最后，对于意见领袖个性心理和人口统计特征的研究并未取得一致的意见。有证据表明，意见领袖往往具有更强的自信心，比一般消费者更为活跃，热衷于各种交际活动。多数意见领袖拥有较高的职业地位或收入水平，常常被他人认为更有知识，但这并非意味着意见领袖与信息接收者处于不同的社会阶层，他们往往同属于一个社会群体。

2. 意见领袖的影响

意见领袖的影响是因情境而变的。根据过去学者的研究，意见领袖对有些状况是比较有影响力的。例如，当一个人对某种产品或品牌缺乏相关知识而无法对该产品或服务进行有效评断时，意见领袖的影响力较大。另外，当消费者并不信赖或相信广告与其他的信息来源时，则较会寻求意见领袖的意见。再者，当个人具有某种企图获得社会应许的需求时，也会较在乎意见领袖的意见。以产品本身的特性来看，当产品相当复杂，或是产品缺乏客观的评价基准，抑或产品具有高度展露性时，意见领袖的影响力相对较大。

观察现今市场上的营销策略，有许多公司借助电影艺人、运动明星甚至政治人物等名人来推广产品，就是希望借由这些名人在该产品类别上所具有的意见领袖性来推广产品。这种利用名人名誉担保的推广手法能否取得成功，主要还是要看名人本身的可信度，以及消费者对其熟悉程度。此外，在决定由何人来进行名誉担保时，厂商要先注意这个名誉担保者背后所隐含的相关意义，即虽然这个名誉担保者可能具有某些特质使得他很适合担任此产品的代言人，但他也可能存在某些特质使他不再适合推广这个产品。例如，有些名人往往同时担当多个产品的代言人，因此产品品类之间是否存在着相互冲突，是一个值得注意的问题。再者，如果代言的名人在事后发生了一些丑闻（例如吸毒），则可能对产品造成很严重的负面影响。因此，营销人员在使用名人代言时，必须注意这种潜在的危险性。一般而言，在营销或广告上利用名人的方式大概可归纳为以下四种：

（1）证言。证言主要基于强调名人自身对该产品的实际使用，因而由名人来证实该产品的品质与好处。

（2）名誉担保。名誉担保是指名人用他的名誉来保证产品的品质与好处。厂商常将名人的名字或照片印制在产品或产品广告上，以作为名誉担保。

（3）演员。名人纯粹以广告演员的身份出现在产品广告中的现象较常见。例如，演员只是单纯扮演广告片中的一个角色，并没有任何推荐或名誉担保的意味。

（4）代言人。代言人是指名人长期担任某一产品或某一公司的代表性人物。

13.1.3　口头传播、意见领袖与营销信息沟通

1. 通过产品试用引发口头传播

向潜在顾客赠送样品或鼓励试用，往往能够有效地引发产品信息在消费者之间的口头传播。一项向随机选择的女性赠送新品牌速溶咖啡的实验发现，33%的被试者在一周之内与家庭以外的其他消费者谈论过该产品。如果选择意见领袖作为被试对象，通过产品试用引发的口头传播效应则会倍增。克莱斯勒公司在推出 LH 系列轿车时，曾向 600 名可能的意见领袖提供周末免费试用新车的机会。结果发现，超过 32000 人试开了新车，所产生的口头传播效应远远超

出预先的估计。

2. 利用广告激发口头传播

许多广告旨在激起消费者对传播产品信息的兴趣。例如，电视画面展示朋友之间对产品的谈论，或者鼓励受众"告诉你的朋友"，或"向你的朋友打听"购物信息，等等。这些广告往往以意见领袖为目标，激励意见领袖传播产品或服务信息，或者鼓励消费者向意见领袖了解购物信息。例如，可以设计这样的广告：描述两位女士偶然相遇，继而谈论起某个产品品牌，其中一位模仿意见领袖向另一位提出建议或忠告。

3. 开展商场促销带动口头传播

通过商场促销或人员推销带动口头传播有两条途径：一是突出产品或服务特色，激发或引导消费者议论或传播，如微软的 Windows 系列操作系统、斯沃琪（Swatch）的时尚手表等；二是提供优惠条件或奖赏措施，诱导或鼓励消费者传播信息，如汽车经销商通过提供免费洗车或更换机油服务以换取顾客介绍朋友来看车。有些商家将促销目标直接对准意见领袖。例如，时装店聘请时装设计师、时装评论家和时装模特等意见领袖，组成时装顾问团，向消费者传递商店时装信息。又如，餐馆向意见领袖提供免费品尝或餐费打折等优惠条件，吸引意见领袖就餐。

4. 积极寻找和发现意见领袖

由于意见领袖在营销信息的口头传播中具有重要的作用，营销人员一直在积极寻找和努力发现意见领袖。例如，根据意见领袖对特定产品信息异常关注的特点，耐克公司营销人员选择《跑步者天地》杂志的订户作为跑鞋的意见领袖。有些产品因其特殊性质或技术含量而要求意见领袖具有较高的专业水平。例如，药剂师是药品购买的意见领袖，美容师是美容产品购买的意见领袖，计算机专业学生往往被其他专业学生视为计算机购买的意见领袖。随着社会经济的发展，意见领袖的影响范围及其地位、作用也在发生变化。例如，医生通常是药品购买的意见领袖，但随着人们对健康和营养的关注，医生在消费者对食品和日用消费品的选择与购买决策方面具有越来越大的影响力。许多营销人员意识到这一点，纷纷将促销重点转向医生，如宝洁公司向医生促销橙汁和食用油，纳贝斯克（Nabisco）公司的食品广告以医生为目标受众，桂格公司定期向医生赠送产品目录，等等。

5. 努力阻止或减少消极的口头传播

口头传播对于营销信息的传递和扩散被认为是非常有效的，但也是难以控制的。负面的评价或批评意见，有时甚至是无稽之谈，通过口头传播在消费者之间扩散会直接损害企业或品牌的声誉。调查发现，不满意的顾客会把自己的不愉快经历告诉至少 9 个人，其中的 12% 还可能向 20 个或更多的其他消费者抱怨。可口可乐公司曾对消费者的投诉行为以及投诉的扩散效应进行调查，结果发现，对公司答复很满意的顾客，将这些正面信息仅告诉了 4~5 位其他消费者；认为没有得到满意答复的消费者，对 9~10 人谈论了自己的不愉快体验；认为未能得到妥善处理的顾客，1/3 的人拒绝再次购买该公司产品，45% 的消费者打算减少购买公司的产品。互联网的发展使得信息传播的速度大大加快，不满意的顾客只要在网络论坛上发布消息，转眼之间，许多网民即可获悉。许多企业非常重视顾客的抱怨或投诉行为，设置专人或者开通 800 免费电话，以方便顾客与企业进行沟通。顾客对产品或服务持有疑虑，随时可打电话了解情况、澄清事实；若对企业产品及其服务不满意，也可打电话表达不满、要求答复或补救，这样也能防止或避免顾客将怀疑或不满等负面信息传递给其他消费者。有时，营销人员还会通过其他途径阻止或减少消极的口头传播。例如，在广告中告诫消费者寻医问药应到正规的医院或者找有资质的医生，不要轻易听信他人意见，等等。

13.2　流行与消费者行为

社会心理学的研究表明，在分散的社会大众中，由于人们之间的相互作用，会出现从众、模仿等现象，从而为社会流行奠定了心理基础。所谓社会流行，是指社会上相当多的人在较短时间内，由于追求某种行为方式，而愿意一起行动的心理强制。社会流行的范围十分广泛，包括物质产品的流行、语言和行为的流行以及思想观念的流行等。这里主要介绍消费流行。

13.2.1　消费流行的含义与特点

消费流行是指人们在消费活动中对某些商品或服务所形成的传播迅速、形成潮流的消费模式。消费流行反映在市场需求上，即表现为市场流行。消费流行具有以下几个方面的特点：

（1）骤发性与短暂性。消费流行往往体现为消费者对某种商品或劳务的需求急剧膨胀，在短期内爆发、扩展、蔓延，如海潮般呼啸而来，汹涌而去。虽然流行周期的时间长短没有固定的时间界限，但相对来说，在通常情况下流行意味着时间比较短暂。

（2）周期性与循环性。消费流行也如同社会上其他的事物一样，具有发生、发展的自身规律性，这就是流行周期。一般来说，商品的流行周期包括介绍期、发展期、盛行期和衰退期，而且有的商品的流行周期具有循环性。也就是说，有时候为人们所偏爱的商品往往供不应求，但是，一旦"消费热"过去，这种曾经风靡一时的商品就会无人问津。然而，过一段时间以后，那些早已被人们遗忘的东西又可能在市场上重新出现和流行。

小贴士

流行周期的循环性

英国一位研究服装问题的专家曾指出：如果一个人穿了离时兴还有5年的服装，可能会被认为是稀罕物；提前3年穿，会被认为是招摇过市；提前1年穿，则会被认为是大胆的行为；而正在流行的当年穿上，会被认为非常得体；但1年后再穿，就显得土里土气；5年后再穿，就成了老古董；10年后再穿，只能招来耻笑；可是过了30年后再穿，又会被认为很新奇，具有独创精神了。

消费流行既有一定的地域性，又呈现出一定的梯度。地域性是指消费流行常常是在一定的地理范围内发生的，因此，在A地流行的商品在B地就不一定流行。但是，由于消费流行具有扩散性，于是在不同的地区间，在时间上就形成了流行梯度，即流行的地域时间差。这种流行的地域时间差使得流行的商品或劳务在不同的时空范围内处于流行周期的不同阶段。

（3）新奇性与反传统性。流行商品的突出特点就是新奇性。新奇可以表现在商品的各个方面，如款式、色彩、包装、功能、质量等。消费者常因好奇而引起对某些消费品的注意，进而在从众心理和模仿心理的推动下产生购买动机。与此相关的另一个特征是流行的反传统性。因为在某些情况下，传统意味着守旧，而流行意味着新奇与时尚。

13.2.2　消费流行周期

如前所述，消费流行是具有周期性的。具体地说，消费流行的周期包括以下几个阶段：

（1）介绍期。介绍期是指一种新产品刚刚投放到市场，少数消费者即将对其产生需求的阶段。这一阶段产品的需求量很小，只有少数的消费"带头人"首先消费，而多数人对它是陌生的。在这一阶段，企业应该充分发挥新闻的权威作用，宣传报道有关流行趋势的一些问题；也可以利用影视明星、时装模特等进行广告宣传，引起消费者的注意。

（2）发展期。发展期是指消费者由于对某种流行商品有所认识，开始接受，由羡慕、欣赏进而模仿消费、产生大量需求的阶段。这时，企业开始大批生产，竞争者纷纷加入，产品开始推广普及。这时的购买者一般是比较喜欢赶时髦的年轻人，他们具有较强的社交能力和较广泛的信息来源，往往能首先注意到流行商品的出现。

（3）盛行期。盛行期是指某种商品的产量和需求量进一步加大，该商品在市场上普遍流行的阶段。在这一阶段，流行商品被消费者普遍接受，前期的多数观望者也加入到购买者的行列。这时市场销售量达到最高峰，消费流行的速率达到顶点，价格已经下降，商品已经成为大众化商品。除了十分保守的人以外，在有支付能力的消费者中，该商品的普及率非常高。因此，这时的市场已经趋于饱和。

（4）衰退期。当一种商品已经达到盛行期时，表明该商品的销售将要走下坡路。衰退期是指消费者对该商品的需要已经满足，市场已经饱和，人们对商品的新奇感已经消失。当初的"带头人"早已放弃这种商品，转而去追求另一种流行样式。此时商品价格已进一步下降，甚至采取大甩卖的方式来处理这些已经过时的商品，因此，销售额和利润大幅度下降，产品开始退出市场。

13.2.3　影响消费流行的主要因素

消费流行作为一种社会现象，不是凭空产生的，而是有其深刻的社会根源和心理根源的。影响消费流行的主要因素有以下几个方面：

（1）社会生产力发展水平。社会生产力发展水平的高低以及由此决定的人们的物质生活条件的丰裕程度和人们的消费水平，是影响消费流行的最基本的条件。因为虽然消费流行在历史上很早就出现了，但由于生产力发展水平低下，流行的发展变化十分缓慢。只有在社会化大生产的条件下，企业能够大规模地组织生产并生产出大批量的产品，使得工业品的价格比较低，才能使普通民众也能消费得起，并加入到流行消费的行列中。否则，如果产品供不应求，消费流行就会受到抑制。另外，如果物质生活很窘迫，人们不得不为解决温饱而奔波，就不会去追逐时尚。

（2）社会文化因素。社会文化对消费观念和消费行为的影响在本章的第一部分已经有详细阐述。对于消费流行来说，社会文化的影响也是很广泛的。其中，消费者的价值观、宗教信仰、受教育水平的高低以及审美能力等都会影响消费流行的内容与形式。

（3）社会心理因素。流行是人们追求个性意识的产物，是人们渴求变化、追求新奇的社会表现。同时，流行也与人们的从众心理和模仿心理密切相关。人们为了与众不同、表现自我而去追新猎奇，又为了赶上潮流而去模仿那些比自己更新潮的人。正是这些社会心理因素，才使得消费流行有了一定的社会基础。试想，如果每个人都安于现状而不愿改变，每个人都我行我素而互不影响，那么社会上就不会有任何商品、服务、语言、思想观念等的流行了。

（4）宣传因素。在一定条件下，各种媒介的宣传是产生消费流行的主要方法之一。特别是大众传播媒介（如电视）的独特作用，使得有关商品或服务的信息能够在最短的时间内到达目标受众，这就为消费流行提供了一定的物质条件。

13.2.4　当前我国消费流行的发展趋势

随着我国人民生活水平的提高和消费观念的转变，消费者对商品的要求也越来越高，可以说，消费心理引导市场的时代正在来临。这具体表现在人们越来越追求商品的舒适性、休闲性和安全性，对保健产品、绿色产品、节能产品、高新技术产品等显现出特殊的偏爱。与此同时，在消费流行的趋势上表现出以下两个特点：

（1）消费流行的范围越来越广，流行的地域时间差越来越小。消费流行的基本方式有由上而下的影响、由下而上的影响以及同一社会阶层内的影响三种。对于不同的商品来说，流行的基本方式有所不同。随着传播渠道的增多，特别是网络的普及，人们之间相互影响的可能性越来越大，而且流行传播的速度也越来越快，因而流行的地域时间差也越来越小。

（2）消费品流行持续的时间越来越短。流行周期的规律表明，与商品的生命周期一样，消费流行也有一个新陈代谢的过程。

随着社会生产力的不断发展和人们生活水平的不断提高，消费品流行持续的时间也越来越短。一方面，社会生产力的发展、科学技术的进步，使产品更新换代的速度加快，不断有新的产品投放到市场上。因此，产品被淘汰的速度也在加快。另一方面，由于人民生活水平的提高，消费者的购买力不断增强，不必再像过去那样"新三年，旧三年，缝缝补补又三年"了，而"能挣会花"已经成为今天大多数人追求的生活方式。

13.3　创新扩散

13.3.1　创新与创新扩散的概念

创新是指被相关个人或群体视为新颖的某种想法、实践或产品。产品创新或新产品是指新近进入市场并相对现有产品被认为新颖的任何一种产品。据此，一种产品可否被认定为新产品，并不是依据技术变化的客观标准，而是取决于消费者对产品新颖性的感知和认同。

根据创新对消费者行为改变的影响程度，可将其分为以下三种类型：

（1）连续创新。连续创新通常表现为产品的改进，并非全新产品的开发或引进，涉及的是产品一般属性的改变或者质量的提高等，对消费者行为模式影响不大。连续创新的例子有汽车外观或颜色的改变、牙膏加氟、啤酒卡路里的降低以及新版软件的推出等。

（2）动态连续创新。动态连续创新表现为产品重要属性的根本性改变，或者新产品的开发，但并没有完全改变产品现有的使用方式。动态连续创新虽然要求消费者的行为模式发生重大变化，但并未完全改变消费者的消费习惯和购买方式。例如，数码相机、电动牙刷、CD播放机、一次性纸尿布、生态食品等新产品，或者手机上网等新功能，或者网上购物等新方式。

（3）非连续创新。非连续创新通常是指源于技术突破的产品创新，不仅要求消费者行为模式进行重大调整，而且还可能推动消费者生活方式的重大变革。汽车、电视机、计算机、互联网等产品或服务的发明与创造就属于非连续创新。非连续创新的数量很少，每年投放市场的新产品绝大多数属于连续创新。

根据罗杰斯的研究，创新扩散可被定义为一种创新在一定时期内通过不同渠道在某个特定社会系统成员当中传播并被接受的过程。据此，创新、传播、时间和社会系统构成创新扩散的四个基本要素。首先是创新的特征。创新可以是新的产品、新的服务、新的想法或者新的实践，创新的特征决定了创新被消费者接受和采用的速度。其次是创新传播的方式。创新信息的传播呈多元化趋势，既可能从企业向消费者扩散，也可能在消费者之间传递；既可能在群体内部传播，也可能表现为群体之间的渗透；既可以通过商业渠道或大众媒体扩散，也可能利用口头传播等个人交流进行扩散。再次是创新扩散的时间。创新扩散的时间，既包括单个消费者采用创新的时间，也涉及创新在群体之间扩散的速度。最后是创新扩散的社会文化背景。不同的社会结构和文化氛围决定消费者对待创新的态度，进而影响创新扩散的速度和程度。

13.3.2 影响创新扩散的产品特征

不同类型的创新，如连续创新、动态连续创新或非连续创新，对消费者生活方式和行为模式的影响程度不一样，市场扩散的速度和程度也不同。但是，即使是同种类型的创新，如移动电话或可视电话，也因产品特征不同而影响扩散的速度和程度。

1. 推动创新采用的产品特征

罗杰斯和其他学者的研究表明，成功的创新产品具有相对优势、兼容性、简单性、可试用性和可观察性等特征。

（1）相对优势。相对优势是指消费者认为一种新产品先进或优越于现有产品的程度。例如，相对于固定电话，移动电话的最大优势是方便，通话不受地点的限制。又如，传真机相对于邮件快递的优势非常明显，一页文件仅用 15~18s 即可送到顾客手中，成本仅为隔日送达快递的 1/10。但传真机传送邮件的优势又逐渐被互联网传送所取代。

（2）兼容性。兼容性是指消费者认为新产品与自己已有的需求、价值观和行为模式相一致的程度。例如，增白牙膏与消费者保持牙齿洁白的价值观相吻合，电动汽车满足消费者的环保要求，因而它们均具有较好的兼容性；不借助于水就能服用的药品，却因与消费者的服药方式难以兼容而告失败。

小贴士

2001 年《京华时报》创刊时，其版面设置与《北京晨报》的相容性程度非常高，内容替代率达到 11%。但如果新传媒产品和目标市场现有传媒产品的相容性过高，可替代性就会增加，就会降低产品的比较优势，反而不利于市场扩散。目前，我国传媒市场表现出的同质化趋势，其实就是相容性过高的结果。因此，新创传媒产品在这一层次上的相容性要求保持在一定水平上，不至于淹没比较优势。相容性对于 20 世纪 80 年代崛起的老一代晚报的改版来说是一个非常重要的问题。例如，《新民晚报》在 2004 年 5 月 18 日进行的改版设计中就充分地考虑到了这一点。它一方面采取模块编排、提高图片在版面中的地位等策略提高与早报市场传媒产品标准的相容性；另一方面通过《夜光杯》等栏目整合原有版面，提高与该报忠诚读者的相容性，同时扩大了上海当地新闻的分量，强化了创新点和该报核心能力的相容性。

（3）简单性。简单性是指新产品容易为消费者理解和使用的程度。一种新产品越容易为消费者所理解和使用，也就越可能被广泛接受和普遍采用。例如，电动牙刷、方便食品等产品因简单方便而受到消费者的欢迎。一种新产品越复杂，使用说明越难懂，就越不容易为消费者所接受，成功的可能性也就越低。例如，计算机生产厂商突出用户界面简洁明了的宣传，旨在改变客户对计算机使用复杂程度的认识。

（4）可试用性。可试用性是指新产品可被消费者尝试或试用的程度。一种新产品为消费者提供试用的机会越多，就越有可能得到消费者的理解和采用，进而有效地降低或消除消费者的购买风险感知，市场接受的速度和程度也就越高。为此，日用消费品生产厂家发放大量的免费样品，鼓励消费者在没有经济风险的前提下试用产品。又如，汽车制造商向汽车出租公司优惠提供新车，为租车客户间接提供试车的机会；软件开发商向用户免费提供"试用版"软件，如美国在线、微软公司免费使用 1 个月的软件促销广告。

（5）可观察性。可观察性是指新产品的属性和利益可以被消费者注意、知晓和认识的程度。消费者越容易看到和认识某种新产品给自己或他人带来的好处，就越有可能接受和采用。因此，外显性较强的产品社会可见性较高，往往更容易扩散，如时装、汽车等产品。

小贴士

以杭州报纸版面竞争为例，1998 年年底《都市快报》创办，在模仿香港和广州报纸版面设计的基础上进行大胆创新，采用完全的横排黑体字制作标题，新闻编排也采用模块化组合，头版版心位置每天一幅约占 1/3 版面的彩色图片。这种版面编排使《都市快报》相对于杭州其他报纸迅速确立了在阅读便利性方面的优势。2001 年《青年时报》创刊，对上述《都市快报》的编排方式进一步予以强化，头版彩色照片做大到占整个版面的 1/2 还大，标题字号也加大，更显大气，一度发行量直逼《都市快报》。同样，《经济观察报》采用了独特的橙色纸张印制报纸，使该报差异视觉化；《东方早报》则是以对开48版展示报纸内容的丰富性。除了外观之外，对传媒产品创新特性的有效传播还可以借助广告、促销、推销等手段。例如，《经济观察报》对自身品质的宣传定位于"理性、建设性"，而《外滩画报》则定位于"有观点，就有预见"。

2. 影响创新采用的障碍

（1）价值障碍。价值障碍是指新产品较之现有产品缺乏优势而产生的价值认可障碍。例如，个人计算机导入市场时是以业余爱好者为目标顾客的，因产品价格高、兼容性差和配套软件少等缺陷，难以为大多数消费者所采用。又如，移动电话首先是在商务市场得到接纳和采用的，因为普通消费者认为移动电话的价格相对他们可能获得的价值来说太贵了。

克服价值障碍的营销对策：①通过技术进步来降低新产品的价格。例如，信息技术的发展有效降低了个人计算机的价格，使得计算机进入千家万户；价格的大幅度下降克服了手机扩散的价值障碍，消费者关注的不再是价格，而是手机使用的话费支出。②通过信息传播而使新产品的价值得到认可。IBM 公司的促销活动使得中小企业认识到个人计算机对业务发展的价值，有效地推动了个人计算机从业余爱好者市场向商务市场的扩散。

（2）使用障碍。使用障碍是指新产品与消费者现有价值观念和购买习惯不相兼容而产生的产品使用方面的障碍。例如，网上购物方式改变了消费者的购物观念和购买习惯。在网上购物，消费者不仅无法检视商品，而且也失去了商场购物所伴随的商品扩散的心理满足感觉和社交机会，从而形成使用障碍。一种有效克服障碍的方法就是鼓励意见领袖率先采用新产品，利用意见领袖的作用和影响来说服消费者改变观念、接受新产品。

（3）风险障碍。风险障碍是指因新产品的可能风险而形成的产品采用障碍。这种障碍既可能源于新产品的性能风险、安全风险和经济风险，也可能是因新产品采用而导致的心理风险和社会风险等。例如，在新产品进入市场之初，消费者对微波炉辐射风险的关注，对个人计算机性能和经济风险的担忧，对新款服装所产生社会风险的预计，等等。降低创新采用风险的有效方法之一是提供新产品的试用机会，通过免费样品或试用产品等措施克服新产品采用的风险障碍。

3. 创新信息的传播路径

在新产品导入市场之初，创新信息的传播主要是通过大众媒体，如报纸、杂志、电视和广播等。其目的是营造新产品的知名度，让消费者知晓或了解新产品。随着新产品采用过程的深入，消费者开始更多地依赖亲戚、朋友、邻居、同事之间的口头传播来评价产品，交流产品试用或采用的体验，进而确定对新产品的态度和最终的购买决策。口头传播取代大众媒体成为创新信息扩散的主要途径，对新产品采用的速度和程度起到举足轻重的作用。

口头传播不仅发生在社会群体内部，而且跨越群体界限，在不同的社会群体之间扩散。有关研究发现，不同群体之间口头传播发生的概率仅占所有口头传播的18%，但却推动了创新信息在不同群体之间的传播和扩散。创新信息在不同社会群体之间的传播，既表现为从上到下的渗透，也反映从下到上的渗透。传统观点认为，创新的扩散总是从社会地位较高的群体向较低群体传递，如劳力士手表、鳄鱼衬衫等新产品扩散的路径；但牛仔裤、蓝草音乐（Bluegrass Music）和摇滚乐等产品扩散的过程证明，创新扩散也可以从下向上转移。随着信息技术的发展和传播渠道的多样化，创新信息得以迅速传播到社会的各个阶层，口头传播可能更多地发生在不同群体之间，新产品信息传播呈现多元化扩散和交叉渗透趋势。

13.3.3　时间与创新扩散

时间是衡量创新扩散速率的重要标尺。时间对创新扩散的测度主要表现在以下两个方面：

1. 新产品采用的时间

新产品采用的时间是指消费者从第一次听到一种新产品到决定接纳这种新产品所花费的时间。消费者对新产品的采用是个决策的过程，通常要经过知晓、兴趣、评价、试用和采用五个阶段。首先是知晓阶段，即消费者获悉某种新产品，但尚未产生足够的兴趣去搜寻产品的信息；其次是兴趣阶段，即消费者表现出对新产品的兴趣，进而开始搜寻产品信息；再次为评价阶段，即消费者在已有信息的基础上，对新产品进行评价，以决定是否试用或购买；再其次是试用阶段，即消费者开始有限度地使用新产品，如少量购买或试用样品等，以证实或修正原有的评价，为最终决定采用提供依据；最后为采用阶段，如果消费者评价积极，试用满意，就有可能决定采用新产品，即全面、经常地使用新产品。新产品采用的时间取决于消费者通过上述决策过程的速度，通过的速度越快，新产品采用的时间也就越短。

不同的消费者通过上述新产品采用决策过程的速度不一样，因而对新产品采用的时间也不相同。罗杰斯根据消费者创新采用时间的早晚，将所有采用者分为五种类型，即创新者、早期采用者、早期多数采用者、后期多数采用者和落后采用者。他认为这五类创新采用者呈正态分布，并具有相应的特征。

（1）创新者。创新者仅占采用者总数的 2.5%，他们具有强烈的冒险倾向，渴望尝试新思想、新观念和新产品，并乐意与其他创新者进行交流。

（2）早期采用者。早期采用者约占采用者总数的 13.5%，他们容易融入当地的社会系统，比创新者更多地依赖群体的规范和准则，更加慎重地考虑创新思想和创新观念，往往是传播创新信息的意见领袖，也是群体其他成员仿效的对象。

（3）早期多数采用者。早期多数采用者约占采用者总数的 34%，他们采用创新的时间稍早于平均时间，但相对谨慎，往往是在收集更多的信息和评价更多的品种之后决定采用，通常并不是意见领袖。

（4）后期多数采用者。后期多数采用者占采用者总数的 34% 左右，他们之所以采用新产品可能是迫于群体的压力或者出于经济的考虑，往往疑心较重，对创新表现出谨小慎微的态度和举止。

（5）落后采用者。落后采用者约占采用者总数的 16%，他们通常较为传统守旧，对创新多持怀疑态度，是最后认同和采用新产品的群体。

2. 新产品扩散的速度

新产品扩散的速度是指一种新的产品或服务为社会系统成员广泛采用所需的时间长短。有些新产品扩散的速度很快，如电视机从导入市场到被大多数美国家庭采用仅花了 10 年的时间，录像机渗透到 50% 的美国家庭也只用了 6 年。但有些新产品扩散的速度则要慢得多，如电话自动应答机上市 26 年之后，才渗透到 12% 的美国家庭。

影响新产品扩散速度的因素主要来自三个方面：

（1）新产品的特征。连续创新、动态连续创新和非连续创新等创新特征，以及相对优势、兼容性、简单性、可试用性和可观察性等产品特征，直接影响到新产品扩散的速度。

（2）目标市场的特点。目标市场消费群体的人口统计特征、个性与生活方式、购买习惯和媒体偏好等特点也会影响到新产品采用的时间和扩散的速度。例如，受教育程度高的年轻白领群体采用新产品的时间往往较早，追求新奇、敢于冒险且独立性强的消费者常常率先采用新产品。

（3）企业的营销努力。创新企业可以通过提高产品品质、降低市场售价和大规模的促销活动等营销努力，推动消费者接受新产品，加快新产品的市场渗透速度。

国际市场的发展趋势使新产品扩散的速度加快。例如，黑白电视机在日本的扩散历时 12 年，而彩色电视机对日本市场的渗透仅用了 5 年时间。与之比较，VCR 的扩散仅用了 3～4 年的时间，CD 唱机在欧洲国家、美国和日本三个地区的扩散时间平均为 3 年。新产品扩散速度加快的原因主要有消费者可支配收入的提高、科学技术的快速进步、产品标准化程度的提高以及信息传播速度的加快等。

13.3.4　创新扩散的社会文化背景

创新的扩散总是在特定的社会系统内部进行的。从消费者行为学的角度考虑，创新是在某个特定的细分市场或目标市场内进行推广和扩散，特定目标市场的消费者或者特定社会系统的成员所具有的价值观念和行为取向不可避免地要影响新产品扩散的速度和程度。例如，近年来，美国消费者对健康的认识和对瘦身的追求，为健身器材和健康食品的推广和扩散创造了巨大的商机。又如，儿童快餐食品在巴西的推广遭遇文化障碍，根据当地的文化习俗，小孩应当吃家庭自制的食物而不是外卖的现成食品。

特定社会系统的文化背景对创新扩散的影响主要表现在如下几个方面：

（1）创新与当地的文化价值观念和消费习惯越接近，或者越吻合，创新扩散的速度也就越快。例如，当消费者奉行"时间就是金钱"的价值观念时，快餐食品、厨房小家电、家政服务等节约时间的产品或服务就备受欢迎。

（2）社会系统成员之间的同质性越高，创新扩散的速度就越快。例如，在权力差距大或文化差异明显的国家或地区，创新信息在不同群体或者不同文化之间传播的速度较慢，需要跨越的文化障碍也多，创新扩散速度相对缓慢。

（3）文化关联度高的国家或地区，创新扩散的速度可能较快。高关联度文化强调非语言交流，看重人际关系和个人交往，产品信息多来源于亲戚朋友，信息传递的障碍较小，社会成员的从众倾向较明显，从而有利于创新的推广和扩散。有人曾比较空调、洗衣机和计算机三种产品在高关联度文化（日本、韩国和中国台湾）和低关联度文化（美国）背景下的采用速度，结果发现这三种产品在三个高关联度文化市场上的扩散速度要快于低关联度文化的美国。

13.3.5 新产品推广的营销策略

1. 鼓励采用新产品策略

鼓励消费者采用新产品的策略有以下几种：①鼓励试用产品，如提供免费样品和价格优惠，鼓励消费者试用新产品；②积极传递产品特征，如利用广告或现场展示突出新产品的特征；③努力克服产品采用障碍，如通过意见领袖或产品代言人推介新产品。

由于消费者采用新产品的时间差异，在新产品导入市场之初，鼓励新产品采用策略的重点应是创新者群体。创新者群体的人数虽然不多，但在推动创新信息传播和带动新产品市场需求等方面起着举足轻重的作用。研究发现，创新者相对于保守者具有以下特征：①对同类产品有更大的兴趣；②更有可能成为意见领袖；③表现出追求新奇并乐于冒险的个性倾向；④购买数量多、频率高但品牌忠诚度低；⑤在媒体接触习性上重杂志而轻电视；⑥拥有较高的学历、较多的收入和较为优越的职业等；⑦社会交际广泛，社会认同感强烈。据此，针对创新者群体的促销信息，不仅要突出产品的新、奇，而且应强调产品的功能、属性和价值。

小贴士

医药巨头葛兰素公司在中国大陆推出乙肝治疗药物拉米夫定时，将肝病专家定为意见领袖，并对他们进行分级覆盖。公司策划了"10 - 100 - 1000 - 10000"的"金字塔"医生教育计划，并最终促成20万名患者使用了贺普丁（拉米夫定片）。"金字塔"塔尖是9名全国肝病权威人士，中层是110位全国传染病和肝病专家，下层是1100名骨干医生。公司依靠自己的营销团队对这些专家进行甄别和筛选，分期邀请他们参加国际国内的肝病专业会议，传播复杂的与拉米夫定有关的乙肝治疗新理念和用药信息。"金字塔"低层的10000名医生的教育工作，则通过上层意见领袖的辐射、学术论文的渗透、公司医药销售代表的推广来完成。

---

2. 推动新产品扩张策略

在新产品的扩散速度上，营销人员常常采取两种不同的营销策略——撇脂策略和渗透策略。

撇脂策略的目标是在新产品导入市场初期以求最大限度地获取利润。这种策略瞄准价格敏感程度不高的消费者作为目标顾客，利用他们追新求异的心理，定高新产品售价，在尽可能短的时间内收回新产品开发成本并获取丰厚的利润。但撇脂策略的高价格政策往往会减缓新产品扩散的速度。

小贴士

1945 年，美国雷诺公司从阿根廷购进圆珠笔专利，迅速制成大批成品，并趁第一颗原子弹在日本爆炸的新闻热潮，将圆珠笔取名原子笔。由于圆珠笔确实使用方便，免去了使用墨水笔的诸多不便和烦恼，短期内无竞争者能模仿，该公司每支笔制造成本仅 0.5 美元，却以 20 美元的零售价投放市场。半年时间，雷诺公司生产原子笔投入 2.6 万美元，竟获得 15.6 万美元的丰厚利润。之后竞争者见原子笔获利甚厚而蜂拥而至，原子笔价格不断下降，雷诺公司把每支笔的价格降至 0.7 美元，给了竞争者有力一击。

渗透策略试图在尽可能短的时间内实现新产品最大限度的市场渗透。这种策略往往选择主要消费群体或者整个销售市场为自己的目标市场，通过较低的产品售价和大规模的促销活动，推动新产品的快速扩散和渗透。

案例分析

微 信 营 销

2013 年是微信爆发的一年。微信营销仍处于探索阶段，至今仍没有固定的模式，但有一些企业已经通过微信营销获得了成功。下面通过一些成功的微信营销事例来总结一下它们的经营模式。

案例一：杜蕾斯微信

活 动 营 销

对于杜蕾斯大家都不陌生，每每提及微博营销案例，总能看到"杜杜"的身影，似乎它已经是微博营销中一块不可逾越的丰碑。这个在微博上独树一帜的"杜杜"，也在微信上开启了杜杜小讲堂、一周问题集锦。

广大订阅者所熟知的还是杜杜的免费福利，2012 年 12 月 11 日，杜蕾斯微信推送了这样一条微信活动消息：

"杜杜已经在后台随机抽中了十位幸运儿，每人将获得新上市的魔法装一份。今晚十点之前，还会送出十份魔法装！如果你是杜杜的老朋友，请回复'我要福利'，杜杜将会继续选出十位幸运儿，敬请期待明天的中奖名单！悄悄告诉你一声，假如世界末日没有到来，在临近圣诞和新年的时候，还会有更多的礼物等你来拿哦 。"

活动一出，短短两个小时，杜杜就收到几万条"我要福利"，10 盒套装换来几万名粉丝，怎么算怎么划算。微信活动营销的魅力在"杜杜"这里被演绎得淋漓尽致，毕竟免费的福利，谁都会忍不住多看两眼。

案例二：微媒体微信

关键词搜索

据了解，微媒体微信公众号是最早一批注册并实现官方认证的公众号，从开始到现在，一直专注于新媒体营销思想、方案、案例、工具，传播微博营销知识，分享微博营销成功案例。作为该公众号的撒手锏，微媒体（www.vmeti.com）关键词搜索功能不得不提。

用户通过订阅该公众号来获取信息知识，微信公众号每天只能推送一条信息，但一条微信不能满足所有人的口味，有的订阅者希望看营销案例，而有的或许只是想要了解新媒体现状。面对需求多样的订阅者，微媒体给出的答案是关键词搜索，即订阅者可以通过发送自己关注话题的关键词，如"营销案例""微博"等，就可以接收到推送的相关信息。

案例三：星巴克

音乐推送微信

把微信做得有创意，微信就会有生命力。微信的功能已经强大到令人惊叹，除了回复关键词，还有回复表情的。

这就是星巴克的音乐营销——直接刺激你的听觉！通过搜索星巴克微信公众号或者扫描二维码，用户可以发送表情图片来表达此时的心情，星巴克微信则会根据不同的表情图片选择《自然醒》专辑中的相关音乐给予回应。

这种"用表情说话"正是星巴克的卖点所在。

案例四：头条新闻

实 时 推 送

当然，作为新媒体，微信也有其媒体传播的特性，尽管腾讯一直在弱化其媒体属性。作为微信营销的又一个案例的头条新闻，最大的卖点是信息的即时推送。头条新闻在每天下午6点左右，准时推送一天的最重大新闻，订阅用户可以通过微信直接了解最近发生的大事、新鲜事，而不需要在海量的信息中"淘宝"。

定时推送的时间选择在下班时间。完成一天的工作，在回家的路上看看当天的新闻也不失为一种调剂，既可以了解当下的大事，又可以排解路上的无聊。

案例五：小米

客服营销9∶100万

新媒体营销怎么会少了小米的身影？小米采用的是"9∶100万"的粉丝管理模式。据了解，小米手机的微信账号后台有9名客服人员，这9名员工最大的工作量是每天回复100万粉丝的留言。每天早上，当9名小米微信运营工作人员在计算机上打开小米手机的微信公众号后台，看到用户的留言，他们一天的工作也就开始了。

其实，小米自己开发的微信后台可以自动抓取关键词回复，但小米微信的客服人员还是会进行一对一的回复。小米正是通过这样的方式大大提升了用户的品牌忠诚度。相较在微信上开店，对于类似小米这样的品牌微信用户来说，做客服显然比多卖掉一两部手机更让人期待。

当然，除了提升用户的忠诚度，在微信做客服也给小米带来了实实在在的益处。黎万强表示，微信同样使得小米的营销、CRM成本开始降低。过去小米做活动通常会群发短信，100万条短信发出去，就是几万元的成本，在微信做客服的优势可见一斑。

案例六：招商银行

爱心漂流瓶

微信官方关于"漂流瓶"功能的设置，让很多商家看到了"漂流瓶"的商机，开始通过"扔瓶子"做活动推广，使得合作商家推广的活动在某一时间段内抛出的漂流瓶数量大增，普通用户"捞"到的频率也会增加。招商银行也是其中之一。

招商银行发起了一个微信"爱心漂流瓶"的活动：微信用户用"漂流瓶"功能捡到招商银行漂流瓶，回复之后，招商银行便会通过"小积分，微慈善"平台为自闭症儿童提供帮助。在此活动期间，有媒体统计，用户每捡 10 次"漂流瓶"，便基本上有一次会捡到招商银行的"爱心漂流瓶"。

（资料来源：http：//www.vmeti.com.）

讨论题：

1. 微信营销的出现将会在哪些方面对企业的营销战略产生影响？
2. 企业能从微信成功营销的案例中获得哪些有益的启示？

思考题

1. 何谓口头传播？某手机生产厂商打算推出新款手机，可否利用口头传播方式加快产品扩散？简述其理由。
2. 何谓意见领袖？意见领袖在信息的口头传播过程中起什么作用？营销人员如何识别和利用意见领袖？
3. 简述意见领袖的特征。
4. 简述影响消费流行的因素。
5. 何谓创新？何谓创新的扩散？哪些因素可能影响创新扩散的速度？企业如何利用这些因素制定新产品推广策略？

第 14 章
营销因素与消费者行为

【本章要点】

- 市场营销与消费者行为研究相互作用
- 市场细分与消费者行为的关系
- 产品策略与消费者行为的关系
- 价格策略与消费者行为的关系
- 渠道策略与消费者行为的关系
- 促销策略与消费者行为的关系

【重点名词】

市场细分	市场营销	目标市场	市场定位
整体产品	定价方法	渠道策略	促销策略
人员推销	广告	公共关系	品牌
产品包装	营业推广		

【案例引导】

可口可乐新配方饮料的失败

1. 决策的背景

20世纪70年代中期以前，可口可乐公司是美国饮料市场上的"Number one"（第一名），可口可乐占据了全美80%的市场份额，年销量增长速度高达10%。然而好景不长，70年代中后期，百事可乐的迅速崛起令可口可乐公司不得不着手应付这个饮料业"后起之秀"的挑战。

1975年，全美饮料业市场份额中，可口可乐领先百事可乐7个百分点；1984年，市场份额中可口可乐领先百事可乐3个百分点。市场地位变得逐渐势均力敌，让可口可乐开始警惕。百事可乐公司的战略意图十分明显，通过大量动感而时尚的广告冲击可口可乐市场。

2. 市场营销调研

为了着手应战并且找出可口可乐的发展不如百事可乐的原因，可口可乐公司推出了一项代号为"堪萨斯工程"的市场调研活动。

1982年，可口可乐广泛地深入到10个主要城市中，进行了大约2000次的访问，通过调查，看口味因素是否是可口可乐市场份额下降的重要原因，同时征询顾客对新口味可乐的意见。于是，在问卷设计中，询问了例如"你想试一试新饮料吗？""可口可乐的味道变得更柔和一些，您是否满意？"等问题。

调研的最后结果表明，顾客愿意尝试新口味的可乐。这一结果更加坚定了可口可乐公司决策者们的想法——秘不示人、长达 99 年的可口可乐配方已不再适合今天消费者的需要了。于是，满怀信心的可口可乐开始着手开发新口味可乐。

3. 灾难性后果

起初，新可口可乐销路不错，有 1.5 亿人试用了新可口可乐。然而，新可口可乐配方并不是每个人都能接受的，而不接受往往并非因为口味，而是这种"变化"受到了原可口可乐消费者的排挤。开始，可口可乐公司已为可能的抵制活动做好了应对准备，但不料顾客的愤怒情绪犹如火山爆发般难以控制。

顾客之所以愤怒，是认为 99 年秘不示人的可口可乐配方代表了一种传统的美国精神，而热爱传统配方的可口可乐就是美国精神的体现，放弃传统配方的可口可乐意味着一种背叛。在西雅图，一群忠诚于传统可口可乐的人组成"美国老可口可乐饮者"组织，准备发起全国范围内的"抵制新可口可乐运动"。在洛杉矶，有的顾客威胁说："如果推出新可乐，将再也不买可口可乐。"即使是新可乐推广策划经理的父亲，也开始批评起这项活动。

而当时，老口味的传统可口可乐则由于人们的预期会减少，而居为奇货，价格竟不断上涨。每天，可口可乐公司都会收到来自愤怒的消费者写来的成袋的信件和他们打来的 1500 多个电话。

铺天盖地而来的批评，使可口可乐迫于压力不得不开通 83 部热线电话，雇请大批公关人员好言安抚愤怒的顾客。

在不到 3 个月的时间里，即 1985 年 4~7 月，尽管可口可乐公司花费了 400 万美元，进行了长达 2 年的调查，但最终还是彻底失败了。

（资料来源：互联网）

14.1 市场细分与消费者行为

14.1.1 市场细分的概念

市场细分也称市场细分化，是 20 世纪 50 年代中期由美国温德尔·斯密（Wendell R. Smith）首先提出的。市场细分是根据顾客需求的差异性，以影响顾客需求和欲望的某些因素为依据，将一个整体市场分成两个或两个以上的消费者群体，每一个需求特点相类似的消费者群体构成一个细分市场。市场细分是把一个大市场划分为若干个小市场的过程，如奶粉市场、服装市场等都可以细分。

市场细分战略是市场营销的基本战略。在现在买方市场的条件下，企业之间竞争激烈，要想在强手如林的竞争中争得一席之地，必须考虑自己的产品特色和品牌定位。首先要从市场出发，以市场营销观念为指导，进行详尽周密的市场分析，了解消费者的特点，对市场做细分，选择一部分市场作为自己的目标市场，从而专门为目标市场服务，这样才能生产出有特色的产品，提供消费者满意的服务和符合消费者特点的品牌。企业也才能因为消费者的认可甚至满意而获得发展。否则，盲目地生产，在大量品牌包围下的消费者是不会购买甚至注意不到企业的产品和服务的。

14.1.2   消费者市场的细分标准

1. 地理因素

按消费者居住的地区和地理条件来划分，主要依据国界、气候、人口密度、区域、城乡、交通条件、地形、城市规模等的不同。例如，中国的消费者、美国的消费者，华北地区的消费者、华东地区的消费者，热带消费者、北温带消费者等。正因为基于地理细分的不同，消费者之间存在心理、行为或文化上的差别，所以企业非常热衷于在选择目标市场之前首先进行市场细分，并以此为依据，选择目标市场，进行市场定位。

2. 人口因素

根据人口统计变量，如国籍、民族、人数、年龄、性别、职业、教育、宗教、收入、家庭人数、家庭生命周期等因素，可以将市场进行细分。其中，家庭生命周期是指从组成家庭到家庭消亡的过程，又可分为单身阶段、新婚阶段、满巢阶段、空巢阶段、鳏寡阶段五个阶段，五个阶段分别有不同的消费需求。

小案例

奇瑞 QQ 的目标客户是收入并不高但有知识、有品位的年轻人，同时也兼顾有一定事业基础、心态年轻、追求时尚的中年人。一般大学毕业两三年的白领都是奇瑞 QQ 潜在的客户，人均月收入 2000 元即可轻松拥有这款轿车。

许多时尚男女都因为奇瑞 QQ 的靓丽外观、高配置和优性价比，把这个可爱的"小精灵"领回了家，从此与奇瑞 QQ 成了快乐的伙伴。

---

3. 心理因素

心理因素包括生活方式、性格、购买动机等。通过对心理因素的分析，有利于发现新的市场机会和目标市场。例如，脑白金产品的广告，通过市场细分找到了中国庞大的礼品市场，并了解消费者的心理特征和文化特征，加大广告投放力度和营销宣传，把企业做成了礼品市场保健品第一品牌。

4. 行为因素

根据消费者的不同购买行为可以对市场进行细分。行为因素包括追求利益、品牌商标忠诚度（品牌偏好）、使用者地位、使用频率等。

表 14-1 是与零售有关的传统家庭生命周期各个阶段的消费特点。

表 14-1   与零售有关的传统家庭生命周期各个阶段的消费特点

生命周期阶段	特 征	相关的消费
单身	独立；年轻；刚刚参加工作；收入水平较低	服装，汽车，立体声音响，旅游，餐馆，娱乐，追求提升地位
新婚	两份收入；相对独立；着眼于当前和未来	带家具的公寓，旅游，服装，耐用品，追求享受和在一起

（续）

生命周期阶段	特　征	相关的消费
满巢 1	有小于 6 岁的孩子；一份到一份半的收入；有限的独立性，未来导向	适合孩子的商品和服务，家用商品，实用的项目，耐用、安全、追求经济型
满巢 2	有 6 岁以上的孩子，但仍未独立；一份半到两份的收入；夫妇中至少有一方有事业基础；未来导向	储蓄、住房、教育，家庭休假，以孩子为导向的产品，一些人喜欢奢侈品，追求舒适和长期的享受
满巢 3	最小的孩子还在家生活，但已独立；收入水平最高；独立；考虑退休	教育，为孩子买昂贵耐用品，父母的耐用品更新换代，追求舒适和奢侈
空巢 1	孩子离家，独立；丰厚的收入；考虑自己退休	退休住房，旅游，服装，娱乐，奢侈品，追求自我满足
空巢 2	已退休，有限的收入和支出	旅游、娱乐、在新居生活，与健康相关的项目，不愿挥霍，追求合理价格基础上的舒适
丧偶 1 期	夫妇中只有一方活着，积极工作，收入丰厚	沉浸在工作和朋友中，热衷于旅游、服装、保健和娱乐场所，追求成为活跃的公民
丧偶 2 期	夫妇中只有一方活着，已退休，有一些无用的感觉，收入降低	旅游、娱乐与健康相关的项目，安全，追求经济性和社会活动

（资料来源：巴里·伯曼，等. 零售管理［M］. 吕一林，等译. 北京：中国人民大学出版社，2010.）

14.1.3　企业市场细分应注意的问题

1. 市场细分以市场调查为基础

只有在大量调查基础上的市场细分才有实际应用价值，而且消费者购买动机等具有隐藏性，需要对消费者行为进行全面的分析，才能了解一手资料为市场细分服务。

2. 顾客需求由很多因素决定，细分市场有若干标准

如表 14-1 所示，市场细分的过程实质上是消费者行为研究的过程。消费者的购买决策过程多种多样，由不同购买动机支配，同时又受到心理因素、个人因素、社会因素、文化因素、情境因素等影响。

3. 市场是动态的，市场细分标准也是变化的

市场是瞬息万变的，基于消费者行为分析的市场细分的标准也是不断变化的。例如食用盐，开始是粗盐和精盐，后来是加碘盐，现在是各种营养盐充斥于市场。

4. 市场细分的可行性

市场细分是否可行与细分后的市场是否具有可衡量性、可进入性、足量性、差异性、行动可能性等有关系。

14.1.4　目标市场的选择与市场定位

1. 目标市场的选择

市场细分的目的是进行目标市场的选择，选择一个合适的市场作为自己的目标市场，从而使企业在目标市场上从事一系列营销活动。目标市场的选择，意味着对目标顾客的进一步分析和了解，为市场定位服务。进行目标市场的选择，需要从以下两个方面对细分市场进行评价：

（1）细分市场的规模和发展前景，包括现实的和潜在的需求量及其趋势。企业选择目标市场，首先考虑的是细分市场的规模怎样，发展前景如何。消费者市场细分为若干个子市场之后，企业选择市场规模适合自己的、发展前景好的细分市场进入，否则将得不偿失。例如，随着竞争的激烈，消费者对自己的关注度进一步增强，于是一对一的定制化营销被人们空前关注，有些服装店推出了一对一定制化的服装，但高额的费用却使多数消费者望而却步，于是大多数品牌商店和企业售卖的还是大众产品而非一对一定制化产品，因为细分市场规模太小。

（2）细分市场的吸引力。迈克尔·波特提出，研究一个细分市场的吸引力与五种因素有关。这五种因素分别是行业内同类企业间的竞争、替代品出现的威胁、潜在进入者的多少、供方的议价能力和买方的议价能力，参见图14-1。

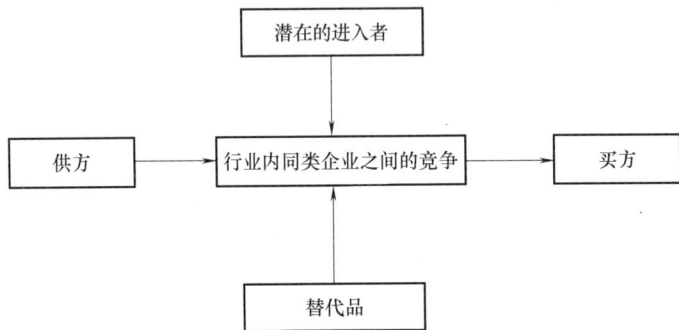

图 14-1　迈克尔·波特的"五力"模型

2. 市场定位

市场定位是由阿尔·赖斯和杰克·特劳特于1972年提出的。市场定位是企业对其产品及企业的形象进行设计，从而使企业及其产品在目标顾客的心目中占有一个独特的、有价值的位置，树立企业及其产品的特定形象。市场定位包括产品定位和企业形象定位。市场定位的实质是消费者心理定位。市场定位的方式包括三种，即避强定位、迎头定位和重新定位。在市场细分的基础上，选择目标市场，从而进行有效的市场定位，是市场营销成功的关键。

小案例

路 易 威 登

奢侈品在国际上被定义为"一种超出人们生存与发展需要范围的，具有独特、稀缺、珍奇等特点的消费品"。目前为止，中国人境外消费奢侈品已经位居全球第一。中国人强劲的消费能力使众多国际奢侈品牌对中国市场信心倍增，纷纷加快开辟新店，抢占市场份额。

自1854年以来，代代相传至今的路易威登（Louis Vuitton，LV）以卓越品质、杰出创意和精湛工艺成为时尚旅行艺术的象征。其产品包括手提包、旅行用品、小型皮具、配饰、鞋履、成衣、腕表、高级珠宝及个性化定制服务等。路易威登品牌100多年来一直把崇尚精致、品质、舒适的"旅行哲学"作为设计基础。

（1）将奢侈品做成艺术和经典。对于奢侈品品牌来说，之所以奢侈，一个很重要的原因就是其具有稀缺性：少，生产的少，买得起的人少，能经常买的人更少。既要让大家知道尊贵和奢侈，又不能用太大众的方式，于是没有什么比建立一个奢侈精致而又有创意的旗舰店更有效果。路易威登的许多竞争对手主要是为了满足购买者的虚荣心而设置旗舰店，而路易威登旗舰店更像当代艺术馆。路易威登将自己的旗舰店塑造成一个城市的地标性的建筑，其尊贵地位、奢华姿态，不著一字，尽得风流。顾客在这样的一间旗舰店里徜徉，用参观艺术馆般的态度来参观路易威登的精致皮具，着实是一种享受。

（2）重视研究消费者的消费心理。贝恩咨询公司（Bain）在 2005 年奢侈品报告中表示："过去，在奢侈品业取得成功的黄金法则是高贵优雅、始终如一和积极有效。不要问客户他们想要什么，而要告诉他们应该拥有什么。"如今，面对一个陌生的市场，以自我为中心的方法将不再奏效，而必须了解客户，深入把握他们的高端价值主张。路易威登在中国取得的令人瞩目的成功证明，只有理解推动奢侈品购买行为的原因，奢侈品公司才能获得品牌建设方面的新想法，触摸到目标市场的情感需求，卖出更多产品。

对中国消费者的研究发现：全新的奢侈品文化已登陆中国；中国奢侈品消费者的平均年龄在 40 岁以下；奢侈品不仅仅属于上流会，"新新人类"主张人人有权拥有奢侈品；年轻的中国消费者喜欢将奢侈品与街头时尚品牌混搭。于是，在对中国消费者的研究基础上，路易威登已开始向中国客户提供创新服务。

（3）跨国的 CRM 管理。一个完整有效的客户关系管理数据系统（CRM）帮助路易威登充分地理解市场，与客户建立紧密的联系，实现"多一点科学分析，少一点道听途说"。无论中国消费者在全世界的哪家商店购物，数据的深入挖掘都能使路易威登了解他们的偏好。通过对在海外购物的中国人的密切观察，即使尚未在某个城市开设门店，路易威登也能较好地把握该市场的运作。路易威登相信：一个有效的客户关系管理系统能够帮助市场营销直接面向对此做出反应的客户，并回报给客户他们最想要的产品和服务。

（资料来源：互联网）

14.2 产品策略与消费者行为

产品是企业市场营销的基石，企业的市场定位通过一系列的营销组合来实施。因此，企业提供什么样的产品就变得至关重要。

14.2.1 整体产品的概念

整体产品是指人们通过购买（或租赁）所获得的需要的满足，包括一切能满足顾客某种需求和利益的物质产品和非物质形态的服务。与顾客相联系，一般来说，整体产品包含核心产品、有形产品和附加产品三个层次（见图 14-2）。

1. 核心产品

核心产品是企业向顾客提供的产品的基本效用或利益，是消费者对产品的最核心价值要求。例如，消费者购买一瓶化妆品，核心产品是化妆品本身的效用，如美白皮肤或治痘保湿；消费者购买一种保健药品，核心产品是其能够起到保健作用；消费者购买一件羽绒服，最基本的效用是能够保暖。这一层次是企业最关注的，如果达不到核心层面，消费者会非常不满。例如，市场上不乏假冒伪劣商品，曾有老年消费者用毕生攒的几万元钱，买了一款号称"包治百病"其实没有任何作用的保健床，这便是商家的一种严重的欺诈行为，让消费者上当受骗。如果

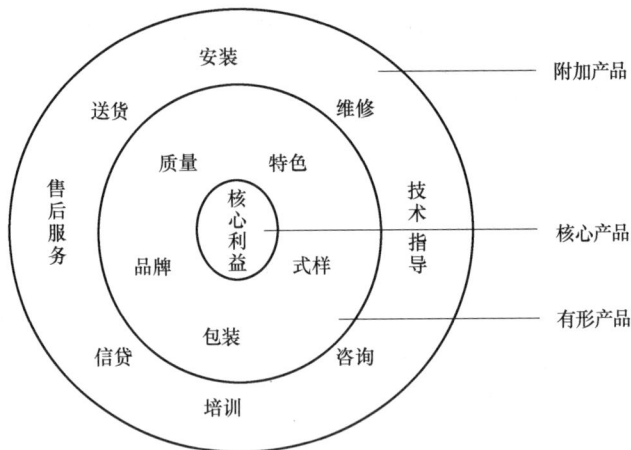

图 14-2　整体产品的三个层次

达不到产品的核心层面，产品设计再漂亮也只是金玉其外，败絮其中，没有实际功效。

2. 有形产品

有形产品也称为形式产品，是指核心产品借以实现的形式或目标市场对某一需求的特定满足形式，一般可以通过质量、特色、品牌、式样和包装等特征表现出来。例如一辆汽车，最核心的部件是发动机，但由于消费者不太懂发动机，于是他们关注可见的外观，如颜色、款式、质量、品牌、特色等，更多的顾客是通过有形产品的展现来购买产品。有一项对汽车消费者的调查，发现很多消费者看车时会使劲地关一下车门，听声音是否厚重来判断汽车的质量和性能。因此，根据消费者的购买特点，企业应该在核心产品满足消费者需求的情况下，重视有形产品层次。消费者在购买手机、计算机、化妆品的时候，核心部分是很难触摸到的，于是多数消费者根据某些产品层面来选购。

3. 附加产品

附加产品是顾客购买有形产品时所获得的全部附加服务和利益的总称，主要包括免费送货、安装、维修、技术指导、培训、售后服务等，这是企业附加给顾客的一组利益。越发达的地区，企业越能够关注到产品的核心层次和有形产品层次，这时产品的竞争就发生在附加产品层面上。企业如果能够创造性地满足消费者的附加的需求或潜在的需求，就是成功的。例如，多数情况下，同类零售公司经营商品的种类是很难有差别的，要塑造企业的独特形象，就要考虑在服务等方面战胜竞争对手。另外，还有一个值得关注的问题是，我国的某些品质很好的商品，其形式产品和附加值却很低，导致经营多年市场业绩平平。这就需要企业在重视消费者的基础上，进行市场营销运作，增加产品的附加值，把品牌做大做强。

(小案例)

美国诺顿百货公司

美国诺顿百货公司可谓是百货业的服务典范。诺顿的员工都是零售超人，他们在不时找机会协助顾客。他们会替要参加重要会议的顾客熨平衬衫，会为试衣间忙着试穿各式各样衣服的顾客安排饭店，会替顾客到别家商店购买他们找不到的商品，然后打七折卖给顾客，会拿着各种可供选择的衣服和皮鞋到懒得出门或不能抽身到店里购买的顾客那里，会在天寒地冻的天气替顾客暖车以便他们能在店里多买些东西，他们会替准备赴宴的顾客紧急送去衣服，他们甚至会替把车子停在店外的顾客付罚款单。其实，诺顿的成功没有独特的诀窍，只是很多服务尽管别人也是能想到的，而诺顿却真正做到了。正如一位分析家所指出的："诺顿的服务与衣服质量并非独家绝活，但似乎只有这家公司能在这方面发挥得淋漓尽致。"

（资料来源：肖怡. 信息时代商业企业管理与变革 ［M］. 广州：广东人民出版社，2002：104.）

另外，如果用著名的双因素理论对产品的三个层次进行分析，也具有很好的应用价值。双因素理论是消费者动机研究的重要理论，它把动机分为两部分，即保健因素和激励因素。联系产品的三个层面来说，在一个发达的商品经济环境下，消费者对产品满意与否取决于两个方面：一类是保健因素，即产品的核心层次和有形层次；另一类是激励因素，即产品的附加层次。可见，如果产品的核心层面与有形层面达到消费者的要求，消费者会消除不满，而如果此层面达不到，消费者会非常不满意。但如果要想使消费者对产品满意，就要在保健因素的基础上重视激励因素，即产品的附加值。保健因素和激励因素是因人而异的，有一定的相对性，这一理论与产品层次理论的结合对企业营销活动具有指导意义。

14.2.2　新产品与消费者行为

1. 新产品的概念

一般说来，新产品是与原有产品相对的概念。在现代市场营销学中，新产品的概念需要从产品和市场两个角度来理解。

从产品角度阐述，新产品是指产品整体概念中任一部分的创新、变革或改变。具备以下条件之一的产品都可以称为新产品：①新的原理、构思与设计；②新的原材料；③新的功能；④更高的质量与服务；⑤新的用途；⑥新的市场或带给顾客新的利益。例如，2010年1月21日，在青岛举行的海尔全球经理人年会上，海尔发布了世界上首台"物联网冰箱"。海尔冰箱因此成为第一个掌握"物联网冰箱"技术的世界品牌。

从市场角度来说，凡是向市场提供的过去没有生产过的产品均称为新产品。例如，1992年6月15日，雕牌推出了创世界肥皂生产历史先河的新一代肥皂——雕牌超能皂。这对于雕牌公司来说是以前没有生产过的产品，是一款新产品。

2. 新产品的类型

（1）全新产品。全新产品是指企业创造出的前所未有的产品，包括采用新原理、新材料、新技术、新工艺创造的并率先在市场上问世的产品。

（2）新产品线的产品。新产品线的产品是指能够使一个公司首次进入新市场的产品。

（3）现有产品线的增补产品。现有产品线的增补产品是指在公司现有产品线上增补的新产品，包括产品型号、款式、大小等方面的变化。

（4）现有产品的改进和更新。产品性能的改进或注入新的价值，能够替代现有产品。

（5）市场重新定位的产品。例如，万宝路香烟原来定位于女性市场，从1924年到20世纪50年代，万宝路始终默默无闻。50年代，公司对万宝路进行重新定位，1954年，设计了西部牛仔广告，并投入巨额广告费，终于在人们心目中树立起"哪里有男子汉，哪里就有万宝路"的品牌形象。这一重新定位为万宝路带来了巨大财富。20世纪80年代中期，万宝路成为烟草世界的领导品牌，这种全球霸主地位一直持续至今。

（6）减少成本的产品。即使企业只发生了成本的改变，也是营销界认可的新产品。

3. 消费者采用新产品的过程

美国市场营销学者罗杰斯将消费者对新产品的认知到对新产品的采用过程分为五个阶段，即认知、兴趣、评价、试用、采用。

（1）认知。在众多的外部刺激中，消费者注意到新产品，对新产品产生感觉、知觉、认识，这是产生进一步心理活动的基础，也是购买行为的基础。

（2）兴趣。消费者对新产品有了一定的了解，产生了兴趣，形成了搜寻产品信息的动机，动机为行为提供了动力和方向。

（3）评价。消费者对新产品进行评价，权衡新产品的特点、价值等，考虑是否采用新产品。

（4）试用。消费者少量地试用新产品，感受新产品，以便进一步做出评价，决定是否购买。

（5）采用。通过试用，对评价较高的新产品，消费者决定采用。

可见，从消费者角度，新产品在市场扩散的过程也是消费者对新产品的认知、兴趣、评价、试用、采用的过程。商家把握消费者采用新产品的过程，制定营销策略，可以促进新产品在市场上的传播和扩散。

14.2.3　产品品牌与消费者行为

1. 品牌的含义

品牌就是产品的牌子，它是用以识别某个销售者或某群销售者的产品或服务，以便同竞争者的产品或服务区别开来的商业名称或标志，通常由文字、标记、符号、图案、设计和颜色等要素或它们的组合所构成。品牌是一个集合概念，包括品牌名称、品牌标志和商标。消费者有一定的品牌倾向，一个好的品牌是企业引以为自豪的无形资产。

商标是品牌的一部分，由于已获得专利权，因而受到法律保护。商标保护着销售者使用品牌名称和品牌标记的专用权。如果没有对一个好的品牌予以保护，将是公司巨大的损失。

2. 品牌与消费者行为

（1）品牌与消费者行为是产品整体概念的重要组成部分，具有深刻的内涵和丰富的市场信息。要把握品牌的深刻内涵，可以从六个层次加以理解，即属性、利益、价值、文化、个性、用户。

（2）品牌的塑造需要不断地关注消费者行为，了解消费者的需求。了解消费者需求，才能推出消费者认可的品牌，所谓"金杯银杯不如老百姓的口碑"。而多数消费者又有一定的品牌仰慕心理，而且购买名牌产品可以减少消费者的知觉风险。

14.2.4　产品包装与消费者行为

1. 包装的含义

包装是指为产品设计和制作容器或包装物的一系列活动。一般来说，产品包装应该包括商标或品牌、形状、颜色、图案、材料、标签等要素。包装策略也是市场营销策略的一部分，良好的包装不仅能保护商品，还可增加产品的附加值，提升产品和品牌的形象。在零售行业，随着大型商超等自选购物形式的繁荣，带来了包装业的改革。包装的改变也意味着企业在经营上的重要转变。例如，农夫山泉一改沿用了12年的农夫山泉红色包装，于2010年改成了新包装，这对于公司和顾客来说，是对品牌的重新认识过程。新包装将瓶身设计得更加呈流线型，将本来置于瓶身上半部分的产品标签挪到了下半部分，最主要的是启用了全新的标识，并用其取代了之前的千岛湖实景图。

2. 包装设计要求

（1）安全性。包装首先要安全、可靠。这是对包装的基本要求，即包装能够安全地保护产品，不会对消费者造成危害。另外，包装最好能够回收，具有绿色环保特征。

（2）方便性。产品的包装设计要便于运输，便于保管、携带和使用。企业要研究消费者的特点，方便消费者，才能赢得消费者的好感。例如，有些桶装油和大桶的饮料包装上，有明显的手握的"痕迹"，瞬间拉近了与消费者之间的距离。

（3）标记性。包装要标记产品的名称、特点等；包装设计从选材到图案设计，要与商品的价值和质量相匹配。一些公司采用系列产品类似包装策略，形成刺激泛化，引起消费者的注意和兴趣；也有一些公司把不同系列的产品用包装予以区别，如巧克力包装。

（4）装饰性。包装设计要美观大方，注意文字、图案、色彩等不能和目标市场的风俗习惯、宗教信仰发生抵触。当然，包装只是产品装饰的一部分，再漂亮的包装，没有好的产品也是没有意义的。过分华丽的包装也是资源的浪费。

3. 包装策略

包装策略是企业的重要策略，包装选择得好，也会成为产品的一大亮点和销售增长点。可以选择的包装策略包括透明包装、差别包装、方便包装、类似包装、配套包装、再用途包装、附赠品包装、礼品包装、纪念包装、等级包装、廉价包装和无包装等。

14.3　价格策略与消费者行为

14.3.1　影响企业定价的因素

1. 企业的营销目标

企业的定价目标往往很多，主要包括生存目标、最大即期利润目标、即期收入最大化目标、最大化竞争优势目标、最大销售利润率目标和产品质量领袖地位目标。

2. 成本

成本决定价格的下限。一般来说，定价不能低于成本。成本包括固定成本和可变成本。

3. 需求

需求决定价格的上限。一般来说，定价不能高于需求，如果超过了消费者需求，就会没有销量。例如，很多奢侈品，如英国的"劳斯莱斯"汽车就是贵族车的象征，"江诗丹顿"腕表、"迪奥"时装以及 1847 年在巴黎诞生的"卡地亚"珠宝等尽管价格昂贵，但是仍然有独特的目标顾客群，说明没有高过消费者的需求。

4. 竞争

企业要参照竞争者的定价来制定价格。如果竞争对手定高价，自己可以定高价进行迎头定位，也可以选择定低价采取避强定位。例如，当派克公司推出价格低廉的可旋转剃须刀，加剧与吉列公司的价格竞争时，吉列公司的应对措施是，不仅推出了自己的可旋转剃须刀，而且推出了一种便宜的可旋转的钢笔与派克钢笔竞争。

5. 环境因素

政府出台的政策会对定价产生影响，如反倾销法、反不正当竞争法等。企业为产品定价，要在综合考虑多种因素的基础上确定最终的价格。

14.3.2 需求导向定价法

1. 认知价值定价法

认知价值定价法是指根据消费者的认知价值来定价，即顾客观念上认同的价格，不一定是产品的实际价值。企业可以运用很多方式来影响消费者的认知，例如，利用广告塑造名牌、高价位象征高品质、优雅的购物环境、华丽的装修和橱窗装饰等，来增加消费者的认知价值。另外，企业定价时如果不研究消费者的心理和行为，不符合消费者的认知价值，那么后果可想而知。

2. 需求差异定价法

企业可以根据需求的差异性来进行定价，以满足消费者，平衡需求，增加企业的销量。需求差异定价法包括以顾客为基础的差别定价、以地点为基础的差别定价、以时间为基础的差别定价、以产品用途为基础的差别定价等。例如，火车票卖给学生是半价；一套高档服装在美国和越南价位有所差别；旅游景点在淡季和旺季有不同的门票价格；凡士林作为药品卖的价格较低，但作为化妆品卖的价格却很高。

14.3.3 心理定价策略

企业可以根据消费者的心理来进行产品定价，用来树立产品形象，促进产品销售，并能增加利润。

1. 产品生命周期定价

在产品生命周期的不同阶段有不同的定价。例如，在投入期可以定一个较高的价格，在成长期和成熟期价格逐渐下跌，在衰退期产品降价。价格制定和调整得当是企业制胜的重要因素。

2. 尾数定价策略

尾数定价策略是指企业利用消费者对数字认知的心理特点，有意保留尾数、避免整数的定价策略。

3. 声望定价策略

声望定价策略是指企业利用消费者仰慕名牌商品或名店的心理，有意给产品制定高昂价格以提高产品地位的定价策略。

4. 招徕定价策略

招徕定价策略是指零售商利用部分顾客求廉的心理，特意将某几种商品的价格定得很低，以吸引顾客购买其他正常价格的商品。

14.4 渠道策略与消费者行为

14.4.1 分销渠道的概念

分销渠道也称销售渠道，是指商品从生产者向消费者转移过程中所经过的途径。分销渠道的起点是企业，终点是消费者，中间环节是各类中间商。中间商包括批发商、零售商、代理商、经纪人和实体分销机构。分销渠道是产品从生产者向消费者转移的过程中所经过的若干中间环节，是产品销售的关键。企业设计一个有效的分销渠道，进行合理的渠道管理，也能成为企业竞争优势的来源。

小案例

娃哈哈的渠道策略

"娃哈哈"，在中国饮料市场驰骋多年，连续五年排名中国饮料行业第一名，然而娃哈哈的营销队伍只有 2000 多人。如此少的营销人员，却要将毛利并不高的产品撒遍全中国，取得如此辉煌成绩，娃哈哈独特的渠道策略是其成功驰骋市场的关键之一。"最后一公里"的控制与其他同时期跨国饮料巨头不同，娃哈哈的促销重点是经销商，公司会根据一定阶段内的市场变动、竞争对手的异动以及自身产品的配备而推出各种各样的促销政策，针对经销商的促销政策，既可以激发其积极性，又可保证各层销售商的利润，因而可以做到既促进销售又不扰乱整个市场的价格体系。

"娃哈哈"对"最后一公里"的控制，表现为"利益的有序分配"。有序必然就要有控制，控制在营销渠道中最重要的就是价差、区域、品种和节奏。"娃哈哈"认为，生产商推出任何一项促销活动或政策，首先应该考虑的便是设计一套层次分明、分配合理的价差体系。一般而言，低价策略在新产品进入一个成熟市场时会因其对原有市场价格体系的摧毁而达到出人意料的效果，可是在长效经营中却可能是一个毒素颇大的兴奋剂。

与其他企业往往把促销措施直接针对终端消费者不同，娃哈哈的促销重点是经销商。公司会根据一定阶段内的市场变动、竞争对手的异动以及自身产品的配备而推出各种各样的促销政策，常年循环，月月如此。针对经销商的促销政策，既可以激发其积极性，又可以保证各层销售商的利润，因而可以做到既促进销售又不扰乱整个市场的价格体系。相反，若依赖于直接让利于消费者的促销，则会造成经销商无利可图而缺乏动力的局面，最终竞相降价，可能把市场零售价格体系打乱。娃哈哈的营销队伍目前走的是一条"联销体"路线。娃哈哈的营销组织结构是这样的：总部—各省区分公司—特约一级批发商—特约二级批发商—二级批发商—三级批发商—零售终端。

（资料来源：互联网）

14.4.2　分销渠道的设计

1. 长度模式

分销渠道长度是指商品在流通过程中经过不同类型的中间商数目的多少。长度模式可以分为零级渠道、一级渠道、二级渠道、多级渠道等。

2. 宽度模式

根据同一级别上分销商的多少，分销渠道可以分为三类：密集分销、选择分销和独家分销。密集分销是指生产者通过尽可能多的批发商和零售商推销产品；选择分销是指生产者在某一地区仅选择少数几个最合适的中间商推销产品；独家分销是指生产者在某一地区仅选择一家中间商推销产品。

14.4.3　购物情境与消费者行为

情境是由消费行为发生时周围的临时环境所组成的。关于情境的研究，内容非常丰富，比较著名的是贝克（Beck）提出的 17 个影响消费者行为的情境变量，通过对其因子的分析，得到了 5 个情境变量，即物质情境、社会情境、时间观、购买任务和先前状态。

1. 物质情境

物质情境是指消费者行为发生时的物质空间环境，如位置、色彩、灯光、天气、声音、气味、温度、拥挤程度以及相关的设备设施环境，包括人员和物品的空间安排、商店店址、招牌、橱窗设计、商品陈列、店堂气氛等，都能影响消费者的行为。一个零售店如何进行总体的店面布局，如何进行商品陈列，如何综合运用灯光、色彩、声音、人工景观等来塑造商店的气氛，零售店的门面设计、招牌设计、商店名称设计、橱窗设计以及商店的促销计划的制订和实施等内容，都属于物质情境。很多研究表明，消费者的购买行为约 70% 是在零售店决策即兴购买的，因此，店面的物质情境非常重要。

2. 社会情境

社会情境是指他人意见、行为对消费者购买行为的影响。消费者会不会购买，与周围的一起购物的朋友，特别是营业员的服务水准和推销方式有极大的关系。

3. 时间观

时间成本可以分为实际可支出时间成本和心理感受时间成本。如果消费者的时间是无限多的，那么这个因素无足轻重，但现代人的生活节奏较快，因而更加重视时间成本，于是以便民为特色的便利店就有着很好的发展前景。

4. 购买任务

购买任务是指消费者消费产品或服务的缘由。这直接影响消费者的购买。例如，买酒是自己喝还是送人，是送朋友还是送长辈，都会产生不同的消费行为。

5. 先前状态

先前状态是指消费者消费过程前的短期心理状态和情绪，这种状态可以通过消费情境的营造来加以运用。

小贴士

情 境 因 素

一些情境因素，如饥饿、孤独、匆忙等暂时性个人特征，以及气温、在场人数、外界干扰等外部环境特征，均会影响个体对信息的理解。

可口可乐公司和通用公司均不在新闻节目之后播放其食品广告，它们认为新闻中的"坏消息"可能影响受众对其广告与食品的反应。可口可乐公司负责广告的副总经理夏普（Sharp）指出："不在新闻节目中做广告是可口可乐公司的一贯政策，因为新闻中有时会有不好的消息，而可口可乐是一种助兴和娱乐性的饮料。"

虽然目前有关背景引发效果的实证资料十分有限，但初步研究表明，出现在正面性节目中的广告获得的评价也比较正面和积极。

（资料来源：互联网）

14.5　促销策略与消费者行为

14.5.1　促销的含义

促销是促进销售的简称，是指企业营销人员通过各种方式与手段将信息传递给消费者或用户，以激励他们的购买行为，促使产品或服务由生产者向消费者转移的活动。促销的实质是与消费者的沟通。信息发送者（企业）通过媒体向信息接收者（消费者）传送信息，消费者接收信息、做出反应并反馈给信息发送者（见图 14-3）。

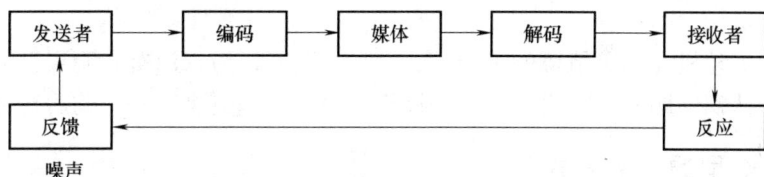

图 14-3　传播过程的要素

14.5.2　促销组合策略

促销组合策略就是企业把广告、人员推销、营业推广和公共关系等促销方式，有目的、有计划地配合起来，综合运用与组合搭配的策略。促销组合策略包括两类，即"推"式策略和"拉"式策略。"推"式策略是指把产品从企业推向中间商，从中间商推向消费者；"拉"式策略是指企业通过广告、公共关系吸引消费者购买（见图 14-4）。

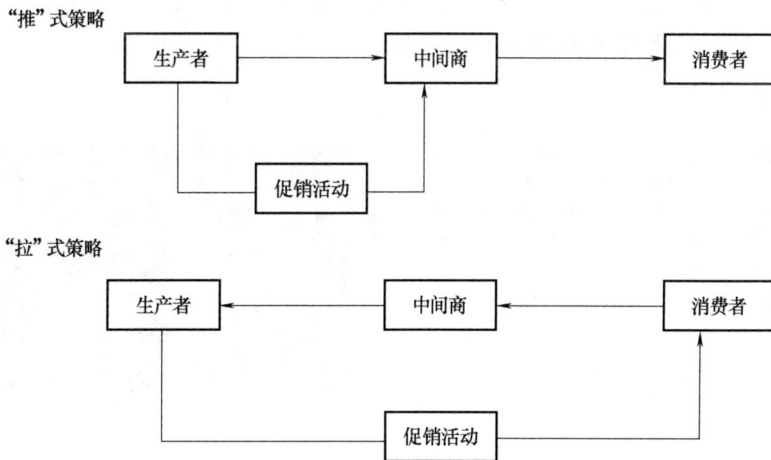

图 14-4　"推"式策略与"拉"式策略

14.5.3　促销的心理效应

从消费心理学的角度来看，促销能够促使消费者的心理发生一系列变化，从对产品的不知晓或一般了解，上升为兴趣、情感、产生购买需求和动机，最后产生了实际购买。

1. 注意与认知

注意与认知是指商家通过广告、人员推销、营业推广和公共关系等促销方式刺激消费者，使消费者注意这一刺激，从而认知某类产品或品牌。

2. 情绪与情感

如果促销方式得当，会打动消费者，使消费者对产品和促销活动发生兴趣，因此，消费者对产品或品牌的情绪加强了，情感提升了。

3. 需求和动机

在促销活动的刺激下，消费者产生了购买需求和强烈的购买动机，心理产生紧张感，渴望尽快完成购买。

4. 购买决策

消费者的购买动机在购买情境的刺激下，产生了购买行为。消费者购买行为一般被认为包括五个步骤，即认识问题——收集信息——评价方案——购买决策——购后行为。

14.5.4　促销类型的沟通方式

1. 人员推销

人员推销是企业利用推销人员与顾客直接接触，传递企业及其产品的有关信息，以促进产品销售的一种营销活动。人员推销的沟通比较直接，有利于信息的互动，也有利于影响客户，与客户建立长期关系。

2. 广告

从市场营销学的角度来看，广告是由明确的广告主以付费的方式、非人员的手段介绍和促销产品、服务或观念的一种信息沟通活动。广告分为很多种，包括报纸广告、杂志广告、电视广告、广播广告、户外广告、网络广告、POP 广告等。广告可以通过情感的方式或幽默的、恐惧的方式来打动消费者，或者塑造消费者行为。在零售企业中，最常用的是POP 广告（见图 14-5）。

图 14-5　POP 广告

（资料来源：徐伟雄. 商品展示设计 ［M］. 北京：高等教育出版社，2001.）

小资料

广告的力量

据研究，消费者准确无误记忆的广告词来自两类广告：一类是投放量巨大的广告；另一类就是广告词中包含了品牌名称的广告。例如，与"印象最深刻"的广告排名一样，脑白金的

"今年过节不收礼，收礼只收脑白金"或类似的广告语提及率最高，广告反复重复增强感染力，增强记忆效果。"白天吃白片，晚上吃黑片""大宝天天见""爱生活，爱拉芳""炫迈口香糖，根本停不下来"等广告语已经深入人心，包含了品牌名称，消费者记忆度很高。

企业形象广告主张广告的重点突出企业标志、企业社会责任感和其特殊使命等非产品因素，强调同消费者和广告受众进行深层的交流，从而产生情感的共鸣。五粮液则采用MTV的形象展示模式，一首《香醉人间五千年》唱响了五粮液完美发展状态的经典乐章。画面中，五粮液集团健康和谐发展的风貌给人耳目一新的感觉，未曾参观过五粮液基地的人们从中看到了传说的十里酒城与气势雄伟的五粮液大本营。五粮液将中国酒文化和中华民族文化融会贯通，创造了中庸和谐的文化理念，形象、健康、充满激情的乐曲赋予消费者一种感染身心的情愫。企业的发展、五粮液人的奋斗展现在公众面前，让人们对这个优秀的国有大型企业、这个几近千年的老字号更加敬仰。企业的中庸和谐精神、产品的完美品质都得到了精彩的演绎，直观而饱含深意。广告最终带动了大量消费者的购买行为，实现了五粮液酒的持续销售增长。

（资料来源：互联网）

3. 公共关系

公共关系是指企业通过信息沟通树立自身的良好形象，以促进产品销售的一种市场营销活动。公共关系的主要手段包括新闻宣传、广告、社会活动、企业活动、企业形象和识别系统，通过以上活动拉近企业与消费者、中间商、公众等的关系。

4. 销售促进

销售促进是旨在刺激顾客迅速购买和大量购买的各种短期促销活动。销售促进的形式是多种多样的，包括赠送样品、赠送优惠券、奖励、现金折款、免费试用等。企业通过销售促进策略，刺激消费者的购买需求，鼓励更多的人更多地购买。

【小案例】

老年人服装促销案例

消费心理支配着消费者的购买行为。人进入老年后，由于生理器官的变化，必然引起心理和行为上的变化。

某服装企业在为老年人提供服装时，采用了以下一些营销措施：在广告宣传策略上，着重宣传产品的大方实用，易洗易脱，轻便、宽松；在媒体的选择上，主要借助电视和报纸杂志；在信息沟通的方式方法上，主要是介绍、提示和理性说服，力求避免炫耀性、夸张性广告，不邀请名人明星；在促销手段上，主要是提供价格折扣和开办展销会；在销售现场，生产厂商派出中年促销人员，为老年消费者提供热情周到的服务，为他们详细介绍商品的特点和用途，若有需要，就送货上门；在销售渠道的选择上，主要选择靠近居民区的大商场，并设立老年专柜或老年店中店；在产品的款式、价格、面料的选择上，分别采用以庄重、淡雅、具有民族特色为主，以中低档价格为主，以轻薄、柔软为主，适当地配以福、寿等喜庆寓意的图案；在老年顾客的接待上，再三要求销售人员在接待过程中要不徐不疾，以介绍质量可靠、方便健康、经济实用为主，在介绍品牌、包装时注意顾客的神色、肢体语言，适可而止，不硬性推销。

某天，该服装店来了一家人，是专为老人买衣服的。老人领着一位十来岁的孩子，气定神闲，走在前面，后面是一对中年夫妇。中年妇女转了一圈，很快就选中了一件较高档的上装，要老爷子试穿，可老爷子不愿意，理由是价格太高。中年男子说反正是我们出钱，您不用在意价钱。可老爷子并不领情，脸色也有点难看。营业员见状，连忙说，老爷子您可真是好福气，儿孙如此孝顺，您就别难为他们了。小男孩也摇着老人的手说就买这件好了。老爷子虽然嘴上说小孩子懂什么好坏，但脸上已露出了笑容。营业员见此情景，很快把衣服包好，交给了中年妇女，一家人高高兴兴地走出了店门。

　　经过上述努力，该厂家生产的老年服装很快被老年消费者所接受，销售量急剧上升，企业获得了很好的经济效益。

案例分析

强手出击——宝洁公司的品牌之路

　　在如今的中国，没有用过宝洁公司产品的人恐怕不多。据估计，在中国日用化学品市场上，宝洁产品所占的比例在60%左右。与麦当劳、可口可乐不同，宝洁公司为消费者提供的是系列产品：海飞丝、舒肤佳、潘婷、飘柔、佳洁士、玉兰油……这些著名品牌是宝洁公司在追踪消费者需求的基础上，经多年研究开发出来的。

　　宝洁公司的历史可以用两个字来概括，一是老，二是新。宝洁公司创立于19世纪30年代，在世界500强里，历史恐怕是最悠久的了，说它是"百年老店"名副其实。在宝洁的历史上，不断有新的品牌问世，到目前为止，已开发出300余种产品，说它新，一点也不为过。

　　"宝洁"一开始生产肥皂和蜡烛，在激烈的市场竞争中，只能勉强维持度日。19世纪80年代，宝洁传到了第二代人手中，在两个人的通力合作下开发出了一种成本低廉、质量优异的白色香皂，二人将其命名为"象牙"牌，并投入11000美元为其做广告，这在当时是一个惊人之举。但实践证明，二人的做法是正确的，消费者对象牙牌香皂的认可程度不断增强，到1890年，宝洁的年销售额已达数百万美元。开发与创新是宝洁公司的灵魂。宝洁公司是美国最早建立研究与开发机构的大企业之一。目前，宝洁公司在世界各地建立了28个技术中心，每年研究与开发的投入达到15亿美元，平均每年申请专利20000项。到目前为止，宝洁公司已开发出的品牌涉及洗涤和清洁用品、纸品、美容美发用品、保健用品和食品饮料，共计300多种。宝洁向中国推介自己的产品是从清洁和养护头发开始的。当"头屑去无踪，秀发更出众"的广告词出现在电视屏幕上时，人们认识了宝洁在中国推出的第一个品牌——海飞丝。

　　1988年8月，宝洁公司与广州肥皂厂、和记黄浦（中国）有限公司以及广州经济技术开发区联手，组建了广州宝洁有限公司。同年10月，海飞丝洗发香波在广州投产，4个月后，海飞丝产品正式投向市场。宝洁告诉广告受众，头皮屑会影响一个人的形象。调查表明，一个月后，海飞丝在广州的市场认知率达到99%。

　　此后，宝洁以广告为重点，将触角伸向北京、天津和成都等地，通过独资、合资、合作以及设立投资性机构等方式，将它的产品推向全国。到目前为止，宝洁公司已经在中国设有十几家合资、独资企业，投资总额超过10亿美元。这些企业大多效益良好，多数进入了全国最大500家外商投资企业行列。

　　继海飞丝之后，宝洁在中国市场又相继推出飘柔、碧浪、潘婷、舒肤佳、玉兰油、汰渍、佳洁士、沙宣等一系列著名品牌，在国内市场都十分畅销。

　　宝洁公司认为,成功的品牌开发来自市场调查。宝洁公司的市场服务部总监马博伟先生曾在广州做过一次讲演,在谈到宝洁公司如何创立品牌时,他强调首先要对市场进行研究,新产品的产生。"首先是对市场的调查研究,它有两个目标:一是已拥有这个产品,调查消费者还有什么要求;二是完全没有这种产品,这就需要了解消费者的需求,开发新产品。"

　　宝洁公司建立了一支专业调查队伍,他们的足迹遍及全国城乡。调查人员深入普通百姓家庭,与消费者同吃、同住,观察他们的生活习惯,看他们如何洗衣服、如何刷牙、如何洗头、如何给孩子换尿布。据公司介绍,他们用这种办法,与数十万计的消费者进行了接触。他们的调研方式还包括定量样本研究、定性效果分析、举办消费者座谈会、入户访问、商店调查等。马博伟先生指出:"所有问题的关键在于,能否在更深的层次上了解消费者。宝洁公司不相信感性认识,只相信数据,得到数据后进行分析,决定是否开发。"

　　在深入调查研究的基础上,宝洁公司推出了调整配方后的沙宣洗发液,增加了其中的保湿成分,以体现东方人发质的自然柔韧;推出了洁花田七人参当归洗发精,以适应中国人崇尚天然植物洗发水的消费习惯;推出了结合中医理论、含有中草药配方的佳洁士多效合一牙膏。这些产品上市后,能够得到老百姓的喜爱是自然的。

　　产品开发出来后,并不是万事大吉了,对市场上的同类产品进行比较是市场调查的一个重要内容。根据马博伟先生的介绍,同类产品的比较是宝洁公司采用的一个重要方法。"为了使产品过硬,首先要把新产品与其他产品用同一标志分两组进行盲测,一组是宝洁的产品,另一组是宝洁以外的市场上流行的几种品牌。盲测的结果主要是给自己看。如果产品本身是好的,还需做进一步的市场调查研究,以了解该产品能否带来效益。"

　　产品开发出来后,还要进行宣传,让老百姓认识它、接受它,这就需要广告。宝洁公司认为,广告创意应当永远先行,"宝洁公司的成长,就是和广告公司共同成长的过程"。宝洁公司在报纸、杂志、电视、电台等主要媒体上都投入巨额广告费,但鉴于公司主要生产大宗低利的家庭日用消费品,因此它把大部分广告费投放在电视这一最大众化的媒体上。

　　从宝洁公司的电视广告中可以看出宝洁对广告的态度,即广告的首要任务是有效地传递商品信息,而不是单纯的艺术和娱乐。多年来,宝洁在产品的宣传推介过程中形成了一些自己的风格,经过调查研究和实践,他们认为这些风格是最有效的,因而也不轻易改变,如汰渍、佳洁士牙膏、象牙肥皂的广告策略几十年来一直保持不变。

　　宝洁宣传推介产品的活动大体具有如下一些风格:

　　风格一,一则电视广告总是向消费者承诺一个最重要的利益点。如果存在两个或更多的利益点时,他们宁可在同一时期内推出两个广告,分别承诺同一产品的不同利益点。如宝洁公司在中国推出的几种洗发液,海飞丝的利益承诺是"去头屑",潘婷的利益承诺是"健康头发",飘柔的利益承诺是"柔顺"。其实海飞丝与飘柔的配方和实际功效非常相近,广告中却做了不同的利益承诺。

　　风格二,确保广告信息的有效传递。宝洁公司认为,广告是一种投资形式,必须产生经济效益,即要有效地把产品介绍给消费者,并为消费者所接受。因此,他们在广告文案写作前、广告制作后和产品市场试销三个阶段都要对广告信息的传递效果进行测试。

　　风格三,直观地表现产品特点和功能。他们的每个广告都要有一个使人"确信的片段",让消费者直观地感知产品的特点和功能。宝洁公司的电视广告60%以上采用了演示说明或比较方法,如海飞丝怎样有效地去头屑,佳洁士牙膏如何能护理牙齿、有效去除牙垢等。

风格四，使用权威证明。舒肤佳肥皂广告以"中国医学会认可"作为权威证明，潘婷洗发液的广告使用了"瑞士维他命研究院实验证明"字样。在崇尚科学的今天，这种权威证明对提高产品的可信度和可靠性具有重要作用。

风格五，不用名人做广告。宝洁公司的电视广告大多是由不知名的人完成的，很少用名人。他们认为，大众家庭用品的广告应贴近消费者，运用消费者熟悉的情景和语言与消费者直接交流。名人对他们的产品和广告方式不合适。在众多的广告中，只有飘柔洗发液的广告用了网球明星张德培及歌后王菲，这可以说是宝洁少有的例外。

风格六，少用黄金时段做广告。宝洁公司大约只有 30% 的电视广告出现在黄金时段，他们更喜欢在白天和深夜做广告。他们把 30s 广告逐渐增加到 45s，因为他们感到，增加 15s 时间能更有效地利用情景，更有效地吸引观众。

风格七，尽量使用语言做广告。宝洁公司喜欢在电视广告中使用语言，他们觉得语言更能推销产品。他们的电视广告用语言表达承诺，强调产品的优越性，广告结束时再重复承诺。在 30s 的广告中往往要用 100 个以上的词语，品牌名称平均要出现三四次。

风格八，不轻易舍弃有效的广告，不管它使用了多久。宝洁一旦推出了有效的广告，他们绝不轻易更换，会在很长一段时期内一直使用，直到失去效果为止。

风格九，持续的广告攻势。宝洁公司不仅在投放新品牌时进行大力的广告宣传，对市场上获得成功的品牌也继续投入大量的广告费予以支持。几乎所有的宝洁产品通年做广告，他们发现这比做六周停六周的跳跃式宣传更有效，而且能够节约大量的费用。

（资料来源：互联网）

讨论题：

1. 根据所学知识，谈谈宝洁公司是如何打造自己的品牌的。
2. 分析宝洁公司成功的原因。

思考题

1. 市场细分的标准有哪些？
2. 企业如何选择目标市场？
3. 市场定位与消费者行为有什么关系？
4. 新产品开发及扩散与消费者行为的关系是什么？
5. 结合消费者行为学知识，谈谈如何给家电产品定价。
6. 结合所学知识，谈谈一家服装企业应该如何营销。

参 考 文 献

[1] 迈克尔 R 所罗门. 消费者行为学 [M]. 张硕阳, 尤丹蓉, 译. 北京: 经济科学出版社, 1998.

[2] J 保罗·彼德, 等. 消费者行为与营销战略 [M]. 韩德昌, 译. 大连: 东北财经大学出版社, 2000.

[3] 符国群. 消费者行为学 [M]. 北京: 高等教育出版社, 2001.

[4] 江林. 消费者心理与行为 [M]. 2 版. 北京: 中国人民大学出版社, 2002.

[5] 莫温, 等. 消费者行为学 [M]. 黄格非, 束珏婷, 译. 北京: 清华大学出版社, 2003.

[6] 卢泰宏, 等. 消费者行为学——中国消费者透视 [M]. 北京: 高等教育出版社, 2005.

[7] 王长征. 消费者行为学 [M]. 武汉: 武汉大学出版社, 2005.

[8] 李东进. 消费者行为学 [M]. 北京: 机械工业出版社, 2008.

[9] 陆跃翔. 消费者行为学 [M]. 北京: 中国统计出版社, 2005.

[10] 章志光. 社会心理学 [M]. 北京: 人民教育出版社, 1996.

[11] 荣晓华. 消费者行为学 [M]. 2 版. 大连: 东北财经大学出版社, 2008.

[12] 王曼, 等. 消费者行为学 [M]. 北京: 机械工业出版社, 2008.

[13] 龚振. 消费者行为学 [M]. 广州: 广东高等教育出版社, 2009.

[14] 迈克尔 R 所罗门. 消费者行为学 [M]. 卢泰宏, 译. 6 版. 北京: 电子工业出版社, 2006.

[15] 冯丽云, 孟繁荣. 营销心理学 [M]. 北京: 经济管理出版社, 2001.

[16] 谢斯, 米托. 消费者行为学管理视角 [M]. 罗立彬, 译. 2 版. 北京: 机械工业出版社, 2004.

[17] 余凯成. 组织行为学 [M]. 大连: 大连理工大学出版社, 2006.

[18] 菲利普·科特勒, 等. 市场营销管理: 亚洲版 [M]. 梅汝和, 译. 北京: 中国人民大学出版社, 1997.

[19] 叶浩生. 西方心理学的历史与体系 [M]. 北京: 人民教育出版社, 1998.

[20] 徐萍. 消费心理学教程 [M]. 上海: 上海财经大学出版社, 2008: 90.

[21] 张理. 消费者行为学 [M]. 北京: 清华大学出版社, 北京交通大学出版社, 2008.

[22] 江林. 消费者行为学 [M]. 北京: 科学出版社, 2007.

[23] 威廉 S 萨哈金. 社会心理学的历史与体系 [M]. 周晓虹, 等译. 贵阳: 贵州人民出版社, 1991.

[24] 杜加克斯, 赖茨曼. 八十年代社会心理学 [M]. 矫佩民, 等译. 北京: 三联书店, 1988.

[25] 海伦·帕尔默. 九型人格 [M]. 徐扬, 译. 北京: 华夏出版社, 2006: 346.

[26] 杨晓燕. 女性消费者自我概念对营销策略的影响 [J]. 中国广告, 2004 (1).

[27] Lewis C Winters. SRI Announces VALS2 [J]. Marketing Research, 1989 (6): 67-69.

[28] 李同泽. 如何利用 VALS2 模型对消费品市场进行细分 [DB/OL]. 中国营销传播网, 2001-9-5.

[29] 柏景岚. 消费者资源研究及其现实意义 [J]. 现代企业教育, 2009 (8).

[30] 徐萍. 消费者心理学教程 [M]. 上海: 上海财经大学出版社, 2005.

[31] 黄顺春. 基于消费者时间资源的市场营销策略分析 [J]. 商业研究, 2010 (4).

[32] 亨利·阿塞尔. 消费者行为和营销策略 [M]. 韩德昌, 等译. 北京: 机械工业出版社, 2000.

[33] 王雅琴. 浅析中国传统文化对消费者行为的影响 [J]. 中国商界, 2009.

[34] 庞念东. 论中国传统文化与价值观对消费者行为的影响 [DB/OL]. 淄博新闻网, 2010-6-10.

[35] 黄维梁. 消费者行为学 [M]. 北京: 高等教育出版社, 2005.

[36] 林建煌. 消费者行为 [M]. 北京: 北京大学出版社, 2004.

[37] 史有春. 消费者行为 [M]. 北京: 中国财政经济出版社, 2000.

［38］李晴．消费者行为学［M］．重庆：重庆大学出版社，2003．

［39］荣晓华，孙喜林．消费者行为学［M］．大连：东北财经大学出版社，2003．

［40］菲利普·科特勒，莱恩·凯勒．营销管理［M］．梅清豪，译．12版．上海：上海人民出版社，2006．

［41］巴里·波曼，等．零售管理［M］．吕一林，等译．北京：中国人民大学出版社，2010．

［42］肖怡．信息时代商业企业管理与变革［M］．广州：广东人民出版社，2002：104．

［43］徐伟雄．商品展示设计［M］．北京：高等教育出版社，2001．

［44］张雁白，苗泽华．市场营销学概论［M］．2版．北京：经济科学出版社，中国铁道出版社，2010．